O hino, o sermão e a ordem do dia

Regime autoritário e a educação no Brasil (1930-1945)

Coleção Educação Contemporânea

Esta coleção abrange trabalhos que abordam o problema educacional brasileiro de uma perspectiva analítica e crítica. A educação é considerada como fenômeno totalmente radicado no contexto social mais amplo e o textos desenvolvem análise e debate acerca das consequências desta relação de dependência. Divulga propostas de ação pedagógica coerentes e instrumentos teóricos e práticos para o trabalho educacional, considerado imprescindível para um projeto histórico de transformação da sociedade brasileira.

Conheça mais obras desta coleção, e os mais relevantes autores da área, no nosso site:

www.autoresassociados.com.br

José Silvério Baia Horta

O hino, o sermão e a ordem do dia

Regime autoritário e a educação no Brasil (1930-1945)

2ª edição revista

Coleção Educação Contemporânea

Campinas
AUTORES ASSOCIADOS
2012

Copyright © 2012 by *Editora Autores Associados Ltda*
Todos os direitos desta edição reservados à Editora Autores Associados Ltda

Dados Internacionais de Catalogação na Publicação (CIP)
(Câmara Brasileira do Livro, SP, Brasil)

Horta, José Silvério Baia
O hino, o sermão e a ordem do dia: regime autoritário e a educação no Brasil (1930-1945) / José SilvérioBaia Horta. – 2. ed. rev. – Campinas, SP: Autores Associados, 2012. – (Coleção educação contemporânea)

Bibliografia.
ISBN 978-85-7496-294-8

1. Educação - Brasil - História 2. Educação e Estado I. Título. II. Série.

12-11650   CDD-370.981

Índices para catálogo sistemático:
1. Brasil: Educação: História 370.981
2. Educação: Brasil: História 370.981

Impresso no Brasil – outubro de 2012

EDITORA AUTORES ASSOCIADOS LTDA.
Uma editora educativa a serviço da cultura brasileira

Av. Albino J. B. de Oliveira, 901
Barão Geraldo | CEP 13084-008 | Campinas – SP
Telefone/Fax: (55) (19) 3789-9000
Vendas: (55) (19) 3249-2800
E-mail: editora@autoresassociados.com.br
Catálogo *on-line*: www.autoresassociados.com.br

Conselho Editorial "Prof. Casemiro dos Reis Filho"
Bernardete A. Gatti
Carlos Roberto Jamil Cury
Dermeval Saviani
Gilberta S. de M. Jannuzzi
Maria Aparecida Motta
Walter E. Garcia

Diretor Executivo
Flávio Baldy dos Reis

Coordenador Editorial
Rodrigo Nascimento

Revisão
Cleide Salme
Anna Cláudia Violin
Rafaela Santos Lima

Capa
Maisa S. Zagria

Diagramação
Percurso Visual Editorações

Arte-final
Maisa S. Zagria

Impressão e Acabamento
Gráfica Paym

www.abdr.org.br
abdr@abdr.org.br
denuncie a cópia ilegal

*Para Francisco.
Posso imaginar
quão feliz ele ficaria
ao ver este livro.*

Sumário

Prefácio à segunda edição ix

Prefácio xi

Apresentação 1

Introdução 3

Capítulo I
Os militares e a educação 7

Capítulo II
A Igreja e a educação 81

Capítulo III
Educação moral e cívica:
a educação a serviço do Estado 119

Capítulo IV
A Juventude Brasileira:
da mobilização ao civismo 177

Conclusão 253

Referências 261

Sobre o autor 305

Prefácio à segunda edição

Tenho a honra de prefaciar a segunda edição do livro *O hino, o sermão e a ordem do dia*. Dezoito anos nos separam do momento em que foi lançada a sua primeira edição. Nesse tempo, muitos foram aqueles que ao tomarem este livro em suas mãos puderam aproveitar as inúmeras possibilidades de aprendizagens que ele comporta. Da leitura de seus capítulos, podemos sair conhecedores não apenas do tema que o livro aborda, do farto material documental reunido pelo seu autor, mas também das formas como criativamente ele as organiza e as interpreta.

A profundidade dos levantamentos realizados, o rigor no tratamento das fontes, a qualidade das análises desenvolvidas e outras tantas qualidades já destacadas por Eliane Marta Teixeira Lopes no prefácio à primeira edição tornaram o livro de José Silvério uma referência indispensável para aqueles que buscam conhecer a história da educação brasileira, em especial, a maneira como uma política educacional foi pensada e forjada durante um período de nossa história marcado pela ordem política autoritária (1930-1945).

Com habilidade, José Silvério nos enreda e nos coloca diante de uma variedade de atores (militares, intelectuais, políticos, ministros, educadores, religiosos...), de estratégias discursivas (pronunciamentos, conferências, publicações de livros e de artigos em periódicos...), de temas (defesa nacional, segurança nacional, formação da juventude, papel da educação...) e ações presentes na dinâmica de produção e realização de um projeto de escolarização do povo brasileiro.

Ao final do livro, o autor promove uma aproximação dos dados levantados em sua pesquisa com alguns dados sobre a política educacional realizada na Itália fascista. Ao serem contrastados, esses dados permitem a compreensão dos contornos singulares que as relações entre educação e regime autoritário assumiram no Brasil.

Nesta edição, algumas modificações foram introduzidas pelas mãos do próprio autor. São pequenos ajustes promovidos com paciência mineira para tornar mais ágil a leitura do texto.

Por todo o potencial de conhecimento e reflexão presente neste livro, avalio que a sua leitura continua sendo indispensável e necessária para aqueles que em maior ou menor grau reconhecem a história como ofício capaz de nos ajudar a lançar um olhar retrospectivo e indagador sobre as formas de pensar e fazer a educação em nosso país.

Carlos Humberto Alves Corrêa
Professor adjunto da Faculdade de Educação
da Universidade Federal do Amazonas
Manaus, outubro de 2011

Prefácio

Para prefaciar, "o que é necessário oferecer a mais? Um resumo? Instruções para uso? Uma declaração decisiva? Uma façanha literária?". Como as aspas indicam, esse embaraço não se impôs apenas a mim e a esta obra: entre os que confessaram, não sou a primeira. Direi iniciando: este é um livro de História da Educação Brasileira; história de um momento e de autores determinados da educação brasileira. Precisando: trata-se da história dos projetos e suas aplicações que as elites dominantes no período de 1930-1945 formularam para a educação.

Não apenas os projetos de leis – e decretos e pareceres etc. –, mas aquilo que julgavam ser a contribuição indispensável da educação para a construção de uma sociedade feita aos moldes das necessidades e interesses deles.

Escrito inicialmente, em 1985, como *thèse de doctorat d'état*, na Université René Descartes (Paris V, Sorbonne), em dois alentados volumes com o título *Régime autoritaire et éducation: le cas du Brésil (1930-1945) étudié à la lumière du cas de l'Italie* (1922-1943), o livro guarda do original o caráter de denúncia, e mais que isso, de revelação. É como se penetrássemos – junto com Silvério – porões onde se guardam secretíssimos documentos, abríssemos arquivos intocados, descobríssemos retratos de personagens até então fora de cena ou que desempenhavam falsos papéis. Por vezes, o livro chega a ser chocante, e não por ele que é bem escrito e construído, mas pelo que nos faz saber.

Aos que iniciam, e cada pesquisa histórica é um novo início de trabalho de pesquisa, o trabalho vai ensinando, para além do que pretende o seu conteúdo, a própria metodologia da pesquisa histórica. Quando vemos nas notas a citação de arquivos particulares, de bibliotecas, de livros antigos e raros, fica mais clara a necessidade de cuidarmos de nosso acervo, de cuidarmos dos papéis que constituem a nossa história contemporânea; também nisso se constitui a preocupação com o futuro. Por exemplo, só porque Gustavo Capanema guardou desde o guardanapo anotado ou rabiscado, até os rascunhos e versões das leis posteriormente promulgadas é que foi possível realizar este trabalho. E fica claro ainda: é preciso ir às fontes e é preciso mostrar o discurso do governante. Nenhum autor, por mais brilho que ousasse na sua narrativa, diria tão bem quanto o general Dutra dos seus propósitos para a educação do país, ao impedir a realização no Brasil da VIII Conferência Mundial de Educação em 1939. Confiram!

Em uma das questões mais fortes do livro – Os militares e a educação –, José Silvério tanto mostra a concepção da educação presente no interior das Forças Armadas, quanto a interferência direta e explícita dessas nos rumos da educação. Entre 1930 e 1945, são coautores dos projetos educacionais do governo. Ficam (dolorosamente) claras a fragilidade e a vulnerabilidade da educação e dos educadores nos regimes autoritários e obscurantistas. Numerosos educadores que não foram compulsoriamente afastados viveram o dilema da adesão ou da expulsão. A história registrou suas decisões.

Outro ponto nevrálgico, tão delicado quanto mal explorado nessa nossa história da educação, é o papel da Igreja na construção dos projetos da educação. Papel não tão explícito e direto quanto o dos militares, mas sem dúvida mais tenaz, constante e associando sempre o púlpito e a pregação, consegue levar a bom termo sua atuação e seu projeto educativo para a sociedade. Fica claro que a Igreja, mais que acata, aceita o governo autoritário, embora rejeite fervorosamente os regimes totalitários. Advirto: isso não é uma simples questão semântica! Sua atuação culmina na criação de um organismo paraeducacional, a LEC, através da qual vai influenciar as eleições e a Constituinte para continuar participando do parlamento e da formulação de leis e da distribuição de recursos.

É claro que nem tudo saiu como uns e outros concebiam, mas fica-se sabendo que com certeza a frase " O Brasil, meu filho, é um produto da cruz e da espada" não foi cunhada apenas pelas circunstâncias do descobrimento.

Tratando ainda da educação moral e cívica e da Juventude Brasileira, revela com intensidade que trajes usaram o patriotismo e as patriotadas: canto orfeônico, educação moral, educação cívica, organização da juventude, educação da mulher ("[...] a educação feminina terá outra finalidade que é o preparo para a vida do lar"). Ao canto orfeônico, para além da emoção que provocava nas instituições e seus atores, esteve reservado, como matéria nos currículos, o papel coadjuvante, "[...] não só de formação de uma consciência musical, mas também como um fator de civismo e de disciplina coletiva". Através desses e de outros instrumentos, a educação é posta a serviço do Estado e segundo o ditador de então "O Brasil tudo espera da juventude enquadrada perfeitamente nas aspirações do Estado Novo. [...] A essa necessidade correspondem os artigos da nova Constituição sobre matéria educativa, orientando-a no sentido essencialmente cívico e nacionalista".

Depois das surpresas e sustos com que nos brinda o livro, inevitavelmente me deparei com algumas questões. Em poucos momentos podemos aprender, pela pesquisa feita, uma preocupação com os "conteúdos". Os atores de que trata essa história mostram-nos a todo tempo que, na verdade, pouco se lhes dá que o povo estude português, matemática, ou se estude... desde que a ordem, a disciplina, a paz social, a obediência, a hierarquia, a solidariedade a esses princípios, a cooperação, a intrepidez, o aperfeiçoamento físico, a subordinação moral e o culto do civismo estivessem garantidos.

Ora, não somos – no nosso atual – apenas o presente, ou um certo presente, somos o futuro daquele passado de que trata o livro de José Silvério. E então, entre perplexos e receosos, constatamos: quem está hoje dirigindo os rumos da educação brasileira – os dirigentes sim, mas também os educadores – são os educandos de ontem. Foram bem-educados? De tudo isso, que tão bem a elite pensava estar planejando para a própria elite e para a classe trabalhadora, o que foi realmente incorporado? O que o movimento da história rejeitou, renegou, postergou? Esse é o desafio da história da educação: pensar e agir nesse presente levando em conta que o passado pode não ter passado... inteiramente.

Se este Prefácio não pôde convencer seu eventual leitor a que passe rapidamente à leitura do livro, mesmo assim a faça, pois que a culpa é só do prefácio e da prefaciadora. O livro é ótimo e – por favor – não desanimem se as notas estão no final dos capítulos. Leiam-nas, pois também nelas encontrarão os mais confidenciais "segredos de Estado"[1].

Eliane Marta Teixeira Lopes
Professora titular da Faculdade de Educação
da Universidade Federal de Minas Gerais
Belo Horizonte, dezembro de 1993

---

1 Nesta segunda edição, as notas estão no rodapé. Mesmo assim, consideramos que esta advertência da autora do prefácio guarda toda sua pertinência. (Nota do Autor)

Apresentação

Este livro contém parte da tese de *doctorat d'état* por mim defendida na Université Paris V – René Descartes –, em dezembro de 1985. Mantive o texto original, salvo pequenas modificações e supressão de várias notas.

Para a realização deste trabalho, recebi ajuda de várias pessoas. Na França, além da orientação sempre segura, competente e amiga de Viviane Isambert-Jamati, pude contar com o apoio constante de Paulette Rippert, Jean-Paul Caille, Cláudia Maria Leal Coser e Alícia Kossoy. No Brasil, muito me ajudaram Osmar Fávero, Maria Luiza Pinho, Andréa Brandão, Sonia Maria de Vargas e Sonia Kramer. Para a pesquisa no Brasil, foi fundamental a ajuda dos pesquisadores do Centro de Pesquisa e Documentação de História Contemporânea do Brasil (CPDOC), especialmente Maurício Lissovsky e Paulo Sérgio Moraes e Sá.

Clarice Nunes, Siomara Borba Leite e Osmar Fávero leram a primeira versão e fizeram valiosas observações e sugestões. O mesmo fizeram com relação à versão final os professores J. Lagneau, D. Pecaut, E. Poulat e M. Debauvais, que participaram da comissão examinadora. A todos, meus agradecimentos.

Durante o tempo em que estive na França, contei com o apoio financeiro da Coordenação de Aperfeiçoamento de Pessoal de Nível Superior (CAPES). Para a pesquisa no Brasil, recebi durante um ano bolsa do Conselho Nacional de Desenvolvimento Científico e Tecnológico (CNPq). Durante todo esse tempo, contei com o incentivo constante de meus colegas da Pontifícia Universidade Católica do Rio de Janeiro (PUC–RJ) e do Instituto de Estudos Avançados em Educação (IESAE).

Minha permanência em Paris foi agradável e amena, graças sobretudo à família Strouc, especialmente Dina Strouc, que gentilmente me acolheu no simpático pavilhão dos jardins de sua casa em Arcueil, e Lyne Strouc, amiga de todos os momentos, que com paciência e competência tornou este texto mais compreensível em sua versão francesa.

Lembro-me também com saudade de Anamaria e Hugito, e de Sarah e Roberto Las Casas.

José Silvério Baia Horta

Introdução

Na plataforma da Aliança Liberal, lida no Distrito Federal em janeiro de 1930, para marcar o lançamento da candidatura de Getúlio Vargas à Presidência da República, a educação aparece como um dos instrumentos apropriados para assegurar a "valorização do homem" e melhorar a condição de vida dos brasileiros de um ponto de vista moral, intelectual e econômico. Ao lado do problema da educação, e intimamente ligado a ele, a plataforma coloca o problema da saúde, cuja solução, dadas as condições do país, exigia como medida imediata e fundamental o saneamento. Assim, educação e saneamento surgem como problemas conexos. Para enfrentá-los, a Aliança Liberal propõe a criação de um novo ministério, no intuito de articular os serviços federais, estaduais e municipais de educação e saúde já existentes (VARGAS, 1938b, p. 41).

Ao lado disso, a educação aparece no item relativo à questão social como um dos "dispositivos tutelares" para a melhoria das condições de vida do "proletariado urbano e rural" e como um instrumento de nacionalização das populações de origem estrangeira nas colônias e de integração dos habitantes do interior do país.

Ao tomar posse na chefia do Governo Provisório, em novembro de 1930, Getúlio Vargas anuncia um "programa de reconstrução nacional", no qual inclui a criação de um Ministério da Instrução e Saúde Pública cujas tarefas seriam o saneamento moral e físico, através de uma "campanha sistemática de defesa social e educação sanitária", e a difusão intensiva do ensino público, através de um "sistema de estímulo e colaboração direta com os Estados" (VARGAS, 1938c, p. 72).

No discurso pronunciado por Getúlio Vargas, no banquete que lhe foi oferecido pelas "classes armadas" em janeiro de 1931, a educação e o saneamento reapareceram juntos no "Programa da Revolução", como instrumentos para "restituir ao elemento homem a saúde do corpo e consciência de sua valia" e "assegurar a transformação do capital humano [...] aperfeiçoando-o para produzir mais e melhor" (VARGAS, 1938d, p. 81). Assim, desde o início do período de 1930-1945, a educação ocupa um lugar importante nos discursos oficiais. Neles, destacam-se certos temas que, mesmo não constituindo um programa educacional estruturado, serão acentuados à medida que se intensifica o caráter autoritário do regime. Ao mesmo tempo, tanto no discurso quanto na legislação, esses temas evoluirão sempre no mesmo intuito: colocar o sistema educacional a serviço da implantação da política autoritária. São os seguintes: a concepção da educação como problema nacional, a ligação entre educação e saúde e a ênfase na educação moral.

A concepção da educação como "problema nacional" servirá para justificar uma intervenção cada vez mais intensa do governo federal nos diferentes níveis de ensino e uma crescente centralização do aparelho educativo. Essa concepção sofrerá uma evolução, principalmente a partir de 1935: de problema nacional, a educação passará a ser considerada "problema de segurança nacional". Explica-se assim o aumento do interesse de certos setores militares pelo sistema educativo a partir desse momento.

A ligação entre educação e saúde será traduzida por uma ênfase cada vez maior na educação física, inicialmente voltada para o desenvolvimento físico individual e logo relacionada com o fortalecimento da raça. A partir de 1937, a educação física passará a ser um setor privilegiado de atuação dos militares, que pretenderão utilizá-la para a concretização da sua presença nas escolas.

A ênfase na educação moral do cidadão se concretizará inicialmente pela introdução do ensino religioso nas escolas. Mais tarde, enriquecida com ingredientes do civismo e do patriotismo, servirá para justificar as tentativas de reintrodução da educação moral e cívica nos currículos dos diferentes níveis de ensino e a proposta de criação de uma organização nacional da juventude, apresentada pelo ministro da Justiça, Francisco Campos, no início do Estado Novo.

Em torno a esses temas, movem-se no Brasil, no período de 1930-1945, diferentes forças da sociedade civil e do Estado: os militares, que buscam, em nome da segurança nacional, interferir diretamente na política educacional no intuito de conformá-la à política militar do país; a Igreja, que luta pela introdução e manutenção do ensino religioso nas escolas públicas e pela liberdade de ensino, enquanto garantia da existência de suas escolas e, de uma forma mais ampla, pressiona pelo atendimento de suas reivindicações por parte do Estado, e procura tirar o máximo proveito do princípio de "colaboração recíproca" estabelecido pela Constituição de 1934; os educadores, que se esforçam por conduzir o sistema educacional brasileiro por caminhos novos, visando modernizá-lo e adequá-lo às exigências do desenvolvimento do capitalismo; finalmente, o próprio Estado, que aproveita ao máximo as divergências existentes, reconciliando-as e arbitrando os conflitos, para atender aos diferentes grupos das classes dominantes, mas que, em última análise, procura colocar o sistema educacional a serviço de sua política autoritária.

Os mesmos temas e os mesmos atores estão, em maior ou menor grau, presentes também no discurso pedagógico e na prática educativa dos regimes totalitários da Europa, no mesmo período. Assim, na Itália fascista, o processo de "fascistização" da escola se traduz por uma acelerada centralização do aparelho educativo, sob a direção do Ministero della Pubblica Istruzione, que se transforma, em 1929, em Ministero dell'Educazione Nazionale. Acentuam-se o ensino religioso e a educação cívica nas escolas, ao mesmo tempo em que nelas se inicia o processo de militarização, pela introdução dos cursos de cultura militar. A mobilização das crianças e dos jovens constitui uma das preocupações fundamentais do regime, que vê nas organizações de juventude um dos principais instrumentos de inculcação da ideologia fascista. A educação física e a instrução pré-militar ocupam nesse processo de fascistização um lugar privilegiado.

Este livro, que tem por objetivo discutir as relações entre educação e ordem política autoritária com base em análise do caso brasileiro no período de 1930-1945, estrutura-se em torno desses temas e atores.

No primeiro capítulo, estudam-se as relações entre Forças Armadas e educação, com base em diferentes concepções quanto ao papel das Forças Armadas na sociedade. Conceitos como mobilização, defesa nacional e segurança nacional são importantes para este estudo. No final do capítulo, as relações das Forças Armadas com o sistema educacional aparecem de forma mais concreta, ao se tratar das tentativas de introdução da instrução pré-militar e da educação física nos currículos escolares.

No segundo capítulo, partindo da questão do ensino religioso, analisa-se o papel desempenhado pela Igreja católica no período em questão e acompanham-se os esforços desenvolvidos pelo regime no intuito de utilizar-se da Igreja como instrumento de legitimação política e inculcação ideológica. A educação moral e cívica é o ponto de partida do terceiro capítulo. Nele, estudam-se o papel previsto para a educação no projeto político autoritário de Vargas, Campos e Capanema e a evolução desse projeto a partir do surgimento de um novo contexto internacional, no final da década de 1930.

O último capítulo apresenta um estudo detalhado das tentativas de organização da juventude que acontecem no início do Estado Novo e da forma como esse projeto evoluiu até transformar-se na proposta de criação de um movimento cívico-patriótico, esvaziado de todo seu conteúdo militarista e mobilizador.

Na conclusão, essas questões são retomadas, utilizando como contraponto o caso da Itália no período fascista.

A realização deste trabalho exigiu pesquisa em diferentes fontes primárias. Além de livros e periódicos de época, foram consultados a Coleção das Leis do Brasil (1930-1945), os Anais do Ministério da Educação e Saúde (1940-1945) e o Arquivo Gustavo Capanema. A Coleção das Leis do Brasil foi utilizada para um levantamento da legislação do período. Dos quase 40 mil textos de lei promulgados entre 1930 e 1945 (leis, decretos-lei e decretos), foram selecionados e analisados 560 em relação direta com a educação, 240 relativos às Forças Armadas e 396 que tratavam de assuntos correlatos. O Arquivo Gustavo Capanema, que se encontra no Centro de Pesquisa e Documentação da História Contemporânea (CPDOC) da Fundação Getúlio Vargas, no Rio de Janeiro, é formado pelos arquivos pessoais de Gustavo Capanema, que foi ministro da Educação e Saúde entre 1934 e 1945. Foram consultados os principais dossiês do período de 1934-1945 (35 dossiês, contendo 180 pastas). Foram consultados também, embora de forma limitada, os Arquivos Diplomáticos do Itamaraty, no Rio de Janeiro. A documentação relativa à Missão Militar Francesa no Brasil foi pesquisada no Service Historique de l'Armée de Terre, em Paris. Para o caso da Itália, além de livros e periódicos da época, foram consultados o Bollettino Ufficiale del Ministero della Pubblica Istruzione (1922--1929) e o Bollettino Ufficiale del Ministero dell'Educazione Nazionale (1929-1940). Para a segunda edição deste livro, foi consultado também o diário de Getúlio Vargas, publicado em 1995 pela Editora Siciliano, abrangendo o período de outubro de 1930 a abril de 1942.

Capítulo I

Os militares e a educação

1. As Forças Armadas como "educadoras do povo"

Em março de 1912, ao discorrer no Clube Militar sobre a missão social do oficial enquanto educador, o general Caetano de Faria, chefe do Estado-Maior do Exército, estabelece uma distinção entre o elemento transitório do Exército – o soldado – e seus elementos fixos – os oficiais. O soldado vem ao quartel "apenas aprender o que lhe é necessário quando a Pátria chamá-lo à sua defesa". Os oficiais, por seu lado, constituem o pequeno grupo que permanece nas casernas "para receber, educar, instruir e restituir à vida civil" os cidadãos: dessa forma, os oficiais "são verdadeiros apóstolos do patriotismo e do dever cívico" (Faria, 1912, p. 25).

Para Caetano de Faria, era necessário "fazer passar pelas casernas o maior número de cidadãos"; só assim o quartel se tornaria "a escola da nação armada". Segundo ele, na guerra, "os fatores morais têm mais influência do que os fatores materiais". Assim sendo, "o soldado precisa de mais do que instrução técnica – precisa de educação moral". Para o general, os pais e mestres são "agentes da sociedade", encarregados de iniciar a criança no asseio, na obediência, no respeito às conveniências, nos costumes e na grande lei do trabalho: "O papel que a sociedade civil confia aos pais e mestres, o exército confia aos seus graduados, em cuja frente estão os oficiais". Assim, "o ideal seria que o regimento tivesse apenas de completar a obra começada pela mãe de família e continuada pelo mestre-escola". Dessa maneira, o Exército nada mais seria que "o prolongamento da escola" (idem, pp. 26-29).

Mais tarde, como ministro da Guerra, Caetano de Faria dirá que, a partir da adoção do serviço militar obrigatório, o Exército "será uma grande escola, cujo professorado será constituído pelo corpo de oficiais". Dessa forma, "o oficial será um educador e terá uma missão social elevadíssima". Seu primeiro dever será mostrar ao recruta o quartel "na sua moderna função de escola, em contraposição à sua antiga função de lugar de repressão" (FARIA, 1941, pp. 7-8)[1].

Essa missão civilizadora e moralizadora do Exército já havia sido acentuada por Benjamin Constant logo após a proclamação da República, no decreto de reforma do ensino militar (BRASIL, 1890, pp. 550-599).

Uma visão semelhante orientará a campanha pela aprovação e posterior aplicação da Lei do Serviço Militar obrigatório, iniciada em 1908 e ampliada a partir de 1915, principalmente graças ao apoio de Olavo Bilac. Filho de militar, Bilac era um poeta plenamente aceito entre as elites civis. E será justamente aos jovens das famílias das elites civis que ele dirigirá sua campanha, iniciada com uma conferência na Faculdade de Direito de São Paulo, e que se estenderá por diferentes faculdades do centro e do sul do país (BILAC, 1965b, pp. 23-28)[2].

Nessa conferência, depois de denunciar a "míngua de ideal" e a "onda desmoralizadora de desânimo" existentes entre as "classes cultas" do país, para as quais "a indiferença é a lei moral" e "o interesse próprio é o único incentivo", Bilac chama a atenção dos estudantes, que vivem "entre o sorriso e a gala da vida culta", para as "camadas populares" que, "mantidas na mais bruta ignorância, mostram só inércia, apatia, superstição, absoluta privação de consciência" (idem, p. 25).

Para Bilac, a falta de instrução do povo constituía uma das causas principais desta situação: "A maior extensão do território está povoada de analfabetos; a instrução primária, entregue ao poder dos governos locais, é, muitas vezes, apenas, uma das rodas da engrenagem eleitoral de campanário, um dos instrumentos da maroteira política" (idem, pp. 25-26).

---
1 O texto deve ser de 1914.
2 A conferência foi pronunciada em 9 de outubro de 1915.

De acordo com o poeta, "o único providencial remédio" para essa situação seria o serviço militar obrigatório:

> Que é o serviço militar generalizado? É o triunfo completo da democracia; o nivelamento das classes; a escola da ordem, da disciplina, da coesão; o laboratório da dignidade própria e do patriotismo. É a instrução primária obrigatória; é a educação cívica obrigatória; é o asseio obrigatório, a higiene obrigatória, a regeneração muscular e psíquica obrigatória [idem, p. 27].

Para os "rebotalhos da sociedade", "animais brutos que de homens têm apenas a aparência e a maldade", a caserna seria a salvação:

> A caserna é um filtro admirável, em que os homens se depuram e apuram: dela sairiam conscientes, dignos, brasileiros, esses infelizes sem consciência, sem dignidade, sem pátria, que constituem a massa amorfa e triste da nossa multidão [idem, ibidem].

A campanha de Bilac repercute imediatamente no meio militar. Em novembro de 1915, durante banquete oferecido ao poeta no Clube Militar, o tenente Gregório da Fonseca, falando em nome do Exército, afirma que a missão dos oficiais era "fazer do Exército a grande escola de civismo, em que se acrisole o amor da pátria, se ensine o respeito à lei e se infiltre a disciplina" (FONSECA, 1941, p. 14). Por meio da introdução do serviço militar obrigatório e da ação educadora dos oficiais seria garantida "a reabilitação do Exército no conceito da nação", assim

> Exército e povo formariam um ser homogêneo; inquebrantável solidariedade confraternizaria todas as classes, desapareceria para sempre o espantalho do militarismo, a Nação seria o Exército e o Exército seria a Nação [idem, p. 18][3].

Evidentemente, a campanha de Bilac suscitará resistências, tanto no meio civil como no próprio meio militar.

Entre os civis, um dos seus maiores opositores foi Alberto Torres. Em artigo publicado no jornal *O Estado de São Paulo*, em dezembro de 1915 (apud LIMA SOBRINHO, 1968, p. 394), Torres afirma:

> [...] a caserna educa o soldado para a faina do soldado e educando o soldado não fez ainda senão viciar o indivíduo, perverter o homem de

---

3 Bilac retomará essa frase de Gregório da Fonseca em seu discurso de agradecimento, repetindo-a a partir daí em suas conferências, de forma que ela passará a ser atribuída a ele.

família, deseducar o *socius* da comunidade nacional. O caráter cívico, a moralidade, os sentimentos de altruísmo e de simpatia só encontraram na caserna, até hoje, adulteração. O bom soldado leva-os de casa e da praça pública para o quartel. O quartel, não podendo criar tais qualidades, não chega também, por isso, a fazer bons soldados para o nosso tempo: faz pretorianos.

E não será somente Alberto Torres que se oporá à campanha de Bilac e da burguesia paulista. O antimilitarismo será uma tônica das conclusões dos congressos anarquistas do período. Como afirma Carone (1970, p. 211), "enquanto a burguesia decanta o serviço militar obrigatório, o proletariado funda a Liga Antimilitarista do Rio de Janeiro".

Mas Bilac, que não se considerava um militarista, via no ideal da "nação armada" e na ideologia do "cidadão-soldado" a única forma de combater a supremacia militar:

> Nunca fui, não sou, nem serei militarista. E não tenho medo do militarismo político. O melhor meio para combater a possível supremacia da casta militar é justamente a militarização de todos os civis: a estatocracia é impossível, quando todos os cidadãos são soldados [...]. Antimilitaristas, não arrastaremos o país a megalomanias de orgulho belicoso [...] e, ao contrário de inventar e fortalecer uma casta privilegiada de militares, empreenderemos que o Exército seja o povo e o povo seja o Exército, de modo que cada brasileiro se ufane do título de cidadão-soldado [BILAC, 1965c, p. 70] [4].

A essa concepção de "cidadão-soldado" contrapunha-se uma outra concepção: a do Exército profissional. Bilac opunha-se firmemente a ela:

> Não queremos ter um Exército mercenário ou assoldadado, o que diminui o valor do soldado e da nação. Não queremos tampouco um Exército propriamente profissional em toda a sua hierarquia, profissional desde o general até o soldado raso. Queremos um Exército democrático de defesa nacional. Queremos que não haja soldados profissionais; ou melhor, que haja unicamente alguns profissionais, os oficiais de investidura profissional, os que sejam sacerdotes fardados, os educadores, os professores normais do grande Exército sem profissão militar [BILAC, 1965d, pp. 136-137] [5].

---

4   Conferência pronunciada em 24 de agosto de 1916.
5   Conferência pública realizada no Rio de Janeiro, no Rio Grande do Sul e no Paraná.

Assim, retomando a visão de Caetano de Faria, Bilac concebe o oficial como um educador e o quartel como uma escola:

> Queremos que dentro de cada quartel haja uma aula primária; e que ao lado de cada quartel haja uma aula profissional. Ao cabo de seu tempo de aprendizado cívico, cada homem será um homem completo, um cidadão, com a sua inteligência adestrada, com a sua capacidade armada para o trabalho, com a sua consciência formada, com os seus músculos fortalecidos, com a sua alma enobrecida. No quartel, cada homem encontrará a sua completa cultura indispensável. O que é preciso é que esses homens encontrem no quartel oficiais dignos, capazes, entusiastas, moços, ardentes, que sejam exclusivamente oficiais, isto é, educadores e disciplinadores [...]. No quartel, o oficial deve ser como o professor da escola primária: um sacerdote, um diretor de inteligências e de caracteres [BILAC, 1965e, p. 108] [6].

Na realidade, ao atribuir-lhe uma função educativa, Bilac está conferindo ao serviço militar um papel essencialmente não militar. Como afirma Edmundo Campos Coelho,

> Na perspectiva de Bilac, o serviço militar pouco tem a ver com a defesa nacional, com o adestramento do cidadão no uso das armas, com sua educação no espírito marcial. Pelo contrário, Bilac insiste em atribuir-lhe uma função "pedagógica" de educação cívica, abstrata e artificial, tão inócua que a burguesia nacional, sobretudo a paulista, não hesitará em atrelar a ela as suas organizações cívicas destinadas a transmitir às outras classes a moral burguesa [1976, p. 78].

A mais importante dessas organizações cívicas será a Liga de Defesa Nacional (LDN), fundada em setembro de 1916 por Olavo Bilac, Pedro Lessa e Miguel Calmon. A LDN, que se apresentava como "independente de qualquer credo político, religioso ou filosófico", tinha por objetivo "congregar os sentimentos patrióticos dos brasileiros de todas as classes, dentro das leis vigentes do país". Entre outras tarefas, ela propunha-se a "difundir a instrução militar nas diversas instituições, desenvolver o civismo, o culto do heroísmo, fundar associações de escoteiros, linhas de tiro e batalhões patrióticos [...] difundir nas escolas o amor à justiça e o culto do patriotismo" (Estatuto da Liga de Defesa Nacional

---

6   Conferência pronunciada em 12 de outubro de 1916.

apud NAGLE, 1974, p. 45)⁷. Na prática, a LDN privilegiará a propaganda do serviço militar e a educação cívico-patriótica.

A concepção de "defesa nacional" que orientava a LDN foi apresentada por Bilac em discurso pronunciado por ocasião da posse do Diretório Central, em setembro de 1916:

> A defesa nacional é tudo para a nação. É o lar e a pátria; a organização e a ordem da família e da sociedade; todo o trabalho, a lavoura, a indústria, o comércio; a moral doméstica e a moral política; todo o mecanismo das leis e da administração; a economia, a justiça, a instrução; a escola, a oficina, o quartel; a paz e a guerra; a história e a política; a poesia e a filosofia; a ciência e a arte; o passado, o presente e o futuro da nacionalidade [BILAC, 1965f, pp. 82-84].

Segundo Bilac, a defesa nacional não estava ainda organizada e a criação da LDN iria suprir essa falta. Aos seus dirigentes caberia a elaboração de um "corpo de doutrinas" que deveria servir de "guia e conforto para o Governo e para o povo". Em suas mãos estava entregue "toda a segurança do Brasil" (idem, p. 84).

No meio militar, a resistência maior a Bilac partiu de um grupo de jovens oficiais que havia estagiado no exército alemão e que, ao voltarem ao Brasil, ficaram conhecidos como os " jovens turcos"⁸. Embora defendessem, como Bilac, a obrigatoriedade do serviço militar, esses oficiais não concordavam com a concepção de "cidadão-soldado" e de nação armada. Ferrenhos defensores da profissionalização do Exército, os "jovens turcos" tinham uma concepção de "defesa nacional" que nada tinha em comum com a de Bilac. Além disso, aos jovens oficiais formados pelo Exército alemão era inaceitável que uma organização civil se encarregasse da formulação da doutrina de defesa nacional e se tornasse responsável pela segurança do país.

A reação desses jovens oficiais aparece imediatamente nas páginas da revista *A Defesa Nacional*. Os editoriais da revista rejeitam sistematicamente a ideologia do "cidadão-soldado", defendem a profissionalização e a modernização do Exército e enfatizam a competência

---

7 Sobre a ideologia da LDN, ver Carone (1970, pp. 168-170) e igualmente Manor (1972, pp. 179-313).
8 Sobre as razões desse apelido, ver Carvalho (1959, pp. 42-43; 1961). Entre os "jovens turcos", além de Leitão de Carvalho, podem ser citados os tenentes Bertholdo Klinger, Francisco de Paula Cidade e Euclides de Oliveira Figueiredo.

única e exclusiva do Estado-Maior na formulação da doutrina da defesa nacional e no preparo militar de toda a nação. Ao mesmo tempo, os redatores da revista criticam "o pretenso patriotismo, que não vai além das palavras jeitosamente articuladas", dos "patriotas *ad hoc*", para os quais "o patriotismo é um esporte alegre, rendoso e até na moda" (*A Defesa*..., 1918b, pp. 331-333)[9].

Os "jovens turcos" reagem também contra aqueles que querem resolver o problema da instrução popular por meio do serviço militar. Segundo eles, a educação geral é função da escola e não do quartel. Assim, em editorial de junho de 1918, os redatores de *A Defesa Nacional*, baseando-se nas ideias defendidas pelo general alemão Friedrich Von Bernhardi, discutem longamente as funções da escola e o papel desta com relação à educação militar do país (*A Desfesa*..., 1918a, pp. 267-271)[10]. Citando Von Bernhardi, os editorialistas afirmam:

> Se as exigências do progresso nacional, outras que as da defesa militar, têm imposto a diminuição da duração do serviço nas fileiras, o que também está no interesse dessa mesma defesa como meio de preparar com o mesmo efetivo no mesmo tempo reserva mais numerosa, e se, por outro lado, as exigências da guerra moderna têm aumentado em todas as direções, é preciso que os recrutas entrem para o serviço [...] o mais possível bem preparados, física e intelectualmente, e com as necessárias noções de patriotismo que os tornem dignos de vestirem farda. [...] Em outras palavras, a receptividade da massa dos cidadãos para a instrução militar eficiente em tempo curto cresce em proporção rápida com a sua prévia educação física, intelectual e moral [idem, p. 268].

Essa preparação física, intelectual e moral prévia dos recrutas está em relação direta com a educação geral do povo e deve ser realizada na escola; ao quartel cabe dar a preparação especificamente militar:

> Não devemos nos contentar em levantar a condição social e o conjunto das condições de vida do povo, assim preparando para a defesa nacional jovens fisicamente sãos: precisamos nos esforçar por desenvolver e

---

9   Trata-se de um editorial no qual os redatores da revista rejeitam a acusação de "germanofilismo", ao mesmo tempo em que defendem a adoção, por parte do Exército brasileiro, dos regulamentos do Exército alemão.
10 O editorial transcreve quase literalmente algumas partes do capítulo XIII – "A educação do povo e Força Militar" – do livro de Von Bernhardi (1916).

aperfeiçoar a educação intelectual do povo. O meio que temos é a escola. Trabalhar na escola pela educação militar futura e dar aos futuros defensores da pátria uma melhor preparação é o único meio de tornar possível que a instrução militar especial realize satisfatoriamente os seus objetivos especiais, não obstante a dificuldade crescente das condições [idem, p. 269].

Ainda citando Von Bernhardi, os redatores de *A Defesa Nacional* afirmam que a guerra moderna reclama a autonomia de cada combatente e exige de cada um "grande dose de julgamento e de independência, de calma, de reflexão e de intrépida energia" (idem, p. 268). Entretanto, a instrução primária, tal como estava sendo realizada, não preparava para isso o futuro recruta:

> Assim, a escola primária, como está, não pode servir de preparatória à educação militar. A mesma diferença se revela no espírito geral do ensino: a educação militar visa formar individualidades morais capazes de pensar e agir com independência e ao mesmo tempo despertar nos soldados o sentimento patriótico; ao lado da instrução profissional figuram no primeiro plano do programa a educação moral e a história pátria. Em tudo se afirma o desejo de ensinar a cada um a pensar livremente e a exprimir claramente o seu pensamento [idem, ibidem].

Dessa maneira, a escola primária, que "relega estas preocupações para o último plano" precisa ser reorientada. Mesmo admitindo que se deva "cuidar de intensificar cada vez mais todos os outros meios de educação militar, porque assim se tornará sempre mais evidente que sem a indicada orientação da escola primária os outros esforços não darão seu justo rendimento", os editorialistas afirmam ser "dever primordial do Governo" cuidar "da educação militar do país desde a escola primária" (idem, p. 269). E concluem:

> E qual é o agente do Governo em cujas atribuições caiba estudar e encaminhar essa educação, senão o Estado-Maior? Importa, pois, substituir ao atual desconhecimento mútuo entre este órgão e o Ministério da Instrução Pública [*sic*], a imprescindível harmonia, sem prejuízo de sua necessária independência [idem, ibidem][11].

---

11 O "desconhecimento mútuo" já se manifesta no próprio editorial, cujos autores parecem desconhecer que, na época, não existia no Brasil um "Ministério da Instrução Pública" e que as

Assim, mesmo concordando quanto à necessidade do serviço militar obrigatório, os "jovens turcos" diferem profundamente de Bilac e da LDN quanto à sua finalidade. Essa diferença traduz uma divergência mais profunda quanto à concepção mesma do Exército e do seu papel.

A LDN, fiel à sua concepção do "cidadão-soldado", transforma o Exército em "educador do povo", isto é, em aparelho ideológico encarregado de difundir os princípios da ordem e da disciplina. O quartel substitui assim a escola em sua função de inculcação ideológica. Tal concepção encontra apoio entre os velhos militares, formados dentro da visão positivista, que se consideravam "doutores" e que transformavam o conhecimento "científico" em "instrumento de ascensão social e de legitimação de sua ação política" (MARTINS, 1976, p. 87).

Os "jovens turcos", fiéis à formação recebida no Exército alemão, defendem a ideia de um Exército profissional moderno e bem equipado, responsável único pela garantia da ordem e da segurança do país; em outras palavras, de um Exército que assume a sua real função de aparelho repressivo. Mas, mesmo se recusando a assumir a tarefa de "educadores do povo", defendem a intervenção dos militares no sistema educacional e, em nome da profissionalização do Exército, atribuem à escola uma função (remota) de preparação militar.

No início dos anos de 1920, a LDN deixa em segundo plano a questão do serviço militar e volta-se para os problemas ligados à questão social, definindo-se como contrária aos movimentos reivindicatórios da classe operária, denunciando o "caráter artificial" da luta de classes e apoiando as medidas repressivas do governo. Em contrapartida, intensifica-se a profissionalização e a modernização no Exército, seja pela repercussão da campanha dos "jovens turcos", seja por influência da Missão Militar Francesa, que havia chegado ao Brasil em 1919.

A Missão Militar Francesa, que deverá permanecer no país até 1937, marcará profundamente a evolução do Exército brasileiro durante toda a década de 1920 e a primeira metade da década de 1930. Os franceses terão grande influência sobre a organização do ensino militar no

---

questões do ensino eram tratadas, em nível federal, por um departamento do Ministério da Justiça.

período e, indiretamente, sobre a concepção que terão da educação os militares brasileiros formados sob a sua influência[12].

Segundo Jeovah Motta,

> [...] a ideia de trazer missão estrangeira para instruir o Exército veio nascendo aos poucos, desde o começo da República. Com a ida do Marechal Hermes à Alemanha, em 1912, chegou a ser noticiada a vinda de missão alemã. Agora, em 1919, após havermos nos alinhado com os países que combatiam a Alemanha, depois do Exército francês ter dado tantas provas de valor, a quase todos pareceu natural que, se missão houvesse, esta deveria ser francesa [1976, p. 307].

Para o governo e os chefes militares brasileiros, os militares franceses deveriam atuar na formação dos oficiais, e essa função está expressa claramente na lei que autoriza sua contratação (BRASIL, 1919). Mas o governo e a cúpula militar atribuíam também à Missão Militar Francesa a função política de afastar os jovens oficiais das disputas partidárias. Para o governo, havia uma relação direta entre a profissionalização do Exército e o apoliticismo militar e, melhor que quaisquer outros, os franceses poderiam colocar essa relação em evidência.

Comentando a opção por uma missão militar francesa (quando a tendência dos "jovens turcos" era pela vinda de uma missão militar alemã), afirma Edmundo Campos Coelho:

> Se a escolha de uma missão militar francesa obedeceu, por um lado, à lógica ditada pelos resultados da I Grande Guerra, não deixou, por outro lado, de se inspirar na ideia que o exemplo "de la grande muette" poderia fazer do Exército um instrumento dócil nas mãos dos governantes [1976, p. 83].

Com efeito, uma das grandes preocupações dos membros da Missão Militar Francesa no Brasil, ao lado dos esforços para a modernização e o aperfeiçoamento profissional do Exército, era afastar os militares da política. Em um "Projeto de Reorganização do Exército Brasileiro", datado de 1924 e assinado pelo general Gamelin, chefe da Missão, pode-se ler:

---

12 A documentação francesa relativa à atuação da Missão Militar Francesa no Brasil, de 1919 a 1937 (relatórios do chefe da Missão, correspondências etc.), pode ser consultada nos arquivos do Service Historique de l'Armée de Terre, em Paris. Para um estudo da atuação da Missão Militar Francesa com base na documentação norte-americana, ver McCann (1983). Ainda sobre a Missão Militar Francesa, ver Neto (1976, 1980).

Além de preparar um Exército capaz eventualmente de responder às necessidades que podem se impor, tanto de defender a paz quanto de restabelecer a ordem, o presente projeto tem por objetivo:
– afastar o Exército da política;
– desenvolver o espírito militar e o "esprit de corps" e combater o "espírito de classe e de casta", contrários à concepção de um Exército nacional e democrático;
– desenvolver a disciplina militar e a consciência profissional, que são a base de uma lealdade absoluta do Exército para com o governo.

Tal tarefa não era fácil, e o chefe da Missão Militar Francesa queixa-se frequentemente do ministro da Guerra "que não tem nenhum valor militar, desinteressa-se cada vez mais daquelas que deveriam ser as suas verdadeiras ocupações, deixando-se levar por objetivos políticos", como também da "*entourage* do Ministro, que não pensa senão em seus interesses carreiristas" (R*apport*..., 1923).

Na verdade, se os chefes militares esperavam que os franceses afastassem os jovens oficiais da política, isso não significava que tivessem a intenção de também se ausentarem dela. Pelo contrário, viam na ação da Missão Militar Francesa a possibilidade de atuarem no jogo político sem os riscos de uma politização das bases militares.

O chefe da Missão Militar Francesa, não percebendo claramente as causas reais das dificuldades por ele encontradas, acaba por atribuí-las ao "orgulho", à "vaidade" e à "falsidade" dos brasileiros. Referindo-se ao general Tasso Fragoso, chefe do Estado-Maior, ele escreverá, em 1924:

> Sem dúvida, sua vaidade crescente faz com que lhe seja muito difícil suportar a minha tutela. Mas, a menos que ele seja mais falso do que eu suponho – e qual brasileiro não o é! – não penso que ele seja nosso adversário, como estão sempre me afirmando as pessoas interessadas em nos confundir [R*apport*..., 1924a].

Ainda em 1924, depois de descrever as oposições que continuavam a ser feitas à Missão, ele voltará a queixar-se da "falsidade" dos brasileiros: "Este fato [...] demonstra bem, mais uma vez, que nunca se pode confiar completamente nos brasileiros e que, conforme um ditado que descreve bem o país, 'aqui há sempre serpentes escondidas no meio das flores'" (R*apport*..., 1924b).

Dessa forma, para ele, se a Missão Militar Francesa não obtinha o sucesso esperado, a culpa era toda dos brasileiros: "O lado fraco não é, de forma alguma, a 'ferramenta francesa', que não poderia ser melhor, mas a 'matéria brasileira'" (RAPPORT..., 1924c).

Evidentemente, também da parte dos franceses os interesses não eram puramente militares. Assim, em 1921, o adido militar da Embaixada da França no Brasil escreve: "Com a nossa Missão Militar nós possuímos certamente o instrumento mais adequado a difundir a nossa doutrina militar e ampliar nossa influência militar, que deve ser considerada um dos elementos importantes de nossa influência geral" (RELATÓRIO..., 1921).

Entre os interesses franceses em jogo, os comerciais, ligados à venda de armamentos, ocupavam um lugar importante. Nos relatórios enviados pelo chefe da Missão e pelo adido militar francês, são constantes as queixas relacionadas com a pouca "agressividade comercial" das fábricas de armamento francesas, que não se aproveitavam do trabalho preparatório realizado pela Missão e deixavam campo livre às fábricas alemãs. Estas, por sua vez, eram ajudadas pela ação dos "jovens turcos" que, em um primeiro momento, conseguiram contrabalançar a influência dos franceses. Assim, por exemplo, os ex-estagiários do Exército alemão conseguiram manter os franceses afastados da Escola Militar, pelo menos até 1924. É ainda Jeovah Motta quem escreve:

> Estranhamente, nos primeiros anos (os franceses) não atuaram na Escola Militar. [...] Não será temeridade afirmar que as reformas de 1918 e 1919 foram elaboradas sob a influência dos oficiais que haviam estagiado no Exército alemão. É bem deles a ultravalorização dos assuntos militares, de caráter prático, as normas para as matrículas, a instituição da Missão Indígena. E, possivelmente, a eles se deve, também, a colocação da Escola Militar fora da alçada dos franceses. Havia, na época, quem os chamasse de "germanófilos". Não seria um germanismo político e sim técnico, que os levava a subestimar ou desmerecer no campo das coisas militares, tudo que não trouxesse a marca alemã [1976, pp. 308 e 316].

Mas é evidente que, apesar dos esforços dos franceses, as disputas não se davam apenas em torno de questões puramente técnicas; os movimentos tenentistas, por exemplo, são fenômenos eminentemente políticos[13].

---

13 Sobre o tenentismo, ver, entre outros, Santa Rosa (1934), Carone (1975) e Figueiredo (1979).

E será exatamente pela forma de conceber e viver as relações entre o Exército e a política que se definirão duas correntes entre os oficiais do Exército brasileiro no decorrer da década de 1920. A primeira, desenvolvida à luz da ideologia do "soldado profissional", insiste sobre a neutralidade política do Exército; a segunda, que se fundamenta na ideologia do "cidadão-soldado" e considera legítima a intervenção dos militares na política, assume tendências sociais reformadoras com o movimento tenentista. Eis como José Murilo de Carvalho descreve essas duas posições:

> Os oficiais contrários à intervenção militar na política refletiam os ensinamentos da Missão Militar Francesa e, em menor escala, a influência do profissionalismo alemão. Refletiam um modelo de relação entre força armada e política desenvolvido nas democracias liberais do ocidente, onde a solidez da ordem burguesa permitia, e mesmo pedia, exércitos primordialmente dedicados à tarefa de defesa externa, alheios ao jogo político interno. [...] O intervencionismo reformista era um híbrido, desenvolvido em países de transformação burguesa retardada. No Brasil, ele foi tributário da influência positivista, cujos resíduos ainda persistiam na década de trinta. [...] O tenentismo herdaria de seus precursores positivistas o intervencionismo e o reformismo, mas dele se afastaria pelo caráter mais militarista de sua ação. Os positivistas eram basicamente civilistas, o mesmo não acontecendo com os tenentes, que mais facilmente aceitavam o predomínio militar na política e a necessidade do fortalecimento das Forças Armadas [1983, p. 121].

O caráter utópico da posição neutralista dentro do contexto político brasileiro da época e a "incapacidade dos reformistas em controlar a organização" (idem, p. 122) levaram ao desenvolvimento, no final dos anos de 1920, de uma terceira posição, que José Murilo de Carvalho chama de "soldado-corporação" ou "intervenção moderadora". Segundo ele:

> [...] esta posição divergia da ideologia do soldado profissional, por admitir aberta intervenção na política, embora com ela concordasse quanto à necessidade de preparação profissional do Exército. Concordava com a ideologia do soldado-cidadão quanto à legitimidade da intervenção do militar na política, mas dela discordava quanto ao sentido desta intervenção [1977, p. 213].

Em lugar de uma intervenção reformadora, como pregavam os tenentes, essa terceira posição propunha uma intervenção controladora ou "moderadora", sob a orientação do órgão de cúpula do Exército, o Estado-Maior. Tal posição terá maior desenvolvimento após a Revolução de 1930, principalmente por intermédio do general Góes Monteiro, chefe militar do movimento que levou Getúlio Vargas ao poder.

2. As Forças Armadas e a política de educação

A partir da Revolução de 1930, a posição dos militares em relação ao problema da educação sofre uma transformação, consequência das mudanças na própria concepção do papel das Forças Armadas e das suas relações com a sociedade.

Em seu estudo sobre as Forças Armadas e o sistema político brasileiro no período de 1930-1945, José Murilo de Carvalho afirma:

> O Exército que emergiu da Revolução seria uma organização fragmentada ao longo de várias clivagens que iriam se manifestar no ambiente quase caótico que se seguiu. [...] Em meio a este jogo de forças gestar-se-ia um projeto hegemônico por parte de um setor do Exército, que iria aos poucos eliminando propostas alternativas, até consolidar-se com o golpe de 1937, ou melhor, com a derrota do levante integralista de 1938. O projeto incluía aspectos que diziam respeito à estrutura interna da organização militar, às relações da organização com a sociedade e à sociedade em geral [1983, pp. 110-111].

Desse projeto, que teve no general Góes Monteiro um dos seus principais idealizadores, interessa aqui o novo papel que ele define para o Exército e a nova concepção sobre as relações entre a política militar e a política educacional.

Para Góes Monteiro (s.d., p. 132), "o poder militar [...] não é mais do que o instrumento de força do poder civil".

Enquanto instrumento do poder civil, as Forças Armadas cumprem a sua função de aparelho repressivo, capaz de garantir a segurança e a ordem. Em documento encaminhado a Getúlio Vargas, durante as negociações que culminaram com a sua nomeação para o Ministério da Guerra, Góes Monteiro define de forma clara essa função:

A ordem político-social deve ficar aos cuidados da polícia preventiva, em ligação íntima com o serviço secreto do Estado-Maior. [...] A polícia repressiva, a cargo dos Estados, deve possuir o pessoal e os meios técnicos indispensáveis, para assegurar a ordem civil, compondo-se de unidades militarizadas ou não, especializadas, quer para o emprego urbano, quer para o rural [GÓES MONTEIRO, 1934a, pp. 18-19][14].

Para cumprir essas funções, as Forças Armadas deverão ser fortes e disciplinadas, o que supõe um governo forte e um povo disciplinado.

Inicialmente, um povo disciplinado porque "não pode existir Exército disciplinado dentro de uma Nação indisciplinada" (GÓES MONTEIRO, s.d., p. 157). Para o processo de disciplinamento do povo, Góes Monteiro defende a adoção dos princípios de organização militar: "O meio mais racional de estabelecer, em bases sólidas, a segurança nacional, com o fim sobretudo de disciplinar o povo e obter o máximo de rendimento em todos os ramos da atividade pública, é justamente adotar os princípios de organização militar" (idem, p. 201).

Junto a um povo disciplinado, um poder civil que se concretize em um governo forte:

> As forças militares nacionais têm que ser, naturalmente, forças construtoras, apoiando governos fortes, capazes de movimentar e dar nova estrutura à existência nacional, porque só com a força é que se pode construir, visto que com a fraqueza só se constroem lágrimas [idem, p. 157].

Dentro desse projeto ideológico-repressivo, não havia lugar para a ação política no seio da sociedade civil.

Góes Monteiro não poupa de suas críticas o regime liberal, o sistema representativo, o sufrágio universal e os partidos políticos. Ele admite, contudo, que, em um período de transição para um governo forte, seja criado um partido único, nacional, ou "social-nacionalista", capaz de organizar a opinião pública, fornecer quadros para as instituições do Estado e guiar as massas. No citado documento encaminhado a Getúlio Vargas, em janeiro de 1934, Góes Monteiro enumera, entre as transformações que deveriam ter sido realizadas no país pelo

---

14 Documento encaminhado ao presidente da República em 4 de janeiro de 1934. Em outro documento encaminhado a Vargas na mesma ocasião, Góes Monteiro (1934b) propõe que as polícias estaduais sejam enquadradas como reservas do Exército ativo, subordinadas tecnicamente ao Estado-Maior do Exército.

Governo Provisório oriundo da Revolução, e que não o foram, a criação de um partido único:

> A organização da opinião pública deveria ter sido o objeto primeiro de forte organização partidária – um partido social-nacionalista que fornecesse quadros vigorosos para os diferentes órgãos e instituições do Estado e guiasse as massas com mão firme para o desenvolvimento da produção e para a coordenação das forças vivas da nacionalidade, destruindo a rotina e os preconceitos político-jurídicos e os vícios das antigas facções regionalistas que deveriam ter desaparecido [1934a, p. 7].

Como esse partido único não havia sido ainda organizado, o Exército e a Marinha eram, segundo Góes Monteiro, "as únicas instituições nacionais" e "as únicas forças" em condições de "concentrar em suas mãos os interesses da nacionalidade". Assim, as demais forças do país deveriam organizar-se "à sombra delas" (GÓES MONTEIRO, s.d., p. 156).

De tudo isso, pode-se concluir que o Exército tem um caráter essencialmente político.

Para Góes Monteiro, a afirmação que o Exército não deveria ser político constituía um "capcioso eufemismo", um "erro [...] fruto da ignorância, da má-fé ou da incompreensão da História" (idem, p. 133). Segundo ele, "o alcance e a finalidade política das Forças Armadas" eram um "axioma", uma "verdade cristalina":

> O Exército é um órgão essencialmente político; e a ele interessa, fundamentalmente, sob todos os aspectos, a política verdadeiramente nacional, de que emanam, até certo ponto, a doutrina e o potencial de guerra. A política geral, a política econômica, a política industrial e agrícola, o sistema de comunicações, a política internacional, todos os ramos da atividade, da produção e da existência coletiva, inclusive a instrução e a educação do povo, o regime político-social – tudo, enfim, afeta a política militar de um país [idem, ibidem].

Mas não se trata aqui de uma abertura das Forças Armadas à penetração da política externa, nem de o Exército deixar-se invadir pelas disputas políticas existentes no seio da sociedade civil; trata-se de impor à sociedade civil uma política gerada no seio das Forças Armadas. Conforme Góes Monteiro, "sendo o Exército um instrumento essencialmente político, a consciência coletiva deve-se criar no sentido de se fazer a política *do* Exército, e não a política *no* Exército" (idem, p. 163).

A política do Exército era uma política de preparação para a guerra, entendida enquanto processo de mobilização nacional. O conceito de mobilização, introduzido pela Missão Militar Francesa, desempenhou papel importante na definição das relações entre as Forças Armadas e a sociedade, no período. Com efeito, depois da guerra de 1914-1918,

> [...] ficou patente que os resultados de uma guerra não dependiam somente de uma judiciosa mobilização militar. Fazia mister poder *produzir* o necessário à manutenção das forças militares, sem colapsos, e também ter a possibilidade de criar oportunamente meios de combate novos, com uma conveniente utilização do potencial das indústrias. Além disso, tornou-se patente a necessidade de uma *preparação moral*, não somente das forças militares propriamente ditas, mas de todo o mecanismo nacional. Verificou-se que não somente os êxitos, bons ou maus, obtidos nos campos de batalha influíam no entusiasmo, confiança ou desânimo de toda a Nação, mas ser o estado de ânimo do interior do país e as atividades aí desenvolvidas condicionantes da capacidade de combater dos exércitos. Em suma, não se tratava mais desde então de mobilização militar e sim de mobilização nacional [MAGALHÃES, 1958, p. 351].

Já em 1930, em artigo publicado em *A Defesa Nacional*, um oficial que acabara de chegar de um estágio no Exército francês, comentando a nova lei francesa de "Organização Geral da Nação para a Guerra", afirmava que os ministérios civis deveriam assumir, desde o tempo de paz, uma parte de responsabilidade na preparação da defesa nacional e na mobilização geral do país. Segundo ele, por *mobilização* se deveria entender "a operação que tem por fim passar da organização do tempo de paz à do tempo de guerra". Ora, como, a partir da Primeira Guerra Mundial, o conceito de "guerra militar" havia cedido lugar à noção de "guerra total", era toda a organização nacional que se deveria adaptar às condições da guerra. Dessa forma, a preparação da mobilização nacional deveria "estender-se a todas as formas de atividade do país" (ARARIPE, 1930, pp. 21-23).

Assim, "fazer a política do Exército" significava por em prática, desde o tempo de paz, uma política de preparação para a guerra. Essa preparação, considerada do ponto de vista da "mobilização geral", justificava a intervenção do Exército em todos os setores da vida nacional, inclusive na educação do povo. Essa argumentação é retomada e desenvolvida por Góes Monteiro em entrevista concedida para *O Jornal*, em 5 de novembro de 1933:

> A política do Exército é a preparação para a guerra, e esta preparação interessa e envolve todas as manifestações e atividades da vida nacional, no campo material – no que se refere à economia, à produção e aos recursos de toda a natureza – e no campo moral, sobretudo no que concerne à educação do povo e à formação de uma mentalidade que sobreponha a tudo os interesses da Pátria, suprimindo, quanto possível, o individualismo ou qualquer outra espécie de particularismo [apud Góes Monteiro, s.d., p. 163].

Dessa maneira, depois de 1930, embora o papel educativo das Forças Armadas continuasse a ser afirmado, não apenas no discurso oficial do período como nas próprias páginas de *A Defesa Nacional*, a relação entre Exército e educação adquire outra dimensão. Assim, na mensagem dirigida à Assembleia Nacional Constituinte em novembro de 1933, Getúlio Vargas defende "uma distribuição mais razoável e proveitosa dos efetivos militares, de modo a aproveitá-los como fatores de atuação educativa e de progresso social", beneficiando também "recantos afastados do país, onde os quartéis deverão ser escolas de trabalho e de civismo" (Vargas, 1938e, pp. 73-74).

Também a revista *A Defesa Nacional*, que passara da órbita de influência dos "jovens turcos" para as mãos de oficiais formados pela Missão Militar Francesa, refere-se várias vezes ao papel formador do Exército. Mas não se trata mais de formar "o cidadão" em abstrato, como pretendia Bilac. A ação educativa desenvolvida nos quartéis apresenta-se com objetivos bem precisos. Mesmo afirmando que "a Caserna *é* uma Escola", a revista atribui à "ação educadora" dos oficiais a função de "contrapreparação", capaz de "esmagar na base de partida as tentativas destruidoras dos reformistas" e "esclarecer os espíritos dos soldados sobre o acerto de nossa organização social" (*A Defesa...*, 1930, p. 735). Os jovens que a Nação confia anualmente aos oficiais "representam um capital de energia e de força física" que a sua ação educativa deverá fazer frutificar, "pondo assim à disposição de todo o gênero de autoridade braços mais vigorosos, peitos mais fortes e vontades mais temperadas" (Rolim, 1935, p. 698). Não se trata também de se considerar a função educativa dos oficiais como um "sacerdócio" ou um "apostolado"; trata-se de encará-la como uma função técnica, que exige preparação:

O oficial é, hoje em dia, antes de tudo, um educador. Talvez jamais se bata em toda a sua vida, mas, durante toda a carreira, viverá às voltas com a instrução, a educação da tropa. Faz-se mister, pois, dar-lhe todos os elementos precisos ao bom desempenho da função de homem que ensina. Não basta dizer-lhe o que deve ensinar, mas também como deve ensinar [SOMBRA, 1937, p. 254][15].

Mas, dentro do projeto intervencionista moderador, as relações do Exército com o sistema educativo apresentavam-se com uma abrangência muito maior.

Não se tratava apenas de salientar o papel educativo das Forças Armadas. Propunha-se agora uma intervenção direta na política educativa, visando conformá-la à "política militar do país", para que também em relação à educação do povo fosse feita a "política do Exército".

Góes Monteiro procura definir e tornar operacional a "política do Exército" para a educação com base no conceito de "defesa nacional" em documento enviado a Getúlio Vargas, em janeiro de 1934 (GÓES MONTEIRO, 1934b).

Nesse documento, Góes Monteiro afirma que os problemas existentes no Exército eram consequência do "índice de desorganização geral do país". Para resolvê-los, e para colocar os problemas concernentes à defesa nacional "sobre seus verdadeiros alicerces", o "movimento revolucionário" deveria "estabelecer uma nova ordem de coisas diferente da atual e capaz de disciplinar todas as forças e revigorar o organismo da Nação". A preocupação com a defesa nacional deveria estar na base dessa transformação, pois "a atividade orientada pela defesa nacional assegura o máximo rendimento às tentativas de soluções de todos os problemas nacionais". Assim, para Góes Monteiro, "as instituições do Estado e a liberdade individual não podem subsistir" quando prejudicam a defesa nacional.

Estava assim justificada a intervenção dirigida na economia, no sistema educacional e na imprensa: "A economia dirigida fornecerá os recursos materiais à administração pública; e a imprensa e a educação

---

15 De acordo com esse oficial, justificava-se assim a introdução de cursos de noções de pedagogia e métodos de instrução nas escolas de formação de oficiais. Justificava-se também a criação de um órgão técnico especializado – a Diretoria de Ensino Militar – para ocupar-se das questões técnico-didáticas no ensino militar. Enquanto ao Estado-Maior caberia dizer *o que* deve ser ensinado, à Diretoria de Ensino Militar competiria dizer *como* se deve ensinar (SOMBRA, 1936b, p. 192).

dirigidas fornecerão a mentalidade capaz de disciplinar as gerações sucessivas" (idem, p. 2).

E ao Exército deveria caber a função de coordenar essa intervenção:

> O Exército deverá ser uma escola e uma oficina de preparação de *todos* os meios de defesa da nacionalidade. Consequentemente, a essa escola e a essa oficina devem estar ligados todos os outros esforços e atividades da vida coletiva, para haver a coordenação regular no sentido do objetivo comum [idem, ibidem].

Para isso, Góes Monteiro propõe a criação de um "Conselho Superior de Defesa Nacional", como órgão coordenador e orientador dos demais órgãos da administração pública em aspectos relativos à defesa nacional. Para esse conselho deveriam ser canalizadas todas as necessidades relacionadas com essa defesa, não só "as que interessam propriamente o Exército" como também "as que, tendo uma repercussão fora das fronteiras do Exército, vão atingir os interesses desse ou daquele Ministério, dessa ou daquela repartição pública ou particular" (idem, p. 5). A solução das segundas permitiria um andamento melhor e uma solução adequada das primeiras.

Assim, a política do Exército proposta por Góes Monteiro dentro do projeto intervencionista moderador aparece claramente em suas linhas essenciais: criação de um partido único (social-nacionalista) que assegurasse a transição para um governo forte, preparasse quadros para o Estado e guiasse com mão firme as massas; fortalecimento dos aparelhos repressivos do Estado (Exército e polícia) para garantia da ordem político-social; controle dos aparelhos ideológicos (imprensa e sistema educacional) para formação e difusão "de uma mentalidade nova e enérgica em torno do ideal nacional", capaz de disciplinar as novas gerações e fazer desaparecer a luta de classes. Paralelamente, intervenção do Estado na economia, de modo que impedisse o colapso na produção e aumentasse a riqueza. Tudo isso sob a orientação e coordenação de um Conselho Superior de Defesa Nacional.

Nesse projeto, caberia ao Ministério da Educação ocupar-se da educação moral e cívica e da educação física nas escolas. Educação moral e cívica, para difusão da ideologia nacionalista, disciplinamento das novas gerações e preparação moral para a guerra, dentro do processo de mobilização nacional; educação física para a formação do futuro soldado:

Ao Ministério da Educação e Saúde Pública caberá, em primeira urgência, cuidar e unificar a educação moral e cívica das escolas em todo o País, guiando-se no tocante à educação física pelo que foi feito no Exército e agindo de acordo com ele. Dessa forma a missão das classes armadas ficará de fato simplificada por ocasião do recebimento das turmas de conscritos e o início do primeiro período de instrução dos recrutas, tornando possível ao Exército, sobre esta base construída sob sua orientação e controle preocupar-se principalmente com a parte da educação física concernente à adaptação às especialidades [idem, p. 6][16].

A influência do Exército sobre a prática da educação física nas escolas foi real e duradoura. Com relação à educação moral e cívica, como poderá ser visto, a unificação desejada por Góes Monteiro não chegou a se concretizar. Com efeito, embora a necessidade da educação moral e cívica nas escolas como instrumento de difusão ideológica e disciplinamento continuasse a ser enfatizada no discurso, na prática, sobretudo a partir de 1935, o controle e a repressão sobre o sistema de ensino passam a ocupar o primeiro plano.

As proposições de Góes Monteiro, entretanto, não deixaram de encontrar eco no meio civil, entre educadores e políticos.

Entre os primeiros, podemos citar Isaias Alves, membro do Conselho Nacional de Educação e futuro secretário da Educação do Estado da Bahia. Como Góes Monteiro, Isaias Alves parte da crítica à democracia liberal para justificar a implantação de um Estado forte e a intervenção do Exército no sistema de ensino (ALVES, 1941).

Segundo Isaias Alves (1941), a democracia do século XIX havia sido destruída pelos seus próprios símbolos: o parlamento, o congresso, as cortes de justiça, a imprensa. Por essa razão, a democracia somente se poderia salvar "sob um governo forte" (idem, p. 96) o qual, mesmo não sendo totalitário, deveria adaptar-se ao "espírito" dos regimes totalitários (idem, p. 86). Concretamente, isso significava a possibilidade de limitar a liberdade de expressão, fazer expurgo nas livrarias e bibliotecas, fechar escolas, suprimir a liberdade de cátedra e controlar o parlamento (idem, pp. 85-86).

Ainda, para ele, a escola tinha desempenhado papel importante nesse processo de "destruição" da "democracia". Ao utilizar

---

16 Góes Monteiro retoma aqui a argumentação desenvolvida por Von Bernhardi e pelos "jovens turcos" na década de 1910.

"métodos escolares que conduzem ao excessivo desenvolvimento da personalidade", sendo dessa maneira "prejudiciais à conservação da sociedade e do Estado" (idem, p. 88), e, ao propagar "a liberdade, a autonomia dos alunos, e a limitação do poder do professor", a escola "matou na democracia o que lhe é fundamental: a ordem, a disciplina que conduzem ao progresso" (idem, p. 85).

Escrevendo sobre "o Exército e a educação nacional", Isaias Alves não se cansa de denunciar "a crescente desordem mental e confusão disciplinar" existentes nas escolas (idem, pp. 91-92). Segundo ele, era necessário implantar "uma política educacional firme e esclarecida" e "exigir para a educação um ambiente de ordem social" (idem, p. 92). Como os educadores mostravam-se incapazes de realizar essa tarefa, e como a educação, enquanto instrumento de mobilização, interessava de perto à defesa do país, cabia ao Exército, que representava os interesses da Nação, garantir à política educacional o seu espírito de unidade e à escola o ambiente de ordem social que ela necessitava para seu trabalho:

> Desde que os educadores não querem perceber os erros acumulados, cabe ao Exército guiar os novos roteiros da formação nacional. [...] A política educacional do momento precisa receber espírito de unidade de que se não deve distrair o Exército, que representa o denominador comum da Nação, na quadra de insegurança e desvario em que vivemos. [...] Que o glorioso Exército Nacional [...] concorra para trazer à educação nacional um forte estímulo de ordem que edifique a juventude. [...] O Exército [...] deve ser o coordenador do ambiente em que a escola agirá no preparo das novas gerações [idem, pp. 91-93].

Isaias Alves vai mais longe que Góes Monteiro, defendendo a implantação da educação militar nas escolas[17] e o apelo ao sentimento nacionalista dos alunos mesmo à custa da verdade histórica:

> Não é a ciência, não são os planos sociológicos, é o sentimento que salvará a nacionalidade. [...] Nós trazemos à inteligência das crianças e das camadas populares todas as fraquezas dos símbolos da nacionalidade.

---

17 Em 1932, Isaias Alves havia apresentado no Conselho Nacional de Educação um parecer favorável à introdução da instrução militar nas escolas. Esse parecer será analisado no Capítulo III deste livro.

> Despimo-los, sem nos lembrarmos de que eles são uma época inteira de emotividade construtiva. [...] Dissemos que a verdade é dura demais para a criança. Ela é tanto mais dura quanto mais violentamente derriba os ídolos patrióticos. [...] O primeiro trabalho a realizar é despertar os sentimentos de honra cívica, de orgulho nacional, por meio da disciplina e da ordem [idem, p. 94].

Entre os políticos, mesmo alguns considerados liberais, como Armando de Salles Oliveira, governador do estado de São Paulo e candidato à Presidência da República pelo Partido Constitucionalista nas eleições marcadas para 1937, passaram a defender, sobretudo a partir de novembro de 1935, uma maior integração entre o Exército e o sistema educacional e a participação das Forças Armadas na definição da política da educação.

Em diferentes momentos, durante o ano de 1936, Armando de Salles Oliveira, ao mesmo tempo em que denuncia os riscos do totalitarismo e da centralização, defende a alteração da Constituição no intuito de "fortalecer o poder dos que têm o encargo de aplicá-la" (OLIVEIRA, 1937, p. 19) e não hesita em apelar para os exemplos da Itália, Alemanha e Portugal:

> Para defender a trilogia que constitui o lema da maioria dos cristãos, esses povos ergueram-se com maravilhoso vigor, reuniram-se debaixo de uma mística ardente e, levando ao ponto mais alto o culto da Pátria, reforçam e dão novo lustre às colunas em que ela se sustenta – a família e a religião. [...] Para vencer a anarquia e isolar o contágio marxista, grandes nações abraçaram novas doutrinas políticas e alcançaram uma miraculosa energia renovadora em regimes de disciplina, nos quais a liberdade deixou de existir [idem, pp. 4 e 7].

Não se trata, para Armando de Salles Oliveira, de imitar o que fazem esses países, ou de "pedir-lhes emprestado as armas que empregam", mas de utilizar-se de seus métodos e de imitar o seu "espírito", dando-lhes, entretanto, uma "roupagem" brasileira:

> Peçamos à Itália, à Alemanha e a Portugal os poderosos métodos de propaganda por meio dos quais levaremos aos últimos recantos do país a palavra de união e de fé em volta da bandeira da Pátria. Imitemos dessas admiráveis nações a exaltação patriótica, o espírito de renúncia, a força de organização, a capacidade renovadora. Conservemos, porém, a nossa roupa, permaneçamos brasileiros [idem, p. 8].

Um desses "métodos de propaganda" era a educação: "Olhando para o que se passa nos grandes países, vemos que, para imprimir novo entusiasmo e dar novo sangue à mocidade, os nacionalismos de todos os matizes assenhoreiam-se da educação, dirigem-na e fazem dela uma irresistível força de disciplina e solidariedade" (idem, p. 22). Assim, Armando de Salles Oliveira propõe que, ao lado das medidas de repressão, seja estabelecido um vasto programa de educação, com a participação da universidade e do Exército:

> Não nos contentaremos com o paliativo de simples medidas de repressão, que resolvem apenas os embaraços do presente. O que sentimos, na raiz de todas as nossas dificuldades e de todos os nossos desentendimentos, é que o problema brasileiro é um problema de educação. Reagindo contra a indiferença geral e corrigindo um sistema pedagógico que tem como principal objetivo o desenvolvimento do indivíduo como célula independente no organismo social, cabe-nos estabelecer um largo programa de educação nacional. E a alma desse programa será uma estreita coesão entre a Universidade e o Exército, que passariam a ser alimentados por uma única corrente de fé patriótica [idem, pp. 21-22].

E Armando de Salles Oliveira retoma o tema da "função educativa das Forças Armadas" levando-o às suas últimas consequências. Não se trata mais de considerar o quartel como uma escola, mas sim de transformar as escolas em quartéis:

> O problema do Exército e o problema da educação se entrelaçam e assim se devem apresentar à consideração dos homens públicos brasileiros. Confundindo numa mesma educação, verdadeiramente nacional, o cidadão e o soldado, daremos ao país a fibra moral sem a qual não serão vencidos os seus males nem serão conjuradas as ameaças que escurecem os céus brasileiros. Deixando de cruzar os braços, na ilusão de que os perigos passaram, façamos penetrar desde a escola primária até os cimos da Universidade as palavras de direção que estão inscritas na caserna. A criança deve aprender, desde as primeiras letras, que há uma lei de disciplina e de sacrifício; que essa lei tem um poder supremo e que a bandeira, que a representa, é não só o emblema da pátria, mas a insígnia de Deus e da casa familiar. [...] Mocidade brasileira, que quereis servir ao ideal da pátria forte, segui o Exército, se não podeis penetrar em suas fileiras e contaminai-vos em suas virtudes. Porque só os que possuírem as virtudes fundamentais do soldado poderão figurar

na marcha, que daqui há de partir, para fazer do Brasil, de propósito, uma grande nação [idem, pp. 34-36][18].

Concretamente, essa penetração do espírito militar nas escolas preconizada por Armando de Salles Oliveira não se realizou. Como se mostrará no Capítulo IV deste livro, a proposta de militarização da juventude, feita por Francisco Campos, em 1938, encontrará viva oposição nos próprios meios militares e não se concretizará. Os militares se contentarão com duas iniciativas bem mais limitadas, a serem realizadas sob sua iniciativa e direção: a implantação da educação física escolar e a extensão da instrução pré-militar aos alunos menores de 16 anos, inscritos nos estabelecimentos de ensino primário e secundário[19].

3. Educação e segurança nacional

Embora não se possa falar da existência de uma "doutrina da segurança nacional" no período de 1930-1945, pois esta só será desenvolvida no Brasil a partir do fim da Segunda Guerra Mundial, é inegável que a ideia de segurança nacional, concebida não somente como defesa externa, mas também como defesa contra os inimigos internos, ocupou um lugar importante na definição do papel a ser desempenhado pelos militares brasileiros nesse período.

---

18 Note-se a semelhança entre essa declaração de Armando de Salles Oliveira e o discurso pronunciado, dez anos antes, pelo líder fascista Forges Davanzati, na Universidade de Pisa, em 24 de janeiro de 1926: "Após tantos anos de regime democrático-liberal, foi o governo fascista que soube e quis oferecer à universidade o maior volume de recursos que lhe era possível no orçamento. Soube e quis fazer isto após um período no qual, por uma monstruosa falsa antítese, se dizia que era necessário destruir os quartéis para se criar escolas. Nós, ao contrário, encontramos ânimo e dinheiro para que a Pátria reencontre sua força, tanto nos quartéis como nas escolas. Porque os quartéis são uma grandíssima e fortíssima escola, e porque *a escola não pode ter força se nela não penetra o profundo e severo espírito de disciplina que existe no quartel*" (Davanzati, 1926, pp. 16-17, grifo meu). Como se verá no Capítulo IV deste livro, Francisco Campos empregará a mesma linguagem, em 1937, para justificar seu projeto de militarização da juventude brasileira.

19 Essas duas atividades serão tratadas no item 4.

O conceito de "segurança nacional", significando segurança contra possíveis ataques de inimigos externos, veio substituir o conceito de "defesa nacional" a partir do momento em que este último se mostrou insuficiente para justificar a pré-mobilização e a preparação da nação para a guerra em tempo de paz e para legitimar a implantação da política *do* Exército enquanto política de mobilização nacional. Com efeito, a nação precisa defender-se apenas se for atacada; mas ela só estará "em segurança" se estiver permanentemente preparada, de forma que desencoraje qualquer ataque e o repila, caso ele se concretize. Essa insuficiência do conceito de defesa nacional acentuou-se a partir de 1930, em razão da ampliação dos movimentos pacifistas em todo o país. Um sinal dessa mudança foi a transformação, em 1934, do Conselho de Defesa Nacional em Conselho Superior de Segurança Nacional[20].

Entretanto, o conceito de segurança como preparação permanente só adquire toda a sua força quando o inimigo está permanentemente presente, o que não acontecia no Brasil, no período em questão. Dessa forma, sobretudo a partir de 1935, será enfatizada a ideia de que a segurança da pátria está ameaçada não apenas pelos inimigos externos, mas também por "inimigos" que se encontram dentro de suas fronteiras, isto é, pelos "inimigos internos", que serão, por via de regra, identificados com os comunistas. Essa segunda significação do conceito de "segurança nacional" passará a ser predominante, e será em torno dela que se desenvolverá, a partir de 1945, a "doutrina da segurança nacional"[21].

Mas em qualquer das duas concepções o conceito de "segurança nacional" aparece com um caráter abrangente, englobando não apenas questões de ordem militar propriamente ditas, mas também questões econômicas, sociais, políticas e culturais, servindo assim como argumento legitimador da permanente intervenção das Forças Armadas em todos esses setores.

A abrangência do conceito de segurança nacional pode ser comprovada consultando-se, por exemplo, as normas para a classificação

---

20   O Conselho de Defesa Nacional havia sido criado em 1927 (Brasil, 1927, p. 570) por influência da Missão Militar Francesa. Ele foi reorganizado no início de 1934 (Brasil, 1934a, p. 679) e teve seu nome mudado para Conselho Superior de Segurança Nacional em agosto do mesmo ano (Brasil, 1934b, p. 5).

21   A bibliografia sobre a "doutrina da segurança nacional" é vastíssima. Veja-se, entre outros, Comblin (1980).

dos livros das bibliotecas dos estabelecimentos militares de ensino, publicadas no início de 1939. No catálogo das bibliotecas estava prevista uma série na qual deveriam figurar os "estudos sobre segurança nacional", dividida em duas subséries. A primeira, denominada "preparação moral", incluía os estudos sobre

> [...] as causas e efeitos dos conflitos internacionais; o problema da paz; a situação e a atitude do Brasil, em face dos valores reais da civilização; a retrospecção histórica da participação do Brasil em face da política pan-americana; psicologia social e política, heranças, condições de vida, contingência sociais da coletividade nacional; psicologia das massas; estrutura, vida e mobilidade das populações rurais; normalidades e anormalidades sociais; estatísticas territoriais; concessões territoriais; mapas imigratórios; aglomerações das correntes imigratórias; adaptação do imigrante adulto; mentalidade do imigrante; aspectos educativos da política de imigração e de colonização; assimilação imigratória; ação educativa das correntes alienígenas nas zonas imigratórias; política educativa internacional; revisão dos textos de geografia e história; literatura escolar; orientação e fiscalização do cinema e da radiodifusão; comissões científicas e pesquisas nacionais e estrangeiras pelo nosso *hinterland*; política educativa no sentido de uma compreensão clara da política de segurança nacional; educação dos adultos; organização e imposição dos padrões de vida nacional às correntes alienígenas; missões culturais; surtos das questões sociais em sua projeção nos diversos setores do complexo brasileiro; psicotécnica aplicada à realidade brasileira; doenças profissionais; prevenção de acidentes; classificação das profissões; generalização dos problemas militares; capacidade manifestada pelo Exército de participar da vida social em seus múltiplos e variados aspectos; aspectos educativos da ação social das Forças Armadas; aspectos educativos do serviço militar; formação da mentalidade militar [BRASIL, 1939a, p. 375].

A segunda série, denominada "preparação militar", incluía os estudos sobre

> [...] fatores espirituais e materiais da estrutura econômica do país; comparações entre o progresso científico aplicado e a pesquisa científica no país e demais nações; problemas nacionais do Trabalho, de Transporte, de Comunicações, de Obras Públicas, de Produção, de Indústria, de Comércio, de Finanças, de Diplomacia e Tratados em sua conexão com a política de segurança nacional e especialmente com a elaboração orgânica e eficiente da doutrina de guerra; racionalização econômica tendo em vista a organização e preparo da mobilização; a organização industrial do país; atividades do Brasil nas

grandes organizações econômicas e industriais; emancipação da indústria estrangeira; estatísticas industriais e de recursos ferroviários; repartição geográfica do parque industrial do país; possibilidades do nosso combustível e de nossa siderurgia; matérias estratégicas; primado de militarização da indústria sobre a industrialização militar, em face da estrutura econômica nacional [idem, p. 376].

Assim, um estudo das relações entre os militares e o sistema educacional não pode deixar de considerar a forma como se colocava, na época, a ligação entre educação e segurança nacional.

Mais uma vez, serão educadores civis que darão a esse tema o seu pleno desenvolvimento. Quanto aos militares, eles recuperarão o argumento da "segurança nacional" e o utilizarão, quando necessário, para justificar suas intervenções no sistema de ensino.

Entre os educadores que desenvolveram essa temática, no período em questão, há que se fazer aqui o destaque para Jorge Figueira Machado e Lourenço Filho.

Jorge Figueira Machado, em 1936, procura estabelecer a ligação entre "política de segurança nacional" e "política de educação" valendo-se do postulado de que "os princípios fundamentais da política educativa, da política econômica e da política social" devem ser definidos com base na "política totalitária da segurança nacional" (MACHADO, 1936, p. 57)[22].

Segundo Machado, a "política de segurança nacional" não pode ser "obra da política militar", mas sim desta "associada à política de educação e cultura". Ela exige que sejam estreitados "os elos entre os órgãos militares e os órgãos educativos e culturais civis" e supõe a "articulação dos educadores militares com os educadores civis". Assim, "para que a política de segurança nacional tenha maior eficiência", torna-se urgente "a cooperação dos políticos, dos técnicos de educação, dos membros da administração do ensino, dos diretores de escolas e liceus, dos professores e mestres de ensino em todos os seus graus" (idem, p. 19).

Jorge Figueira Machado dedica todo um capítulo ao ensino universitário, no qual procura acentuar a responsabilidade das universidades com relação à política de segurança nacional: "Não parece que seja

---

22 Jorge Figueira Machado era professor no Colégio Pedro II e na Escola Normal do Distrito Federal, e exercia funções administrativas no Ministério da Educação e Saúde.

possível realizar um programa sólido e estável de política de segurança nacional, enquanto não se estabelecerem fortes elos entre o espírito da política militar e o espírito universitário" (idem, p. 49).

Além da cooperação técnica que a universidade deveria prestar aos órgãos técnicos da segurança nacional, desenvolvendo "[...] programas formulados pelo Conselho Superior de Segurança Nacional, com a cooperação dos Conselhos Universitários, de modo a ser conseguida a estreita correlação entre o estudo dos diversos problemas técnicos e os imperativos militares" (idem, p. 57), caberia a ela, em "entrosamento com a política militar", realizar "um majestoso programa cultural", no intuito do "fortalecimento da consciência cívica" (idem, p. 50).

No capítulo destinado a discutir as relações entre a "política de segurança nacional e a educação das massas", Machado restringe-se à educação de adultos, insistindo sobre a sua importância "no âmbito da política de segurança nacional". Segundo ele, "é na idade adulta que se processa, com mais êxito", a assimilação dessa política. Assim, a execução de um programa de educação de adultos, no Brasil, não poderia depender apenas de um plano elaborado pelo Ministério da Educação. Esse programa deveria ser executado segundo "diretrizes" estabelecidas pelo "órgão supremo da Segurança Nacional". Essas diretrizes, que interessavam de perto à política de segurança nacional, deveriam orientar não só as "escolas de adultos", mas também "as atividades extraescolares de influência educativa, destinadas à difusão cultural" (idem, pp. 59-65).

Para Machado, tudo isso deveria ser feito sob o controle do Conselho Superior de Segurança Nacional, o qual, ao definir a política de segurança, teria "competência para regular, pelo menos nas bases gerais, a política de educação". Como "a política de formulação dos conceitos e sistemas gerais" da segurança nacional estava acima das políticas setoriais, o Conselho Superior de Segurança Nacional tinha "supremacia sobre os Conselhos técnicos", inclusive sobre o próprio Conselho Nacional de Educação (idem, p. 81). Assim, "os princípios de ordem geral orientadores da educação no Brasil", a serem definidos como parte integrante do Plano Nacional de Educação, previsto na Constituição de 1934, não poderiam ser estabelecidos pelo Conselho Nacional de Educação, visto que para isso "era manifesta a insuficiência do pensamento técnico especializado". Esses princípios deveriam "ser previamente formulados por uma entidade política que abranja todo o organismo nacional". Esta entidade política estava prevista na Constituição de 1934: era o Conselho Superior de Segurança Nacional (idem, p. 34).

Desse modo, de acordo com o esquema elaborado por Jorge Figueira Machado, a articulação entre a política de segurança nacional e a política de educação não se daria em colaboração mútua, mas significaria, na prática, uma total dependência desta em relação àquela.

Lourenço Filho analisa a questão por outro enfoque. Em conferência pronunciada para uma plateia de militares, em outubro de 1939, ele apresenta as relações entre educação e segurança nacional valendo-se dos conceitos de "educação" e de "segurança", procurando depois tirar algumas conclusões relacionadas com o caso específico do Brasil (LOURENÇO FILHO, 1940b)[23]. Segundo ele, na evolução dos povos está sempre presente uma relação necessária entre "educação" e "segurança", de tal forma que "a história da educação poderia ser escrita em termos de segurança". Com efeito,

> [...] em qualquer concepção educativa, a realidade permanece: educar-se é buscar a segurança; educar é ensinar a segurança. A segurança no próprio indivíduo, pelo equilíbrio de suas tendências, desejos e aspirações; a segurança no grupo primário a que pertença; a segurança nos grupos maiores onde esse grupo esteja inserto; a segurança, enfim, no organismo social mais amplo, que aos grupos referidos contenha [idem, p. 99].

Lourenço Filho admite que esse processo possa realizar-se de forma conflituosa:

> Na evolução das instituições sociais verifica-se que, ou elas se harmonizam nos mesmos propósitos e, então, a segurança é comum e comum a educação; ou, ao contrário, as instituições entram em luta, pela sua própria existência e expansão, e os processos educativos se diversificam para atender ao choque dos interesses postos em jogo [idem, p. 100].

---

23 Trata-se de conferência pronunciada na Escola do Estado-Maior do Exército, a convite do Comando da Escola, em outubro de 1939. O texto também foi publicado em *A Defesa Nacional* e na revista *Educação* (1940a, n. 7, pp. 3-9). Não cabe discutir aqui os motivos que teriam levado Lourenço Filho, um dos "educadores liberais" signatários do Manifesto dos Pioneiros, em 1932, a deixar-se cooptar e a colocar-se a serviço do Estado Novo. Em 1945, ele será visto participando do IX Congresso Brasileiro de Educação e assinando a *Carta Brasileira de Educação Democrática*! (ASSOCIAÇÃO..., 1945).

Nesse momento surgem as "instituições mais amplas", que procuram dar harmonia aos vários grupos. Entre elas salienta-se o Estado, sobretudo o "Estado de base nacional", fundado na concepção de que cada povo tem o direito de se governar, segundo os seus próprios interesses e aspirações, bem como de organizar sua própria segurança. A busca de segurança leva o Estado a ocupar-se da educação popular, não como um direito ou um dever seu, mas como uma função natural.

> A reflexão sobre estes fatos, tão claros, leva a concluir, sem esforço, que a educação popular seja fruto da necessidade de segurança do Estado de base nacional. Admitida a identidade da Nação e do Estado, a educação será função natural que os prolongue no tempo, incorporando cada nova geração à sociedade de que é o sustentáculo, e influindo ainda sobre as gerações de adultos, para a mais perfeita compreensão dos fins e dos destinos da comunidade que representem [idem, p. 105].

Na aplicação dessas considerações ao caso brasileiro, Lourenço Filho parte de uma "realidade incontestável": a existência do Estado Novo, criado pela Constituição de 1937. Segundo ele, o Estado Novo tinha vindo para "dar corpo às aspirações de maior unidade política, econômica e espiritual da Nação". Repetindo afirmação feita em 1937, ele dirá: "O Estado Nacional está feito; façamos agora os cidadãos do novo Estado". Para Lourenço Filho, a Constituição de 10 de novembro de 1937 havia significado uma inovação profunda nos quadros da vida político-social do país. Ora, "[...] nos países em que as instituições, no todo ou em parte, tenham marcado novos rumos – um 'dever ser' da massa da população –, ao Estado se impõem o direito e o dever de educar, a fim de que estas instituições se incorporem ao costume ou ao conteúdo natural da vida" (idem, p. 110).

No caso brasileiro, segundo ele, havia se verificado uma "restauração de valores nacionais indiscutíveis", visando "o fortalecimento da Nação, como unidade moral e política". Assim, no novo regime, somente o Estado Nacional podia compreender-se como "depositário" desses valores, sendo, portanto, "autoritário" no que se refere à sua instauração e à sua defesa.

De tudo isso, Lourenço Filho tira "uma conclusão que se impõe":

> Em face da Constituição da República, a educação há de estar em função da defesa e da segurança nacional, no seu mais amplo sentido. Pode-se afirmar que toda a política de educação e a técnica posta a

seu serviço deverão estar em perfeita consonância com a política e a técnica da segurança da Nação [idem, p. 111].

Lourenço Filho procura concretizar a forma de colaboração dos órgãos escolares na solução das questões ligadas à segurança nacional por três grupos de problemas: os da ordem, ou de segurança interna; o de defesa, ou de segurança externa; e os relacionados com a contribuição do sistema educacional para a melhoria da eficiência do aparelho atual e virtual das Forças Armadas.

A ordem estava baseada na justiça, e a instrução e educação do povo eram fatores substanciais para a sua compreensão. Citando Celso Kelly, Lourenço Filho afirma que, para assegurar a ordem, a educação escolar deveria "[...] difundir a imagem da Pátria, explicar a estrutura do Estado, difundir os princípios da preservação da família, inculcar o amor ao trabalho, ensinar o uso lícito da propriedade, pregar a tolerância religiosa, educar para a sociabilidade" (idem, p. 117).

Segundo Lourenço Filho, esses princípios eram fundamentais para assegurar a ordem, e não poderiam ser negligenciados por nenhuma escola ou instituição de educação extraescolar, devendo ser mais bem desenvolvidos nas escolas secundárias. Nelas "[...] os princípios constitucionais deverão ser objetivamente explicados, nos seus fundamentos e nas suas aplicações. Os deveres do cidadão para com o grupo social, máxime no que digam respeito aos deveres militares e de segurança, deverão ser esclarecidos de modo inequívoco" (idem, pp. 117-118).

Com relação à contribuição para a defesa ou segurança externa, Lourenço Filho define dois objetivos precisos para as instituições escolares e extraescolares: o fortalecimento da raça e a formação para o trabalho. Segundo ele, não bastaria "ensinar à juventude que há deveres a cumprir para com a pátria"; era necessário oferecer os meios para que suas aptidões se desenvolvessem "no sentido de torná-las suficientes ao cumprimento desses deveres" (idem, p. 119).

Quanto à contribuição do sistema escolar para a crescente eficiência do aparelhamento das Forças Armadas, ela se daria principalmente por meio do ensino técnico-profissional: "Um plano de ensino técnico-profissional, examinado a fundo, nas suas repercussões sobre a vida do país, pode vir a ser, e deve vir a ser um plano que atenda às exigências gerais e particulares da segurança nacional" (idem, p. 120).

Entretanto, para Lourenço Filho, uma ressalva se impunha:

> A penetração consciente das ideias de segurança em todo o labor educativo do país não significa [...] nem a tendência para a exaltação guerreira, o que seria desmentir nossas tradições e ir de encontro ao espírito mesmo da política continental, nem, por outro lado, a abdicação do pensamento e da ação dos órgãos próprios ou das instituições educativas. Há um domínio próprio do pensamento, da técnica e da ação militar. Há também um domínio próprio do pensamento, da técnica e da ação pedagógica. O que se há de reconhecer é que o sentido que os norteiam, a um e a outro, seja o da mesma inspiração e para resultados coerentes, em prol da grandeza da nação, na previsão da sua segurança interna e externa [idem, pp. 114-115].

Assim, para Lourenço Filho, afirmar que

> [...] toda a política de educação e a técnica posta a seu serviço deverão estar em perfeita consonância com a política e a técnica da segurança nacional [...] não implica confundir os dois problemas, expressões de um mesmo processo de vida coletiva, harmônicas sem dúvida, mas autônomas, [mas implica] afirmar a coordenação necessária da política de segurança e da política de educação [...], pois, no fundo, é ela uma só política: a dos mais profundos interesses da Nação [idem, pp. 115-116].

Assim, ao contrário de Jorge Figueira Machado, Lourenço Filho procura garantir a autonomia própria do sistema educacional; seu discurso, entretanto, permite identificar claramente as ambiguidades da visão liberal da educação, especialmente quando a serviço de um governo autoritário. Ao colocar a política da educação a serviço de outra política, voltada para o atendimento dos "profundos interesses da Nação", Lourenço Filho não se pergunta quem define esses interesses, quais os grupos que possuem condições de converter seus interesses próprios em iniciativas e força para transformá-los em decisões políticas. Ao admitir que, na defesa dos "valores nacionais", o Estado pode agir de forma autoritária, ele não se pergunta quem define esses valores, nem de quais instrumentos aqueles que detêm o poder autoritário se servirão para defendê-los.

Para os militares, a segurança nacional apresentava-se como valor fundamental, e a ampliação da força repressiva do Exército como medida principal para garanti-la. Desse ponto de vista, o interesse imediato dos chefes militares estava voltado, de um lado, para a modernização, aperfeiçoamento e reequipamento do Exército e, de outro lado, para um reforço dos instrumentos de controle e repressão interna.

Desse modo, o problema da educação só aparecia para eles pelo prisma da segurança nacional quando ligado às questões de preparação e instrução dos quadros e da tropa (ensino militar) ou quando julgavam necessário intervir no sistema de ensino para afastar dele os professores por eles considerados "inimigos internos" ou para impedir a ocorrência, no sistema, de fatos que se pudessem converter, segundo seu ponto de vista, em perigo para a segurança nacional (controle e repressão).

A intervenção controladora e/ou repressiva dos militares no sistema de ensino acentua-se a partir de novembro de 1935. A nova lei definindo os "crimes contra a ordem política e social" permitia ao governo cancelar a permissão de funcionamento e mandar fechar qualquer estabelecimento de ensino que não excluísse "diretores, professores, funcionários ou empregados filiados, ostensiva ou clandestinamente, a partido, centro, agremiação ou junta de existência proibida" pela Lei de Segurança Nacional, ou que tivessem "cometido quaisquer dos atos definidos como crime nas mesmas leis"[24]. Na mesma época, a Comissão Nacional de Repressão ao Comunismo, que tinha, entre outras, a função de investigar a participação de professores "em atos ou crimes contra as instituições políticas e sociais", pedia a prisão de Anísio Teixeira e conseguia o afastamento de vários professores da Universidade do Distrito Federal (UDF) (Silva, 1970, pp. 128 e 133; Levine, 1970, p. 207).

No caso de Anísio Teixeira, a intervenção repressiva dos militares encontrou justificativa e apoio principalmente entre os educadores católicos. Anísio Teixeira era, na época, diretor do Departamento Municipal de Educação da Prefeitura do Distrito Federal. Um dos educadores mais em evidência do grupo dos "liberais", suas posições valeram-lhe uma forte oposição dos educadores católicos e dos grupos radicais de direita, que desencadearam intensa campanha contra a sua presença à frente das atividades educacionais na capital da República.

Em junho de 1934, o jornal integralista *A Offensiva*, dirigido por Plínio Salgado, critica fortemente o ensino municipal do Rio de Janeiro

---

24 Lei n. 136, de 14 de dezembro de 1935, art. 24 (Coleção das Leis do Brasil, Poder Legislativo, 1936, pp. 272-277). Promulgada logo após os acontecimentos de novembro de 1935, essa lei modificava profundamente a lei n. 38, de 4 de abril de 1935, que definia os crimes contra a ordem política e social (Coleção das Leis do Brasil, vol. I, 1935, p. 36).

e pede a demissão de Anísio Teixeira, "o fogoso baiano", "o minúsculo pedagogo que ainda pontifica na direção da instrução municipal" (*A Offensiva*, 1934b, p. 2). Pouco depois, em artigo de crítica à escola ativa, o mesmo jornal volta à carga, referindo-se a Anísio Teixeira como "o menino prodígio [...] empanturrado de leituras e doutrinas pedagógicas experimentadas com maior ou menor resultado em outros países" (*A Offensiva*, 1934a, p. 1).

Quanto ao grupo católico, sua oposição a Anísio Teixeira devia-se principalmente à adesão deste à filosofia de Dewey e às posições que ele havia assumido contra o ensino religioso e em defesa da escola pública. Em abril de 1933, a revista católica *A Ordem* publica artigo de padre Helder Câmara, criticando as ideias contidas no livro *Educação progressiva*, de Anísio Teixeira:

> Anísio Teixeira, um dos mestres da pedagogia nova no Brasil, acaba de publicar "Educação Progressiva", estudos eivados duma filosofia errônea e sedutora, capazes de fazer um mal imenso, em nossa terra, onde a ausência de princípios seguros e norteadores, mesmo entre os nossos intelectuais, deixa muitos deles à mercê do primeiro vento de doutrina moderna surgido entre nós. Não foi outra coisa, aliás, que se deu com o próprio Dr. Anísio que, sem ter-se baseado melhor, com os seus mestres jesuítas, na larga e luminosa filosofia de Santo Tomaz, se deixou arrastar, nas suas viagens à América do Norte, pelos meio-filósofos da escola nova, transformados em seus novos deuses: Dewey e Kilpatrick [...] Ausência quase absoluta de espírito crítico em Anísio Teixeira. *Magister Kilpatrick dixit...* O pedagogo brasileiro está cego pelos Estados Unidos, pelos progressos modernos [Câmara, 1933, p. 544].

Essa oposição do grupo católico a Anísio Teixeira transforma-se, em 1935, em acusação aberta. Alceu Amoroso Lima acusa-o de ser simpatizante da Aliança Nacional Libertadora (ANL) e de pretender implantar no Rio de Janeiro uma "educação socialista", segundo o modelo mexicano:

> A Aliança Nacional Libertadora [...] iniciou um movimento que, na realidade, se aproxima mais do mexicano que do russo. [...] Até a "educação socialista" que o governo mexicano acaba de impor às escolas públicas e "particulares" do seu país está iniludivelmente na lógica da pedagogia do sr. Anísio Teixeira, vulto inconfessado dos bastidores desse movimento [Lima, 1936a, p. 247][25].

---

25 O texto é de julho de 1935.

Segundo Alceu Amoroso Lima, as "experiências pedagógicas" que estavam sendo realizadas no Rio de Janeiro levariam ao comunismo:

> A um amigo que lhe interpelava sobre suas experiências e ideias pedagógicas que logicamente terminariam no comunismo, respondeu certa vez o Sr. Anísio Teixeira: "Eu não temo qualquer espécie de experiência social". Para esse gênero de indivíduos, os homens são cobaias sobre os quais é lícito fazer toda e qualquer experiência. [...] A indiferença, nesses casos, em face do comunismo, é equivalente à aceitação [LIMA, 1938a, p. 105].

Em julho de 1935, Alceu Amoroso Lima escreve uma carta a Gustavo Capanema, na qual expõe ao ministro da Educação a posição do grupo católico perante o governo. Nessa carta, depois de denunciar a "feição socialista" que o governo municipal do Rio de Janeiro estava assumindo, e dizer que os católicos esperavam do governo "uma atitude mais enérgica de repressão ao comunismo", Alceu Amoroso Lima afirma que "para garantir a estabilidade das instituições e a paz social" o governo deveria, entre outras coisas, "[...] organizar a educação e entregar os postos de responsabilidade nesse setor importantíssimo a homens de toda a confiança moral e capacidade técnica (e não a socialistas como o Diretor do Departamento Municipal de Educação)" (LIMA, 1935b)[26].

A oposição a Anísio Teixeira estendia-se às suas realizações, principalmente à UDF, criada por ele em 1935. Na mesma carta, Alceu Amoroso Lima escreve:

> A recente fundação de uma Universidade Municipal, com a nomeação de certos diretores de Faculdades, que não escondem suas ideias e pregação comunista foi a gota d'água que fez transbordar a grande inquietação dos católicos. Para onde iremos, por este caminho? Consentirá o governo que, à sua revelia, mas sob sua proteção, se prepare uma nova geração inteiramente impregnada dos sentimentos mais

---

26 Em conferência pronunciada na Escola do Estado-Maior do Exército, na mesma época, Alceu Amoroso Lima apresenta a sua definição de socialismo: "Entendo por socialismo o conjunto de sistemas econômico-filosóficos que atribuem à comunidade, com exclusão dos particulares, a propriedade dos bens materiais e particularmente dos meios de produção" – Tristão de Athayde (Alceu Amoroso Lima) (LIMA, 1935a, p. 1.200). Não se pode ver como Anísio Teixeira, tal como se manifestava por seus escritos e por suas ações, poderia ser considerado socialista, com base nessa definição.

contrários à verdadeira tradição do Brasil e aos verdadeiros ideais de uma sociedade sadia? [idem] [27].

Embora Anísio Teixeira não tivesse sido preso, como pedia a Comissão Nacional de Repressão ao Comunismo, ele foi forçado a demitir-se de suas funções, em dezembro de 1935, sendo substituído por Francisco Campos. Quanto à UDF, vários diretores de faculdades e numerosos professores foram demitidos ou se demitiram na mesma época[28].

Ainda no primeiro semestre de 1936, aproveitando-se do processo desencadeado pelo Ministério da Educação com vistas à elaboração do Plano Nacional de Educação, o capitão Severino Sombra publica um artigo em duas importantes revistas militares, no qual, argumentando com base nas relações entre educação e segurança nacional, procura convencer seus colegas do Exército a colaborarem com o Ministério da Educação na elaboração do plano, insistindo ao mesmo tempo sobre a necessidade da aceitação dessa colaboração por parte das autoridades educacionais. Segundo ele,

> [...] a maior parte das responsabilidades no sucesso de uma luta externa recai sobre a organização econômica do país e a educação de seu povo. Esta educação escapa quase totalmente ao Exército. Por isso mesmo, é absolutamente necessário que ele a conheça, a acompanhe no seu envolver e que os responsáveis por ela compreendam e tomem na devida consideração esse justificado interesse [SOMBRA, 1936a, p. 179][29].

Além disso, argumenta Severino Sombra, a afirmação de que a educação deveria "servir eficientemente à segurança da Nação" provinha das próprias autoridades educacionais[30]. Ora,

---

27 Alceu Amoroso Lima refere-se à UDF, criada pelo decreto n. 5.513, de 4 de abril de 1935, da Prefeitura do Distrito Federal. Sobre a UDF, podem ser consultados: Cunha (1980), Fávero (1980) e Paim (1981).
28 As pressões contra a UDF continuarão, mesmo após essas demissões. Em janeiro de 1939, a UDF será fechada, sendo os seus cursos transferidos para a Universidade do Brasil (BRASIL, 1939b, pp. 37-38).
29 O mesmo artigo foi também publicado em *A Defesa Nacional*, desdobrado em dois números (n. 265, 1936, pp. 720-722 e n. 266, 1936, pp. 67-76). O capitão Severino Sombra era o redator da seção pedagógica dessa revista. Será retomado sobre a elaboração do Plano Nacional de Educação ao se discorrer sobre a questão da educação moral e cívica.
30 O Ministério da Educação havia encaminhado aos educadores um questionário que incluía, entre outras, a seguinte questão: "Que princípios especiais devem orientar a educação, em

> [...] a segurança da nação brasileira é a missão precípua do Exército. [...] Não podem, pois, os militares desinteressar-se pelas diretrizes a serem adotadas no Plano Nacional de Educação, sob pena de faltarem ao dever sagrado que lhes pesa honradamente sobre os ombros, e não podem também os seus organizadores deixar de ouvir a palavra do Exército, a não ser que pretendam desprezar o que eles próprios introduziram nos princípios que devem orientar a educação no Brasil [idem, p. 180][31].

Mas o apelo de Severino Sombra não repercutiu no meio militar. As autoridades militares, quando se tratava da segurança nacional, confiavam mais nas medidas repressivas e ficaram ausentes do processo de elaboração do Plano Nacional de Educação.

E será ainda por iniciativa do ministro da Educação, e não dos militares, que será criada, em outubro de 1937, uma Seção de Segurança Nacional no Ministério da Educação e Saúde (BRASIL, 1937b, p. 529).

Na realidade, a criação de uma seção de segurança nacional em cada ministério já estava prevista desde 1934 (BRASIL, 1934a, p. 679, art. 6º). Entretanto, até 1937, elas não haviam ainda sido instaladas em nenhum dos ministérios civis. Em setembro de 1937, Gustavo Capanema encaminha ao presidente da República um projeto de decreto organizando a Seção de Segurança Nacional do Ministério da Educação e Saúde, acompanhado de uma "Exposição de Motivos", na qual ele afirma que o novo órgão deveria ocupar-se principalmente da definição das formas como o Ministério da Educação e Saúde poderia prestar, em tempo de paz ou de guerra, a sua cooperação para a segurança nacional (CAPANEMA, 1937b).

De acordo com o decreto de criação, a Seção de Segurança Nacional do Ministério da Educação e Saúde teria competência para

> [...] estudar os problemas da segurança nacional relacionados com a educação e a saúde; determinar as medidas que, em tempo de paz, devem ser postas em prática pelo Ministério da Educação e Saúde, no sentido de cooperar na obra da segurança nacional; estabelecer o programa de ação que ao Ministério da Educação e Saúde compete executar em tempo de guerra; fixar o plano das providências a serem adotadas

---

todo o país, de maneira que ela sirva eficientemente à segurança e à ordem, à continuidade e ao progresso da nação brasileira?" (BRASIL..., 1936a).

31 Na versão publicada em *A Defesa Nacional*, o autor protesta contra o fato de o Exército não ter sido convidado a participar da elaboração do questionário, bem como a ausência, nesse documento, de qualquer referência ao ensino militar e ao papel das Forças Armadas na tarefa de educação do povo brasileiro. Esse parágrafo não aparece na versão publicada pela *Revista Militar Brasileira*.

pelo Ministério da Educação e Saúde, para que se lhe torne possível o desempenho de seu papel em tempo de guerra; coordenar as atividades de todas as instituições públicas ou particulares existentes no país, que executem serviços de educação ou de saúde, mantendo com elas constantes entendimentos, para o fim de serem convenientemente utilizadas na obra da segurança nacional; assegurar, de modo efetivo, as relações entre o Ministério da Educação e Saúde, a Secretaria Geral da Segurança Nacional e os outros Ministérios, quanto aos assuntos relacionados com a educação e a saúde [Brasil, 1937b, p. 529, art. 1º].

Tais atribuições, já previstas no projeto elaborado por Capanema, ultrapassam, de muito, as definidas pelos decretos de 1934, sobretudo no que se refere à coordenação das atividades das instituições educacionais "para o fim de serem convenientemente utilizadas na obra da segurança nacional"[32].

Mas nem mesmo a existência, no Ministério da Educação, de um órgão especialmente encarregado da segurança nacional impedia a intervenção direta das autoridades militares nas questões educacionais, quando se tratava de reprimir atividades que, segundo elas, poderiam colocar em risco essa segurança. Foi o que aconteceu em 1939, quando o ministro da Guerra decidiu impedir, por razões de segurança nacional, a realização, no Rio de Janeiro, da VIII Conferência Mundial de Educação, que seria patrocinada pela World Federation of Education Associations (WFEA)[33].

No início de 1938, a WFEA havia comunicado aos educadores brasileiros e ao governo sua decisão de realizar no Rio de Janeiro a VIII Conferência Mundial de Educação. Em agosto do mesmo ano, a Embaixada Brasileira em Washington transmitia à WFEA a resposta oficial do governo brasileiro. Este concordava com a realização da conferência no Rio de Janeiro e comprometia-se a arcar com uma parte das despesas com sua organização. Na mesma época, o ministro da Educação, em entrevista à imprensa, confirmava a escolha do Rio de Janeiro para sede da

---

32 A primeira versão do anteprojeto, manuscrita por Capanema, dizia: "para o fim de serem convenientemente utilizadas em tempo de guerra" (Capanema, 1937b). Note-se que o Ministério da Educação será o primeiro ministério civil a criar a sua Seção de Segurança Nacional. As seções de segurança nacional dos outros ministérios somente serão criadas no segundo semestre de 1939.

33 A WFEA havia sido fundada nos Estados Unidos, em 1923, e já havia realizado conferências mundiais de educação em Edinbourgh (1925), Toronto (1927), Genebra (1929), Denver (1931), Dublin (1933), Oxford (1935) e Tóquio (1937).

conferência e negava que a sua realização pudesse interferir nos "rumos da educação nacional":

> O nosso país tem a sua doutrina firmada. A educação entre nós não é um divertimento ou uma aventura. Não se destina a preparar diletantes ou curiosos. A Nação brasileira não é um aglomerado indefinido. É uma realidade humana que possui características, tendências, ideais determinados. O Estado brasileiro, custódia da Nação, tem, portanto, os seus pressupostos irrevogáveis. E assim a educação, obra do Estado, está em nosso país a serviço de objetivos precisos que resultam, e só podem resultar, de nossa realidade histórica e dos princípios espirituais que estão incorporados ao regime que adotamos e a que seguimos [*O Jornal*, 1938][34].

E Capanema manifestava o seu desejo de que a conferência tivesse por tema o problema da liberdade do aluno e do professor:

> O terreno próprio da educação é o da liberdade. Liberdade no que toca ao aluno, cuja personalidade deve desenvolver-se consoante as próprias possibilidades, diferenças e limites e segundo o rumo das próprias aspirações e vocações. Liberdade no que toca ao professor, cuja missão é de caráter sagrado, e que por isso deve ser exercida numa atmosfera mais de responsabilidade que de constrangimento. Aí estão, como se vê, temas de grande importância para debates em uma assembleia de educadores.

Segundo o ministro, esses temas "em nada afetariam os pontos de vista do Estado brasileiro", que à liberdade "apenas opõe um limite, a saber, a segurança, a intangibilidade e a perpetuidade da Nação, com todo o seu patrimônio moral e material".

Por sua parte, a Associação Brasileira de Educação (ABE), filiada à WFEA, iniciava os preparativos para a conferência nomeando, em novembro de 1938, uma comissão organizadora, da qual faziam parte, entre outros, Lourenço Filho e Fernando de Azevedo.

Esse último, ao tomar posse da presidência da ABE, em dezembro de 1938, mostra esperar que a Conferência Mundial de Educação se ocupe de temas bem diferentes daqueles que haviam sido enunciados por Capanema. Mesmo sendo uma assembleia de educadores, ela não deveria limitar-se a discutir apenas problemas pedagógicos. Questões de alcance muito maior estavam em jogo: "Entre os objetivos a que se propõe

---

34 As citações que se seguem são dessa entrevista.

o Congresso Mundial, nenhum me parece de maior alcance educativo no momento atual do que esse de cultivar, através dos sistemas educativos, a mútua compreensão internacional, assim como os ideais de justiça, de boa vontade e de cooperação" (AZEVEDO, 1939, p. 16).

E Fernando de Azevedo, procurando responder de antemão às objeções que seriam feitas aos princípios "internacionalistas" defendidos pela WFEA, afirma:

> Na encruzilhada dos caminhos, entre o hipernacionalismo, de uma forma agressiva, e o internacionalismo, em suas manifestações dissolventes, o Brasil procura, dentro de sua própria tradição, uma solução histórica, representada por um nacionalismo sadio e vigoroso, aquecido pelo sentimento de pátria que por ele circula e consolidado pela comunidade de lembranças e de aspirações e de esforços para a realização de seu objetivo – o de construir dentro de suas fronteiras e dentro da ordem, uma grande nação. Ora, esse patriotismo purificado e ampliado que, dando uma parte cada vez mais larga à moral e à justiça, abre também caminho à organização internacional, longe de opor a pátria à humanidade, é uma torrente de pensamento nacional que, rompendo das entranhas da terra e do seio do povo e rolando do passado, carregada das experiências de velhas culturas, tende a rasgar cada vez mais profundamente o seu leito próprio e seguir a sua própria direção, mas para desembocar, com novas contribuições, no estuário magnífico da civilização universal [idem, ibidem].

Em janeiro de 1939, o governo oficializa a conferência por meio de decreto no qual o presidente da República, considerando que esse encontro tinha por objetivo "facilitar a aproximação dos educadores para o estudo, em comum, das questões e dos métodos atinentes à difusão e ao aperfeiçoamento dos sistemas educacionais, sob as aspirações de mútuo conhecimento e de cooperação recíproca"; considerando também "as vantagens que a realização da Conferência traria aos educadores brasileiros e às organizações culturais do país", e atendendo ao compromisso, já assumido pelo governo, de patrociná-la "no intuito de contribuir para o melhor conhecimento do país e, em particular, dos seus sistemas educacionais", determina que a sua organização fique sob a responsabilidade da comissão constituída pela ABE, na qual estavam presentes um representante do Ministério das Relações Exteriores e dois representantes da Prefeitura do Distrito Federal. Além disso, o presidente da República autoriza a abertura de crédito especial de 25 mil dólares, a serem enviados à WFEA, como contribuição do Brasil para as despesas da conferência (BRASIL, 1939c, p. 43).

Entretanto, nem as líricas palavras de Fernando de Azevedo, nem as considerações do decreto convenceram os militares, para os quais a difusão dos ideais internacionalistas e dos princípios pacifistas defendidos pela WFEA colocava em risco a segurança nacional.

Assim, em março de 1939, o ministro da Guerra, general Eurico G. Dutra, encaminha a Getúlio Vargas um documento reservado, comunicando ao presidente da República a oposição do Exército à realização da VIII Conferência Mundial de Educação no Brasil (DUTRA, 1939a)[35]. Com a análise desse documento, será possível compreender melhor a forma como os militares enfocavam, na época, as relações entre educação e segurança nacional.

De acordo com Dutra, "o problema da educação, apreciado em toda a sua plenitude", constituía "uma das mais graves preocupações das autoridades militares", visto tratar-se de "um setor de atividades estreitamente ligado aos imperativos da segurança nacional". Além disso, a mobilização achava-se "na dependência imediata do sistema geral de instrução e educação". De tudo isso resultava "a legitimidade da interferência dos órgãos imediatamente responsáveis pela segurança nacional nos problemas educativos" (idem, p. 1).

Em primeiro lugar, essa interferência se faria no intuito de buscar um maior entrosamento e coordenação entre os órgãos militares e os órgãos educacionais. Para Dutra, "a íntima coordenação da política de educação e cultura com as necessidades militares" estava fora de discussão: "O Brasil reclama um sistema completo de segurança nacional, o que pressupõe, fundamentalmente, um entrosamento dos órgãos militares com os órgãos federais, estaduais e, notadamente municipais, incumbidos da educação e da cultura" (idem, ibidem).

E o ministro da Guerra define claramente aquilo que os militares esperavam da escola:

---

35 Em 30 de março de 1939, Vargas anota em seu diário: "O Ministro da Guerra mostrou-se muito apreensivo com a educação da mocidade e contra o próximo Congresso Mundial de Educação, entregando-me uma exposição. À noite, quando [examinei] esta exposição, em termos enfáticos e reivindicando um caráter militar para a educação, o assunto pareceu-me mais grave, e que talvez houvesse, no caso, algum espírito santo de orelha, como vulgarmente se diz. Enfim, vou examinar o caso" (VARGAS, 1995, p. 212). Chama a atenção a importância atribuída ao assunto, pelo presidente, bem como a sua suposição de que Dutra não estivesse manifestando seu ponto de vista apenas, mas falando em nome de outro (ou de outros).

Torna-se dificílimo aos órgãos militares realizar totalmente seus objetivos previstos na Constituição, nas leis ordinárias e nos regulamentos, sem a prévia implantação, no espírito público, dos conceitos fundamentais de disciplina, hierarquia, solidariedade, cooperação, intrepidez, aperfeiçoamento físico, de par com a subordinação moral e com o culto do civismo; e sem a integração da mentalidade da escola civil no verdadeiro espírito da política de segurança nacional [idem, p. 2].

Entretanto, segundo o ministro da Guerra, "no setor pedagógico do Brasil" existiam "muitos obstáculos a serem vencidos, para que o objetivo da política de segurança nacional" pudesse ser "completamente alcançado".

De um lado, "as reformas radicais e profundas, que alcançaram a todas as instituições escolares", fizeram-se *"sem vínculo de associação* com os órgãos imediatamente responsáveis pela segurança nacional" (idem, ibidem). De outro lado,

> [...] professores, educadores e publicistas, desconhecendo a invunerabilidade moral das classes armadas e empolgados pelas mistificações pacifistas, não cessam de solapar, como que a custa de prestidigitações, as instituições fundamentais da nação – o Exército e a Armada – e, simultaneamente, de reagir contra o espírito militar, que precisa, mais e mais, ser enraizado na coletividade brasileira [idem, ibidem].

Segundo Dutra, tal situação justificava uma intervenção do Exército, no intuito de corrigi-la:

> Tal desorientação pedagógica, que incide em cheio sobre a segurança nacional, carece de um paradeiro. [...] Ao Exército não pode ser indiferente que o organismo pedagógico se desvie do rumo capaz de garantir a mobilização da coletividade nacional, sob os aspectos moral, espiritual, técnico e econômico [idem, pp. 1-2].

Assim, em nome das exigências da segurança nacional e da mobilização, Dutra espera que a escola se integre no "espírito da política de segurança nacional" e inculque na população o espírito de disciplina e subordinação. E, em nome dessas mesmas exigências, ele justifica uma intervenção das autoridades militares no sistema de ensino, no intuito de corrigi-lo e de transformá-lo:

> O que se impõe, para a consolidação do regime, é uma transformação radical que incida sobre as causas determinantes da crise pedagógica atual, por que passa o país. O Brasil chegou a uma fase no seu desen-

volvimento histórico em que a política e técnica educativas *devem estar em perfeita sintonia* com a política e a técnica militares [idem, p. 5][36].

Essa transformação seria concretizada no Código de Educação Nacional, cuja elaboração, por ser uma tarefa "eminentemente política", só poderia "ser promovida pelo Estado, *com a colaboração dos técnicos nacionais*, plenamente identificados com a *doutrina* pedagógica fixada na Constituição de 10 de novembro" (idem, ibidem).

Em vista de tudo isso, o ministro da Guerra opõe-se à realização da VIII Conferência Mundial de Educação no Brasil. Segundo ele, a WFEA era um "agrupamento de intelectuais de exaltadas tendências pacifistas", que refletia "os interesses, conveniências, ideias e princípios" de uma corrente que, "sob a égide de uma falsa mentalidade pacifista", procurava expandir-se "com prejuízo do devotamento nacional às instituições militares e consequentemente, dos superiores interesses das nações". O objetivo dessa "corrente" seria "formar uma consciência de solidariedade entre todos os homens, capaz de anular e dissolver as afirmações das soberanias" (idem, p. 3).

De acordo com Dutra, para a realização desse objetivo a WFEA promovia conferências internacionais "[...] destinadas a fomentar uma política educativa orientada para o desenvolvimento do espírito de desarmamento moral dos povos e para os influenciar no sentido do descaso às glórias, às tradições e às instituições militares e, portanto, da repulsa às noções de disciplina e de hierarquia" (idem, ibidem).

Depois de acusar a WFEA, Dutra volta-se contra a comissão organizadora nomeada pela ABE e confirmada pelo governo:

> Entre os elementos nacionais, escolhidos para a Comissão Organizadora da Conferência, encontram-se personagens que, julgados pelas suas fés de ofício pedagógicas, têm feito afirmações e assumido atitudes que muito os comprometem, em face das instituições vigentes e da segurança nacional [idem, ibidem].

Segundo Dutra, a realização da conferência implicaria o sacrifício de "interesses superiores do Estado". Por essa razão, o Exército, para bem cumprir a sua missão de "manter o Estado", não podia deixar "de

---

36 Como já visto, Lourenço Filho, que, aliás, fazia parte da comissão organizadora da Conferência Mundial de Educação, retomará e fará sua essa afirmação de Dutra, poucos meses mais tarde, na conferência por ele pronunciada na Escola do Estado-Maior do Exército (cf. nota 23).

encarecer a *necessidade da não realização da Conferência*", visto que dela poderiam "advir consequências sumamente prejudiciais à segurança nacional" (idem, p. 4).

E o ministro da Guerra aproveita para "sugerir", em nome da segurança nacional, que os educadores considerados "perigosos" fossem afastados das posições que ocupavam "nos quadros federais, estaduais e municipais da administração", e afirma: "O trabalho do reajustamento, no sentido indicado, precisa ser iniciado sem perda de tempo, mediante o afastamento dos postos de direção pedagógica de todos os elementos refratários ao verdadeiro espírito da política de segurança nacional" (idem, p. 5).

Dutra não cita nomes, mas refere-se diretamente à Secretaria de Educação e Cultura do Distrito Federal que, segundo ele, não estaria colaborando com o Comando da Primeira Região Militar no trabalho de "preparação moral, cívica, técnica e econômica da coletividade":

> Os educadores responsáveis, na hora que passa, pelas atividades pedagógicas municipais, preocupam-se mais em atender aos propósitos da "World Federation" do que em colaborar, em fase tão delicada da vida nacional, com os órgãos militares, no sentido da integração da escola civil ao sistema de segurança nacional [idem, p. 6].

O ministro da Guerra denuncia ainda o apoio dado pela Secretaria Geral de Educação e Cultura do Distrito Federal a um congresso estudantil, no qual se defendeu a luta pela paz e pela liberdade:

> Ainda recentemente esses educadores prestaram todo o amparo moral e material a um Congresso de Estudantes, em cuja sessão solene se afirmou o seguinte: "Combata-se por uma mocidade forte, bela e feliz. Não para a guerra, para a trincheira, mas para a paz, para a liberdade. Pois o Brasil deve marchar para Atenas e não para Esparta" [idem, ibidem].

Dutra estava referindo-se aqui ao discurso pronunciado pelo estudante Wagner Cavalcanti na Sessão Inaugural do 2º Congresso Nacional de Estudantes, em dezembro de 1938. O ministro da Guerra inquieta-se com essa afirmação "pacifista", mas parece ignorar que, poucos momentos antes, no mesmo discurso, o orador havia afirmado:

> Os estadistas deste hemisfério já compreenderam que pacifismo não quer dizer passividade; e todos se acham sinceramente convictos de que, imediato ou remoto, existe o perigo de uma agressão às Américas. Não foi, portanto, inoportuna a declaração do Presidente Getúlio Vargas,

de que há necessidade inadiável de dotar as nossas Forças Armadas de aparelhamento eficiente, que as habilite a assegurar a integridade e a independência do país, permitindo-lhes cooperar com as demais nações do Continente na obra de preservação da paz [CAVALCANTI, 1939, p. 38].

Reaparecem aqui duas concepções diferentes quanto ao papel das Forças Armadas: uma que privilegia no Exército sua função de instrumento de defesa contra as agressões exteriores e outra que enfatiza seu papel de aparelho repressivo, destinado a garantir a "ordem" e a "segurança" internas. Na primeira concepção há lugar para a solidariedade continental e a defesa da paz universal; dentro da segunda concepção, pelo menos no período em análise, a defesa desses ideais aparece como perigosa para a segurança nacional.

Mas os argumentos de Dutra prevalecem e a VIII Conferência Mundial de Educação não se realiza. Capanema, pressionado pelo ministro da Guerra, por intermédio de Vargas, concorda com o seu cancelamento e solicita a Oswaldo Aranha, ministro das Relações Exteriores, que transmita à WFEA a "palavra oficial" do governo brasileiro, comunicando a impossibilidade da realização da conferência no Brasil. Embora o ministro da Educação conhecesse os argumentos apresentados por Dutra[37], ele tenta encontrar razões inerentes à sua própria pasta para justificar essa decisão:

> Atravessamos uma fase de intensos trabalhos de reforma, em todos os domínios da educação. [...] Diante desta situação, não parece oportuno que venham ao nosso país, no decurso deste ano, professores e técnicos de educação dos outros países para um numeroso e importante congresso mundial de educação. Os grandes trabalhos que de nós exigiria esse congresso viriam retardar a marcha dos urgentes empreendimentos em que estamos empenhados. Por outro lado, tal congresso não seria bom ensejo de mostrarmos ao estrangeiro as nossas realizações em matéria de educação, porquanto somente depois de adiantados ou ultimados os consideráveis esforços, ora em andamento, para a reforma da legislação e o aperfeiçoamento das instalações, é que poderíamos apre-

---

37 Getúlio Vargas havia encaminhado a Gustavo Capanema o documento reservado do ministro da Guerra. O Arquivo Capanema conserva um manuscrito do ministro da Educação, com um esboço incompleto da resposta que ele pretendia encaminhar ao presidente da República. Comentando a afirmação inicial de Dutra, quanto à legitimidade da interferência das autoridades militares no terreno educacional, Capanema afirma que essa interferência "não é só legítima, mas proveitosa" CPDOC, Arquivo Gustavo Capanema, GgC 34.12.12 – A (I-39).

sentar uma obra de caráter sólido e harmônico que na verdade denunciasse a nossa preocupação, o nosso objetivo, a nossa capacidade no que respeita à educação da infância e da juventude [CAPANEMA, 1939a]³⁸.

Oswaldo Aranha não se deixa convencer e solicita o pronunciamento do ministro da Guerra. Dutra escreve-lhe uma carta reservada, na qual repete as acusações à WFEA e a membros da comissão organizadora brasileira, sem citar nomes. E acrescenta uma outra razão para a não realização da conferência:

> Por muito rigorosa que fosse a vigilância que as autoridades seriam forçadas a desenvolver em torno dessa conferência (sob pena de faltarem a um dever fundamental), difícil seria realizar eficientemente uma tal vigilância, e o Governo seria forçado a atitudes verdadeiramente paradoxais – acolher uma multidão de intelectuais de vários países e cercá-los de vigilâncias e restrições que não poderiam ser dispensadas [DUTRA, 1939b]³⁹.

O ministro das Relações Exteriores responde a Dutra, comunicando já haver mandado notificar à WFEA a decisão do governo brasileiro. Nessa resposta, Oswaldo Aranha rejeita as acusações feitas à WFEA e conclui:

> Na palestra que tive com meu colega, procurei deixar bem claro que em tudo isso meu objetivo era evitar a má impressão que produziria a suspensão do Congresso quase nas vésperas de sua realização. Acha o colega que é melhor corrermos esse risco ao de reunir um Congresso cujo "controle" seria difícil fazer. Nada tenho a opor a esta conclusão, que escapa ao meu juízo, uma vez que não tenho elementos de "controle" e não posso julgar da ação dos mesmos [ARANHA, 1939].

Em que pese o sentido irônico dessa conclusão, ela mostra claramente que, quando a "segurança nacional" está em jogo, a diplo-

---

38 Note-se a contradição entre as afirmações de Capanema nessa carta e as suas palavras na entrevista de junho de 1938 já comentada aqui.
39 O "Estado Novo" de Vargas não havia seguido o regime salazarista português que, para evitar esse "paradoxo", havia decidido "cortar o mal pela raiz". O Regimento da Junta Nacional de Educação, de Portugal, aprovado em 1936, dava a esta a atribuição de "promover o intercâmbio intelectual, individual ou coletivo, tanto para a expansão recíproca da cultura como para a amizade espiritual entre os povos", mas ressalvava: "A realização de qualquer congresso ou conferência em Portugal, por ou com a intervenção de estrangeiros, só será permitida com a prévia garantia do absoluto respeito pelos princípios fundamentais da estrutura filosófica do Estado Novo" (decreto-lei n. 26.611, de 19 de maio de 1936, p. 371).

macia cede lugar ao controle preventivo, ao controle direto e mesmo à repressão.

A história da VIII Conferência Mundial de Educação teve um "final feliz", no qual a "segurança nacional" ficou garantida e a "diplomacia" reencontrou seu "lugar". A conferência não se realizou. A WFEA, que já havia se comprometido com a viagem, transformou-a em "cruzeiro turístico" pela América do Sul[40]. Os educadores "turistas" foram festivamente recebidos no Rio de Janeiro, em agosto de 1939; o professor Paul Monroe, presidente da WFEA, foi agraciado com o título de doutor *honoris causa* da Universidade do Brasil, em solenidade presidida pelo ministro da Educação. Os visitantes foram também recepcionados no Ministério das Relações Exteriores, sendo saudados por Oswaldo Aranha, que disse em seu discurso: "Lamentamos profundamente que o Congresso que vossa Associação havia planejado realizar nesta cidade tenha sido adiado em razão da triste situação internacional e de suas repercussões no Brasil. Mas quero assegurar-lhes que, não fosse por isto, nós estaríamos prontos a cooperar convosco" (*EDUCAÇÃO*, 1939, p. 14).

Também com relação à Secretaria de Educação da Prefeitura do Distrito Federal a intervenção do ministro da Guerra teve efeito imediato. A sua direção foi entregue a um militar, coronel Pio Borges, atendendo assim a exigência feita por Dutra no final do documento que se está analisando: "É preciso que venha a ter direção efetiva a Secretaria Geral de Educação e Cultura do Distrito Federal, num momento de tamanha crise. Urge uma providência para que se não retarde o preenchimento de um posto dessa importância" (DUTRA, 1939a, p. 6).

E em março de 1940, por ocasião de uma reorganização geral da Prefeitura do Distrito Federal (DISTRITO..., 1940) será criado em sua Secretaria de Educação o Departamento de Educação Nacionalista, encarregado de coordenar os serviços de educação cívica, educação musical

---

40 Em documento preparado pelo Serviço de Documentação do Ministério da Educação e Saúde, em julho de 1940, pode-se ler: "A VIII Conferência Mundial de Educação, para a qual o governo brasileiro contribuiu com 25.000 dólares e que devia realizar-se no Rio, foi afinal adiada *sine die*, sendo a visita dos congressistas que já estavam comprometidos com a viagem transformada em cruzeiro turístico à América do Sul" (CPDOC, Arquivo Gustavo Capanema, GgC 34.10.13).

e artística e educação física da prefeitura. Sua direção será igualmente entregue a um militar[41].

Esses dois exemplos mostram como o argumento da "segurança nacional", utilizado por educadores civis para salientar a importância do setor educacional, foi recuperado pelos militares para justificar a sua intervenção nesse setor. Isso, aliás, não ocorreu apenas no setor da educação. Luciano Martins constatou essa mesma recuperação, ao estudar a forma como transcorreram os debates sobre a questão siderúrgica, no mesmo período (MARTINS, 1976, p. 200).

4. Instrução pré-militar e educação física

A presença dos militares no sistema de ensino não se limitou a esses momentos de intervenção preventiva/repressiva em nome da "segurança nacional". Mesmo rejeitando as propostas de militarização da juventude partidas do meio civil, os militares procuraram marcar sua presença nas escolas por duas atividades: a instrução pré-militar e a educação física.

A presença dos militares no sistema de ensino por meio da instrução pré-militar foi de pequeno alcance e de pouca duração. Quanto à sua influência no desenvolvimento da educação física no Brasil, tanto no que se refere à sua concepção e aos seus métodos quanto à sua prática, essa foi real e duradoura.

4.1. Instrução pré-militar

A instrução militar para os alunos maiores de 16 anos tornou-se obrigatória nas escolas secundárias brasileiras a partir de 1908, com a

---

41 Trata-se do tenente-coronel Airton Lobo. Ver BRASIL, Ministério da Guerra (1940). O Departamento de Educação Nacionalista atuava sobretudo através dos Centros Cívicos Distritais e dos Centros Cívicos Escolares. Além disso, esse departamento difundia diariamente um programa de educação cívica pelo rádio e publicava o *Boletim de Educação Cívica*. Ver Feital (1941).

promulgação da lei do alistamento e sorteio militar[42]. Os resultados, entretanto, não foram satisfatórios.

Em novembro de 1917, um novo decreto sobre o serviço militar mantém a obrigação da instrução militar nas escolas, tal como fora estabelecida em 1908, e acrescenta um dispositivo segundo o qual os alunos aprovados nos exames, ao final da instrução, seriam considerados reservistas de Segunda Categoria (BRASIL, 1917, p. 119). Esse decreto, que coincide com a campanha de Olavo Bilac e da LDN, parece ter dado melhores resultados. Segundo José Murilo de Carvalho, em 1926 já havia instrução militar em 226 estabelecimentos de ensino (CARVALHO, 1977, p. 194).

A partir de 1930, a legislação sobre o assunto torna-se mais precisa.

O Plano Geral do Ensino Militar, publicado em 1933, inclui, entre as modalidades de instrução profissional destinadas à formação dos reservistas, a "instrução militar preparatória, ou instrução pré-militar, para os alunos dos institutos civis de ensino secundário" maiores de 16 anos. Esta deveria ser ministrada em Escolas de Instrução Militar Preparatória, anexas aos estabelecimentos de ensino, e compreender exclusivamente a "educação física" e o "tiro de fuzil". Os portadores de certificado de instrução militar preparatória teriam o seu serviço militar reduzido a seis meses (BRASIL, 1933a, p. 73).

O Regulamento da Diretoria do Serviço Militar e da Reserva, aprovado em julho de 1935, previa um entendimento entre o Ministério da Guerra e o Ministério da Educação no intuito de garantir o bom funcionamento das Escolas de Instrução Militar Preparatória. Ao Ministério da Guerra caberia fornecer os instrutores, o armamento e a munição; os diretores dos estabelecimentos de ensino deveriam fornecer, por intermédio do Ministério da Educação, a relação nominal dos alunos maiores de 16 anos e responsabilizar-se pelo material (BRASIL, 1935a, p. 268).

A partir de 1937, a concepção de instrução pré-militar sofre uma transformação que coincide com as propostas de extensão da influên-

---

42 Lei n. 1.860, de 6 de janeiro de 1908, art. 98 (Coleção das Leis do Brasil, vol. I, 1908, p. 11). Regulamentada pelo decreto n. 6.947, de 8 de maio de 1908 (Coleção das Leis do Brasil, vol. I, 1908, p. 525).

cia do Exército até a infância. Essa transformação pode ser considerada uma reação às proposições de militarização da infância e da juventude oriundas do Ministério da Justiça na mesma ocasião[43]. Nessa nova concepção, não se trata apenas da preparação próxima e imediata dos alunos maiores de 16 anos para o serviço militar, por meio do treinamento em educação física e tiro. A instrução pré-militar passa a ser considerada uma atividade própria, com objetivos e métodos bem definidos, visando incutir na infância e na juventude uma "mentalidade militar".

Assim, em novembro de 1939, a nova lei do ensino militar torna obrigatória a instrução pré-militar também para os alunos menores de 16 anos, inscritos nos institutos civis de ensino primário e secundário. Junto a esses estabelecimentos deveria funcionar uma Escola de Instrução Pré-Militar (EIPM), sob o controle da Inspetoria Geral de Ensino do Exército. Essa mesma inspetoria organizaria os programas, que deveriam incluir "a prática de instrução elementar de ordem unida (sem arma), a iniciação na técnica do tiro e o ensino rudimentar da instrução geral (regras de disciplina, hierarquia militar, organização do Exército, etc.)". O certificado de instrução pré-militar, que daria direito à redução no tempo de prestação do serviço militar, poderia ser obtido a partir dos 12 anos de idade (BRASIL, 1939d, p. 149).

Na mesma época, a revista *Nação Armada* publica dois artigos de Azevedo Amaral, nos quais o autor defende a efetivação do ensino militar nas escolas e a "educação militar integral" da juventude, a ser realizada pelo Exército[44].

Segundo Azevedo Amaral, a educação nacional era uma questão que deveria receber uma atenção especial das Forças Armadas. Reagindo "contra os pacifistas e os sonhadores do desarmamento e da paz universal", o Exército tinha o "dever supremo" de "tornar efetiva a educação militar integral das novas gerações". Educação militar "não no sentido restrito de treino para o uso eficiente das armas", mas no sentido amplo de "formação intelectual e moral das novas gerações". Era necessário "formar uma mentalidade capaz de pensar militarmente" (AZEVEDO

---

43 Essa questão será retomada no Capítulo IV.
44 Azevedo Amaral foi um dos expoentes do pensamento autoritário brasileiro dos anos de 1930. Suas ideias estão expostas principalmente em Azevedo Amaral (1934, 1938). A respeito de Azevedo Amaral, podem ser consultados: Medeiros (1978), Alcântara (1967) e Oliveira et al. (1982).

Amaral, 1940a, p. 30). O "espírito que animava o Exército e a Marinha" deveria "infiltrar-se pela Nação, refletindo-se na alma de cada cidadão". A "população em massa" precisava "converter-se espiritualmente em um Exército". Para isso, seria necessário reorganizar o sistema educacional "[...] de modo a que, desde a escola primária até a Universidade seja ministrado às novas gerações o ensino militar, que as habilite física, intelectual e moralmente ao desempenho da função de soldado [...] precípua missão da cidadania (Azevedo Amaral, 1940d, p. 151)[45].

Em dois outros artigos, publicados na revista *Novas Diretrizes*, Azevedo Amaral procura justificar a participação dos militares nessa reorganização do sistema educacional. Segundo ele, "[...] as funções da cidadania confundem-se de tal forma com a missão do soldado, que não pode ser considerado cidadão na plenitude do termo quem não possui capacidade para o desempenho do dever militar e sobretudo a mentalidade para apreciar as questões desta categoria" (Azevedo Amaral, 1940b, p. 7).

Ora, enquanto a capacidade para o desempenho do dever militar se adquire no serviço militar, a formação de uma mentalidade capaz de encarar os fatos "pelo prisma de sua correlação com a segurança nacional" exige uma ação educativa muito mais abrangente:

> Ao lado da formação do soldado é preciso cuidar do desenvolvimento da consciência do cidadão em linhas militares. Em outras palavras, é indispensável que um processo educativo inteligentemente orientado venha a criar em cada indivíduo o espírito que lhe permita atuar em todas as situações da vida, encarando os fatos pelo prisma de sua correlação com a segurança nacional. Semelhante mentalidade não pode ser criada exclusivamente durante o período de serviço militar, quando o indivíduo já está a entrar na idade adulta. Tem de originar-se sob a influência de forças morais em ação sobre a criança e continuar a desenvolver-se na sua atuação durante a adolescência e a juventude [idem, p. 8].

Azevedo Amaral conclui que, em nome da segurança nacional, as autoridades militares têm o direito e o dever de participar na definição das orientações a serem dadas ao sistema educativo:

---

45 Esse artigo, não assinado, havia sido publicado no mês anterior pela revista *Novas Diretrizes*, dirigida por Azevedo Amaral. Esse fato e as ideias que são desenvolvidas no artigo permitem concluir ser Azevedo Amaral o seu autor. Os artigos não assinados, publicados em *Novas Diretrizes*, eram, em geral, redigidos por ele. Ver Costa-Chaves (1980).

A identificação indissociável da cidadania e da função militar no Estado moderno impõe aos chefes militares o dever precípuo e iniludível de cooperar com as autoridades especializadas na esfera educativa, a fim de assegurar que no ambiente da escola se façam sentir as influências inspiradas pela preocupação suprema da segurança do Brasil [idem, pp. 8-9].

Tal cooperação deveria concretizar-se pela participação das autoridades militares "na elaboração do plano educacional, na determinação dos métodos de ensino e sobretudo na seleção cautelosa do pessoal docente" (idem, p. 9).

Mas, da mesma forma que em Figueira Machado, a "cooperação" em Azevedo Amaral acaba significando a colocação do sistema educacional a serviço das finalidades das Forças Armadas. Denunciando "a deficiência em relação ao cultivo do espírito militar da infância, da juventude e da mocidade" como um dos pontos fracos das reformas educacionais realizadas sob a orientação do Ministério da Educação, Azevedo Amaral preconiza "um trabalho permanente de sincronização do sistema educacional com as finalidades das Forças Armadas, que são, em última instância, as finalidades da nação", tudo isto com o objetivo de infiltrar no aparelhamento pedagógico do país um "espírito nacionalista impregnado de ardente combatividade", e levar o sistema educacional a cumprir a sua "finalidade máxima": "criar nas novas gerações um espírito heroico" (AZEVEDO AMARAL, 1940c, pp. 7-9).

As características desse "espírito heroico", Azevedo Amaral as define em artigo publicado em *Nação Armada*, em abril de 1942 (AZEVEDO AMARAL, 1942). Tratava-se de "um certo número de ideias" que deveriam ser "instiladas no espírito" das crianças. Por meio da educação pré-militar, as crianças deveriam convencer-se que a guerra era inevitável e tinha um caráter permanente. Desde "tenra idade", as novas gerações deveriam ser preparadas "para arcar com o fardo dos deveres militares", aprendendo a valorizar a força, o espírito heroico, a capacidade guerreira. Para Azevedo Amaral, a educação pré-militar deveria começar no próprio lar:

> A educação pré-militar deveria mesmo preceder as influências escolares. Entre as verdades que a habilidade de uma bem orientada pedagogia doméstica deve lançar na inteligência ainda quase embrionária da criança, cumpre figurar a noção de que a guerra é uma realidade sempre presente. É necessário que a criança compreenda estarmos vivendo em um mundo onde só podem ser felizes e prósperos, gozando as

amenidades do afeto e as alegrias da inteligência e da beleza, os povos capazes de evitar a derrota e de impor-se ao respeito dos outros pela força [idem, p. 166].

Essa mesma orientação está presente na campanha organizada, em novembro de 1941, pelo jornal *O Globo*, através das revistas infanto--juvenil *O Globo Juvenil* e *Gibi*. De acordo com o diretor do jornal, a campanha tinha por objetivo "incutir no espírito das gerações que surgem a necessidade de se prepararem não só para as atividades de ordem civil, como para todas as da emergência militar" (Nação Armada, 1942a, pp. 148-149)[46]. Visando fazer com que "à mobilização das armas correspondesse a mobilização dos espíritos, não só das gerações adultas, como da infância e da adolescência do país", a campanha incluía "a propaganda intensa de alistamento nas fileiras do Exército, o gosto dos exercícios e manobras, o culto das imagens mais sugestivas de defesa da Pátria" (idem, ibidem).

Essa campanha inicia-se com a publicação, nas páginas das referidas revistas, do livro *Meu Brasil*, de Sérgio de Macedo. A escolha é bastante significativa. Tratava-se de um texto premiado em concurso promovido pelo Departamento de Imprensa e Propaganda e editado também por ele. Nesse livro, a história do Brasil, narrada por um pai a seu filho, que pretende "ser soldado quando crescer", é apresentada como uma sucessão de guerras e de feitos militares: "O Brasil, meu filho, é um produto da Cruz e da Espada. O Padre e o Soldado construíram a nossa terra. Somos um povo de tradição militar, um povo que se formou nas lutas e nos sacrifícios" (Macedo, 1941, p. 22).

O soldado aparece em todas as páginas do livro como o grande herói, como o "defensor da Pátria", como aquele que "defendendo o Brasil em várias guerras e situações difíceis possibilitou a perpetuação do Brasil". Nem todos, entretanto, deveriam ser soldados, embora todos devessem ter um "espírito de soldado". O diálogo merece ser citado:

– Eu acho, papai, que todo mundo devia ser soldado.
– Isso não, meu filho. Nem todos devem ser soldados. Se todo mundo fosse soldado, quem é que construiria as casas, plantaria o feijão, cortaria as roupas? Tudo não pode ser igual, meu filho. A igualdade é um

---

46 Carta de Roberto Marinho, diretor de *O Globo*, ao ministro da Guerra, em 27 de novembro de 1941, comunicando o início da campanha.

absurdo. O que é preciso, o que devemos querer é que todos estejam preparados para ser soldados. Que todos tenham o espírito de um verdadeiro soldado [idem, p. 61].

A ideologia que o livro pretende inculcar aparece claramente no conselho final dado pelo pai a seu filho:

> Se você quer ser soldado, meu filho, se você quer ser um brasileiro útil à sua pátria em qualquer profissão – porque em todas as profissões a gente pode servir à pátria –, se você quer ser brasileiro de verdade, ame a pátria acima de tudo, não consinta que se fale mal de seu povo, tema a Deus e cumpra os seus deveres, custe o que custar! [idem, p. 84].

Como se pode ver, repete-se aqui o que aconteceu com a LDN, em 1916. Por trás da "patriótica" campanha do jornal, esconde-se a intenção da burguesia de divulgar os ingredientes básicos de sua ideologia: igualdade de chances, mas impossibilidade de igualdade real entre os homens, insistência na igual utilidade e valor de qualquer forma de trabalho, mas legitimação das diferenças profissionais em razão da diversidade das tarefas e funções. Tudo isso acompanhado de uma religião baseada no temor e da supervalorização da disciplina e do cumprimento do dever.

Alguns desses ingredientes, como a disciplina, a valorização do trabalho e a ênfase no cumprimento do dever são retomados pelos militares, em suas manifestações sobre a instrução pré-militar, considerada como "um meio de educar as gerações novas em normas de maior submissão" (MIRANDA, 1941, p. 103). Quanto à igualdade entre os homens, impossível de existir na vida civil, ela seria concretizada nos quartéis:

> Todos fazem parte da grande família militar, não importa saber a sua origem; quer seja filho de grande industrial ou de modesto operário, de negociante próspero ou de humilde lavrador, todos se igualam na mesma farda que vestem, na mesma cama em que dormem, na mesma "boia" que comem. Aquele que morava em um palácio e dormia em colchão de penas, vive a mesma vida do que morava na choupana e dormia na rede embaladora [GOMES, 1942, p. 138].

Mas o desejo de evitar a acusação de "militarismo" e o medo de perderem o monopólio do ensino militar, ameaçado pelos projetos de militarização da juventude existentes na época, fizeram com que muitos militares preferissem a fórmula do escotismo como meio de "estender a 'zona de influência do Exército' até a infância" (PINHEIRO, 1935, p. 810).

O escotismo permitiria "criar a mística da criança-soldado" e possibilitaria ao Exército "buscar as suas raízes na infância [...] sem a preocupação de um militarismo estreito" (ANDRADE, 1940, pp. 109-110)[47].

Assim, enquanto alguns propunham claramente que a instrução pré-militar fosse substituída pelo escotismo, que "bem pensado, bem dosado e bem realizado" produziria os mesmos "frutos" que "uma belíssima instrução pré-militar" (MIRANDA, 1941, p. 106), o próprio Estado-Maior do Exército contrapunha à proposta de militarização miliciana da juventude, oriunda do Ministério da Justiça, um projeto de criação de um movimento nacional de juventude nos moldes do escotismo[48].

Mas ambas as propostas fracassam. No primeiro caso, entre outras razões, por oposição do próprio movimento escoteiro que, mesmo vendo com bons olhos o apoio que recebia das Forças Armadas, reagia contra a sua transformação em movimento militar (BETHLEM, 1940, p. 3). No segundo caso, como será visto, por oposição do ministro da Educação.

Dessa maneira, em junho de 1941, pressionado certamente, entre outros, por aqueles que viam na instrução pré-militar um instrumento de nacionalização do ensino[49], o ministro da Guerra encaminha ao presidente da República um projeto de decreto dispondo sobre a instrução pré-militar (DUTRA, 1941b).

De acordo com esse projeto, todos os estabelecimentos de ensino primário, secundário ou profissional seriam obrigados a criar e manter uma EIPM, sob pena de cancelamento da autorização para funcionamento. Todos os alunos do sexo masculino, entre 10 e 16 anos, seriam obrigados a se inscrever nas EIPM e a frequência seria obrigatória. Aqueles que tivessem mais de 20% de faltas não poderiam ser aprovados em nenhuma outra disciplina da série. O programa de instrução pré-militar seria organizado pela Inspetoria Geral de Ensino do

---

47 Esse artigo foi parcialmente transcrito pela revista da União dos Escoteiros do Brasil (*AJURI*, 1940, p. 2).
48 Essa questão será retomada no Capítulo IV.
49 Sobre o papel atribuído à instrução militar no processo de nacionalização dos filhos de imigrantes, ver Lobo (1939). Em agosto de 1939, será promulgado um decreto-lei "sobre a adaptação ao meio nacional dos brasileiros descendentes de estrangeiros" (decreto-lei n. 1.545, de 25 de agosto de 1939 [Coleção das Leis do Brasil, vol. VI, 1939, p. 254]). Esse decreto-lei enfatizará a obrigatoriedade da organização de escolas de instrução pré-militar nos estabelecimentos de ensino secundário (art. 10º).

Exército, incluindo a prática de instrução elementar de ordem unida (sem armas), a iniciação na técnica de tiro, a educação moral e cívica e o ensino elementar de Instrução Geral (regras de disciplina, hierarquia do Exército etc.). Os instrutores seriam militares e seus nomes deveriam ser aprovados pela Inspetoria Geral de Ensino do Exército, que se responsabilizaria também pela orientação e fiscalização das EIPM. Ainda de acordo com o projeto de Dutra, o certificado de instrução pré-militar seria exigido para matrícula em curso profissional ou superior, para obtenção de qualquer diploma e para o ingresso no serviço militar.

O projeto trazia anexo um programa de instrução pré-militar. Em relação à educação moral e cívica, ele continha "noções sumárias sobre o governo e a autoridade" e considerações sobre "a família como base da sociedade e núcleo fundamental da pátria", além de incluir temas como a pátria, os símbolos nacionais, hinos e canções militares, o Exército e a disciplina militar, a obediência. Quanto à instrução geral, ela incluía conhecimentos sobre o serviço militar e a organização geral do Exército.

O documento de Dutra será imediatamente enviado por Getúlio Vargas à Comissão Revisora do Ministério da Justiça[50]. Francisco Campos, ministro da Justiça e presidente da comissão, considerando que "a matéria principal do projeto" não estava mais em discussão, porque já definida em lei, e que o julgamento quanto à "oportunidade de sua efetivação" era assunto que competia ao presidente da República, limitar-se-á a propor pequenas modificações de caráter formal ao projeto do ministro da Guerra (CAMPOS, 1941c). Toda essa documentação será encaminhada por Vargas ao ministro da Educação, mas este só se pronunciará sobre o assunto depois da incorporação da instrução pré--militar à legislação educacional, com a promulgação das Leis Orgânicas do Ensino, em 1942.

Com efeito, embora o Conselho Nacional de Educação tivesse aprovado, já em outubro de 1932, um parecer de Isaias Alves favorável à introdução da instrução pré-militar nas duas últimas séries do cur-

---

50 Em dezembro de 1938 havia sido instituída uma comissão especial, presidida pelo ministro da Justiça, com a função de "rever, do ponto de vista constitucional e da técnica legislativa, os projetos de decretos-leis e regulamentos a serem expedidos pelo Governo" (decreto-lei n. 1.019, de 31 de dezembro de 1938 [Coleção das Leis do Brasil, vol. IV, 1938, p. 364]).

so complementar, para os alunos maiores de 14 anos (BRASIL, 1932a, pp. 21.476-21.477)[51], essa questão somente passou a fazer parte das preocupações das autoridades do Ministério da Educação a partir de 1941. Nesse momento, o ministro da Educação encontrava-se envolvido na elaboração da Lei Orgânica do Ensino Secundário. Os manuscritos de Capanema e as várias versões por ele redigidas deixam transparecer certa confusão e perplexidade quanto ao lugar da instrução pré-militar nos programas desse nível de ensino.

A primeira tendência de Capanema será situá-la como disciplina de "educação geral", ao lado do canto orfeônico, da educação física e da instrução religiosa. Contrariamente à proposta de Dutra, Capanema julgava que o programa de instrução pré-militar deveria restringir-se aos exercícios de instrução elementar de ordem unida sem armas e à instrução elementar relativa ao tiro. O estudo da organização militar do Brasil deveria ser incluído nos programas de história do Brasil (CAPANEMA, 1941a, VI-12). Em um segundo momento, Capanema passa a falar de "educação pré-militar". Esta, enquanto disciplina de educação geral, poderia dividir-se em "teórica" e "prática". Somente a parte prática (os exercícios) deveria ser incluída nos programas de instrução pré-militar (idem, VII).

Em um terceiro momento, o ministro estabelece uma distinção entre educação militar (obra da escola) e serviço militar (obra do Exército). Para o "serviço militar" de seus alunos, a escola deveria entrar em entendimento com o Exército; quanto à educação militar, esta seria da alçada da educação cívica (CAPANEMA, 1941b).

Ao redigir as primeiras versões do anteprojeto de Lei Orgânica do Ensino Secundário, o ministro da Educação inclui a educação pré-militar, destinada à iniciação ao serviço militar, entre as "práticas educativas" (CAPANEMA, 1941a, X). A partir de um segundo grupo de versões, a educação militar passa a constituir um capítulo à parte, e será assim que ela aparecerá na versão definitiva da Lei Orgânica do Ensino Secundário. Para os alunos menores de 16 anos, seria dada a instrução pré-militar; para os outros, a instrução militar. Em ambos os casos, segundo "diretrizes pedagógicas" a serem fixadas pelo Ministério da Guerra (BRASIL, 1942a).

---

51 Esse parecer será analisado no Capítulo III deste livro.

Em julho de 1942, Capanema solicita ao ministro da Guerra as "diretrizes pedagógicas" para a instrução pré-militar e informações sobre as pessoas autorizadas a ministrá-la (CAPANEMA, 1942a). Como resposta, Dutra envia ao ministro da Educação uma versão modificada do projeto elaborado no Ministério da Guerra, em 1941. Nessa nova versão é mantida a obrigatoriedade da criação de centros de instrução pré-militar nas escolas primárias, mas a idade mínima é elevada para 12 anos e a educação moral e cívica é excluída do programa. O projeto trazia como anexo um "programa geral" no qual eram fixados para a instrução pré-militar os objetivos de "incutir no jovem brasileiro a consciência do dever militar" e "proporcionar-lhe os conhecimentos rudimentares necessários ao futuro soldado" (DUTRA, 1942).

Com base nessa documentação, Capanema redige um novo projeto, que vem a transformar-se em um decreto-lei "dispondo sobre as bases de organização da instrução pré-militar", promulgado pelo presidente da República em setembro de 1942 (BRASIL, 1942b, p. 179)[52].

Esse novo decreto-lei mantém a obrigatoriedade da instrução pré-militar para os alunos de 12 a 16 anos matriculados no primeiro ciclo do ensino secundário. Qualquer escola pública ou particular que ministrasse esse ensino deveria manter um Centro de Instrução Pré-militar, sob pena de perder a equiparação ou o reconhecimento federal. A frequência a esses centros seria obrigatória, e os alunos só receberiam certificado de conclusão de curso depois de obter o certificado de conclusão da instrução pré-militar. O Ministério da Guerra deveria fornecer os instrutores para os centros, expedir as diretrizes pedagógicas para o seu funcionamento e fiscalizá-los. Ao Ministério da Educação competia promover a inclusão da instrução pré-militar no conjunto das atividades educativas dos estabelecimentos de ensino e fornecer ao Ministério da Guerra as informações necessárias para o exercício de sua função fiscalizadora. Contrariamente ao decreto de 1939, esse novo decreto não faz nenhuma referência à instrução pré-militar nos estabelecimentos de ensino primário. Além disso, a expressão "instrução geral", contida no

---

52 Esse decreto-lei é assinado apenas pelo ministro da Guerra e pelo ministro da Educação. Não foi possível constatar qualquer participação dos outros ministérios militares no debate sobre a instrução pré-militar.

projeto de Dutra, é substituída por "noções gerais relativamente à organização e à vida militar"[53].

As "diretrizes pedagógicas" para a instrução pré-militar serão estabelecidas ainda em setembro de 1942, por portaria do ministro da Guerra (BRASIL, 1942c)[54]. Mantendo para a instrução pré-militar os objetivos de "incutir no jovem brasileiro a consciência do dever militar" e "proporcionar-lhe os conhecimentos rudimentares necessários ao futuro soldado", a portaria do ministro da Guerra estabelece um programa a ser executado nos centros de instrução pré-militar através de processos ativos, em uma ou duas sessões semanais, totalizando 30 horas anuais. Esse programa, que procura fundir o ensino da cultura militar com a instrução pré-militar propriamente dita[55], inclui o estudo dos conhecimentos rudimentares relacionados com a organização e a vida militar, com a instrução elementar de ordem unida sem armas e a instrução elementar relativa ao tiro. Ele seria desenvolvido nos centros de instrução pré-militar por instrutores selecionados pelo comandante de cada região militar entre oficiais do Exército ativos e reservistas.

A questão da não inclusão da instrução pré-militar no ensino primário merece ser discutida. Em 1942 existiam no Brasil cerca de 40 mil estabelecimentos de ensino primário, com uma matrícula total de 3 milhões de alunos, dos quais cerca de 30% com mais de 11 anos de idade. Logicamente seria impossível ao Ministério da Guerra indicar instrutores para todos esses alunos e controlar o andamento dos cursos, principalmente se se levar em conta que cerca de 70% das escolas esta-

---

53 A substituição foi sugerida por Capanema. Em documento encaminhado ao presidente, contendo observações sobre o projeto elaborado pelo ministro da Guerra, ele critica a expressão "instrução geral", que não tinha um "sentido específico" (CPDOC, Arquivo Gustavo Capanema GgC 41.06.12 (I-5)). Na realidade, a expressão "instrução geral" aparece, na legislação militar da época, junto com a educação moral, como um dos ramos da instrução de base, comum a todas as armas. A instrução geral, cujo programa incluía "regras de disciplina" e "noções sobre a organização do Exército", tinha por objetivo "dar os conhecimentos necessários para a garantia da ordem e disciplina e da boa execução do serviço em todas as circunstâncias da vida militar" (BRASIL, 1937a, p. 499).

54 A documentação existente no Arquivo Gustavo Capanema permite constatar a participação efetiva do ministro da Educação na preparação dessa portaria.

55 Em outros países, essas duas atividades eram realizadas separadamente, por instituições diferentes. Na Itália fascista, por exemplo, a escola ministrava a cultura militar e as organizações de juventude fascistas se responsabilizavam pela instrução pré-militar.

vam situadas no meio rural (BRASIL, 1949, 1951). Compreende-se assim que o Ministério da Guerra tenha preferido atuar diretamente sobre os professores, por meio de conferências nos cursos de férias promovidos pela ABE, pelo Instituto Nacional de Estudos Pedagógicos (INEP) e pelas secretarias de educação dos estados. A isso deve ser acrescentada a participação ativa de representantes do Ministério da Guerra na Comissão Nacional de Ensino Primário e na Primeira Conferência Nacional de Educação[56], em novembro de 1941.

O próprio ministro da Guerra havia anunciado, em dezembro de 1940, aquilo que ele esperava dos educadores brasileiros, especialmente dos professores primários:

> Cabe aos educadores brasileiros, de modo geral, se esforçarem por colocar o pensamento da escola acima das competições e ideologias de toda a ordem, e tudo sobre os ditames da unidade pátria e da segurança nacional. [...] Isso posto, urge que nas escolas primárias dos Estados os professores tenham sempre em vista impressionar a criança, incutindo-lhe no subconsciente, por uma ação contínua, frequente e intensa, a necessidade: a) de uma disciplina social e consciente, a fim de que a criança se vá habituando a viver dentro de um espírito de ordem, de disciplina e de obediência objetiva; b) de habituá-la a encarar a necessidade de defesa do Brasil e a segurança do Estado como um imperativo da segurança da própria pessoa, de sua família e da coletividade brasileira [DUTRA, 1941a, pp. 26-27].

A partir de 1942, a questão da instrução pré-militar passa a ser tratada em ligação com a questão da criação de um movimento nacional de juventude. O projeto inicial de criação da Organização Nacional de Juventude, apresentada por Francisco Campos em 1938, dava grande ênfase à instrução pré-militar, que deveria ser assumida por essa organização, como se verá no Capítulo IV. O ministro da Guerra opõe-se a isso, argumentando que a instrução pré-militar já estava regulamentada pelas próprias leis militares. Mas, já em novembro de 1941, o representante do Ministério da Guerra, na Primeira Conferência Nacional de Educação, afirma que a instrução pré-militar, um dos "notáveis problemas" que o Exército tinha para resolver, apresentava-se "em grande co-

---

56 A denominação correta do evento é Primeira Conferência Nacional de Educação. Está assim na legislação e na documentação do evento. Entretanto, ao publicar essa documentação em livro, em 1946, o Ministério da Educação intitulou o livro como *Primeiro Congresso Nacional de Educação*.

nexão com a lei que instituiu a 'Juventude Brasileira'"[57]. E em fevereiro de 1942 a nova Lei do Ensino Militar considera a instrução pré-militar como "um dos fatores de organização da Juventude Brasileira" (BRASIL, 1942d, p. 242).

E as duas iniciativas tiveram o mesmo destino. Embora a obrigatoriedade da instrução pré-militar fosse frequentemente lembrada nas portarias do ministro da Educação[58], ela nunca foi implantada com o alcance pretendido por aqueles que a defendiam[59]. Em junho de 1946, ela será extinta por decreto do presidente da República, general Dutra, a pedido do general Góes Monteiro, ministro da Guerra (BRASIL, 1946b, p. 189). Nesse momento, como se verá a seguir, o predomínio quase completo dos militares no ensino da educação física nas escolas concretizava uma das propostas do projeto intervencionista moderador e tornava a instrução pré-militar plenamente dispensável.

4.2. Educação física

Paralelamente às iniciativas de introdução da instrução pré-militar nas escolas, e em estreita ligação com elas, desenvolveram-se esforços para que a educação física se generalizasse nos diferentes níveis de ensino em todo o país. Os militares estiveram presentes nesse processo, liderando-o, em grande parte.

Na realidade, a preparação militar pode ser apontada como uma das principais razões pelas quais uma determinada sociedade integra,

---

57 Discurso proferido pelo major Euclides Sarmento, representante do Ministério da Guerra, no encerramento da Primeira Conferência Nacional de Educação, em 8 de novembro de 1941 (BRASIL, 1946a, p. 101).
58 Assim, por exemplo, as portarias ministeriais n. 167, de 8 de março de 1943 (BRASIL, 1943g, p. 3.463), e n. 169, de 13 de março de 1943 (BRASIL, 1943h, p. 3.730), do ministro da Educação, que dispõem sobre a distribuição do tempo dos trabalhos escolares nos estabelecimentos de ensino secundário e industrial, determinam que na carga horária semanal seja reservado o tempo necessário para a instrução pré-militar e para a instrução militar.
59 A não implantação da instrução pré-militar foi motivo de críticas publicadas por vários jornais do Rio de Janeiro, em dezembro de 1943. Essas críticas geraram uma troca de correspondência entre o Ministério da Guerra e o Ministério da Educação. O Ministério da Guerra acusava a Divisão do Ensino Secundário pelo não fornecimento das informações solicitadas, tornando assim impossível a indicação dos instrutores (CPDOC, Arquivo Gustavo Capanema, GgC 41.06.12 (II-2) e GgC 41.06.12 (II-3)).

em maior ou menor grau, a educação física em seu sistema educativo (Assa, 1973, p. 175; Meynaud, 1956, pp. 132-133). Ainda aqui os objetivos variam em razão da concepção que se tem das relações entre Forças Armadas e sociedade civil e, mais especificamente, em razão do papel que se atribui às Forças Armadas no processo de educação do povo. Aqueles que se baseiam na concepção do "cidadão-soldado" insistem sobre a educação física a ser dada durante o serviço militar obrigatório, atribuindo-lhe uma finalidade higiênica e formativa; os que defendem a concepção do Exército profissional e veem as relações entre Forças Armadas e sociedade civil pelo ângulo da mobilização insistem na necessidade de uma educação física global a ser dada nas escolas e acentuada durante o período do serviço militar obrigatório. Nesse caso, a ênfase será posta na aquisição da resistência física, da capacidade de marchar, de transportar cargas, de correr, atacar e defender.

No caso brasileiro, a preocupação dos militares com a educação física nas escolas começa a acentuar-se no final da década de 1920, no momento em que a ideologia do "cidadão-soldado" perde terreno, em consequência da campanha dos "jovens turcos" e da revista *A Defesa Nacional*, à qual veio somar-se a influência da Missão Militar Francesa.

Com efeito, a educação física não aparece nos programas das escolas secundárias da década de 1920; quanto ao ensino primário, a maior parte das reformas realizadas nos estados previa um tempo para ginástica na distribuição da carga horária semanal[60]. Em 1929, uma comissão presidida pelo ministro da Guerra preparará um anteprojeto de lei, regulamentando o ensino de educação física em todo o país. Esse anteprojeto, elaborado com base na experiência do Centro Militar de Educação Física, criado em 1922, no Rio de Janeiro, por influência da Missão Militar Francesa, será encaminhado ao Congresso pelo presidente Washington Luís, que defenderá a sua aprovação na mensagem presidencial de 1930. Segundo ele,

> [...] o problema da educação física não se circunscreve ao Exército; e a sua solução deve preceder mesmo à entrada do brasileiro para o serviço

---

60 A Reforma João Luiz Alves (decreto n. 16.782A, de 13 de janeiro de 1925) não inclui a educação física nos programas de ensino secundário. O mesmo acontece no decreto n. 18.564, de 15 de janeiro de 1929, que altera esses programas. Entretanto, em ambos os decretos são previstos exercícios de ginástica para os alunos internos do Colégio Pedro II. No que se refere à presença da ginástica nos programas do ensino primário, ver Nagle (1974).

militar. Deve esta educação começar nos primeiros anos de existência, de modo que o recruta seja recebido em condições de desenvolvimento e resistência que o tornem apto a suportar as exigências da vida militar. [...] Brilhantemente justificado, o projeto condensa demorados estudos feitos no Ministério da Guerra pelos órgãos próprios. [...] Visa ele estender a todos os brasileiros, desde a primeira infância, os benefícios da educação física, de acordo com os princípios comuns racionais e científicos já aplicados [BRASIL, 1978b, p. 685][61].

O projeto do Ministério da Guerra será objeto de severas críticas da ABE. Os educadores dessa associação, que haviam incluído a educação física escolar no projeto da reforma do ensino secundário por eles elaborado em 1929 (ASSOCIAÇÃO..., 1929), apresentarão um projeto alternativo, no qual procurarão diminuir a influência dos militares. O projeto da ABE prevê a criação da Escola de Educação Física, anexa à Universidade do Rio de janeiro, para preparar "instrutores civis destinados às escolas primárias, secundárias e normais do país". Prevê também a contratação, pelo governo federal, de técnicos em educação física, a serem colocados à disposição dos estados para atuarem junto às diretorias de instrução. Esses técnicos e os professores da Escola de Educação Física seriam selecionados por uma Comissão de Educação Física, subordinada ao Ministério do Interior (BRASIL, 1971a, p. 379)[62].

Mas essa posição não encontrará unanimidade entre os educadores civis. Assim, ainda em 1929, Fernando de Azevedo, que havia participado da Comissão do Ministério da Guerra e que era, na época, diretor da Instrução Pública do Distrito Federal, enviará 22 professores civis do Distrito Federal para participarem do Curso Provisório de Educação Física na Escola de Sargentos de Infantaria (idem, ibidem).

A partir de 1930, com a instalação do Governo Provisório e a criação do Ministério da Educação e Saúde, os militares procurarão garantir o seu controle sobre a educação física escolar através desse ministério.

---

61 Washington Luís, "Mensagem apresentada ao Congresso Nacional em 30 de maio de 1930". Note-se que o tema é tratado na mensagem no capítulo dedicado às Forças Armadas, e não na parte referente à educação. Note-se também a argumentação baseada na concepção de "exército profissional", tal como era apresentada pelos "jovens turcos", em 1918.

62 É necessário lembrar que em 1929 as questões de educação eram tratadas pelo Ministério do Interior.

Em 1931, a Reforma Francisco Campos introduzirá a obrigatoriedade de "exercícios de educação física" em todas as classes do ensino secundário (BRASIL, 1931b, p. 562). A portaria do ministro da Educação, que estabelece os programas e as instruções metodológicas para as disciplinas do curso fundamental do ensino secundário, dedica um capítulo especial à educação física, atribuindo-lhe a função de "[...] proporcionar aos alunos o desenvolvimento harmonioso do corpo e do espírito, concorrendo assim para formar o homem de ação, física e moralmente sadio, alegre e resoluto, cônscio de seu valor e de suas responsabilidades" (BRASIL, 1931e, p. 12.403).

Os exercícios de educação física deveriam ser realizados diariamente, com a duração de 30 a 45 minutos, sendo aconselhada na portaria a adoção das "normas e diretrizes" do Centro de Educação Física do Exército.

Entretanto, enquanto o Ministério da Educação e Saúde limita-se a introduzir a obrigatoriedade da educação física na legislação educacional, os militares procuram estabelecer bases sólidas para garantir o seu predomínio nessa área.

Assim, ainda em 1930, será organizado o Centro Militar de Educação Física, que receberá a atribuição de difundir, unificar e intensificar a educação física no Exército. Além de formar instrutores e monitores para os estabelecimentos militares, o centro poderia admitir também em seus cursos a matrícula de civis, especialmente professores federais, estaduais e municipais (BRASIL, 1971b, p. 380).

Em abril de 1932, será aprovado o Regulamento de Educação Física do Ministério da Guerra, a ser adotado em todas as unidades do Exército, inclusive do Centro Militar de Educação Física (BRASIL, 1932b, p. 144). Esse regulamento, que fora preparado por oficiais da Missão Militar Francesa e encaminhado ao Estado-Maior do Exército no início de 1932 (SERVICE..., 1935), era uma adaptação do Regulamento de Educação Física desenvolvido pela Escola de Joinville e adotado pelo Exército francês. Conhecido como "método francês", ele predominará no Brasil até 1943 (MARINHO, 1944a, p. 70; LEGRAND, 1975, p. 51).

Em outubro de 1933, o Centro Militar de Educação Física será transformado em Escola de Educação Física do Exército. Tendo como objetivo principal ensinar o método de educação física que acabava de ser aprovado, bem como promover e orientar a sua aplicação, a Escola de Educação Física do Exército deveria preparar instrutores e monitores para os estabelecimentos militares e formar "para fins não militares, instrutores e monitores de educação física, recrutados no meio civil" (BRASIL, 1933b, p. 84).

Estavam assim estabelecidas as bases para orientar a educação física escolar na direção prevista no projeto intervencionista moderador. Como visto, nesse projeto, tal como formulado pelo general Góes Monteiro, a orientação e o controle da educação física no país caberiam ao Exército; o Ministério da Educação deveria ocupar-se da educação física nas escolas, guiando-se pelo que estava sendo feito no Exército e agindo de acordo com ele.

Essa orientação será concretizada no decreto promulgado em julho de 1934, criando no Ministério da Educação e Saúde uma Inspetoria Geral do Ensino Emendativo, encarregada, entre outras coisas, de ocupar-se das questões relacionadas com a educação física que fossem da competência desse ministério. Esse decreto, que estende o ensino da educação física a todos os estabelecimentos dependentes do Ministério da Educação, define os objetivos e os meios a serem empregados nesse ensino com base no Regulamento de Educação Física do Ministério da Guerra e prevê um acordo entre o Ministério da Educação e os Ministérios da Guerra e da Marinha para a contratação de militares formados em educação física como professores dessa disciplina nos estabelecimentos de ensino oficiais e fiscalizados. Ele prevê também a criação de uma Escola Normal de Educação Física e determina a instalação de um curso provisório de educação física para professores, sob a orientação da Escola de Educação Física do Exército (BRASIL, 1934c, p. 1.363).

A Inspetoria Geral do Ensino Emendativo não chegará a ser instalada e deixará de ter existência legal a partir da reforma do Ministério da Educação e Saúde, em 1937. Mas a brecha aberta nesse decreto para a entrada dos militares como professores de educação física nas escolas e como orientadores da formação de professores dessa disciplina para o sistema de ensino será bem aproveitada por eles e lhes garantirá a orientação e o controle do ensino da educação física no país a partir de então.

Assim, em 1935, o ministro da Guerra envia ao Ministério da Educação o capitão Rolim para discutir as possibilidades de um trabalho conjunto no campo da educação física. Capanema, afirmando "conhecer e apreciar a obra já realizada pelo Exército no tocante à educação física", declara-se pronto a contribuir "para que ela mais se desenvolva, em ligação com os trabalhos idênticos, que devem ser realizados nos institutos civis de ensino" (CAPANEMA, 1935). E aproveita para solicitar a colaboração dos técnicos em educação física do Ministério da Guerra nos estudos que o Ministério da Educação estava desenvolvendo nessa área.

Esses estudos estavam relacionados com o processo de elaboração do Plano Nacional de Educação e com o projeto de reforma do Ministério da Educação e Saúde.

Com relação ao Plano Nacional de Educação, não houve uma participação direta dos militares na sua elaboração, apesar da insistência do capitão Severino Sombra, no intuito que o Ministério da Guerra preparasse um Plano Nacional de Educação Física como parte integrante do referido plano de educação (SOMBRA, 1936a, p. 189)[63]. Mas entre as comissões criadas no Conselho Nacional de Educação, no momento da elaboração do plano, encontramos uma Comissão de Educação Física com a participação de Isaias Alves que, como já visto, era favorável à presença de um instrutor militar nas escolas e defendia que a ele deveria caber a responsabilidade da orientação da educação física aos alunos de 10 a 14 anos (BRASIL, 1932a, pp. 21.476-21.477)[64].

Quanto à reforma do Ministério da Educação e Saúde, ela será concretizada em janeiro de 1937 (BRASIL, 1937c, p. 12). Nesse momento, a Inspetoria Geral do Ensino Emendativo será legalmente extinta e será criada no Ministério da Educação uma Divisão de Educação Física, subordinada ao Departamento Nacional de Educação. A organização e a direção dessa divisão serão confiadas aos militares, e será por meio dela que eles procurarão controlar a educação física escolar a partir de 1937.

A colaboração dos militares na organização e direção da Divisão de Educação Física será solicitada por Capanema ao ministro da Guerra, em abril de 1937. E será em nome da segurança nacional que essa solicitação será feita: "É um serviço a mais que o Ministério da Guerra prestará à causa da educação nacional, causa que é, aliás, estritamente vinculada à da segurança nacional" (CAPANEMA, 1937c).

A atuação dos militares na direção da Divisão de Educação Física não se fará sem resistências, tanto da parte da própria burocracia do Ministério da Educação quanto da parte dos diretores dos estabelecimentos de ensino e até da Igreja.

---

63 Ver nota 31.
64 Ver também: CPDOC, Arquivo Gustavo Capanema, GgC 34.07.30 (IV-12).

Assim, no início de 1938, o major Barbosa Leite, diretor da Divisão de Educação Física, dirige uma carta ao ministro da Educação, na qual relata as dificuldades que estava encontrando. A conclusão da carta do major Barbosa Leite merece ser citada, pois mostra bem o *esprit de corps* que orientava a sua ação e a importância que, no Exército, era dada à educação física escolar:

> A fase ora vencida foi demasiado longa e eu não a teria sobre-excedido em resistência se não fosse instigado pela responsabilidade de haver sido indicado a V. Exa. para o cargo que ora ocupo pelo Exmo. Sr. General Gaspar Dutra, Ministro da Guerra; se não tivesse, a cada obstáculo encontrado, a impressão de que o Exército tem suas vistas voltadas para mim e para os oficiais que me auxiliam, contando com o êxito do empreendimento que nos foi cometido; se estivesse em jogo apenas minha responsabilidade pessoal e não a de uma classe que cultiva a tenacidade e a persistência no esforço como fatores de sucesso [Barbosa Leite, 1938].

A crítica da Igreja católica à atuação da Divisão da Educação Física será manifestada em memorial encaminhado pelos bispos do estado de São Paulo ao presidente da República, em março de 1940 (*Memorial...*, 1940). Nesse documento, depois de elogiar os esforços desenvolvidos por Getúlio Vargas no intuito de "construir um Estado forte, estruturado nos princípios cristãos" e dessa maneira "malograr os criminosos tentames dos elementos bolchevizantes, que pretendiam reduzir o país a um montão de ruínas", o episcopado paulista denuncia "a ofensiva contra o patrimônio moral da Nação", realizada através da escola (idem). E desenvolve argumentação semelhante à utilizada por Dutra, um ano antes, para opor-se à realização da conferência da WFEA:

> Mesmo depois de implantado o regime de 10 de novembro de 1937, continua viva e prossegue ativa a obra deletéria de paganização e corrupção da juventude através da escola. Firmou-se aqui certa mentalidade educacional materialista e bolchevizante, articulada com socialistas radicais da América do Norte, a cujos trabalhos nunca faltou a simpatia eficaz da III Internacional. Enquanto, pois, o Governo Federal solicitava o apoio de todas as forças vivas da nação para combater o comunismo com todas as armas e defender o patrimônio moral das tradições católicas, funcionários encarregados de orientar a atividade educacional sacrificavam o melhor desse patrimônio, destruindo, desde a tenra idade, o senso do pudor na infância e abrindo assim o caminho para uma desagregação social completa [idem, p. 2].

Assim, a mesma argumentação que havia servido ao ministro da Guerra para exigir, em nome da segurança nacional, o afastamento dos educadores que trabalhavam na Secretaria de Educação da Prefeitura do Distrito Federal, servirá aos bispos para denunciar, em nome dos princípios cristãos, a atuação dos oficiais enviados pelo mesmo ministro da Guerra para trabalhar no Ministério da Educação.

Com efeito, o memorial dos bispos visava sobretudo denunciar a orientação que estava sendo dada à educação física escolar pela Divisão de Educação Física: "orientação materialista, talvez inconscientemente comunista" (idem, p. 3). Essa orientação manifestava-se, segundo os bispos, nas fichas de exames biomédicos preparadas pelo Ministério da Educação, "fichas contrárias às mais elementares noções de decência, abusivamente indiscretas e excessivamente meticulosas" (idem, ibidem)[65], bem como pela "promiscuidade dos sexos" nas aulas da Escola Superior de Educação Física e dos exercícios de ginástica realizados nas escolas primárias "na mais completa promiscuidade e em trajes ofensivos à modéstia e ao pudor" (idem, ibidem).

Segundo o episcopado paulista, essa situação não diferia, "senão acidentalmente", daquela que vigorava na Rússia soviética, "onde o tratamento que dispensa o Estado aos indivíduos humanos desconhece as diversidades específicas que os distanciam dos irracionais" (idem, p. 4).

Diante disso, os bispos, considerando a necessidade de "enérgicas e imediatas providências no sentido de modificar-se radicalmente o espírito e o rumo da educação física", sugerem a Getúlio Vargas a criação de uma "comissão de fiscalização e fomento da Cultura Física escolar e desportiva, composta dos pais dos alunos, das entidades especializadas e supervisionada pelo Governo" (idem, ibidem). Essa comissão deveria obedecer a uma "orientação cristã" e ser dotada de "autoridade suficiente para impedir, por todos os meios, que a educação física venha a servir para viciar a juventude e preparar a implantação da anarquia na Sociedade Brasileira" (idem, ibidem).

Concretamente, o episcopado paulista condena a promiscuidade de sexos em aulas teóricas e práticas de educação física, em qualquer es-

---

65 Os bispos referem-se certamente às fichas contidas nas "Instruções para o Serviço Médico de Educação Física nos Estabelecimentos de Ensino", elaboradas pela Divisão de Educação Física e aprovadas pelo Ministro da Educação e Saúde (BRASIL, 1939e).

tabelecimento de ensino ou instituição esportiva, mesmo em jardins de infância e parques infantis; os trajes contrários ao pudor; as exibições públicas de ginástica feminina com assistência de homens; os exercícios femininos de natação com qualquer assistência e a organização de fichas com dados indiscretos.

E os bispos terminam o seu documento afirmando estarem firmemente persuadidos que "os aparentes limites" que eles sugeriam para a educação física, "longe de constituírem para esta liames no seu legítimo desenvolvimento", eram "roteiros seguros" que a conduziriam "para a sua real e verdadeira finalidade" (idem, ibidem).

A comissão proposta pelos bispos não foi criada. Mas algumas das sugestões por eles apresentadas foram aceitas, de tal forma que o arcebispo de São Paulo poderá escrever, um ano depois, que os responsáveis pela educação física haviam compreendido "em parte" os "justificados reclamos" contidos no memorial (NAÇÃO ARMADA, 1942b, pp. 52-68). Entretanto, contrariamente ao que aconteceu com os técnicos da Secretaria de Educação da Prefeitura do Distrito Federal, acusados por Dutra em 1939, os oficiais responsáveis pela Divisão de Educação Física, denunciados pelos bispos, não foram afastados. Pelo contrário: continuaram a receber todo o apoio do ministro da Guerra e do ministro da Educação[66].

Ao mesmo tempo em que assumiam a direção e o controle da educação física em nível ministerial, os militares procuravam garantir a sua influência direta no ensino da educação física nas escolas, seja atuando na formação dos professores de educação física, seja assumindo diretamente essa função.

A formação dos professores de educação física era realizada pela Escola Nacional de Educação Física e Desportos, criada em 1939, na Universidade do Brasil (BRASIL, 1939f, p. 97). Por solicitação de Capanema, os militares participaram ativamente na organização dessa escola e assumiram a sua direção, procurando orientá-la de acordo com o modelo da

---

66 O Arquivo Gustavo Capanema conserva um manuscrito, datado de 21 de janeiro de 1941, no qual o ministro da Educação procura refutar as acusações contidas no memorial dos bispos de São Paulo (CPDOC, Arquivo Gustavo Capanema, 34.07.14 (III-1)). Não se sabe se essa resposta do ministro da Educação chegou a ser encaminhada ao presidente da República.

Escola de Educação Física do Exército⁶⁷. Assim, em discurso pronunciado por ocasião de sua inauguração, o ministro da Educação poderá dizer:

> Não me furto a uma palavra de agradecimento ao Exército Nacional pela colaboração que emprestou ao Ministério da Educação na organização da nova Escola. O Exército já vinha servindo suplementariamente à causa da educação com a formação de mestres da educação física em suas escolas. Recentemente na emergência por que passou o Ministério da Educação, foi com o Exército, principalmente, que contou para o pleno êxito de seu empreendimento. E ainda agora, na organização desta escola, não faltou ao Ministério da Educação essa cooperação inestimável (CAPANEMA, 1939b).

Com a criação da Escola Nacional de Educação Física e Desportos, o diploma de licenciado passou a ser exigido para o exercício da função do professor de educação física nas escolas. A obtenção desse diploma estava condicionada à conclusão do curso superior de educação física. Mas, em 1941, o ministro da Guerra elabora um projeto de decreto no qual,

> [...] considerando que a Escola de Educação Física do Exército tem sido a orientadora da educação física tanto que o regulamento básico para o ensino da mesma foi por ela elaborado e as instituições congêneres existentes no país foram por ela modeladas; e considerando que os elementos egressos da Escola de Educação Física do Exército, além da preparação técnica especializada, adquirem no seu estágio no Exército uma formação cívico-moral que os coloca em situação vantajosa para agir sobre as coletividades, incutindo-lhes o espírito de ordem e disciplina, propõe que sejam estendidas aos oficiais formados pela Escola de Educação Física do Exército as prerrogativas de licenciado em educação física (DUTRA, 1941c).

Como se pode ver pelas considerações apresentadas pelo ministro da Guerra para justificar a sua proposta, os militares, mesmo insistindo sobre a educação física como instrumento de "revigoramento físico da raça" e de "preparação física do futuro soldado", não deixam de va-

---

67 Sobre a organização da Escola Nacional de Educação Física e Desportos de acordo com o modelo da Escola de Educação Física do Exército, veja-se a carta endereçada ao ministro da Educação, em 26 de dezembro de 1940, por Peregrino Júnior. Depois de denunciar a implantação de uma "disciplina militar" na Escola Nacional de Educação Física e Desportos, Peregrino Júnior, ele próprio professor nessa Escola, afirma: "Um dos erros mais graves na organização da Escola Nacional de Educação Física e Desportos foi a sua subordinação integral ao padrão militar da Escola de Educação Física do Exército" (CPDOC, Arquivo Gustavo Capanema, GgC 35.07.10 (II-7)).

lorizar também a função do professor e do instrutor de educação física no processo de "disciplinamento" do povo[68]. E os oficiais formados em educação física pelo Exército estavam, segundo Dutra, mais capacitados que os civis para cumprir essa função de incutir o espírito de ordem e disciplina na coletividade, em virtude da formação "cívico-moral" recebida nos quartéis[69].

A proposta do ministro da Guerra será apoiada por Capanema, que a considerará uma "medida de justiça" (CAPANEMA, 1943a). Assim, em março de 1943, os diplomas de instrutor e de monitor de educação física expedidos pela Escola de Educação Física do Exército, pelo curso provisório de educação física, pelo Centro Militar de Educação Física e pelos Centros Regionais de Educação Física organizados pelo Ministério da Guerra serão equiparados, para todos os efeitos, aos diplomas de licenciado em educação física (BRASIL, 1943b, p. 180)[70].

Dessa forma, controlando a Divisão de Educação Física, dirigindo a Escola Nacional de Educação Física e Desportos e podendo conceder em suas escolas o diploma de licenciado em educação física para os oficiais nela formados, os militares tinham em suas mãos a educação física escolar do país. Concretizava-se assim uma parte da proposta do projeto intervencionista moderador, formulada por Góes Monteiro em 1934.

Nesse momento, a instrução pré-militar torna-se dispensável. Assim, em 1945, uma comissão nomeada pelo ministro da Educação para estudar a sugestão de fusão da educação física e da instrução pré-militar como meio de diminuir os custos do ensino e presidida pelo major Barbosa Leite, diretor da Divisão de Educação Física, manifesta-se

---

68 Essa função será bastante acentuada no Estado Novo, com a implantação de parques infantis, colônias de férias, praças de esporte, centros de educação física e os clubes de menores operários, e com a criação do Serviço de Recreação Operária. A esse respeito, ver Lima (1979).

69 Uma análise dos regulamentos militares desse período mostrará que, na concepção dos militares, educação física, educação moral e cívica e disciplina estavam estreitamente ligadas. Ver, por exemplo, o Regulamento para a Instrução dos Quadros e da Tropa, item 32 (BRASIL, 1938a) e o Regulamento para os Exercícios e o Combate de Cavalaria, item 198 (BRASIL, 1940d).

70 Essa equiparação será estendida aos diplomados pelo curso de educação física do Departamento de Educação Física da Marinha (BRASIL, 1943c, p. 162). Em 1944, a mesma regalia será concedida aos diplomados pela Escola de Educação Física da Força Policial de São Paulo (BRASIL, 1944a, p. 21).

contrária a essa fusão e propõe a extinção pura e simples da instrução pré-militar:

> Não havendo lugar nos horários dos estabelecimentos de ensino secundários para a educação física e também para a chamada instrução pré-militar, mas somente para uma delas, não devemos ter a menor hesitação em preferir a permanência da educação física, que representa a verdadeira base, a verdadeira instrução pré-militar do soldado brasileiro. [...] A maior contribuição que o Ministério da Educação e Saúde poderá prestar ao Exército nacional é entregar-lhe, no momento oportuno, rapazes fortes e inteligentes, cidadãos cônscios de seus deveres, material humano que possa permitir a formação rápida de excelentes soldados[71].

Essa sugestão será aceita e a instrução pré-militar será, como visto, extinta em 1946. Extinta, não em razão dos "ventos democráticos" que percorriam o país, mas porque, além de incômoda para o Exército, ela tornara-se desnecessária.

---

71 Ofício n. 263, de 3 de julho de 1945, do ministro da Educação ao diretor da Divisão de Educação Física (CPDOC, Arquivo Gustavo Capanema, GgC 34.07.12 (IV-5)). Ofício n. 1.131, de 21 de agosto de 1945, do diretor da Divisão de Educação Física ao ministro da Educação (CPDOC, Arquivo Gustavo Capanema, GgC 41.06.12).

Capítulo II

A Igreja e a educação

1. A Igreja e a educação antes de 1930

A República, que se instala no Brasil em novembro de 1889, encontra a Igreja enfraquecida e incapaz de negociar um novo pacto que viesse a substituir o regime do Padroado e a sua situação de religião oficial do Estado, que lhe havia sido atribuída pela Constituição de 1824. O Estado republicano rompe com o regime do Padroado e proclama-se leigo. A separação entre a Igreja e o Estado é oficializada por decreto em janeiro de 1890 e confirmada pela Constituição republicana de 1891. Entre os dispositivos incluídos nessa Constituição, para garantir a plena separação entre a Igreja e o Estado, estava a introdução do ensino leigo nas escolas públicas (BRASIL, 1891, p. 777).

A Igreja aceitou, pouco a pouco, o novo regime e, de certo modo, tirou proveito dele. A sua separação oficial do Estado permitia-lhe reestruturar com mais liberdade os seus quadros e estreitar as suas ligações com Roma. Mas, "se a República é aceita, o mesmo não acontece com o clima laicista dentro do qual a mesma foi proclamada" (CURY, 1978, p. 14). Como afirma Beozzo (1984, p. 280),

> [...] consumada a separação entre a Igreja e o Estado, a Igreja não cessará de denunciar o divórcio entre o Estado leigo, para não dizer laicista, e a nação, católica em sua grande maioria. O ensino, principalmente, era visto como uma grande violência imposta à consciência católica. Seu caráter leigo conflitava com a fé da maioria dos alunos e com a fé professada pela nação. Toda a campanha da Igreja – e ela será constante – está vazada na luta pelos "direitos" da

maioria que deveriam traduzir na legislação e na prática do Estado os sentimentos católicos do povo brasileiro.

Ao mesmo tempo, a Igreja procura estabelecer uma estratégia de "reforma pelo alto", voltando-se prioritariamente para a formação das elites e dos filhos das classes dominantes através da implantação de uma rede de estabelecimentos de ensino médio em todo o país. Essa mesma estratégia fará com que as denúncias do aparelho eclesiástico quanto ao caráter leigo do Estado não cheguem a sensibilizar a opinião pública:

> Toda a questão escolar, ponto nevrálgico da disputa entre a Igreja e o Estado, não atingia a população pobre, inteiramente ausente do sistema escolar. Também a Igreja não se preocupava em abrir escolas para o povo [...] estando sua estratégia voltada para os filhos das classes dominantes. Esta mesma questão do ensino religioso nas escolas oficiais não chegava a sensibilizar e mobilizar as classes dominantes, pois estas podiam sempre enviar seus filhos e filhas para os colégios de padres e freiras a elas destinados e aí obter uma educação religiosa. Por isto mesmo, as reclamações da Igreja contra o Estado adquirem um caráter mais retórico que real [idem, p. 281].

Essa situação começará a adquirir contornos novos a partir de 1916, com a publicação da carta pastoral de dom Sebastião Leme, no momento em que este toma posse da Arquidiocese de Olinda (LEME, 1916)[1].

Partindo da constatação que o Brasil é um país de maioria católica, dom Leme se questiona sobre a pouca influência dos princípios católicos na vida social e política do país: "Que 'maioria católica' é essa, tão insensível, quando leis, governos, literatura, escolas, imprensa, indústria, comércio e todas as demais funções da vida nacional se revelam contrárias ou alheias aos princípios e práticas do catolicismo? [...] Somos, pois, uma maioria ineficiente".

Para dom Leme, a raiz dessa situação podia ser encontrada no regime republicano leigo: "Somos uma maioria asfixiada. O Brasil que aparece, o Brasil-nação, esse não é nosso. É da minoria. A nós, católicos, apenas dão licença de vivermos".

Essa situação, segundo o arcebispo de Olinda, não só constituía uma "humilhação" para a Igreja, mas também era responsável pela crise moral em que vivia o país. Tal crise, "resultante da profunda decadência

---

[1] As citações que se seguem são desse documento.

religiosa das classes dirigentes da Nação", só poderia ser resolvida por uma "reação católica".

Uma das causas da ineficiência dos católicos era a ignorância religiosa "tanto dos intelectuais como dos simples"; por essa razão, dom Leme propõe que os católicos se engajem em uma luta contra o ensino leigo e reivindiquem a reintrodução do ensino religioso nas escolas oficiais "não como um privilégio", mas como um direito que cabia à maioria católica do país.

A "reação católica", preconizada por dom Leme, inicia-se realmente com a sua transferência para a Arquidiocese do Rio de Janeiro, em 1921. Reunindo então ao seu redor um grupo de intelectuais católicos, sob a liderança de Jackson de Figueiredo, dom Leme promove o lançamento da revista *A Ordem* (1921) e a criação do Centro Dom Vital (1922)[2].

Será sobretudo através do Centro Dom Vital que a Igreja se mobilizará, entre 1924 e 1926, para conseguir que as "emendas católicas" sejam introduzidas na Constituição, por ocasião da revisão constitucional promovida pelo Governo Bernardes. Entre essas emendas incluíam-se o reconhecimento do catolicismo como a religião da maioria do povo brasileiro e a reintrodução do ensino religioso nas escolas públicas. Apesar da campanha desencadeada nas páginas de *A Ordem* e do apoio de alguns deputados, entre os quais Francisco Campos, as "emendas católicas" sofreram a oposição do presidente Bernardes e foram rejeitadas. Como afirma Salem (1982, p. 107), "esse fracasso denota que o grupo católico, na Primeira República, não se constituía ainda num ator suficientemente expressivo a ponto de conseguir impor seu programa na esfera de decisões políticas".

Contudo, os católicos não deixarão de obter algumas vitórias parciais. Assim, em setembro de 1926, dois dias antes de sua posse, o presidente eleito do estado de Minas Gerais, Antônio Carlos Ribeiro de Andrada, depois de salientar a importância da religião para a formação e o aperfeiçoamento do caráter, declarará:

---

2   A revista *A Ordem* será publicada sob a direção de Jackson de Figueiredo até a sua morte, em 1928; a partir daí, ela será dirigida por Alceu Amoroso Lima. A respeito dessa revista, consultar Velloso (1978). Sobre o Centro Dom Vital, consultar Salem (1982).

> O Estado leigo afeta aos pais de família esse importante aspecto da educação infantil; mas eu entendo que lhe é vedado ir até o extremo de proibir o ensino religioso nas escolas, desde que, em tal sentido, se verifique o pronunciamento expresso e iniludível dos que, pais ou tutores, diretamente respondam pelo destino da criança [apud Azzi, 1978, p. 73].

Em 1928, Antônio Carlos autorizará a introdução do ensino religioso no horário escolar de todas as escolas dependentes do governo do estado de Minas Gerais; essa autorização será convertida em lei em outubro de 1929 (Minas Gerais, 1929).

Uma outra vitória será obtida pelos católicos durante a Primeira Conferência Nacional de Educação, organizada em Curitiba pela Associação Brasileira de Educação (ABE), em 1927. Nessa ocasião, o grupo católico consegue fazer aprovar, por 117 votos contra 86, uma moção propondo que "o ensino moral em todos os institutos de educação no Brasil tenha por base a ideia religiosa, o respeito às crenças alheias e a solidariedade em todas as obras de progresso social" (apud Nagle, 1974, p. 334).

Mas são apenas vitórias parciais, limitadas no seu alcance ou no seu conteúdo. No final da década de 1920, a situação estará mudada. O Estado oligárquico liberal entrará em crise e a Igreja se apresentará como um apoio válido. Além disso, na medida em que o Estado laico se aproxima do fim, o aprofundamento da questão social, o crescimento e a radicalização política da pequena burguesia e do operariado farão com que o comunismo apareça no horizonte da Igreja como o novo adversário:

> Em 1930, a Igreja já está mudando o registro de suas preocupações. [...] Antes mesmo de desencadeada a Revolução de 30, a mudança de registro já é notável e se a Igreja vai lutar pela mudança de seu estatuto jurídico na sociedade brasileira, o fará em grande parte no sentido de prestar seu concurso espiritual e ideológico ao fortalecimento do Estado e do bloco das classes dominantes, face à ascensão política das classes subalternas [Beozzo, 1984, pp. 290-291].

Como mostra Beozzo, a reação do episcopado brasileiro em face da Revolução de 1930 não foi uniforme. Enquanto o arcebispo de São Paulo envia manifestação de apoio ao presidente Washington Luís, o episcopado mineiro manifesta sua simpatia para com a Aliança Liberal e a Igreja do Rio Grande do Sul, tendo à frente o arcebispo de Porto Alegre, alinha-se decididamente ao lado dos revolucionários. No Rio de

Janeiro, dom Sebastião Leme assume posição cautelosa e procura manter absoluta neutralidade. Será dom Leme quem conseguirá um acordo *in extremis* com os chefes militares, evitando assim o bombardeamento do Palácio Presidencial.

Quanto ao laicato católico, a posição de Alceu Amoroso Lima, presidente do Centro Dom Vital e diretor da revista *A Ordem*, é significativa. Enquanto o movimento revolucionário ainda está em curso, ele posiciona-se claramente contra (LIMA, 1936b, pp. 14-23)[3]; quando, vitoriosa a revolução, o novo regime se instala, ele distingue, "no meio da confusão e efervescência do fenômeno revolucionário", duas correntes: uma corrente demagógica, do messianismo perigoso, "que espalha entre os simples a convicção de que um movimento político liberal [...] pode curar de pronto os males profundos da nacionalidade", e uma corrente nacional, tradicional, cristã, "que fala pela voz das populações [...] essencialmente religiosas e levantadas em peso por um movimento de idealismo real e de esperança sincera de regeneração política". A primeira era "a corrente perigosa", capaz de arrastar o país "a todos os males do extremismo revolucionário moderno, cuja consequência fatal é o materialismo comunista, a perseguição sistemática ao espírito de religião, de tradição cristã, de regeneração social pela espiritualidade, de nacionalidade própria, de liberdade individual para o bem". A segunda era "a corrente sadia e boa da Revolução de Outubro, a corrente que é preciso aproveitar, guiar, aumentar, para que se neutralize o efeito da primeira corrente" (LIMA, 1936c, pp. 30-32)[4].

Segundo Amoroso Lima, os católicos, em especial os membros do Centro Dom Vital, tinham diante dessa realidade "o dever de encaminhar as águas da subversão política para o leito do cristianismo social" (idem, p. 33). Como a revolução não tinha sido "obra dos governos nefastos nem das oposições extremadas", mas sim "obra da Constituição sem Deus, da Escola sem Deus, das consciências sem Deus", era preciso "restituir a lei de Deus, de Cristo e da Igreja, à Constituição, à Escola, à Família e às Consciências" (LIMA, 1936d, p. 28)[5]. Em suma: era preciso

---

3 Artigo escrito em outubro de 1930.
4 Artigo escrito em dezembro de 1930.
5 Artigo escrito em outubro de 1930.

trabalhar para que "os princípios básicos da ordem social cristã" voltassem a orientar a constituição política do país (LIMA, 1936c, p. 36).

Esses "princípios básicos", que retomam as "emendas religiosas" de 1925, são enumerados por Alceu Amoroso Lima, ainda em dezembro de 1930: promulgação da Constituição em nome de Deus, reconhecimento explícito do catolicismo como a religião do povo brasileiro, manutenção da indissolubilidade do matrimônio e reconhecimento oficial do casamento religioso, reintrodução do ensino religioso católico nas escolas primárias e secundárias oficiais, com as garantias necessárias às confissões não católicas, e autorização oficial para assistência religiosa às classes armadas, às penitenciárias, aos hospitais e aos asilos do Estado (idem, pp. 36-37).

Para lutar pela incorporação desses princípios à futura Constituição, a hierarquia católica estabelecerá uma bem montada estratégia de mobilização nacional, que se iniciará com as grandes concentrações religiosas de maio e outubro de 1931, no Rio de Janeiro, e continuará através da Liga Eleitoral Católica (LEC), em 1932 e 1933[6].

Antes disso, porém, confiante no apoio de Francisco Campos, que acabara de ser nomeado para o recém-criado Ministério da Educação e Saúde, a Igreja decide antecipar o encaminhamento da questão da reintrodução do ensino religioso nas escolas públicas. Por ordem de dom Leme, o padre Leonel Franca, assistente eclesiástico do Centro Dom Vital, consulta o ministro da Educação sobre a oportunidade de uma ação imediata da Igreja nesse sentido. A pedido do ministro, o padre Franca redige um projeto de decreto, que será aprovado por dom Leme e entregue a Francisco Campos em 15 de abril de 1931. O ministro da Educação introduzirá algumas modificações no projeto e o encaminhará, três dias depois, acompanhado de uma "Exposição de Motivos", a Getúlio Vargas[7]. O decreto será promulgado pelo chefe do Governo Provisório, em 30 de abril de 1931 (BRASIL, 1931c, p. 703).

Entretanto, a decisão tomada pela Igreja de antecipar a luta pela reintrodução do ensino religioso nas escolas públicas não se explica apenas pela presença de Francisco Campos no Ministério da Educação. Na

---

6   Essa questão será retomada no item 3.
7   Ao que tudo indica, a "Exposição de Motivos" foi também redigida pelo padre Leonel Franca. Com efeito, a argumentação utilizada por Campos é a mesma que aparece, de forma bem mais desenvolvida, no livro do padre Leonel Franca, publicado na mesma época (FRANCA, 1931).

verdade, entre as reivindicações católicas, essa apresentava-se como a mais urgente:

> O que estava em jogo em 1930 era muito mais que uma questão de princípios. As transformações econômicas, com a rápida expansão das atividades industriais e com a crescente importância dos núcleos urbanos, determinam uma forte pressão para a implantação das oportunidades educacionais. A educação, reservada tradicionalmente a uma pequena camada saída das classes dominantes, sofre agora a pressão dos segmentos médios que reclamam uma educação secundária e mesmo das classes populares que pedem educação primária para seus filhos. [...] A Igreja, com sólidas raízes na zona rural, sentia que seu futuro podia estar comprometido se de algum modo não tornasse ativa sua presença junto às classes populares em constituição nas cidades e cuja formação se dava mais e mais através do aparelho escolar [BEOZZO, 1984, pp. 298-299].

De fato, a Igreja, profundamente enraizada no nível do ensino secundário, que ela praticamente controlava por meio de sua rede de colégios, e presente entre os intelectuais por meio do Centro Dom Vital e da Associação dos Universitários Católicos, fundada em 1929, não tinha praticamente nenhuma presença no ensino primário. Ora, o número de alunos do ensino primário havia quase duplicado entre 1920 e 1930, e essa expansão tendia a acelerar-se. Assim, ao lutar pela introdução do ensino religioso nas escolas públicas, a Igreja estava lutando para garantir a sua influência sobre as classes populares urbanas. Como bem observa Beozzo,

> [...] o que se decidia nas discussões de 1931 era a possibilidade da ação pedagógica da Igreja junto às classes mais populares no quadro da educação primária, ação esta tão crucial para a conduta moral e intelectual da sociedade. Sem isto a Igreja corria o risco daquela fratura fatal entre uma religião de intelectuais e uma outra para o povo. A educação das massas era tão importante quanto a conquista espiritual e cultural das elites. A luta no campo político podia dar à Igreja acesso ao Estado e à legislação, mas seria um erro se descuidasse do acesso direto à população através da educação [idem, pp. 299-300].

2. O ensino religioso como substituto da educação moral

Como se acabou de ver, alguns meses apenas após a posse de Francisco Campos no Ministério da Educação e Saúde, o Governo Provisório promulgou um decreto introduzindo o ensino religioso nos estabelecimentos de ensino primário, secundário e normal de todo o país. Só haveria dispensa da frequência às aulas de religião para aqueles alunos cujos pais a requeressem, no momento da matrícula. A elaboração dos programas de ensino religioso e a escolha dos manuais seriam de responsabilidade das autoridades religiosas. A elas caberia também designar os professores e vigiá-los, no que se referisse à doutrina e à moral. Para que o ensino religioso fosse ministrado em um estabelecimento oficial, era necessário que pelo menos 20 alunos se dispusessem a recebê-lo. Essa exigência tornava muito difícil o ensino de um credo diferente do credo católico, dado o predomínio dos católicos na população do país. Assim, na prática, ensino religioso equivalia a ensino da religião católica.

Na "Exposição de Motivos" que acompanha o projeto de decreto, Francisco Campos procura justificar a introdução do ensino religioso nas escolas por meio de argumentos de ordem filosófica e pedagógica (CAMPOS, 1931c, pp. 312-314). Segundo ele, "o fim essencial da escola é não só instruir, mas educar, não só habilitar técnicos senão também formar homens que, na vida doméstica, profissional e cívica sejam cumpridores fiéis de todos os seus deveres" (idem, p. 312).

Para Campos, a educação não pode ser neutra: ela apresenta sempre uma dimensão ética. Trata-se de "impor preceitos à consciência e subministrar à vontade motivos eficazes de ação". Ora, isso não é possível "fora de uma concepção ético-religiosa da vida". A formação do homem exige uma tomada de posição com relação aos problemas de sua natureza e de seu destino, isto é, com relação ao problema religioso: "Formar o homem é orientá-lo para atingir a perfeição de sua natureza e realizar a plenitude dos seus destinos, e qualquer atitude em face das questões da natureza e dos destinos humanos envolve, implícita ou explicitamente, uma solução do problema religioso" (idem, ibidem).

Assim, segundo Campos, o Estado não estaria violando a liberdade de consciência, ao introduzir o ensino religioso nas escolas. Pelo contrário, estaria respeitando "o direito natural dos pais de dirigir a educação dos filhos, não impondo uma crença aos que a ela não querem se submeter, mas também não constrangendo a um ensino agnóstico os filhos das famílias religiosas" (idem, pp. 312-313).

Ao salientar a dimensão ética e moralizadora do decreto do ensino religioso, Francisco Campos situava-se na perspectiva de Getúlio Vargas que, desde o momento de sua posse como chefe do Governo

Provisório, vinha insistindo sobre o caráter moralizador da Revolução de 1930. Segundo Vargas, a revolução havia sido feita para "sanear o ambiente moral da pátria" (VARGAS, 1938c, p. 71), para "realizar a obra de reorganização moral [...] da República" (VARGAS, 1938f, p. 80). Para isso, o governo esperava contar com o apoio de todas as forças morais do país. Ora, a Igreja católica era, segundo Francisco Campos, uma dessas "forças morais".

Além disso, ao identificar formação moral com educação religiosa e ao transferir à Igreja a responsabilidade da formação moral do cidadão, Francisco Campos estava não somente atendendo às exigências dos educadores católicos, que reclamavam para a Igreja essa tarefa, como também sendo fiel à sua concepção autoritária, procurando estabelecer mecanismos para reforçar a disciplina e a autoridade.

Dentro da concepção de Francisco Campos, a educação religiosa era um desses mecanismos.

Com efeito, na entrevista concedida ao jornal *A Noite*, em maio de 1925, durante os debates da reforma constitucional mencionada no item anterior, Francisco Campos, depois de referir-se à crise de autoridade que o país atravessava e salientar a urgência de uma restauração da autoridade sobre bases sólidas, comenta a declaração do presidente Bernardes a respeito da necessidade de tornar efetiva e obrigatória a educação moral das novas gerações (BRASIL, 1978a)[8], afirmando:

> Certamente a educação moral e cívica pode concorrer para a formação e esclarecimento da consciência nacional. Mas quais os fundamentos dessa educação moral, no meio da anarquia das doutrinas contemporâneas e na desorientação geral das inteligências, sem pontos de mira ou de referência por que orientar-se ou dirigir-se? Só a religião pode oferecer ao espírito pontos de apoio e motivos e quadros de ação moral regulada e eficiente. A educação moral não é mais do que um subproduto da educação religiosa. A educação moral resulta da cultura dos sentimentos de veneração, de admiração, de entusiasmo, de reconhecimento e de temor, que só a religião, que está à raiz do espírito, pode alimentar, nutrir e aprimorar. O de que precisamos, se precisamos de educação moral, como não se contesta, é de educação religiosa [CAMPOS, 1925b, p. 1].

---

8   Essa mensagem será retomada no capítulo seguinte.

Campos volta a essa mesma questão alguns dias depois, respondendo às críticas que sua entrevista havia provocado. Segundo ele, "a moral leiga não existe. [...] O que existe no Brasil de ordem social e moral, de ordem familiar, de disciplina e de organização, o que no Brasil é nacional, é católico" (CAMPOS, 1925a, p. 1).

Para Campos, a doutrina católica não era apenas uma doutrina religiosa, mas uma doutrina de Estado. Ora, a razão de toda a crise pela qual passava o Brasil era que ao Estado brasileiro faltava uma doutrina na qual fundamentar e legitimar a sua autoridade. Essa doutrina, segundo ele, só poderia ser a doutrina católica: "Onde, porém, a sua doutrina do Estado? [...] E aí está, ao alcance do Estado, um grande pensamento, uma sólida doutrina, de ordem e de paz [...] uma doutrina de hierarquia e de autoridade, não, portanto, apenas uma doutrina religiosa, mas uma doutrina de Estado" (idem, ibidem).

E a doutrina católica seria para o Estado, segundo Campos, não apenas um instrumento capaz de garantir a preservação da hierarquia e da autoridade, mas também um instrumento de luta ideológica:

> Se a ordem nacional importa aos patriotas, há de importar-lhes a Igreja Católica, a única que, sendo universal, não é antinacional. Se queremos portanto preservar o nosso caráter próprio, reagindo contra as doutrinas de dissolução cosmopolita, as doutrinas antipatrióticas e antinacionais, embebidas de radicalismo individualista e de suspeitas fraternidades, havemos de trabalhar pela Igreja Católica, senão pela religião, por patriotismo [idem, ibidem].

E Campos conclui propondo que o Estado brasileiro "informe o seu ensino e a sua ação social na doutrina da Igreja Católica [...] se pretende fundar e legitimar a sua autoridade pela única doutrina capaz de fundar e legitimar qualquer autoridade" (idem, ibidem).

Como visto, Francisco Campos não conseguiu impor seu ponto de vista e a reforma constitucional de 1926 manteve o ensino religioso fora das escolas públicas. Mas, em 1931, como ministro da Educação de um Governo Provisório que tinha amplos poderes, Campos poderá não apenas concretizar a sua proposta, mas também dela explicitar toda a dimensão política.

Assim, em março de 1931, um mês antes de propor a Getúlio Vargas a promulgação do decreto que autorizaria a introdução do ensino religioso nas escolas públicas, Campos retoma, em carta a Amaro

Lanari, a mesma argumentação da entrevista de 1925. Nessa carta, Campos refere-se a essa entrevista, afirmando haver nela levantado "[...] a questão das relações entre a Igreja e o Estado no Brasil", defendendo o ponto de vista de que a Constituição deveria reconhecer a Religião católica como a da maioria dos brasileiros, e, portanto, tirar a ideologia política brasileira desse reconhecimento os corolários implícitos (Campos apud Schwartzman, 1983, p. 387).

Um desses "corolários" era a necessidade de buscar apoio da Igreja para qualquer iniciativa de caráter político que se pretendesse popular e mobilizadora. Em nome desse corolário, Francisco Campos já havia buscado o apoio da Igreja ao tentar mobilizar politicamente o estado de Minas Gerais através da Legião de Outubro, no início de 1931.

A Legião de Outubro foi criada em Minas Gerais, em fevereiro de 1931, por Francisco Campos (então ministro da Educação), com o apoio de Gustavo Capanema (então secretário do Interior e Justiça do estado de Minas Gerais) e Amaro Lanari (secretário das Finanças), como um meio de integrar Minas Gerais no processo revolucionário e como instrumento para enfraquecer as forças políticas oligárquicas tradicionais do estado[9]. Na realidade, a Legião de Outubro fazia parte da estratégia elaborada por Francisco Campos para reforçar suas bases de sustentação política em Minas Gerais. Nessa estratégia estava incluído o envolvimento da Igreja católica. Assim, ao comentar o lançamento da Legião de Outubro, Francisco Campos dirá:

> Ao emergir para a vida pública, do domínio dos projetos e das conjecturas, a Legião Mineira, como filha amorosa, teve um dos seus primeiros sorrisos para a Igreja, para a pequenina igreja dos nossos antepassados e de nossa primeira unção espiritual e para a grande Igreja, a Igreja do Universo, mãe da civilização ocidental, ordenadora do espírito moderno. [...] Com ela nos abraçamos e a ela pedimos o apoio da sua inspiração e da sua autoridade, comprometendo-nos a adotar a sua causa e a nos bater por ela [apud Lima, 1931, p. 16].

---

9   O "Manifesto da Legião de Outubro" foi publicado no jornal *Minas Gerais* (1931, pp. 1-2). Esse manifesto, redigido certamente por Carlos Drummond de Andrade, futuro chefe de gabinete de Gustavo Capanema no Ministério da Educação, traz as assinaturas de Francisco Campos, Gustavo Capanema e Amaro Lanari. A respeito da Legião de Outubro, podem ser consultados, entre outros, Bomeny (1980) e Flynn (1970).

Os fundadores da Legião de Outubro haviam assumido o compromisso de incluir em seu programa as principais reivindicações da Igreja, entre elas o ensino religioso nas escolas públicas. Esse compromisso foi confirmado solenemente por Gustavo Capanema em discurso pronunciado durante a Primeira Assembleia Legionária:

> É hora de se reconhecer a consciência católica de Minas e os seus invioláveis direitos. É, por isso, hora de afirmarmos e reafirmarmos todos os compromissos que a Legião fez para com a Igreja e que são os compromissos de reconhecê-la como a da maioria dos brasileiros; o compromisso de adotar, facultativo, o seu ensino de doutrina nas escolas públicas; o reconhecimento do casamento católico como o casamento civil e afinal, a assistência religiosa às forças militares [CAPANEMA, 1931][10].

Por meio desses compromissos, Francisco Campos procurará garantir o apoio da Igreja em Minas Gerais. Ao concretizar um desses compromissos em nível federal, por meio do decreto de abril de 1931, Campos buscará dar a esse apoio uma dimensão nacional.

E será exatamente a promessa do apoio da Igreja em nível nacional que fornecerá a Francisco Campos o argumento político capaz de convencer Getúlio Vargas e levá-lo a assinar o decreto de introdução do ensino religioso nas escolas públicas. Essa *dimensão política* não aparecerá na "Exposição de Motivos" destinada a ser publicada. Ela será, contudo, claramente explicitada por Francisco Campos em carta pessoal, manuscrita, que ele enviará a Getúlio Vargas no momento de encaminhar-lhe o projeto (CAMPOS, 1931d). Nessa carta, Campos retoma, de passagem, a dimensão pedagógica do decreto, fazendo referência aos "benefícios que de sua aplicação decorrerão para a educação da juventude brasileira". Mas afirma claramente, e com insistência, que o verdadeiro motivo de sua iniciativa seria obter a mobilização da Igreja em favor do governo: "Foi [...] com o intuito de mobilizar mais uma força, a maior das nossas forças morais, ao lado de V. Exa., que me animei a submeter ao seu exame o projeto de decreto" (idem).

---

10 A tentativa de aliança entre a Legião de Outubro e a Igreja não deixou de suscitar reações (Bomeny, 1980, p. 152).

A aprovação desse decreto seria, de acordo com Campos, um ato "de grande importância", seria "talvez o ato de maior alcance político" do governo de Getúlio Vargas (idem).

Com efeito, no momento em que era, segundo o ministro, "absolutamente indispensável recorrer ao concurso de todas as forças materiais e morais", a aprovação do decreto de introdução do ensino religioso nas escolas determinaria "a mobilização de toda a Igreja Católica ao lado do governo, empenhando as forças católicas de modo manifesto e declarado, toda a sua valiosa e incomparável influência no sentido de apoiar o governo, pondo ao serviço deste um movimento de opinião de caráter absolutamente nacional" (idem).

Campos termina sua carta assegurando a Getúlio Vargas que a assinatura do decreto ocasionaria "um impressionante e entusiástico movimento de apoio ao governo" e garantiria ao presidente a gratidão da Igreja (idem).

Mais adiante será analisada a reação da Igreja católica a essas tentativas de mobilização. Contudo, pode-se dizer desde já que foi o próprio Francisco Campos que se beneficiou da gratidão da Igreja, prometida por ele a Getúlio Vargas. Essa gratidão, a Igreja demonstrou organizando-lhe uma grande homenagem em 1936[11].

Em discurso pronunciado nessa ocasião, Campos explicitará as motivações reais da iniciativa que ele havia tomado em 1931. Além das dimensões ética e política, o decreto de introdução do ensino religioso nas escolas tinha uma dimensão ideológica. Ele situava-se na linha direta de sua ideologia antiliberal e autoritária. Logicamente, essa dimensão do decreto não poderia ter sido explicitada no momento de sua assinatura. Com efeito, em 1931 Campos não poderia ter-se colocado abertamente contra os educadores liberais. Era necessário cooptá-los, como havia sido cooptado o grupo dos educadores católicos[12]. Em 1936, no

---

11 Homenagem prestada a Francisco Campos em 26 de julho de 1936, em agradecimento por sua campanha em favor do ensino religioso nas escolas. O discurso pronunciado por Francisco Campos durante essa homenagem está publicado com o título "Os valores espirituais" (CAMPOS, 1941e, pp. 147-155).

12 O processo de cooptação dos educadores liberais culminou com a presença e os discursos de Getúlio Vargas e Francisco Campos na IV Conferência Nacional de Educação, promovida pela ABE em Niterói, em dezembro de 1931. O discurso de Francisco Campos está publicado com o título "Sobre a filosofia da educação" (CAMPOS, 1941d, pp. 131-140). Ver também Cunha (1932).

momento em que o país se encaminhava para o Estado Novo, os educadores liberais praticamente não exerciam mais influência, e esse problema não mais se colocava.

Assim, em seu discurso de 1936, Francisco Campos expõe claramente o caráter antiliberal e autoritário da iniciativa de introdução do ensino religioso nas escolas públicas. Segundo ele,

> [...] tratava-se de quebrar uma tradição, de romper um preconceito, de vencer uma dessas fraquezas humanas, tantas vezes mais forte no homem do que as suas próprias forças: tradição, preconceito e fraqueza que a doutrina liberal, rotulada de imparcialidade e isenção, mas, efetivamente, inspirada no espírito de facção e de partido, havia postulado, pela voz de seus oráculos, como um dogma do espírito e um "a priori" da política [CAMPOS, 1941e, p. 150].

Mais do que isso: para se introduzir o ensino religioso nas escolas era preciso "violar [...] todo o sistema político, fundado, precisamente, sob a invocação da liberdade, na negação da liberdade"; era necessário "violar um sistema político que, na conformidade das praxes agnósticas, os liberais consideravam como uma das categorias eternas do espírito humano" (idem, pp. 150-151). Dessa forma, dando liberdade ao ensino religioso, o governo estava "estendendo a ruptura do sistema político vigente até o dogma fundamental da liberdade de pensamento". Era, portanto, um "ato revolucionário", que "só o ditador, guia e intérprete da revolução" poderia ter realizado (idem, p. 151)[13].

Mas Francisco Campos leva mais longe sua argumentação: ele retoma, por outra perspectiva, as dimensões pedagógica, ética e política do decreto de abril de 1931.

Na "Exposição de Motivos" que acompanhava o decreto de 1931, Campos havia afirmado que "a importância e necessidade do ensino religioso" era "questão pacífica entre os grandes mestres da pedagogia". Segundo ele, o "laicismo escolar", que não havia nascido "na vida das escolas", mas "nos círculos da política", era um "verdadeiro anacronis-

---

13 Campos reafirma com insistência em seu discurso que o autor do decreto do ensino religioso havia sido Getúlio Vargas e não ele. Em 1936, Campos volta a se aproximar de Vargas, do qual ele havia, de certa forma, se afastado em 1932. Pode-se ver aqui um primeiro indício do culto da personalidade do presidente, que será fortemente encorajado durante o Estado Novo, por obra do Departamento de Imprensa e Propaganda (DIP). Também nesse ponto Francisco Campos antecipa-se ao Estado Novo, do qual ele será o principal artífice.

mo". Assim, em 1931, Francisco Campos havia deixado entender que a introdução do ensino religioso nas escolas nada tinha de extraordinário, de um ponto de vista pedagógico. No discurso de 1936, ao contrário, Campos apresenta o decreto do ensino religioso como "uma verdadeira revolução no terreno da educação". Ao passo que as chamadas reformas educacionais significavam "apenas transformações no domínio da técnica, dos processos e dos métodos", sendo, portanto, "indiferente aos valores"; a mudança operada com a introdução do ensino religioso atingia "a substância, os fins, o sentido e os valores da educação". A educação, e mais precisamente o ensino religioso, são considerados por Campos como instrumentos de "recuperação dos valores perdidos". E a escolha dos valores a serem recuperados era, segundo ele, uma decisão da qual dependia "não somente o sistema de educação, como o sistema ou regime político" ao qual a educação se encontrava subordinada (idem, p. 153).

Ora, esses valores que Francisco Campos não quisera definir em 1931 – pois os definir à luz de sua perspectiva autoritária significaria posicionar-se claramente contra os educadores liberais que ele precisava cooptar – podiam em 1936 ser definidos sem problemas[14]. E, como não podia deixar de ser, os "valores perdidos" que somente a educação poderia recuperar eram os valores ligados à religião, à pátria e à família (idem, p. 154). Eram os mesmos valores que serviam de bandeira para os vários sistemas políticos totalitários da época, e que, no Brasil, eram constantemente invocados nos discursos anticomunistas, principalmente a partir de novembro de 1935.

Esses três valores estavam, segundo Campos, indissoluvelmente ligados: a religião, entretanto, era a base dos outros dois. Assim, no processo de sua recuperação, o ensino religioso assumia uma fundamental importância:

> Há uma indissolúvel solidariedade entre aqueles três vínculos eternos. Se o bolchevismo combate a religião, é porque combate a família e a pátria. A religião que outra coisa é senão a sagrada família e a única sanção da família? E a pátria, senão uma afinidade de famílias, reunidas

---

14 No discurso pronunciado na Conferência Brasileira de Educação, promovida pela ABE, em 1931, Francisco Campos havia afirmado claramente que os fins da educação estavam para ser definidos, e que essa definição era uma tarefa a ser realizada pelos educadores (CAMPOS, 1941d, pp. 133-140).

pelos laços do sangue e do espírito, e que laços mais fortes de espírito do que os da crença comum? [idem, p. 154].

E assim se fecha o círculo: no esquema político autoritário de Francisco Campos, o ensino religioso era, ao mesmo tempo, um instrumento de formação moral da juventude, um mecanismo de cooptação da Igreja católica e uma arma poderosa na luta contra o liberalismo e no processo de inculcação dos valores que constituíam a base de justificação ideológica do pensamento político autoritário.

Também em Getúlio Vargas se encontra, principalmente a partir de novembro de 1935, a ideia de que a defesa desses valores era uma tarefa urgente a ser realizada pelo governo "no sentido de garantir a ordem e a estabilidade das instituições" (Vargas, 1938g, p. 155).

Vargas insiste sobre a necessidade de "recompor e estruturar solidamente os princípios básicos da nacionalidade [...] reforçando os vínculos da família, da religião e do Estado" (idem, pp. 154-155). Para realizar isso, "os brasileiros, confraternizados para a defesa do que lhes pode ser mais caro – a existência da nacionalidade e, com ela, as instituições básicas da família e os princípios cristãos" (idem, p. 151) –, poderiam contar com o poder público "posto a serviço dos interesses vitais da nacionalidade, cuja estrutura assenta sobre a família e o sentimento de religião e de pátria" (Vargas, 1938h, p. 145).

Mas, ao mesmo tempo em que compromete o seu governo na defesa desses valores (defesa esta que se fará sobretudo pela utilização dos aparelhos repressivos do Estado), Getúlio Vargas procura contar com a contribuição da Igreja católica no processo de inculcação desses mesmos valores. Assim, em 1934, quando da visita do cardeal Pacelli ao Rio de Janeiro, Vargas saúda-o como representante da "maior força moral do mundo contemporâneo" e, depois de relembrar a ação da Igreja na fundação das grandes cidades, no desenvolvimento da instrução, na origem e na evolução das liberdades e das instituições sociais brasileiras, declara:

> E dessa ação imprescindível continua sempre o Brasil a esperar o concurso inestimável para a construção de seu porvir. É sobre a sólida formação cristã das consciências, é sobre a conservação e defesa dos mais altos valores espirituais de um povo que repousam as garantias mais seguras da sua estrutura social e as esperanças mais fundadas da grandeza, estabilidade e desenvolvimento das suas instituições [Vargas, 1938i, pp. 305-306].

Mas a "defesa" desses valores adquire, nos discursos de Vargas, um caráter bem mais oportunista e pragmático. Em 1938, eles serão utilizados contra os integralistas, que até aquele momento se apresentavam como os campeões nessa defesa. Referindo-se ao *putsch* integralista de maio de 1838, Vargas dirá: "Existia até pouco um credo político que disfarçava os seus apetites de sinistro predomínio com as invocações mais caras e arraigadas em nossas consciências: Deus, Pátria e Família" (Vargas, 1938j, p. 218).

E, em abril de 1939, a defesa da mesma trilogia servirá de argumento contra os comunistas: "Quando virmos pressurosos agitadores apresentarem-se como arautos da democracia e da liberdade, precisamos observar se, sob disfarces de raposa, não são eles ursos moscovitas, procurando destruir o que temos de mais sagrado, as bases das nossas instituições: a Pátria, a Religião, a Família" (Vargas, 1940c, p. 199).

Assim, a "defesa" dos mesmos valores serve de argumento contra os "extremistas" da direita e da esquerda. Mas a argumentação funciona nos dois sentidos. Os primeiros, visto que se tinham colocado contra a autoridade, não poderiam estar sinceramente a favor da religião, da pátria e da família. E os segundos, visto que eram contra a pátria, a religião e a família, não poderiam ser senão "pressurosos agitadores" e falsos "arautos da democracia e da liberdade". Na verdade, a "defesa" desses valores não ficou apenas nas palavras: para combater aqueles que ele considerava como "inimigos" desses valores, o governo escolheu, nos dois casos, a repressão como arma privilegiada.

É interessante notar que em março de 1945, no momento em que o Estado Novo começa a declinar, Getúlio Vargas volta a referir-se a esses mesmos valores. Mas não se trata mais de uma "recuperação de valores perdidos" ou de uma "defesa de valores ameaçados" e sim de uma "revisão de valores" (Vargas, 1945, p. 12).

Nesse processo de "revisão", a dimensão ideológica readquire toda a sua importância e a religião ocupa novamente uma posição de destaque:

> Na vida dos indivíduos como na vida social as forças espirituais têm poderosa e inegável ascendência. É preciso reconhecer esta ascendência e dar-lhe, no governo dos povos, o sentido político, e é por isso que insistimos sempre na necessidade de prestigiar a religião, na conveniência de educar a juventude moral e civicamente, na proteção ao lar e à família, no aperfeiçoamento das leis trabalhistas, considerando

tudo isto fundamental para uma sólida e boa organização política da sociedade [idem, ibidem].

Na realidade, Vargas "recupera" aqui os valores ligados à religião e à família, elementos fundamentais do autoritarismo estadonovista. Os valores ligados à pátria sofrem uma "revisão", consequência da redemocratização e da nova realidade internacional. O patriotismo mobilizador da juventude, tão acentuado durante o Estado Novo, é novamente por ele substituído pela educação moral e cívica; ele não fala mais em "Estado forte" e sim em "boa organização política da sociedade"! E, para "conjurar [...] o perigo [...] da desordem interna", Vargas não faz mais apelo à repressão, e sim à "compreensão, serenidade e bom senso" (idem, p. 13). E à "opinião pública" que em 1936 "não se iludia" com "sediços apelos demagógicos" nem se impressionava com "processos de fácil popularidade" e exigia "uma ação cada vez mais vigilante e enérgica do Governo no sentido de garantir a ordem e a estabilidade das instituições" (1938g, p. 155), Vargas promete, em 1945, "o prélio pacífico das urnas, onde o povo escolherá soberanamente os seus dirigentes e os seus representantes" (1945, p. 13). Em 1936, a resposta havia sido o Estado Novo e a repressão; em 1945, a resposta foi a redemocratização e o "compromisso solene de não poupar esforços para garantir a livre manifestação da vontade popular" (idem, ibidem).

3. O papel da Igreja

A Igreja católica, mesmo reagindo às tentativas de Vargas e Campos no intento de serviram-se dela como instrumento de mobilização política para fins pessoais[15], não deixa de utilizar seu poder de mobilização popular "no intuito de atingir propósitos nem sempre do povo em si, mas do aparelho eclesiástico" (BEOZZO, 1984, p. 293).

---

15 Como afirma Cury (1978, p. 109), os católicos ficaram "desgostosos com as referências de que a reintrodução do ensino religioso tenha sido um ato de Vargas. Para a cosmovisão católica, Vargas teria sido o mero porta-voz de um direito do povo católico".

Visando mostrar ao governo sua força e pressioná-lo para que atendesse às suas reivindicações, a Igreja organiza, em maio de 1931, no Rio de Janeiro, uma grande concentração popular em homenagem à Nossa Senhora Aparecida, Padroeira do Brasil. Perante todo o Governo Provisório, dom Leme repete as reivindicações da Igreja e admoesta:

> Que os responsáveis pelo País não deem crédito aos observadores superficiais que só nos julgam capazes de defendermos os nossos direitos ao perfume das flores que ajardinam os altares ou das flores de retórica que trescalam em nossas assembleias. Enganam-se! Para defender os direitos de Cristo, sabemos também sair às ruas e cerrar fileiras junto às urnas [apud Beozzo, 1984, p. 304].

Em outubro do mesmo ano, a Igreja mobiliza mais uma vez o povo, por ocasião da inauguração da imagem do Cristo Redentor, no alto do Corcovado. Diante de 45 bispos, vindos de todo o Brasil, dom Leme entrega a Getúlio Vargas, em nome do episcopado brasileiro, a lista das reivindicações católicas para a futura Constituição e adverte: "O nome de Deus está cristalizado na alma do povo brasileiro. Ou o Estado reconhece o Deus do povo, ou o povo não reconhecerá o Estado" (apud Salem, 1982, p. 111).

Consciente da necessidade de criar uma estrutura capaz de manter a mobilização dos católicos e convencida da importância de encontrar uma fórmula que lhes permitisse uma atuação política eficaz, a Igreja, que não pretendia apoiar a formação no Brasil de um partido católico, decide criar uma instituição suprapartidária, a LEC.

Criada em 1932, graças sobretudo aos esforços de dom Sebastião Leme e de Alceu Amoroso Lima, a LEC tinha, de acordo com seus estatutos, duas finalidades:

> 1. Instruir, congregar, alistar o eleitorado católico;
> 2. Assegurar aos candidatos dos diferentes partidos a sua aprovação pela Igreja e, portanto, o voto dos fiéis, mediante a aceitação, por parte dos mesmos candidatos, dos princípios sociais católicos e do compromisso de defendê-los na Assembleia Constituinte (apud Beozzo, 1984, p. 304).

Em dezembro de 1934, Alceu Amoroso Lima escreve sobre as relações da LEC com a Igreja e os partidos políticos:

> A Liga Eleitoral Católica [...] não constitui por si só um partido. A LEC é *extrapartidária*. A atuação política da LEC é, por conseguinte, rigoro-

samente *subordinada* e *limitada*, ao contrário da dos partidos políticos, que deve ser, em princípio, *autônoma* e *irrestrita*. *Subordinada*, porque depende da Ação Católica, e esta da hierarquia eclesiástica. Os órgãos de direção da LEC, bem como o corpo de seus eleitores, não são autônomos, em suas deliberações. E, embora entregues, em geral, a elementos leigos, para evitar quanto possível a intervenção do clero nas lutas políticas [...] não podem deliberar coisa alguma em contrário à orientação que, aos católicos, nessa matéria, for dada pelas autoridades da Igreja. Sua ação é, além disso, rigorosamente *limitada*. De um lado, porque se apresenta apenas como esclarecedora da consciência católica, em matéria eleitoral, atuando mais por exclusão e por repercussão que por intervenção direta. De outro lado, porque os assuntos políticos de que ela se ocupa são apenas os de ordem social – em que há doutrina oficial da Igreja ou determinação de sua autoridade – não havendo, pois, liberdade, por parte dos católicos, de opinarem em contrário [Lima, 1936e, pp. 177-178].

Concretamente, por ocasião das eleições para a Constituinte, em 1933, a LEC realizou uma grande campanha nacional de inscrição de eleitores e elaborou um programa contendo as "reivindicações políticas" da Igreja católica. Os candidatos que se comprometeram publicamente a apoiar essas reivindicações ou ao menos o "programa mínimo" da Igreja foram aprovados pela LEC e tiveram seus nomes incluídos na lista dos candidatos recomendados à votação dos católicos.

O programa mínimo da LEC constava de três pontos: defesa da indissolubilidade do laço matrimonial e reconhecimento dos efeitos civis ao casamento religioso, incorporação legal do ensino religioso facultativo nos programas das escolas públicas e regulamentação da assistência religiosa facultativa às Forças Armadas. Como bem observa Beozzo,

[...] o que se pode depreender do programa da LEC é que a Igreja monta uma estratégia de cerco ao Estado, indo direto aos mecanismos mais sensíveis da formação dos valores e da representação do mundo, a família, a escola, sem descuidar desta outra instituição-chave, pois igualmente nacional e com funções diretamente ligadas ao exercício do poder no Estado, que são as Forças Armadas [1984, p. 306].

Paralelamente à campanha de alistamento dos eleitores católicos através da LEC, a Igreja trabalhou pela extensão do direito de voto a todas as mulheres. Até 1930, esse direito não existia na legislação eleitoral brasileira. O projeto de Código Eleitoral, preparado em 1932, previa a concessão do direito de voto somente às mulheres desquitadas ou abandonadas e às solteiras, casadas ou viúvas que dispusessem de economia própria. A Igreja considerou esse dispositivo "um golpe nos direitos da família" (LIMA, 1936f, p. 149) e, através da Confederação Católica do Rio de Janeiro, interveio junto à comissão de elaboração do Código Eleitoral, obtendo a concessão do voto feminino em sentido amplo (BRASIL, 1932b, p. 244). Respondendo àqueles que manifestavam o temor de que a intervenção da mulher na vida política viesse a afastá-la do lar, escrevia Alceu Amoroso Lima:

> Essa participação, desde que se faça dentro do rigor de uma educação moral integralmente racional e cristã, só pode ser benéfica. [...] Se queremos um Estado Ético que se baseie nos direitos soberanos dos grupos que o compõem, e muito particularmente nos da família, não é justo que venha participar da formação desse Estado Cristão, ou pelo menos não anticristão, aquela que é a zeladora natural de família? O voto feminino, portanto, longe de afastar a mulher do lar ou de diminuir a autoridade moral do marido, quando casada, virá dar-lhe uma noção mais grave da vida [...]. E o voto, dentro dessa estrutura cristã de sua alma e de sua vida, não poderá afastá-la do lar, e, ao contrário, dar-lhe bem nítida a noção de que se lhe abre um vasto campo de ação para defender esse mesmo lar das investidas dos seus inimigos [1936g, pp. 105-106].

Alceu Amoroso Lima toca aqui na razão principal do engajamento da Igreja em favor do voto feminino: dentro da estratégia da Igreja, a mulher era um aliado indispensável na defesa das suas reivindicações com relação à família e à escola.

Essa estratégia política da Igreja mostrou-se altamente eficiente: a maioria dos candidatos apoiados pela LEC conseguiu eleger-se e as principais reivindicações da Igreja foram aprovadas pela Assembleia Constituinte e incluídas na Constituição de 1934[16].

Comentando os resultados alcançados pela Igreja em 1934, escreve Beozzo:

> A Igreja acertara, depois de 40 anos, sua rearticulação em nível do Estado, através de uma bem montada estratégia de mobilização da opinião pública em 1931, de um denodado esforço de organização e criatividade no embate eleitoral e de acompanhamento e assessoria nos debates parlamentares e Comissões da Constituinte. Nesta rearticulação ela preservava sua liberdade perante o Estado, mas ao mesmo tempo eliminava os empecilhos que o Estado leigo lhe antepunha

---

16 Sobre o sucesso da LEC e a vitória obtida pela Igreja na Constituinte de 1934, ver o balanço feito por Alceu Amoroso Lima em outubro de 1934 (1936f, pp. 151-152).

para penetrar nos aparelhos ideológicos do Estado a fim de informá--los segundo sua doutrina e princípios. [...] Mas fazendo passar sua estratégia de ação pela intervenção e proteção do Estado, a Igreja entra a fazer parte do bloco no poder, junto com as várias frações das classes dominantes: antigas oligarquias rurais, a burguesia comercial e financeira e a recém-articulada burguesia industrial [1984, p. 307].

Tendo garantida sua presença no bloco no poder, em 1934, a Igreja abandona sua estratégia de mobilização popular, procurando ao mesmo tempo assegurar e ampliar o seu controle sobre o laicato através do fortalecimento da Ação Católica Brasileira, nos moldes da Ação Católica Italiana. Através da Ação Católica, a Igreja "chama praticamente todos os seus militantes para bater, em certo sentido, em retirada e assumir de modo mais direto uma tarefa de cunho religioso sob direta orientação da hierarquia" (idem, p. 322).

Ao mesmo tempo, a Igreja procura obter o máximo rendimento do princípio de "colaboração recíproca em prol do interesse coletivo", institucionalizado pela Constituição de 1934[17].

Esse princípio traduzia-se por um "pacto" segundo o qual a Igreja recebia do governo, em nome da "justiça distributiva", ajuda (principalmente econômica) para as obras e instituições por ela mantidas (escolas, orfanatos, hospitais, missões entre os índios etc.), em troca, a Igreja oferecia ao governo sua colaboração, em nome da "justiça social"[18].

Essa colaboração não se concretizava apenas na manutenção de obras sociais, por parte de dioceses, paróquias e ordens religiosas. Ela manifestava-se também por meio de pronunciamentos e tomadas de posição explícitas em favor do governo. Assim, em 1935, em artigo no qual se opõe firmemente à Aliança Nacional Libertadora (ANL), Alceu Amoroso Lima, ao analisar as "forças políticas ponderáveis" existentes no Brasil, manifesta-se claramente a favor do governo de Getúlio Vargas:

---

17 "É vedado à União, aos Estados, ao Distrito Federal e aos Municípios: [...] III, ter relação de aliança ou dependência com qualquer culto ou Igreja, sem prejuízo da colaboração recíproca em prol do interesse coletivo" (Brasil, 1934d, art. 17).

18 "Não pedimos senão o que nos devem conceder por estrita justiça distributiva. E em troca damos ao Estado, em forma de justiça social, toda a reciprocidade exigida da colaboração no bem comum" (Lima, 1936h, p. 122).

> O Governo atual provém da constitucionalização do país. [...] Governo de fato e de direito, muito menos que governo partidário, a tendência dominante que se lhe nota é um sincero desejo de consolidar a ordem constitucional [...] uma coerência crescente na defesa da ordem pública e no acerto na ordem administrativa [...]. Em face das demais forças políticas do quadro que apresenta hoje em dia a vida pública brasileira, a posição do Governo é de condenar igualmente, os dois "extremismos", da direita e da esquerda, pugnando pela decadente Democracia Liberal. Em alguns dos seus homens de responsabilidade mais elevada, encontramos neste ponto mais clarividência e uma posição mais nítida de condenação apenas ao extremismo vermelho e esquerdista. [...] Quanto à posição do Governo para com a Igreja o que temos visto é respeito às aspirações do povo e aos direitos da consciência religiosa e da tradição nacional [1936i, pp. 225-226].

Essa colaboração, entretanto, não era incondicional. As condições de concretização desse "pacto", isto é, aquilo que a Igreja esperava do Estado e o que ela oferecia em troca, aparecem claramente na carta escrita por Alceu Amoroso Lima a Gustavo Capanema, em junho de 1935 (LIMA, 1935b). Depois de transmitir ao ministro a inquietação dos católicos diante da infiltração comunista, principalmente no setor da educação, nos sindicatos, no Ministério do Trabalho e no governo municipal do Rio de Janeiro, Alceu Amoroso Lima enuncia o que os católicos esperavam do governo:

> O que desejamos, portanto, do Governo é apenas:
> 1. Ordem pública, para permitir a livre e franca expansão de nossa atividade religiosa na sociedade;
> 2. Paz social, de modo a estimular nosso trabalho de aproximação das classes, que é, como você sabe, o grande método de ação social recomendado invariavelmente pela Igreja;
> 3. Liberdade de ação para o bem, mas não para o mal, para a imoralidade, para a preparação revolucionária, para a injúria pessoal;
> 4. Unidade de direção de modo que a autoridade se manifeste uniforme em sua atuação e firme em seus propósitos [idem].

Como se vê, os católicos esperavam do governo uma atuação unitária e firme, através dos seus aparelhos repressivos, para a manutenção de uma "ordem pública" e de uma "paz social" que deixassem o caminho livre para a ação da Igreja na campo religioso e social.

A referência aos aparelhos repressivos aparece claramente quando Alceu Amoroso Lima elogia aqueles que dirigem o Exército e a polícia do Distrito Federal:

> À testa da pasta da guerra e da polícia do distrito (que deveria constituir um *ministério* novo) acham-se felizmente dois homens de bem, de ordem e de coragem, que são no momento dois esteios da ordem pública. Aplaudimos vivamente essas duas escolhas, que mais valem para nós católicos do que quaisquer favores aparentes, de que diretamente nos beneficiássemos. E formulamos os nossos votos para que seja cada vez mais prestigiada e auxiliada a atuação dessas duas autoridades [idem][19].

Concretamente, os católicos esperavam do governo "uma atitude mais enérgica de repressão ao comunismo" (idem). Para isso, segundo Amoroso Lima, era necessário

> [...] expurgar o Exército e a Marinha de elementos políticos revolucionários, reforçar a polícia, excluir dos sindicatos e dos quadros do Ministério do Trabalho elementos agitadores, organizar a educação e entregar os postos de responsabilidade nesse setor importantíssimo a homens de toda confiança moral e capacidade técnica [idem].

Mas, ao mesmo tempo em que reclamavam do governo uma ação repressiva contra aqueles que poderiam constituir-se em um obstáculo à ação da Igreja, os católicos esperavam contar com a sua simpatia e o seu apoio:

> E ao mesmo tempo que esperamos do Estado uma ação firme em sua própria defesa e na defesa da coletividade, pedimos que o Estado olhe com mais simpatia e facilite a expansão daquelas atividades sociais que visam apenas elevar o nível moral e religioso da sociedade brasileira e portanto o seu progresso moral e espiritual. É o caso da Ação Católica Brasileira, que acaba de organizar-se em moldes nacionais e que precisa, para sua expansão, de um ambiente de segurança que só o Estado lhe pode dar [idem].

Em troca, a Igreja propunha uma "aliança de todas as correntes que defendam, no Brasil, suas instituições sadias fundamentais, como a

---

19 Alceu Amoroso Lima refere-se ao general João Gomes e não ao general Dutra, como afirma Schwartzman (1983, p. 391). O general João Gomes acabava de ser nomeado ministro da Guerra, em substituição ao general Góes Monteiro. Quanto ao chefe de polícia do Distrito Federal, trata-se de Felinto Müller, que se tornará conhecido e temido por sua atuação na direção da polícia política e da repressão, a partir de 1935.

família e as ideias sadias e construtivas como a de pátria e religião, contra os agitadores e demolidores de todas elas" (idem).

Além disso, e este é o argumento fundamental, a Igreja oferecia seu apoio político a homens, partidos políticos ou regimes que se aliassem a ela na defesa desses valores e a apoiassem:

> Com a nossa organização, espalhada por todo o Brasil, com o nosso empenho em favorecer a educação do povo, em pregar e praticar a paz social, em defender a dignidade da pessoa humana, sob todos os aspectos, estamos certos de poder retribuir fartamente ao Estado os benefícios que este fizer à Igreja, não por favores ou privilégios, mas pela prática efetiva de suas funções, na garantia dos direitos individuais e da justiça social. E o homem público ou o partido que assim agir para com a Igreja pode estar certo de contar com o apoio de todos os católicos conscientes, de modo muito mais efetivo do que se tentarem com eles qualquer aliança de ordem política [idem].

Entretanto, na proposta de Alceu Amoroso Lima, se não há limites para a intervenção repressiva do Estado, quando se trata de reprimir o "pensamento anticatólico", isto é, o comunismo, não se dá o mesmo com relação aos aparelhos ideológicos: a censura deve ser "honesta" e a intervenção do Estado no sistema educacional deve ser feita "com a imediata colaboração da Igreja e da família":

> Os católicos serão os aliados naturais de todos os que defenderem os princípios de justiça, de moralidade, de educação, de liberdade justa, que a Igreja coloca na base de seus ensinamentos sociais. Vejam eles que o governo combate seriamente o comunismo (sob qualquer aparência ou máscara para disfarçar) – súmula de todo o pensamento antiespiritual e portanto anticatólico; que combate seriamente o imoralismo dos cinemas e teatros pela censura honesta; organiza a educação com a imediata colaboração da Igreja e da família – vejam isso os católicos e apoiarão, pela própria força das circunstâncias, os homens e os regimes que possam assegurar ao Brasil esses benefícios [idem].

Em julho de 1935, Alceu Amoroso Lima aprovará as medidas de exceção e a Lei de Segurança Nacional que acabavam de ser decretadas pelo governo: "Quanto à Lei de Segurança e à atitude que vem, ultimamente, assumindo o Governo, em defesa do regime e da ordem pública, são provas evidentes de energia serena e consciência do dever, que muito hão de concorrer para a consolidação da ordem constitucional" (LIMA, 1936j, p. 246)[20].

E em setembro de 1937, o episcopado brasileiro publicará uma "Carta pastoral sobre o comunismo ateu" para ser lida e explicada aos fiéis em todas as igrejas. Depois de apresentar a sua interpretação das "doutrinas e processos do comunismo ateu", os bispos conclamarão os católicos a rezar pedindo a Deus para preservar o Brasil desse "flagelo" e assistir às autoridades "no cumprimento dos árduos deveres de conservar a ordem social e defender o patrimônio de nossa civilização ameaçada" (Episcopado Brasileiro apud MAUL, 1938, pp. 27-28). Assim, como nota Beozzo (1984, p. 321), a Igreja

> [...] não se apoia exclusivamente em estratégia própria para fazer face dentro da sociedade civil à concorrência ideológica, mas convida os católicos a cerrarem fileiras em torno das autoridades para a conservação da ordem social e do patrimônio da civilização ameaçada. É para o Estado que a Igreja se volta e empresta-lhe todo o seu apoio.

Mas o Estado tinha também a sua estratégia. No momento da publicação da carta pastoral do episcopado, o golpe de 1937 já estava decidido, e o projeto da nova carta constitucional já havia sido redigido por Francisco Campos. E nessa nova estratégia, se a Igreja continua a ser um aliado importante, ela deixa de ser um interlocutor privilegiado.

Assim, na carta constitucional outorgada em 10 de novembro de 1937, marcando o início do Estado Novo, não constam as prerrogativas que a Igreja havia conquistado na Constituição de 1934, exceto o ensino religioso nas escolas, que é mantido, mas que tem, como se verá, o seu alcance bastante diminuído.

Dessa maneira, mesmo tendo recebido do governo garantias de que, na prática, as suas relações com o Estado não seriam alteradas, a Igreja, no Estado Novo, encontra-se em uma situação substancialmente diferente: "A Igreja é obrigada a adequar-se à situação de fato, de insegurança jurídica, imposta, de resto, a toda a nação. [...] Sua posição não é mais fruto de um direito inscrito na Constituição, mas de uma concessão que dependia do arbítrio do Governo" (idem, p. 340).

---

20 A Lei de Segurança à qual Amoroso Lima se refere é a lei n. 38, de 4 de abril de 1935, que define os crimes contra a ordem política e social (Coleção das Leis do Brasil, Poder Legislativo, p. 36).

As condições de colaboração entre a Igreja e o Estado serão, agora, estabelecidas unilateralmente por Getúlio Vargas. Este, em discurso pronunciado diante dos bispos reunidos no Concílio Plenário Brasileiro, em julho de 1939, apresentará à Igreja a sua concepção da colaboração entre o "poder político" e o "poder espiritual":

> O Estado, deixando à Igreja ampla liberdade de pregação, assegura-lhe ambiente propício a expandir-se e ampliar o seu domínio sobre as almas; os sacerdotes e missionários colaboram com o Estado, timbrando em ser bons cidadãos, obedientes à lei civil, compreendendo que sem ela – sem ordem e sem disciplina, portanto – os costumes se corrompem, o sentido da dignidade humana se apaga e toda vida espiritual se estanca. Tão estreita colaboração jamais se interrompeu; afirma-se, de modo auspicioso, nos dias presentes e há de intensificar-se, certamente, no futuro [Vargas, 1940d, p. 276].

A concepção de Vargas, como se vê, coincide apenas em parte com aquela que havia sido enunciada por Alceu Amoroso Lima, em 1935. Vargas compromete-se a assegurar à Igreja a liberdade que ela necessita para agir e ambiente propício a essa ação. Mas, na concepção de Vargas, a atuação da Igreja deveria limitar-se ao domínio religioso, em sentido estrito: pregação e "domínio sobre as almas". Em troca, o Estado Novo esperava dos membros do clero que estes, através da palavra e do exemplo, ensinassem aos fiéis a obediência à lei, a ordem e a disciplina.

Essa concepção, considerada por dom Aquino Correa como uma espécie de "concordata moral entre o Estado e a Igreja no Brasil" (apud Beozzo, 1984, p. 325)[21], será posta em prática por Vargas e aceita pela Igreja. Assim, em 1938, quando surgem problemas entre o governo e certos elementos do clero, suspeitos de serem simpatizantes do integralismo, Getúlio Vargas não hesita em mandar o seu chefe de polícia, Felinto Müller, encontrar-se com monsenhor Dainese e encarregá-lo de comunicar a dom Leme que "o governo ficaria satisfeito se o Cardeal determinasse a todo o clero que nas suas pregações acentuassem a necessidade de ser cumprido o que manda a Igreja no que se refere ao respeito, à obediência e ao acatamento às autoridades constituídas" (apud Carane, 1976b, p. 14)[22].

---

21 "Discurso no Rio de Janeiro por ocasião do terceiro aniversário do Estado Novo", D. Aquino Correa.
22 Nota pessoal de Felinto Müller a Getúlio Vargas.

Nos primeiros anos do Estado Novo, a Igreja não deixará de fazer declarações de apoio e de manifestar sua concordância com a proposta de separação entre esfera política e esfera religiosa, entre "poder político" e "poder espiritual". Respondendo ao discurso pronunciado por Vargas diante do episcopado reunido no Concílio Plenário Brasileiro, dom Augusto Álvaro da Silva dirá:

> Queremos transmitir os nossos agradecimentos e, com eles, a afirmação e a garantia de que o Governo poderá contar com a nossa colaboração na grande obra de elevação nacional. [...] Repetidas vezes V. Exa. no seu governo tem dado provas inequívocas de quanto estima esta cooperação benfazeja e de quanto deseja conciliar sempre, numa harmonia leal, os interesses do Estado com os direitos imprescritíveis da Igreja. Fazemos votos que estas relações se estreitem, certos de que a Pátria comum será a grande beneficiária [apud BEOZZO, 1984, p. 325][23].

Algumas medidas concretas do governo na área social serão explicitamente aprovadas por bispos e líderes católicos. Assim, referindo-se à legislação trabalhista do Estado Novo, baseada na *Carta del lavoro* do governo mussoliniano, Afonso Pena Júnior dirá, durante a solenidade de inauguração das Faculdades Católicas do Rio de Janeiro, em março de 1941:

> No direito industrial e operário a tarefa dos nossos professores se acha traçada e alhanada pelas Encíclicas em que a Igreja aponta soluções evangélicas aos novos problemas angustiosos dos nossos tempos. E é grato reconhecer que já encontramos na legislação brasileira do último decênio mais de um aproveitamento dessas lições pontifícias; e, o que é mais importante, que os sacrifícios impostos por essa legislação vão sendo aceitos com espírito cristão, de caridade e justiça, que foi sempre apanágio de nossa boa gente [AFONSO PENA JÚNIOR, 1941, p. 73].

A atuação da Igreja no setor da educação, no período de 1930- -1945, desenvolve-se de acordo com essa estratégia global que acaba de ser analisada.

A Igreja estava consciente de que o decreto de abril de 1931 permitindo o ensino religioso nas escolas públicas não era suficiente. Era necessário lutar para que fosse regulamentada a sua aplicação em cada Estado e para que o princípio do ensino religioso escolar fosse incorpo-

---

23 "Discurso por Ocasião do Banquete do Itamarati", D. Alvaro da Silva.

rado à Constituição. Nessa luta, o grupo católico teria como principal adversário o grupo dos "educadores liberais", atuantes principalmente por meio da ABE[24].

Como visto, graças à pressão exercida pela LEC, a Igreja conseguiu fazer com que o ensino religioso escolar fosse incorporado à Constituição de 1934[25]. Contudo, a regulamentação desse ensino religioso nos diferentes estados será bem mais difícil. A aplicação do decreto encontrará resistência, não somente por parte dos "pioneiros" que exerciam funções de direção em órgãos estaduais de educação, como também da parte de alguns interventores. Assim, por exemplo, em São Paulo essa regulamentação será feita somente em novembro de 1934, e no Distrito Federal em fins de 1935[26].

A partir de 1935, a Igreja procurará fazer valer o princípio de "colaboração recíproca" também no setor da educação, obtendo da parte do Estado substancial ajuda financeira para a manutenção de suas escolas (BRASIL, 1935b, p. 254; 1938b, p. 6; 1943d, p. 47)[27] e participando ativamente em conselhos e comissões do Ministério da Educação. Além disso, serão marcantes as influências pessoais do padre Leonel Franca e Alceu Amoroso Lima sobre o ministro da Educação, Gustavo Capanema[28].

A Constituição de 1937, redigida por Francisco Campos, mantém o dispositivo da Constituição de 1934 relativo ao ensino religioso, mas

---

24 Sobre os debates entre educadores católicos e educadores liberais, no período de 1930-1934, ver Cury (1978).
25 "O ensino religioso será de frequência facultativa e ministrado de acordo com os princípios da confissão religiosa do aluno, manifestada pelos pais ou responsáveis, e constituirá matéria dos horários nas escolas públicas primárias, secundárias, profissionais e normais" (BRASIL, 1934d, art. 153).
26 Quanto à resistência encontrada para a aplicação do decreto do ensino religioso nos estados, ver artigo escrito em janeiro de 1932 (LIMA, 1936k, pp. 68-75). O decreto regulamentando o ensino religioso no estado de São Paulo está publicado na *Revista Brasileira de Pedagogia* (1935).
27 Uma consulta à legislação do período de 1930-1945 permitirá constatar a presença de um grande número de estabelecimentos de ensino mantidos por ordens e congregações religiosas entre as instituições que recebiam subvenções do governo, duas vezes por ano.
28 A correspondência entre Alceu Amoroso Lima e Gustavo Capanema, conservada no CPDOC, mostra, da parte do líder católico, um esforço constante no intuito de exercer influência sobre o ministro, no momento das grandes decisões (nomeações e demissões, por exemplo), e da parte de Capanema, o cuidado de consultar Amoroso Lima no momento de tomar essas decisões. Mas Capanema não deixa de consultar também os seus auxiliares mais diretos, entre os quais Lourenço Filho ocupa uma posição privilegiada.

diminui muito o seu alcance. Enquanto a Constituição de 1934 tornava obrigatória a inclusão desse ensino no horário escolar, mantendo facultativa a frequência, na Constituição de 1937 era a própria inclusão do ensino religioso no horário que se tornava facultativa (BRASIL, 1937f)[29]. Campos, fiel à sua concepção autoritária, deixa ao Estado a decisão final. Aliás, ele retoma aqui a mesma orientação do seu decreto de 1931, no qual havia sido deixada uma brecha à intervenção do Estado pela inclusão de um artigo, segundo o qual o governo poderia "por simples aviso do Ministério da Educação, suspender o ensino religioso nos estabelecimentos oficiais de instrução" quando assim o exigissem "os interesses da ordem pública e a disciplina escolar" (BRASIL, 1931c, p. 703, art. 11)[30]. Mas, no regime autoritário instalado pela Constituição de 1937, essa brecha deixada à intervenção do Estado no campo do ensino religioso adquire um peso bem maior.

Por essa razão, a Igreja procurará estar presente e atuante no processo de elaboração das leis orgânicas do ensino, iniciado por Capanema em 1938, com a criação da Comissão Nacional do Ensino Primário. Essa comissão, presidida por Everardo Backheuser, presidente da Confederação Católica Brasileira de Educação, tinha, entre outras, a função de "opinar sobre as condições em que deve ser dado nas escolas primárias o ensino religioso" (BRASIL, 1938c, p. 125). Em outubro de 1939, a Comissão Nacional do Ensino Primário encaminha ao ministro da Educação um anteprojeto de decreto-lei dispondo sobre a organização nacional do ensino primário. Nesse anteprojeto, a comissão prefere não se posicionar sobre a questão do ensino religioso, limitando-se a repetir, *ipsis litteris*, o artigo 133 da Constituição de 1937 (BRASIL, 1939g, p. 28.867)[31]. Alceu Amoroso Lima reage e encaminha ao ministro da Educação uma proposta alternativa, em setembro de 1940. Nessa proposta, que, segun-

---

29 Art. 133: "O ensino religioso poderá ser contemplado como matéria do curso ordinário das escolas primárias, normais e secundárias. Não poderá, porém, constituir objeto de obrigação dos mestres e professores, nem de frequência compulsória por parte dos alunos".
30 Os católicos consideraram esse dispositivo como um dos "defeitos graves" do decreto de 1931 (*A ORDEM*, 1931, p. 262).
31 Art. 9º, §2º: "O ensino religioso poderá ser contemplado como matéria do curso ordinário das escolas primárias, não podendo, porém, constituir objeto de obrigação dos mestres e professores nem de frequência compulsória por parte dos alunos".

do ele, contava com a aprovação expressa do cardeal Leme, ele sugere nova redação para o §2º do art. 9º do anteprojeto:

> O ensino religioso, que constituirá matéria do curso ordinário das escolas primárias, incluída no horário escolar, será ministrado de acordo com a confissão religiosa do aluno, manifestada pelos pais ou responsáveis no ato da matrícula, não podendo, porém, constituir objeto de obrigação dos mestres ou professores, nem de frequência compulsória por parte dos alunos [LIMA, 1940b].

Na realidade, o anteprojeto da Comissão Nacional do Ensino Primário jamais será transformado em lei, e o ensino religioso nas escolas primárias continuará a ser dado de acordo com as regulamentações estaduais estabelecidas a partir do decreto de 1931 e da Constituição de 1934.

Quanto à Lei Orgânica do Ensino Secundário, esta será preparada pessoalmente por Capanema durante todo o ano de 1941. Em um documento manuscrito, redigido nessa ocasião, Capanema prevê a inclusão da instrução religiosa no currículo do ensino secundário, entre as disciplinas de educação geral (CAPANEMA, 1941a). Em outro documento, preparatório da exposição de motivos da Lei Orgânica, ele escreverá:

> A religião terá que ser ensinada em aula e praticada na conformidade de seus mandamentos (confissão, comunhão, missa, exercícios religiosos). A escola entrará aqui em entendimento com a Igreja e a família. [...] O ensino religioso não se confunde, entretanto, com a prática, culto ou devoção religiosa. O ensino deve ser instituído pelas escolas [...] reservando-se para ele um certo período do horário semanal. O professor será um sacerdote ou um leigo, conforme a maior conveniência do estabelecimento [1941b].

Ao fazer essas reflexões, Capanema tem diante dos olhos a lei espanhola, que inclui o ensino da religião católica nos sete anos do curso, baseando "a formação da personalidade sobre um firme fundamento religioso" (idem). E, entre as "questões importantes" a serem estudadas por ele em virtude da elaboração da Lei Orgânica, o ministro insere "a influência da religião como fator de elevação do poder nacional" (idem).

Nas primeiras versões do anteprojeto, Capanema fará constar um artigo sobre a educação religiosa, determinando: "As escolas secundárias incluirão a educação religiosa entre as práticas educativas do ensino de primeiro e segundo ciclos, sem caráter obrigatório" Gustavo Capanema (1941a)[32].

O padre Leonel Franca e Alceu Amoroso Lima, nos seus pareceres, reagirão contra a cláusula final, "sem caráter obrigatório", que poderia, segundo eles, "prestar-se a interpretação errônea, impedindo que um instituto *livre* mantenha o ensino religioso com caráter de obrigatoriedade" (FRANCA, 1941; LIMA, 1941a).

Como se pode ver, diferentemente do que acontecia com relação ao ensino primário, quanto ao ensino secundário a Igreja parece estar mais preocupada em assegurar o direito de obrigar os alunos matriculados em suas escolas a frequentarem as aulas de religião do que em garantir o direito de ensinar religião nas escolas secundárias oficiais.

A versão final da Lei Orgânica do Ensino Secundário levará em consideração essa preocupação e determinará em seu art. 21: "O ensino de religião constitui parte integrante da educação da adolescência, sendo lícito aos estabelecimentos de ensino secundário incluí-lo nos estudos do primeiro e do segundo ciclos. Os programas de religião e o seu regime didático serão fixados pela autoridade eclesiástica" (BRASIL, 1942a, p. 25)[33].

Esse artigo será regulamentado poucos dias depois da promulgação da Lei Orgânica, por meio de uma portaria ministerial: "O ensino de religião será ministrado, pelos estabelecimentos de ensino secundário que o adotarem, em uma ou duas aulas semanais, que serão incluídas pelos horários entre os trabalhos escolares normais" (BRASIL, 1942m, p. 6.607).

Os programas para o ensino religioso no curso secundário serão elaborados, ainda em 1942, pela Arquidiocese do Rio de Janeiro e encaminhados ao ministro da Educação pelo novo arcebispo, dom Jaime de Barros Câmara, que aproveitará para cumprimentar o ministro "em

---

32 Será dessa maneira que a educação religiosa aparecerá na Lei Orgânica do Ensino Industrial (BRASIL, 1942e, p. 111).
33 Estava assim assegurado aos colégios religiosos o direito de exigir de seus alunos a frequência às aulas de religião. Assim, quando um estabelecimento de ensino do Rio de Janeiro, dependente da Igreja metodista, recusa, em 1944, matrícula a um aluno cujo pai se opõe a que seu filho frequente as aulas de religião ministradas pelo estabelecimento, o ministro da Educação, com base no art. 21 da Lei Orgânica do Ensino Secundário, dá razão ao colégio e manda arquivar o processo aberto pelo pai contra o colégio (CPDOC, Arquivo Gustavo Capanema, GgC 34.08.00 (VIII-53)).

nome do episcopado brasileiro [...] pelo nítido sentido de humanismo cristão impresso na Reforma de ensino" (ARQUIDIOCESE..., 1942). Procurando seguir as normas estabelecidas pelo Ministério da Educação (BRASIL, 1942n, p. 7.031), o documento apresenta, junto com os programas, as instruções metodológicas para a sua execução. De acordo com essas instruções, a finalidade do curso de religião seria *formar cristãos*. Para isso seriam estudados no curso ginasial as principais verdades da fé, os princípios da moral cristã, o culto e os sacramentos. No final do curso ginasial, a Igreja católica seria apresentada aos alunos como "a grande vencedora de todos os obstáculos erguidos contra ela no correr dos tempos". No curso colegial, depois de uma revisão do conteúdo do curso ginasial, seriam estudados "o problema do humanismo" e "as questões mais importantes da adolescência". No final do curso colegial, seria apresentada aos alunos "a posição da Igreja em face dos problemas econômicos, estéticos, científicos, políticos, sociais e religiosos" (ARQUIDIOCESE..., 1942).

Como se pode ver, o programa baseava-se em uma concepção moralista da religião e em uma visão triunfalista da Igreja. Essa perspectiva moralista e triunfalista será dominante no seio da Igreja católica do Brasil nos anos seguintes, e o ensino da religião assumirá cada vez mais um caráter apologético, no espírito da grande ofensiva antiprotestante e antiespírita desencadeada pelo Secretariado Nacional de Defesa da Fé, criado pelo Concílio Plenário Brasileiro, em 1939. Mas, no final do período, começará a despontar no meio católico uma tendência progressista, que será a responsável pelo surgimento da esquerda católica no Brasil no final da década de 1950 e por um aprofundamento da aliança da Igreja com as classes populares, depois de 1964[34].

Com efeito, a atitude da liderança católica se modificará em razão dos acontecimentos relacionados com a participação do Brasil na guerra e com o início do processo de redemocratização do país:

> Dentro da Igreja, a influência crescente sobre suas elites, de Jacques Maritain, de Bernanos que se refugiara no Brasil, da corrente de opinião pública internacional e nacional a favor da democracia, pressiona pelos direitos humanos, por uma política democrática e por uma visão

---

34 Existe uma vasta bibliografia sobre esse tema. Ver, entre outros, Mendes (1966), Kadt (1970), Bruneau (1974), Alves (1974) e Luiz Gonzaga de Souza Lima (1979).

liberal do mundo. Dentro do Centro Dom Vital perece a corrente autoritária e totalitária, herdada de seu fundador, e muitos intelectuais católicos, da velha e da nova geração, comprometem-se com a oposição ao regime [Beozzo, 1984, pp. 326-327].

Buscando elucidar as razões que o levavam a rever as suas concepções políticas, Alceu Amoroso Lima escreverá, em 1945:

> Muitos da nossa geração rejeitamos, em tempo, a democracia, por ser ela, ou pelo menos se ter tornado exclusivamente o *setor político da burguesia*, a máscara da hipocrisia política de que ela se revestia para "fazer crer ao povo que ele governa". [...] É em Maritain que vamos procurar os fundamentos metafísicos indispensáveis para uma restauração da dignidade da democracia, que deixa assim de ser, *quando bem entendida e aplicada*, a defesa de uma classe moribunda, para se tornar a garantia dos próprios direitos do homem, contra toda opressão econômica e política, na sociedade [Lima, 1949, p. 9].

Entretanto, se a situação internacional leva à rejeição do totalitarismo, permanece ainda em alguns setores da Igreja uma tendência autoritária, que não lhes parece incompatível com uma certa forma de "bem entender" e de "bem aplicar" a democracia. É o que se pode verificar nessa afirmação do padre Leonel Franca, reitor das Faculdades Católicas do Rio de Janeiro, no discurso de abertura dos cursos em 1944:

> Não entendemos por democracia um regime político caracterizado por instituições representativas ou parlamentares baseadas no sufrágio direto, emolduradas quase sempre em quadros republicanos. As formas de governo são contingências históricas, que variam de povo para povo, e, num mesmo povo, com as diferentes fases de sua evolução social. [...] Por democracia entendemos, aqui e agora, a organização da vida comum baseada no respeito da dignidade de cada homem que vem a este mundo, como portador de um destino pessoal e próprio, para cujo conseguimento é titular de direitos imprescritíveis e inconfiscáveis. [...] Poderá existir sob as aparências exteriores de um governo fortemente hierárquico e autoritário, mas será inimiga irreconciliável de qualquer totalitarismo, racista ou comunista [Franca, 1944, p. 185].

A convivência com Alceu Amoroso Lima e com o padre Leonel Franca permitirá a Gustavo Capanema perceber essa transformação no seio da Igreja, em toda a sua ambiguidade e seus limites; em sua habilidade política, Capanema procurará tirar proveito dela.

Partindo da proposição do padre Leonel Franca, de rejeição do totalitarismo e de aceitação de um governo autoritário, o ministro da

Educação proporá a Getúlio Vargas uma nova aliança com a Igreja, bem mais ampla em suas exigências e mais modesta em suas promessas do que o pacto proposto por Francisco Campos em 1931. As linhas gerais dessa proposta estão contidas em um documento redigido por Capanema, provavelmente em 1944 (CPDOC, s.d.)[35].

Enquanto Francisco Campos, em 1931, havia prometido a Vargas "a mobilização de toda a Igreja Católica ao lado do governo" em troca da introdução do ensino religioso nas escolas oficiais, Capanema, em 1944, promete a Vargas a "simpatia" das "correntes militantes do catolicismo brasileiro" em troca de uma tomada de posição do presidente "na defesa dos objetivos católicos essenciais" (idem). Segundo Capanema, estes objetivos seriam: combater o totalitarismo, assegurar o primado do direito e manter diretriz segura e constante com relação às políticas da família, do trabalho e da educação.

A política da família, partindo "de uma concepção jurídica e econômica da existência familiar" deveria "ser ampla, abrangendo um sistema completo de medidas protetoras"; à política do trabalho caberia "assegurar ao trabalhador justiça social plena"; a política de educação deveria "excluir as influências materialistas de todas as denominações", garantir à escola "a liberdade de ensinar a religião dos alunos e dos pais" e fazer com que o ensino, de um modo geral, estivesse "baseado e orientado numa concepção espiritualista da vida" (idem).

A dimensão política da proposta de Capanema aparece no momento da explicitação dos dois outros objetivos: o combate ao totalitarismo e a garantia do primado do direito na ordem jurídica nacional.

Segundo Capanema, era possível distinguir "duas correntes de opinião" no catolicismo brasileiro. Para o ministro, os católicos do Brasil, sem estarem divididos e sem divergirem com relação ao que havia de essencial no pensamento cristão, apresentavam "dois pensamentos políticos, duas concepções em face dos problemas que agita(va)m o mundo e a [...] pátria" (idem).

---

35 Trata-se de um documento de três páginas, sem data nem assinatura, apresentado em papel timbrado do gabinete do ministro do Ministério da Educação e Saúde. Embora sem assinatura, vários indícios presentes no documento permitem afirmar que ele foi redigido por Capanema. O CPDOC classificou o documento na série *Produção Intelectual de Gustavo Capanema*. O mesmo fez Simon Schwartzman no livro *Tempos de Capanema*. As citações que se seguem são desse documento.

A primeira corrente era a dos "conservadores". Preocupados acima de tudo em manter "uma ordem que permita e existência do catolicismo", os conservadores consideravam o comunismo como "o grande inimigo do catolicismo"; assim, "aceitariam qualquer solução que importasse a liquidação do comunismo".

A segunda corrente apontada por Capanema era a dos "progressistas". Para os progressistas, a solução não seria "o simples combate ao comunismo", visto não ser esse o único inimigo: "Para os católicos progressistas, o inimigo é o totalitarismo, e este se reveste de três formas: o totalitarismo nazista, de tipo alemão ou italiano; o totalitarismo soviético, de tipo russo; e o totalitarismo militar, de tipo argentino. [...] Contra todos os três é preciso combater"[36].

Como o combate ao totalitarismo não se coadunava com a situação ditatorial vigente no país, era necessário transformá-la para "assegurar, na existência do país, o primado do direito". Contudo, essa transformação não implicava, segundo Capanema, uma mudança de regime ou uma nova Constituição. Bastava, segundo ele, "tornar vigente em todos os seus termos a ordem jurídica nacional" tomando como base a Constituição de 10 de novembro de 1937, que envolvia "possibilidade ampla de sua própria adaptação a quaisquer novas condições políticas".

Entretanto, o novo pacto proposto por Capanema não se concretizou. Em 1945, o episcopado toma posição em favor de uma nova Constituição, manifesta preferência pela forma democrática de governo e engaja a LEC nessa campanha (MANIFESTO DO EPISCOPADO, 1945)[37], enquanto uma parte dos intelectuais católicos ingressa na União Democrática Nacional (UDN), passando a apoiar a candidatura do brigadeiro Eduardo Gomes, que se opõe ao general Dutra, candidato oficial de Getúlio Vargas.

Será o próprio Alceu Amoroso Lima que procurará encontrar, em 1947, a *ultima ratio* capaz de explicar a tendência autoritária dominante no seio da Igreja nos anos de 1930. Essa razão deve ser buscada, segundo ele, dentro da própria Igreja:

---

36 Segundo Capanema, existiam no Brasil "germes bem vivos e fortes" do totalitarismo nazista e do totalitarismo soviético (integralistas e comunistas). A respeito do "totalitarismo militar", o ministro não se pronuncia.

37 Assinado por dom Jaime de Barros Câmara, arcebispo do Rio de Janeiro, em nome de todo o episcopado brasileiro, esse manifesto foi publicado em 20 de maio de 1945.

A Igreja, pois, é uma realidade que se coloca no meio da história, no curso das civilizações, não como um *produto, mas como uma causa*. [...] Ora, o reconhecimento de que a Igreja Católica guarda consigo os últimos elementos da verdade [...] traz consigo a elevação de dois conceitos à categoria de bases fundamentais da vida – a *autoridade* e a *tradição*. É a autoridade da Igreja que nos faz crer nos seus dogmas, como verdades objetivas e não apenas como definições arbitrárias. [...] O catolicismo é uma religião de autoridade. [...] Daí, dessa importância da autoridade como base da fé, para uma falsa exaltação do *autoritarismo*, em outros planos não religiosos, mas políticos e econômicos, é um pequeno passo... [Lima apud MEDEIROS, 1978, pp. 350-351][38].

A criação da Conferência Nacional dos Bispos do Brasil (CNBB) por dom Helder Câmara, antigo colaborador de dom Leme, a posição assumida pelos militantes da Ação Católica a partir da segunda metade da década de 1950 e a mudança radical no modo de pensar e de agir de certos líderes católicos, dos quais o próprio Alceu Amoroso Lima e o padre Helder Câmara são os melhores exemplos, impediram que esse passo em direção ao autoritarismo fosse dado mais uma vez.

Mas a *ultima ratio* ainda permanece... e com ela o risco!

---

38 O texto é de 1947, "A Igreja e a nova ordem social".

Capítulo III

Educação moral e cívica:
a educação a serviço do Estado

1. A educação moral e cívica antes de 1930

A Reforma Rocha Vaz, promulgada por Artur Bernardes, em janeiro de 1925, incluía a instrução moral e cívica no programa do exame de admissão ao primeiro ano do curso secundário, o que implicava a sua presença no currículo do curso primário (BRASIL, 1925, p. 6). Do programa constavam "noções de civilidade, sociabilidade, trabalho, verdade, justiça, equidade, amenidade no trato, gentileza, asseio, higiene, amor à família e à Pátria, altruísmo etc." (art. 55, §2º). Além disso, a mesma reforma introduzia a instrução moral e cívica no currículo do curso secundário (art. 47). Essa disciplina, que aparecia no primeiro ano do curso, deveria ampliar o ensino ministrado no curso primário, acrescentando "noções positivas dos deveres do cidadão na família, na escola, na pátria e em todas as manifestações do sentimento de solidariedade humana" (art. 48, §5º).

A introdução da instrução moral e cívica nos currículos escolares será justificada pelo presidente Artur Bernardes em suas mensagens presidenciais ao Congresso Nacional, em 1925 e 1926.

Em sua mensagem presidencial de 1925, depois de salientar que o propósito principal da Reforma Rocha Vaz era "a eficiência e a moralização do ensino secundário e superior", Artur Bernardes chama a atenção dos congressistas para os "graves danos" causados à Nação pelo descaso com que era tratada a "educação moral e cívica da mocidade". A argumentação por ele utilizada seguirá raciocínio inverso daquele empregado por Francisco Campos na entrevista que deu na mesma ocasião, e que foi por aqui comentada no capítulo anterior. Para Campos, se precisamos de educação moral, devemos dar atenção à educação religiosa, da qual a primeira é um subproduto. Para Bernardes, a ausência de educação religiosa deveria ser compensada pela educação moral. Assim, segundo ele,

> [...] separados que foram, com o novo regime, o Estado e a Igreja, as nossas leis não cogitaram de substituir, no ensino de modo eficaz e obrigatório, a instrução religiosa pela educação moral, elemento de felicidade, de progresso, de espírito de disciplina, de civismo e de solidariedade para qualquer povo. [...] Impõe-se, pois, providência eficiente no sentido de tornar real, efetiva e obrigatória a educação moral das novas gerações [BRASIL, 1978a, p. 333].

Em sua mensagem presidencial de 1926, Artur Bernardes voltará ao tema da educação moral e cívica:

> Estamos convencidos de que uma das maiores necessidades nacionais consiste na educação cívica e na instrução moral das novas gerações. Poderíamos dizer "reeducação", porque é incontestável que o sentimento e a educação moral de nosso povo já pairaram, em épocas anteriores de nossa história, em nível muito superior àquele a que baixaram em tempo recente [idem, p. 526].

Artur Bernardes traça um quadro sombrio da situação do país naquele momento e reafirma sua convicção de que a solução se encontra no apelo à responsabilidade do cidadão e no respeito à lei: "O regime democrático, posto a funcionar sem os freios e contrapesos indispensáveis, degenera inevitavelmente em anarquia. O contrapeso necessário da liberdade é a responsabilidade, e o freio – a lei. Liberdade irresponsável conduz fatalmente à licença, à indisciplina, ao caos" (idem, ibidem).

A educação cívica e a instrução moral são consideradas, por Bernardes, instrumentos para formar o senso de responsabilidade, e a repressão é utilizada como forma de garantir o cumprimento da lei[1]. Assim, pode-se concordar com Jorge Nagle quando afirma que "[...] nesse

---

1 "Bernardes governou em meio a uma situação difícil, recorrendo a seguidas decretações de estados de sítio. Extremamente impopular nas áreas urbanas, especialmente no Rio de Janeiro, lançou-se nestas áreas a uma dura repressão policial, para os padrões da época" (FAUSTO, 1972, pp. 33-34).

momento [...] o oficialismo encampa a tese católica de que o processo histórico se faz por meio do combate entre as forças do Bem e do Mal, que inclui o princípio doutrinário de que as questões políticas, econômicas e sociais são, essencialmente, questões morais" (1974, p. 188).

Entretanto, são diferentes as interpretações quanto às causas e soluções. Para o pensamento católico, exposto principalmente na célebre carta pastoral de dom Sebastião Leme, arcebispo de Olinda, em 1916, a fonte de todos os males do país estaria na "ignorância religiosa" e o remédio seria a instrução religiosa da população. Para o governo, a causa dos males nacionais estaria na irresponsabilidade, e a salvação do país dependia da formação moral das novas gerações. Assim, a introdução da instrução moral e cívica nas escolas, em 1925, mais do que uma manifestação de autoritarismo, como afirmam alguns autores, deve ser atribuída à crença no papel moralizador da escola, que reinava nos meios educacionais do país naquele momento.

Desse modo, a partir de 1925, a instrução moral e cívica passa a fazer parte do currículo das escolas secundárias em todo o país. Quanto ao ensino primário, as diferentes reformas educacionais realizadas pelos "profissionais da educação" nos primeiros anos da década de 1920 incluem a instrução moral e cívica como disciplina em todas as séries.

Em São Paulo, a Reforma Sampaio Dória, decretada em 1920, inclui a instrução moral e cívica no currículo do ensino primário básico e do ensino primário médio. O Regulamento da Instrução Pública do Ceará, elaborado por Lourenço Filho em 1923, prevê instrução moral e cívica nos quatro anos do ensino primário. O mesmo acontece na reforma realizada na Bahia, em 1925, por Anísio Teixeira.

Fazem exceção a Reforma dos Programas do Curso Primário do Distrito Federal, realizada por Carneiro Leão em 1926, e a Reforma do Ensino Primário do estado de Minas Gerais, realizada por Francisco Campos em 1927/1928.

Para Carneiro Leão, o professor deveria "fazer" educação moral e cívica "no ensino de todas as disciplinas e em todos os momentos de classe" em que a ocasião se apresentasse:

> Não importa a matéria: em linguagem, em trabalhos manuais, em história, em higiene, encontra-se ocasião para fazer a educação do caráter e do coração. [...] Acredito que, com tal orientação, a educação moral e cívica em nossa escola primária há de ser definitiva na formação, não

só do coração e do caráter da juventude brasileira, mas da consciência cívica nacional [CARNEIRO LEÃO, 1942, pp. 144-146][2].

Francisco Campos, por sua vez, pondo em prática o que havia defendido em 1925 e antecedendo o que faria em nível nacional na Reforma do Ensino Secundário, em 1931, substitui no ensino primário de Minas Gerais a educação moral pela educação religiosa. Quanto à educação cívica, Campos acreditava que a escola poderia realizá-la

> [...] imitando o jogo dos processos sociais, ou antes, adotando-o na vida escolar, pela organização de associações infantis destinadas a fornecer ao instinto social da criança formas claras e quadros regulares, cujas linhas solicitem, orientem e disciplinem o exercício das atividades sociais [CAMPOS, 1941a, p. 12].

O programa de instrução moral e cívica para o ensino secundário, introduzida pela Reforma Rocha Vaz, será elaborado, em 1925, pelos professores do Colégio Pedro II. Tal programa será considerado por muitos como inexequível no primeiro ano do curso secundário; por essa razão, em 1929, por sugestão dos mesmos professores do Colégio Pedro II, a instrução moral e cívica passará para o quinto ano do ensino secundário[3].

Tal medida será aceita sem grandes debates. Assim, no inquérito promovido pela Associação Brasileira de Educação (ABE), em 1929, a instrução moral e cívica aparece como disciplina nos últimos anos do ensino secundário em todas as propostas curriculares apresentadas.

Nas respostas dadas a esse inquérito – ao lado de uma concepção liberal de educação que, ainda forte nos primeiros anos da década de 1930, começará a desaparecer a partir de 1935, quando seus defensores ou se deixam cooptar pelo regime autoritário ou são afastados – já se encontra uma tendência elitista e autoritária, que se acentuará a partir de 1930 para concretizar-se na Constituição de 1937 e na Reforma Capanema, em 1942.

Dentro da primeira concepção pode-se incluir Isaias Alves: para ele, uma das principais finalidades do ensino secundário seria "despertar o sentimento cívico, infiltrando na alma dos alunos a ideia do dever

---

2 O texto é de fevereiro de 1926.
3 A proposta de alteração apresentada pelos professores do Colégio Pedro II foi homologada pelo Conselho Nacional de Ensino em 26 de julho de 1928 e transformada em lei pelo decreto n. 18.564, de 15 de janeiro de 1929 (Coleção das Leis do Brasil, vol. IV, 1929, pp. 5-6).

do voto e da fiscalização dos atos dos dirigentes". Segundo ele, a opção estaria entre "formar a democracia ou preparar o advento dos governos autocráticos". Enquanto estes "só exigem obediência", a forma democrática "exige do cidadão um estado de fiscalização ativa que é o exercício elementar do governo do povo pelo povo". Para garantir a opção democrática era necessário despertar os indivíduos do "estado apático" em que eles viviam. Daí a necessidade da educação moral e cívica durante todo o curso escolar. Colocando-se contra a proposta de supressão dos institutos equiparados e a consequente passagem de todo o ensino secundário público para a órbita do governo federal, Isaias Alves afirmará ser essa medida "[...] atentatória contra a pedagogia e contra o patriotismo. A pedagogia nos diz que o ensino deve ter, quanto possível, a cor local. O patriotismo nos ensina que o desenvolvimento do ideal cívico de cada Estado criará uma condição mais liberal para os nossos costumes políticos nacionais" (Isaias Alves apud Associação..., 1929, pp. 188-200)[4].

A tendência elitista pode ser exemplificada com a resposta de Alba Canizares Nascimento, inspetora escolar do Distrito Federal. Segundo ela, enquanto o ensino primário deveria voltar-se para a "formação elementar mental das massas humanas", o ensino secundário deveria formar "uma classe superior de cultura", que teria por missão "coordenar as massas de motores humanos lançados pela necessidade ao trabalho braçal" e aumentar assim "a produção dos braços conduzidos por cérebros apenas conscientes". Essa distinção deveria traduzir-se no conteúdo da educação moral:

> Para o povo, para as massas brutas, para as crianças – *hábitos morais, moralidade prática, automatismo ético*. Mas para os dirigentes, para as elites, para os responsáveis pela orientação da vida pública, para os que vão formar a alma nacional – *não só a mecanização dos atos, mas*

---

[4] Isaias Alves era, na época, diretor do Ginásio Ypiranga, da Bahia. Mais tarde, cooptado pelo regime autoritário, Isaias Alves torna-se Secretário da Educação do estado da Bahia. Seu liberalismo cederá lugar a uma visão autoritária e centralizadora. Em conferência realizada no Palácio Tiradentes, a convite do Departamento de Imprensa e Propaganda (DIP), em 27 de agosto de 1940, ele dirá, contrariando sua afirmação de 1929: "A escola brasileira deve ser nacionalizada, em toda a sua extensão, coordenando num só pensamento, numa só cultura, num só espírito, toda a juventude, que entoa um só hino, contempla uma só bandeira e prepara-se para o mesmo destino de glória militar, de grandeza econômica, de influência moral e espiritual, através dos séculos" (Alves, 1940, p. 58).

o preparo integral. Para eles importa a moral ciência [Alba Canizares Nascimento apud Associação..., 1929, pp. 53-71][5].

2. O período de 1930-1934

Na "Exposição de Motivos" da Reforma do Ensino Secundário, de abril de 1931, Francisco Campos manifesta-se a respeito da questão da presença da educação moral e cívica no currículo das escolas secundárias. Segundo ele,

> [...] de nada valerá, como até agora não valeu, criar no curso secundário uma cadeira de educação moral, cívica ou política. Será mais uma oportunidade de transmitir noções e conceitos acabados, envolvidos em fórmulas verbais. Serão aquisições de caráter puramente formal, sem nenhuma consistência com o contexto de experiência do estudante e, portanto, destituídas de qualquer influência sobre a sua atitude ou o seu comportamento. Uma noção só se terá por efetivamente adquirida se funciona adequadamente, isto é, se determina ou condiciona uma conduta ou uma prática. Só aprendemos o que praticamos. Se, portanto, é dever da escola formar cidadãos ou educar para a democracia, ela só o fará não por meio de pregações, sermões, conferências ou lições, mas organizando-se democraticamente e praticando, de modo efetivo e prático, a democracia [Campos, 1941a, p. 51].

Dessa forma, a educação moral e cívica não aparecerá como disciplina no currículo do ensino secundário estabelecido pela Reforma Francisco Campos. E a justificativa apresentada será, mais uma vez, de caráter pedagógico, baseada em argumentos tirados da pedagogia da Escola Ativa, bastante em voga naquele momento.

Entretanto, julgamos que a real motivação dessa não inclusão da educação moral e cívica como disciplina na reforma de 1931 não é de caráter pedagógico; ela deve ser buscada, mais uma vez, na proposta política de Francisco Campos.

---

5 Essa proposta havia sido defendida pela autora em tese apresentada durante a Segunda Conferência Nacional de Educação, promovida pela ABE em Belo Horizonte, em novembro de 1928. A professora Alba Canizares Nascimento era, na época, inspetora escolar da Secretaria de Educação da Prefeitura do Distrito Federal. Mais tarde ela dirigirá a Seção de Educação Cívica dessa mesma secretaria.

Sem negar a educação moral, que ele coloca nas mãos da Igreja pela introdução do ensino religioso nas escolas, Campos elimina a instrução cívica cujo conteúdo, na forma como era ensinado, não se coadunava com sua proposta antiliberal e autoritária nem se enquadrava no projeto político de Getúlio Vargas. Com efeito, a instrução cívica anterior a 1930 estava preocupada em acentuar os direitos e deveres civis e políticos do cidadão e em fazer conhecida a organização política do país, que Vargas e Campos pretendiam mudar.

Além disso, Francisco Campos atende aos interesses dos militares. A estes não interessava a instrução cívica nos estabelecimentos de ensino secundário, que estavam, em sua quase totalidade, nas mãos da Igreja. A visão que a Igreja tinha do civismo não era a mesma dos militares formados sob a influência do Positivismo e da Missão Militar Francesa, que não era bem vista pelo clero[6].

Quanto aos educadores, enquanto o grupo católico se contentava com a introdução do ensino religioso nas escolas, os liberais concordavam plenamente com a justificativa pedagógica apresentada por Campos para a não inclusão da educação moral e cívica no ensino secundário.

Com relação à burguesia agrária e industrial, enquanto à primeira interessava principalmente conservar o seu domínio sobre o ensino primário no nível dos estados, como instrumento de controle de voto e de barganha política, à segunda preocupava, acima de tudo, a preparação da mão de obra e a organização de sistemas de controle da classe operária, pela legislação trabalhista e pela repressão, quando necessário[7]. A questão do civismo não aparecia como importante para nenhuma das duas; em contrapartida, o ensino da religião não lhes era indiferente, na medida em que a doutrina social da Igreja se apresentava como elemen-

---

6 Em 1924, o general Gamelin, chefe da Missão Militar Francesa no Brasil, escreve: "O clero brasileiro, em seu conjunto, é radicalmente hostil a nós" (RAPPORT..., 1924a). Segundo José Murilo de Carvalho, "o velho exército imperial era totalmente católico. A influência positivista mudou radicalmente o panorama no período que vai da última década do Império até mais ou menos a terceira década da República, quando a quase totalidade dos oficiais que saem das Escolas Militares da Praia Vermelha e Realengo são materialistas. Começa então a reação para volta ao catolicismo. Esta religião já predominava ao fim da década dos 30" (CARVALHO, 1977, p. 199, nota 32). Note-se que os militares conservaram a educação moral e cívica como disciplina em seus colégios, mesmo após a Reforma Campos.

7 A bibliografia sobre essa questão é extensa. Ver, por exemplo, Gomes (1979).

to de "aproximação entre as classes" e de "pacificação social" (GOMES, 1979, pp. 209-213)[8]. A este propósito é bastante significativa a conferência pronunciada pelo industrial Roberto Simonsen em setembro de 1940, durante a Semana de Ação Social no Brasil. Depois de afirmar que "a hierarquia social, que se estabelece em função da capacidade dos valores individuais, nunca poderá desaparecer" e que, assim, "uma possível igualdade social e material entre os homens" constitui uma ilusão que não deve ser cultivada, Roberto Simonsen insiste sobre a necessidade de se trabalhar "objetivando a elevação geral do nível de vida" no Brasil. E conclui:

> Em todo este processo, pode a Igreja desempenhar um grande papel, já esclarecendo com seus poderosos elementos de divulgação todos os brasileiros sobre nossas verdadeiras necessidades, já explicando à grande massa sofredora que o seu estado atual não decorre, na maioria dos casos, da compressão exercida pelas classes mais favorecidas. Poderá ainda, como fizeram os nossos primeiros jesuítas, cooperar, em escala muito maior do que já o faz, no ensino profissional, e na educação em geral, continuando finalmente a impregnar cada vez mais, toda a sociedade, dos sentimentos de caridade e solidariedade social, que constituem, por certo, os mais belos postulados da religião de Cristo [SIMONSEN, 1973, pp. 466-469].

Além disso, a educação moral e cívica aparecia nos programas de ensino de várias instituições, dependentes de outros ministérios, destinadas a assegurar a "incorporação" de grupos marginalizados à sociedade brasileira. Assim, nos Patronatos Agrícolas, dependentes do Ministério da Agricultura, "destinados à educação moral, cívica e profissional de menores desvalidos", a educação moral e cívica aparece como disciplina no terceiro ano do curso elementar (BRASIL, 1930, p. 81; 1933c, p. 71). O mesmo acontece no currículo do ensino primário do Instituto Sete de Setembro, dependente do Ministério da Justiça e "destinado a recolher, em depósito, por ordem do Juiz de Menores, até que tenham conveniente destino [...] os menores abandonados e delinquentes" (BRASIL, 1931d, p. 136)[9]. Enfim, entre as medidas e ensinamen-

---

8 A esse respeito, ver também Krischke (1979).
9 O regulamento do Instituto Sete de Setembro, aprovado pelo decreto n. 21.518, de 13 de junho de 1932, mantém a educação moral e cívica no currículo (Coleção das Leis do Brasil, vol. II, 1932, p. 423). Este segundo decreto foi assinado por Francisco Campos, que na ocasião respondia interinamente pelo Ministério da Justiça.

tos previstos no Regulamento do Serviço de Proteção aos Índios, dependente do Ministério da Guerra e tendo por finalidade "a incorporação dos índios à sociedade brasileira, economicamente produtivos, independentes e educados para o cumprimento dos deveres cívicos", estavam a criação de escolas primárias e profissionais, a realização de exercícios físicos em geral e especialmente exercícios militares e a educação moral e cívica (BRASIL, 1936b, p. 347).

Dessa forma, a exclusão da educação moral e cívica do currículo do ensino secundário não encontrou grandes resistências, tanto mais que ela continuava presente no currículo do ensino primário em várias unidades da federação, onde ainda vigoravam as reformas anteriores a 1930[10].

Durante os trabalhos preparatórios para a Assembleia Nacional Constituinte de 1934, o problema só foi abordado quando a comissão encarregada da elaboração do anteprojeto incluiu um dispositivo determinando que o ensino cívico, a educação física e o trabalho manual fossem considerados matérias obrigatórias em todas as escolas primárias, secundárias, profissionais e normais do país (ASSOCIAÇÃO..., 1934b, p. 29). O substitutivo apresentado pela Comissão Constitucional da Assembleia Nacional Constituinte manterá, em suas linhas gerais, esse dispositivo, determinando no artigo 171 que a educação moral e cívica, a educação física, a higiene e os trabalhos manuais constituíssem matérias obrigatórias em todas as escolas, exceto nos cursos superiores (ASSOCIAÇÃO..., 1934c, art. 41, p. 43).

A ABE reagirá imediatamente contra essas disposições. O parecer elaborado pela comissão especial por ela designada afirma:

> O artigo 171 do novo Projeto de Carta Constitucional adotou uma teoria pedagógica obsoleta, ou pelo menos vigorosamente combatida, quando considerou *matérias* de ensino a educação moral e cívica, a educação física, a higiene e os trabalhos manuais. A tendência dos educadores é para tornar o seu ensino, sobretudo o da educação moral e cívica, o da higiene e o dos trabalhos manuais, não restrito a uma distribuição horária de matérias, mas infiltrado nas diferentes atividades da classe [ASSOCIAÇÃO..., 1934d, p. 50].

---

10 Em São Paulo, por exemplo, o programa adotado em 1935 para as escolas primárias era o mesmo que estava em vigor antes de 1930. Nesse programa, a educação moral e cívica aparece em todas as séries do curso primário (SÃO PAULO, 1936).

Assim, não tendo encontrado defensores, a educação moral e cívica não aparecerá na versão definitiva da Constituição, promulgada a 16 de julho de 1934.

Entretanto, não faltarão nesse período iniciativas no intuito de reintroduzir a educação cívica nas escolas por outros caminhos. Assim, por exemplo, em parecer aprovado pela Comissão de Legislação e Consulta do Conselho Nacional de Educação, em setembro de 1932, Isaias Alves, após afirmar que a inexistência de uma cadeira de educação cívica nas escolas constituía uma "grave falta na organização brasileira do ensino", insiste sobre "o valor pedagógico da instrução militar como parte da educação moral e cívica" e propõe que esta seja transformada "em curso sistemático de educação cívica" (BRASIL, 1932a, p. 21.476-21.477)[11].

Esse parecer de Isaias Alves será severamente criticado pelo almirante Américo Silvado. Em sua intervenção, esse conselheiro, de formação marcadamente positivista, depois de denunciar a "orientação verdadeiramente militarista" do parecer, dirá que a implantação da educação militar não transformaria o Brasil em um país moralizado e justo. O almirante Américo Silvado confessa que lhe foi necessário resistir à educação militar que recebeu "para conservar intactas as noções de moralidade, civismo e patriotismo" que lhe haviam sido incutidas no lar. E conclui, rejeitando a hipótese de se tomar como exemplo a "atividade militarista" de outras nações e denunciando a "atuação perniciosa do fascismo, resumida na criação dos já tristemente afamados *balillas*", que colocava Mussolini entre "os homens mais perversos e perniciosos que a humanidade produziu" (SILVADO, 1932, p. 21.479).

Como aqui já salientado, o parecer de Isaias Alves não teve maiores consequências. Quanto ao discurso do almirante Américo Silvado, este motivou uma nota de protesto da Embaixada da Itália no Rio de Janeiro (EMBAIXADA DA ITÁLIA NO BRASIL, 1932). Essa nota levou o ministro da Educação a providenciar uma nova publicação do discurso no *Diário Oficial*, "excluídas, porém, as expressões que muito justamente motivaram os reparos do Encarregado dos Negócios da Itália" (PIRES, 1933; BRASIL, 1933d).

---

11 Esse parecer está reproduzido na íntegra em Alves (s.d., pp. 57-74).

3. Educação e patriotismo: o retorno da educação cívica

Apesar do apelo ao patriotismo ter sido uma constante nos discursos da época, desde a plataforma da Aliança Liberal, será no Manifesto à Nação, de outubro de 1931, que Getúlio Vargas relacionará pela primeira vez a "educação do povo" com a "glorificação da Pátria". Segundo ele, o Brasil estava destinado à conquista das mais puras glórias. Mas a glorificação da pátria somente seria alcançada através do aprimoramento da educação de seu povo e da valorização de sua capacidade de trabalho (VARGAS, 1938k, p. 254).

Vargas repetirá essa afirmação em agosto de 1933, em discurso pronunciado em Salvador. Depois de manifestar sua convicção de que todo brasileiro poderia ser "um homem admirável e um modelar cidadão", o presidente reafirma que para se alcançar isso havia "um só meio, uma só terapêutica, uma só providência": era preciso que todos os brasileiros recebessem educação. De acordo com Vargas, o Brasil se transformaria em uma grande pátria somente quando tivesse educado o seu povo (VARGAS, 1938l, pp. 119 e 124).

Mas não se trata ainda de utilizar-se da escola para desenvolver na juventude o sentimento patriótico. Segundo Vargas, a educação formava o cidadão, não pela "transmissão de cultura", mas pela capacitação para o trabalho: "O melhor cidadão é o que pode ser mais útil aos seus semelhantes e não o que mais cabedais de cultura é capaz de exibir. A escola, no Brasil, terá que produzir homens práticos, profissionais seguros, cientes dos seus mais variados misteres" (VARGAS, 1938m, p. 246).

Para o desenvolvimento do sentimento patriótico da população, Getúlio Vargas pretendia utilizar-se de outros meios como, por exemplo, o cinema, o rádio e o esporte. Dirigindo-se aos profissionais do cinema, em junho de 1934, ele declarará:

> O cinema será [...] o livro de imagens luminosas, no qual as nossas populações praieiras e rurais aprenderão a amar o Brasil, acrescendo a confiança nos destinos da Pátria. Para a massa dos analfabetos, será essa a disciplina pedagógica mais perfeita, mas fácil e impressiva. Para os letrados, para os responsáveis pelo êxito da nossa administração, será uma admirável escola. Associando ao cinema o rádio e o culto racional dos desportos, completará o Governo um sistema articulado de educação mental, moral e higiênica, dotando o Brasil dos instrumentos imprescindíveis à preparação de uma raça empreendedora, resistente e

varonil. E a raça que assim se formar será digna do patrimônio invejável que recebeu [VARGAS, 1938n, pp. 188-189].

Assim, ao lado da formação do cidadão capacitado para engrandecer a pátria com seu trabalho, Getúlio Vargas evoca a necessidade da preparação de uma raça forte, capaz de amar e merecer essa pátria engrandecida.

E será através dos conceitos de pátria e raça que o tema do civismo será reintroduzido na legislação educacional, em julho de 1934. Isso se dará de forma bastante estranha, por um decreto que cria, no Ministério da Educação e Saúde, uma Inspetoria Geral do Ensino Emendativo e estende a todos os estabelecimentos escolares dependentes desse ministério a obrigatoriedade do ensino da educação física e do canto orfeônico (BRASIL, 1934c, p. 1.136)[12]. Este último deveria estender-se também às escolas primárias (idem, ibidem, art. 12)[13]. A obrigatoriedade do canto orfeônico é justificada no decreto não apenas pela "utilidade do canto e da música como fatores educativos", mas também pelo fato de o seu ensino, enquanto "meio de renovação e de formação moral e intelectual", ser "uma das mais eficazes maneiras de desenvolver os sentimentos patrióticos do povo". Quanto à educação física, a sua obrigatoriedade se justifica, segundo o decreto, não apenas pelo exemplo de "países de civilização mais adiantada", mas também porque "a Nação é um somatório do valor tríplice (físico, moral e intelectual) de suas parcelas (os indivíduos)".

A questão do canto orfeônico será retomada mais adiante. No momento, quer-se apenas assinalar que é por meio da proposta de utilização do canto orfeônico como forma de desenvolver o sentimento patriótico que a questão da educação cívica se reintroduz no discurso oficial e na legislação de ensino do período. E o civismo aparece em estreita ligação com a ideia de aperfeiçoamento físico, moral e intelectual da raça[14].

---

12 O termo "ensino emendativo" era usado para indicar o que hoje entendemos por "educação especial".

13 Trata-se de um caso raro de intervenção direta no governo federal nos programas de ensino primário, antes de 1937.

14 Na mensagem presidencial enviada ao Congresso Nacional, em 1935, Getúlio Vargas anuncia um plano de reorganização do Ministério da Educação e Saúde, orientado pela "preocupação predominante de criar um aparelho capaz de funcionar como instrumento eficiente no aperfeiçoamento da raça brasileira" (BRASIL, 1978d, p. 264).

A ligação estabelecida entre educação e aperfeiçoamento da raça servirá para justificar a importância dada à educação física, sobretudo a partir de 1937, bem como ênfase dada à educação eugênica, incluída na Constituição de 1934 como um dos deveres do Estado (BRASIL, 1934d, art. 138)[15].

Quanto à relação estabelecida entre educação e patriotismo, ela desempenhará um papel importante, sobretudo a partir de 1936, em razão dos acontecimentos de novembro de 1935.

Assim, em sua "Mensagem ao povo brasileiro", de janeiro de 1936, depois de evocar "a infiltração comunista" no ensino e denunciar aqueles que "envenenam o ambiente, turvam as águas, não praticando, mas ensinando o comunismo nas escolas", Getúlio Vargas afirma que, diante do perigo comunista, a repressão não era suficiente. Segundo ele, era indispensável "[...] fazer obra preventiva e de saneamento, desintoxicando o ambiente, limpando a atmosfera moral e evitando, principalmente, que a mocidade, tão generosa nos seus impulsos e tão impressionável nas suas aptidões de percepção e de inteligência, se contamine e se desvie do bom caminho".

Para isso Vargas anuncia a realização de "uma campanha tenaz e vigorosa em prol do levantamento do nível mental e das reservas de patriotismo do povo brasileiro" (VARGAS, 1938h, pp. 141-144).

Ainda em janeiro de 1936, em carta a Oswaldo Aranha, Getúlio Vargas explica a natureza dessa campanha: tratava-se de "uma campanha de saneamento" para cuja realização ele estava "articulando o Ministério da Educação, a Secretaria de Educação do Distrito Federal, a chefia do Estado-Maior do Exército e a Liga de Defesa Nacional". Essa articulação deveria ramificar-se nos estados "através dos órgãos de função educativa e cultural". E Vargas indica a Oswaldo Aranha os motivos e o sentido dessa ação:

> O vírus comunista nos contaminou mais cedo e com maior intensidade do que se poderia imaginar. Nas escolas, entre os moços de espírito mais impressionável e nas classes militares, já está produzindo efeitos nefastos como esses do movimento de novembro. Ativa-se, agora, a repressão dos responsáveis, mas é preciso ir mais longe, iniciando uma

---

15 Sobre a introdução e o desenvolvimento da ideologia eugênica no Brasil e seu papel no processo de legitimação do regime autoritário, ver Costa (1981, pp. 5-27). Sobre o alcance e o conteúdo da educação eugênica, ver Kehl (1935).

campanha de saneamento, tenaz e prolongada. Vivemos numa pobreza franciscana em matéria de ideias políticas. Faltam, ao povo e aos espíritos novos, estímulos sadios de ordem moral e ideológica que, refletindo necessidades e aspirações próprias – do nosso ambiente, de nosso grau de civilização, do nosso estágio econômico –, marquem um rumo, uma diretriz com poder bastante para neutralizar a sedução de doutrinas exóticas e subversivas [Vargas apud Silva, 1970, pp. 129-130].

Pode-se ter um exemplo da forma pela qual a Liga de Defesa Nacional (LDN) envolveu-se nessa "campanha" na conferência promovida por ela em julho de 1936. O conferencista, professor da Escola Militar, depois de anunciar a "penetração do bolchevismo, não só na política, como nas artes e até na música", insiste sobre a necessidade de se criar no país "uma força nacionalizadora dinâmica", nos moldes dos regimes totalitários da Europa:

> Os modelos e os exemplos são numerosos no resto do mundo, e todos dignos de imitação porque se adaptam a qualquer sistema de governo. Na Itália o nacionalismo aniquilou a desordem comunista no nascedouro; na Alemanha foi também o nacionalismo que salvou o país da anarquia, e em Portugal foi ainda o nacionalismo exasperado que evitou a ruína e deu àquele povo, trabalhado por tantas vicissitudes, energias sobre-humanas para lutar pela sua conservação e olhar o futuro com esperança e desassombro [Lima apud Maul, 1938, p. 86].

Quanto à participação da Secretaria de Educação e Cultura do Distrito Federal, esta havia sido assegurada pela substituição de Anísio Teixeira por Francisco Campos, em dezembro de 1935. Em seu discurso de posse, como novo secretário, depois de anunciar que a sua missão era "educar e não corromper o espírito dos que ainda não o têm perfeitamente formado com falsas doutrinas e falsas verdades", Francisco Campos promete: "Da linha da fidelidade às tradicionais virtudes brasileiras, humanas e cristãs, não se afastará nas minhas mãos o instrumento destinado à cultivá-las e defendê-las" (Campos, 1935, pp. 223-227).

Mas, na realidade, Getúlio Vargas pretendia envolver em sua "campanha" não apenas a Secretaria de Educação do Distrito Federal, mas a totalidade do sistema educativo do país.

Essa intenção aparece claramente na "Mensagem presidencial" enviada ao Congresso Nacional em maio de 1936 (Brasil, 1978e, p. 699). No capítulo dedicado à "segurança nacional", o presidente anuncia "um vasto plano de educação, de fundo acentuadamente nacional", com a dupla função de "elevar o nível cultural das elites dirigentes" e "melhorar a educação política da população em geral" (idem, p. 699). Segundo Vargas, para se estabelecer "as diretrizes aconselháveis para conformar e orientar a educação nacional", seria necessário levar em consideração a realidade da fase histórica que o mundo atravessava: "No momento perturbado da vida de quase todas as nações civilizadas, o Estado não se coloca na posição de espectador impassível; em todas elas defende a própria estrutura e procura educar as novas gerações no sentido de seus princípios básicos" (idem, ibidem) .

Partindo desse princípio e considerando que, no Brasil, também os "extremistas" pretendiam interferir na obra educativa, "amoldando-a às suas ideologias", Getúlio Vargas afirma ser urgente e necessário que "na obra educacional, o Estado democrático assuma a sua posição defensiva, não somente contra o impulso dissolvente do comunismo, mas no esclarecimento das suas diretrizes de preparação política" (idem, ibidem).

Para isso, afirma Vargas, mesmo sem se abandonar "a posição nitidamente imparcial do Estado no ensino", seria preciso "[...] reforçar, ministrando metodicamente, em todos os graus e ramos da educação, tanto a pública, dos estabelecimentos oficiais, como a que se acha a cargo de instituições privadas, o conhecimento e a análise dos valores consagrados pela nossa formação política" (idem, ibidem).

Tratava-se de uma obra que deveria ser iniciada "sem demora, em todo o edifício educacional, da base ao alto, com caráter de compulsoriedade, de obrigatoriedade inflexível" (idem, ibidem).

De acordo com Getúlio Vargas, tudo isso deveria ser levado em consideração no momento de se estabelecer as "bases do ensino nacional" e de se elaborar o "plano nacional de educação" (idem, ibidem).

Concebido inicialmente pelos educadores da ABE como uma forma de se evitar que a educação fosse influenciada "pelas frequentes mutações no cenário político" (Associação..., 1934e, pp. 91-92)[16], o Plano Nacional de Educação, previsto na Constituição de 1934, viu-se dessa maneira transformado em instrumento privilegiado de ação política, por Vargas e Capanema. Assim, na reunião ministerial de 7 de dezembro de 1935, convocada por Vargas para um exame da situação política

---

16 Segundo a ABE, o Conselho Nacional de Educação, encarregado de elaborar o Plano Nacional de Educação, era "um órgão técnico" e não "um órgão político". Note-se que, na perspectiva dos educadores liberais do período, os conceitos de "plano de educação" e "bases da educação" são sinônimos (HORTA, 1982, pp. 20-26).

e das medidas a serem adotadas em razão do movimento armado de novembro, Gustavo Capanema apresenta o Plano Nacional de Educação como a solução para a falta de orientação e de disciplina existentes na educação brasileira (SILVA, 1970, p. 81). Logo em seguida, o ministro da Educação dá os primeiros passos no sentido de sua elaboração.

Sob a direção de Capanema, um grupo de educadores preparou um longo questionário, que foi enviado no início de 1936 às secretarias de educação dos estados e às associações de educação (BRASIL, 1936a)[17]. Os autores do questionário, assumindo a posição defendida por Capanema na citada reunião ministerial e antecipando-se às declarações de Vargas na mensagem de maio, tomam claramente posição a favor da utilização da educação como instrumento de preservação da ordem[18]. Partindo dessa tomada de posição, dão como adquirida a presença da educação moral e cívica em todas as escolas do país, contentando-se em colocar questões sobre a forma como deveria ser ela ministrada (questões 198 e 157).

Entre outros, responderam ao questionário a Secretaria de Educação do estado de Minas Gerais e o Centro Dom Vital de São Paulo.

A resposta da Secretaria de Educação do estado de Minas Gerais foi preparada por uma Comissão presidida por monsenhor Arthur de Oliveira, reitor do Ginásio Mineiro (CONTRIBUIÇÃO..., 1936)[19]. Para os membros da comissão, um dos princípios gerais do plano deveria ser "a base moral do Brasil: nacionalismo e cristianismo". Assim, não é de se admirar que a seus olhos a moral se apresentasse como "presa natural e indissoluvelmente à Religião". A educação moral e cívica, como disciplina, era "uma invenção falhada do laicismo escolar". Segundo eles, a experiência já havia mostrado que a forma mais eficaz era ministrar a moral nas aulas de religião. Quanto ao civismo, enten-

---

17 Entre os autores do questionário estão quatro signatários do Manifesto dos Pioneiros: Lourenço Filho, Julio de Mesquita Filho, Almeida Júnior e Noemi Silveira. Não havia nenhum representante do grupo católico. Mais tarde, o ministro da Educação salientará a "valiosa colaboração" de Lourenço Filho na elaboração do questionário (CPDOC, Arquivo Gustavo Capanema, GgC 34.05.19 (I-9)).

18 Buscando identificar os "princípios que devem orientar a educação no Brasil", os autores do questionário estabelecem uma distinção entre "princípios de ordem geral" e "princípios especiais". E perguntam: "Que princípios especiais devem orientar a educação, em todo o país, de maneira que ela sirva à segurança e à ordem, à continuidade e ao progresso da nação brasileira?" (questão 7).

19 As citações que se seguem são desse documento.

dido como "o amor das coisas pátrias", este deveria ser ensinado nas aulas de história do Brasil. Essa posição não impede que o documento inclua a educação moral e cívica como disciplina no currículo do curso normal e do curso comercial. Para o curso secundário, depois de repetir que a sua base moral deveria ser o nacionalismo e o cristianismo, o documento apresenta o conteúdo do ensino da história, na primeira série: "instrução moral e cívica, pelo estudo dos grandes homens e em torno das parábolas de Cristo".

Os educadores católicos responderam ao questionário por meio de um trabalho coletivo, organizado pelo Centro Dom Vital de São Paulo, com a colaboração da Confederação Católica Brasileira de Educação e da Liga do Professorado Católico. O documento reúne um conjunto de textos elaborados por professores de São Paulo e do Rio de Janeiro, organizados com base nas questões do questionário (CENTRO..., 1936)[20].

A questão relativa à educação moral e cívica foi tratada por Tito Prates da Fonseca, professor da Faculdade de Ciências Econômicas de São Paulo (pp. 101-104). Utilizando-se de argumentos tirados da encíclica *Divini illius magistri*, de Pio XI (que, aliás, não é citada), o autor começa admitindo que o "Estado tem incontestável direito de reivindicar a educação cívica, isto é, a formação da vontade dos cidadãos em direção ao bem comum social". Admitindo esse princípio e considerando que "essa vasta e múltipla educação não pode ter outro fundamento senão as regras do direito", o autor conclui pela necessidade da educação moral, pois, segundo ele, não há regras de direito sem fundamento moral. Mas, para o autor, "[...] fora da moral católica, nenhum sistema se apresenta coerente e completo, formando, como ela, um corpo de doutrina em que se resolvem os principais problemas e são recebidas todas as novas informações sobre a evolução da vida e os progressos da ciência".

Conforme Prates da Fonseca, a moral católica "é a moral comumente aceita" no Brasil: "os seus ensinamentos apoiam-se na natureza humana; [...] seus preceitos justificam-se todos racionalmente". Assim, a moral católica "tem todos os títulos para inspirar a educação a ser ministrada nas escolas do país". Concretamente, a educação moral e cívica deveria ser ministrada em todas as escolas "fazendo-se uma exegese facilitada dos princípios morais e católicos", que, no Brasil,

---

20 As citações que se seguem são desse documento.

"coincidem com a denominada moral corrente e com o conceito nacional de ordem pública".

Note-se que o autor segue o caminho inverso daquele percorrido por Francisco Campos em 1931. Campos parte da moral e chega à religião para substituir o civismo; Prates da Fonseca, partindo do civismo, passa pela moral e chega à religião.

Manoel Marcondes Resende, professor da Faculdade de Filosofia, Ciências e Letras de São Bento e membro do Centro Dom Vital de São Paulo, trata da questão relativa à nacionalização da escola (pp. 16-32). Depois de afirmar que a nacionalidade "não é obra da República, mas da Igreja de mãos dadas com a realeza" e de denunciar o caráter "internacionalista" da escola da República, o autor reduz a questão da nacionalização da escola a um problema de moral cívica. Ora, segundo ele, "a Moral cívica acha-se necessariamente subordinada à Moral Particular dos atos humanos, e estes à Moral Geral dos Princípios". Dessa forma, "a pedagogia cívica, por pertencer ao domínio do Estado, não é independente, no sentido de separada da Moral Cristã Particular e Geral a que se subordina em última instância".

Para Marcondes Resende,

> [...] a moral cívica não pode existir sem metafísica, porque tendo por objeto o aperfeiçoamento do patriota, inclui a nota do *homem* patriota. Nestas condições a república, para resolver o problema pedagógico de modo estável, tem que considerar a natureza do homem, seu destino e fim sobrenatural, e daí eduzir os princípios da pedagogia, caindo desta forma sobre a jurisdição da metafísica e, por ela, da Moral Cristã.

Marcondes Resende conclui de tudo isso que, no Plano Nacional de Educação, "a nacionalização da escola deveria ficar organicamente subordinada à Moral Cívica, e esta à Moral Católica". Dessa maneira, além do ensino religioso, deveria ser introduzido em todas as escolas o ensino moral, ficando os livros de moral e religião sujeitos à aprovação "do santo ministério da Igreja". Marcondes Resende vai mais além, preconizando a abolição da liberdade de cátedra e do ensino leigo e a entronização do crucifixo em todas as classes das escolas primárias, secundárias, normais, universitárias e profissionais.

Consciente da dimensão política da sua proposta, Marcondes Resende defende a sua implantação através de um governo forte. Segundo ele, uma "reforma pedagógica de fundo" só poderia ser realizada pela "firme vontade de um governo nacional e forte", que se apoiasse sobre o "princípio de autoridade" e que respeitasse "a hierarquia dos poderes espirituais sobre os temporais na esfera espiritual estrita". Tal governo seria "o Estado autoritário, representado pela monarquia hereditária e cristã".

Finalmente, José Elias de Morais, professor da Faculdade de Medicina e membro do Centro Dom Vital de São Paulo, defende a introdução do ensino moral e religioso nos cursos de medicina:

> O futuro médico deve conhecer a doutrina referente aos deveres profissionais e a numerosas questões mistas de medicina, moral e religião como, por exemplo, o hipnotismo, certas intervenções cirúrgicas, a eutanásia, a eugenia, a castidade, o matrimônio, o jejum, a abstinência. O ensino da deontologia médica, desenvolvido com espírito leigo, é insuficiente, porque apresenta apenas um código de deveres, sem investigar seu fundamento último no Direito e na Revelação [pp. 75-76].

O questionário preparado pelo Ministério da Educação suscitou também reação no meio militar. Assim, em artigo publicado na *Revista Militar Brasileira*, o capitão Severino Sombra, argumentando com base na relação entre educação e segurança externa e interna do país, procura convencer seus colegas militares a colaborar na elaboração do Plano Nacional de Educação, ao mesmo tempo em que insiste sobre a necessidade da aceitação dessa colaboração, por parte do Ministério da Educação (SOMBRA, 1936a).

Concretamente, Severino Sombra propõe que se adote o seguinte método de trabalho: focalizar os pontos do questionário que interessam ao Exército, realizar um inquérito entre os militares a respeito desses pontos e elaborar uma síntese das respostas, a ser examinada pelo Estado-Maior e encaminhada ao ministro da Educação. Ele próprio procura dar o primeiro passo, transcrevendo as questões do questionário e desdobrando-as em outras, aplicáveis às Forças Armadas. Assim, ele introduz questões relativas à influência educativa da instrução moral e cívica ministrada durante o serviço militar; à participação da juventude das escolas nas comemorações e festas militares; à preparação do espírito da juventude escolar para que ela venha a adquirir a noção de segurança nacional por meio do ensino da história e da criação de organizações patrióticas escolares; à ligação dessas organizações com o Exército etc. Como já visto no Capítulo I, a proposta de Severino Sombra não encontrou recepção no meio militar.

O Arquivo Gustavo Capanema conserva ainda outras contribuições individuais para o Plano Nacional de Educação, entre as quais se destacam as de Oliveira Vianna e Almir de Andrade, dois expoentes do pensamento autoritário da época. Ambos estabelecem estreita ligação entre educação moral e cívica, disciplina e Estado forte. Para Oliveira Vianna, a educação moral era o ponto mais importante do Plano Nacional de Educação, devendo realizar-se por meio de um "processo educativo baseado na disciplina" (OLIVEIRA VIANNA, 1936). Para Almir de Andrade a educação cívica deveria estar presente em todos os níveis de ensino para lembrar ao aluno "que ele é cidadão de um Estado organizado e que as instituições deste Estado são boas e justas" (ANDRADE, 1936)[21].

Todas estas contribuições serão encaminhadas por Gustavo Capanema ao Conselho Nacional de Educação no início de 1937.

O Conselho Nacional de Educação, criado em 1931, havia recebido pela Constituição de 1934 a atribuição de elaborar o Plano Nacional de Educação. Em 1936, ele será totalmente reorganizado, com o objetivo de adequar-se a essa nova função.

Como mostra Sérgio Miceli, o grupo católico estava muito bem representado no novo conselho:

> Com efeito, a facção que historicamente vem conseguindo manter o seu lugar no órgão consultivo máximo no campo educacional e que mais ganhos consegue com a reforma de 1936 é a dos católicos militantes. Tendo ampliado para dois membros a presença da Igreja em 1935, consegue aumentá-la agora para quatro representantes, o que corresponde a 25% do total de conselheiros. Além disso, é preciso considerar a posição estratégica que este grupo vem ocupando há muitos anos na máquina burocrática interna, através de Américo Jacobina Lacombe, que ocupa o cargo de Secretário do Conselho desde 1931 [MICELI, 1983, p. 409].

Os militares, ignorando os apelos de Severino Sombra, mantiveram-se fora do novo Conselho Nacional de Educação. Na reunião de generais realizada no Rio de Janeiro em dezembro de 1935, para definir a posição do Exército perante os acontecimentos de novembro, os militares haviam optado por uma reforma constitucional ampla, que aumentasse a capacidade de repressão do Poder Executivo (FAUSTO, 1972, pp. 75-76). Por essa ótica, a educação passava para segundo plano.

---

21 Professor de direito constitucional na Universidade do Brasil, Almir de Andrade foi o fundador e o primeiro diretor da revista *Cultura Política*, órgão oficial do DIP. Sobre o pensamento de Almir de Andrade, ver Oliveira et al. (1982, pp. 31-47).

O novo conselho instala-se solenemente em 16 de fevereiro de 1937, iniciando imediatamente o trabalho de elaboração do Plano Nacional de Educação.

Falando na abertura dos trabalhos, o ministro da Educação, depois de salientar a importância da educação intelectual e da educação física, dá uma ênfase especial à educação moral. Segundo Capanema, "a formação do caráter é mais preciosa do que a do corpo ou a da inteligência", devendo, por isso, "ocupar largo espaço nas atividades educativas do país":

> É preciso formar, na juventude, vivos e persistentes hábitos de honestidade, dando-se-lhe uma têmpera sólida, que a proteja da indolência, do vício, da torpeza, das pequenas e grandes misérias de cada dia, e que ao seu coração imponha o inelutável rumo do bem. Cumpre, com a educação moral, criar, para a pátria, gerações cheias de equilíbrio. A pátria precisa de homens assim, firmes e corajosos, mas disciplinados e serenos, homens afeitos à ordem, aptos para a liberdade, e dignos da fortuna [CAPANEMA, 1937d].

Por indicação do ministro da Educação, os conselheiros organizaram-se em comissões, para se ocuparem dos diferentes itens do plano. A questão da educação moral e cívica foi entregue à Comissão de Questões Diversas[22]. Em seu relatório, essa comissão propõe a reintrodução de uma hora semanal de educação moral e cívica no quinto ano do ensino secundário fundamental. Essa proposta será defendida em plenário por Jônathas Serrano, diante de uma contraproposta de Isaias Alves, que desejava a presença da disciplina em todas as séries do curso secundário:

> A matéria em apreço pode, evidentemente, ser lecionada em um ano letivo, com uma hora por semana, porque se trata apenas da parte teórica, versando sobre os deveres principais do cidadão. Quanto à parte prática, esta será dada a todo momento, em todas as cadeiras, em todas as aulas, pelo exemplo do professor, pela justiça na distribuição das notas, pela comemoração das datas nacionais, pelo desfraldar da bandeira [ALVES, 1937].

---

22 Ver: CPDOC, Arquivo Gustavo Capanema, GgC 34.05.19 (I-9). Dos três membros dessa comissão, dois pertenciam ao grupo católico (Amoroso Lima e Jônathas Serrano).

Concordando com a argumentação de Jônathas Serrano, Lourenço Filho propõe que, em lugar de educação moral e cívica, a disciplina seja denominada instrução moral e cívica.

A questão aparecerá também durante a discussão dos trabalhos da Comissão de Ensino Supletivo. Esta havia proposto que constasse do currículo do ensino supletivo "explicações sobre a Constituição Federal". Capanema sugere que seja utilizada "uma expressão que envolva outras noções a respeito da lei eleitoral, do Código Civil, noções que todo homem deve ter a respeito do regime político e social do seu país". O padre Leonel Franca propõe que se acrescentem ainda noções de higiene e educação cívica. Amoroso Lima conclui: "Para designar este conjunto de noções políticas e de educação cívica, proponho o emprego da expressão consagrada, que é 'instrução moral e cívica'" (LIMA, 1937).

A redação final do projeto do Plano Nacional de Educação, elaborada por uma comissão de quatro membros, entre os quais dois pertencentes ao grupo católico (padre Leonel Franca e Amoroso Lima), será aprovada em plenário e entregue ao ministro da Educação, em maio de 1937 (REVISTA BRASILEIRA..., 1949, pp. 210-320)[23].

O projeto dedica à educação moral e cívica cinco artigos, em cuja redação aparece claramente a influência do grupo católico.

A educação moral e cívica deveria ser ministrada em todos os graus e ramos do ensino sem constituir em nenhum deles uma disciplina à parte no currículo. No curso primário deveria ser considerada "elemento de curso comum"; no curso secundário seria ministrada pelo professor de história do Brasil e nos cursos superiores "sob a forma de deontologia da respectiva profissão" (art. 26).

A educação moral seria ministrada de "modo teórico, pelo conhecimento do bem, e de modo prático, pelo exercício do bem". A parte teórica (doutrina moral) incluiria "o estudo da ética geral, ou seja: os fins do homem, a vontade, os atos do homem e os atos humanos, as leis naturais e civis, as regras supremas e próximas da moralidade, as paixões e as virtudes". A parte prática constaria "[...] do estudo da vida de grandes homens de virtudes heroicas, nacionais e estrangeiros, da visita a hospitais, prisões, recolhimentos, casas de caridade, da prática da assistência

---

23 Como se pode ver, trata-se de um projeto de lei e não de um plano.

social, do amparo pessoal a famílias necessitadas e de todos os meios que levem os alunos à prática efetiva do bem" (art. 27).

Trata-se, como pode ser constatado, da educação moral considerada pelo ponto de vista da doutrina católica. A parte doutrinária toma por fundamento a ética aristotélico-tomista, base filosófica da teologia moral católica. A "prática efetiva do bem" realiza-se por meio de ações concretas que se incluem na noção de "caridade cristã".

Quanto à educação cívica, essa deveria abranger "o estudo dos deveres do homem, como cidadão, nas suas relações com a Pátria e a humanidade". A "educação cívica doutrinária" ensinaria aos alunos "os deveres do homem para com a coletividade, em matéria política, fiscal, militar, econômica, técnica e educativa". A "educação cívica prática" seria ministrada

> [...] pela participação dos alunos nos grandes atos da vida pública nacional; pela veneração dos grandes homens, nacionais e estrangeiros; pela visita, individual ou coletiva, a monumentos, instituições, sítios, repartições públicas, museus, bibliotecas, usinas, quartéis, estaleiros, arsenais, escolas, que revelem aspectos importantes da vida nacional, no passado e na atualidade; pelo canto de hinos patrióticos e composição de temas históricos, bibliográficos ou literários de caráter cívico [art. 28].

O projeto do Plano Nacional de Educação foi entregue por Gustavo Capanema ao presidente da República em maio de 1937. Vargas encaminhou-o à Câmara dos Deputados, que criou uma comissão especial para examiná-lo. Esta apresentou suas conclusões no final de agosto, rejeitando a proposta de Capanema para que o projeto fosse votado "em bloco". Em setembro, o projeto foi debatido pela Comissão de Educação da Câmara dos Deputados. Mas a tramitação é lenta e o debate será interrompido pelo fechamento do Congresso em 10 de novembro de 1937. A partir desse momento, o projeto preparado pelo Conselho Nacional de Educação será esquecido.

Na realidade, se o Plano Nacional de Educação, em determinado momento, havia sido considerado por Vargas um instrumento importante de ação política, os acontecimentos relacionados com o desencadeamento da campanha presidencial em 1937 tinham colocado em primeiro plano outros instrumentos de ação mais imediata, cuja utilização conduzirá ao golpe de 10 de novembro.

Desse modo, enquanto os educadores e o próprio Ministério da Educação se ocupavam da elaboração do Plano Nacional de Educação, o Brasil caminhava a passos largos para o Estado Novo e Francisco Campos elaborava a nova Constituição, que seria outorgada ao país em 10 de novembro de 1937.

Ora, a visão que Francisco Campos tinha do civismo não era igual àquela que os membros do Conselho Nacional de Educação tinham consagrado no projeto por eles elaborado. O país vivia um período de intensa mobilização política, da qual não estava afastada a juventude (veja-se, por exemplo, a Juventude Integralista) e Francisco Campos pensava em um "civismo" que fosse, antes de tudo, mobilizador. E traduzirá essa concepção na Constituição que será por ele redigida.

4. 1937: o momento de definição

O período que antecede e que se segue imediatamente à proclamação do Estado Novo será marcado pela disputa entre Francisco Campos e Gustavo Capanema em torno do Ministério da Educação. Será igualmente o momento em que todos aqueles que detinham poder decisório nos órgãos federais e estaduais de educação terão que se definir: ou manifestar sua disposição de trabalhar no intuito de colocar o sistema de ensino a serviço do regime autoritário que acabava de ser instaurado ou se afastar. As atitudes assumidas por Francisco Campos e Gustavo Capanema, nesse momento, são bastante elucidativas a esse respeito.

Com efeito, dentro do projeto autoritário de Francisco Campos, o sistema educacional deveria transformar-se em poderoso instrumento de propagação da ideologia do Estado Novo e de mobilização da juventude.

Assim, na entrevista concedida à imprensa em novembro de 1937, para explicar a nova Constituição e o "novo Estado brasileiro", o ministro da Justiça, depois de criticar o sistema educativo "de fundo liberal", no qual "todas teorias e crenças são objeto de discussão", não havendo, porém, "obrigação de aceitar nenhuma", afirma que "a educação não tem seu fim em si mesma; é um processo destinado a servir a certos valores e pressupõe, portanto, a existência de valores sobre alguns dos quais a discussão não pode ser admitida (CAMPOS, 1941f, pp. 64-65)[24].

Segundo Campos, era nesses termos que a Constituição de 1937 colocava o problema da educação, conferindo à União a atribuição de "traçar as diretrizes a que se deve obedecer a formação física, intelectual e moral da infância e da juventude" e atribuindo ao Estado a responsabilidade de "promover a disciplina moral e o adestramento da juventude, de maneira a prepará-la ao cumprimento de suas obrigações para com a economia e a defesa da Nação" (idem, p. 65). Assim, para o ministro da Justiça,

> [...] nos termos em que a Carta Constitucional define esse conjunto de normas para a educação, a escola integra-se no sentido orgânico e construtivo da coletividade, não se limitando ao simples fornecimento de conceitos e noções, mas abrangendo a formação dos novos cidadãos, de acordo com os verdadeiros interesses nacionais [idem, ibidem].

Desse modo, conclui Campos:

> O ensino é [...] um instrumento em ação para garantir a continuidade da Pátria e dos conceitos cívicos e morais que nela se incorporam. Ao mesmo tempo, prepara as novas gerações, pelo treinamento físico, para uma vida sã, e cuida ainda de dar-lhes as possibilidades de prover a essa vida com as aptidões de trabalho, desenvolvidas pelo ensino profissional, a que corresponde igualmente o propósito de expansão da economia [idem, pp. 65-66].

Francisco Campos não acreditava que o ministro Gustavo Capanema e seus auxiliares no Ministério da Educação pudessem orientar o sistema educativo do país nessa direção. Em vista disso, tornava-se necessário, para a realização do seu projeto político, substituir Capanema por alguém de sua confiança ou por alguém que ele pudesse manobrar. Ele volta-se então para Plínio Salgado.

Nos entendimentos estabelecidos entre Francisco Campos e Plínio Salgado, visando obter o apoio dos integralistas para o golpe de novembro de 1937, o Ministério da Educação foi oferecido a este

---

24 Note-se a semelhança entre essas afirmações e o discurso feito pelo mesmo Francisco Campos em 1936, durante a homenagem que recebeu do episcopado, já analisado aqui no Capítulo II.

último. A explicação desse fato seria insuficiente se se limitasse a ver nele uma simples manobra de cooptação. Acredita-se que esse episódio pode ser mais bem compreendido se analisado à luz do raciocínio que aqui se está desenvolvendo. Julga-se também que esse raciocínio abre uma nova pista para a compreensão do discurso pronunciado por Gustavo Capanema na comemoração do centenário do Colégio Pedro II, em dezembro de 1937.

Os contatos do governo com a Ação Integralista Brasileira (AIB) haviam começado em 1935, provavelmente por intermédio de Oswaldo Aranha (Hilton, 1975b, p. 43). Esses contatos acentuaram-se nos últimos meses de 1937, antes e imediatamente depois da implantação do Estado Novo. Como afirma Hilton (idem, p. 46):

> Vargas estava suficientemente impressionado, ou com a utilidade potencial dos integralistas como aliados na conspiração, ou com a capacidade deles de criar obstáculos, para, numa tentativa de firmar o apoio da AIB, sondar Salgado sobre a provável atitude do partido no caso de uma mudança de regime.

Assim, seguindo a orientação de Getúlio Vargas, Francisco Campos, oficialmente exercendo o cargo de secretário da Educação e Cultura da Prefeitura do Distrito Federal, mas na realidade redigindo a nova Constituição e preparando o golpe, encontrou-se com Plínio Salgado duas vezes, em setembro de 1937. A única informação que se tem desses contatos encontra-se na carta encaminhada por Plínio Salgado a Getúlio Vargas, em janeiro de 1938. Eis como Salgado descreve seus encontros com Campos:

> Foi nessa ocasião que me procurou o Dr. Francisco de Campos [sic], com o qual me encontrei em casa do Dr. Amaro Lanari. Ele me falou dizendo-se autorizado pelo Sr. Presidente da República e me entregou o original de um projeto de Constituição que deveria ser outorgado, num golpe de Estado ao país. Estávamos no mês de setembro de 1937. O Dr. Francisco de Campos [sic], dizendo sempre falar após entendimentos com V. Exa., pediu o meu apoio para o golpe de Estado e a minha opinião sobre a Constituição, dando-me 24 horas para a resposta. Pediu-me, também, o mais absoluto sigilo [Salgado apud Silva, 1971, pp. 368-369].

Em fins de outubro de 1937, Getúlio Vargas encontrou-se pessoalmente com Plínio Salgado, na casa do industrial Renato da Rocha Miranda. Relatando esse encontro, Plínio Salgado escreve:

Em relação ao Integralismo, V. Exa. falou-me da reorganização da nossa milícia. Tais palavras me encheram de confiança. Acreditei até que essa grande organização da juventude seria patrocinada diretamente pelo Ministro da Educação, uma vez que V. Exa. me dizia que esse Ministério tocaria ao Integralismo. [...] Eu tinha a impressão de que se iria formar um partido único; que o Integralismo seria o cerne desse partido; que, além desse partido, existiria uma vasta organização da juventude, à qual não seriam, de nenhum modo, arrancados os símbolos queridos, os gestos de saudações que constituem toda a alegria de sua vida [apud SILVA, 1971, p. 373][25].

Embora esses encontros fossem mantidos em segredo, "os efeitos da aliança entre o partido e o governo eram visíveis a todos" (HILTON, 1975b, p. 48). Mas, uma vez concretizado o Golpe de 10 de novembro, Getúlio Vargas volta-se contra o Integralismo enquanto partido, embora continue a buscar o apoio e a participação de Plínio Salgado em seu governo[26]. No dia 24 de novembro anotou em seu diário: "Assentei a recomposição do Ministério [...] Falta o da Educação, que está dependendo de uns entendimentos entre o Ministro da Justiça e o chefe do integralismo sobre a dissolução deste" (VARGAS, 1995, p. 86).

Em fins de novembro, Francisco Campos, já então ministro da Justiça do Estado Novo, encontra-se novamente com Plínio Salgado. Nesse encontro, comunica-lhe que a sua participação no ministério estava condicionada ao fechamento da AIB: "O Dr. Campos disse-me, logo no início da conversa, que a minha colaboração pessoal no governo de V. Exa. dependia preliminarmente do fechamento do Integralismo. [...] Ele retrucava que o nosso fechamento era uma exigência de V. Exa. (Salgado apud SILVA, 1971, p. 376).

O próprio Getúlio Vargas encontrou-se novamente com o chefe integralista, ainda em fins de novembro, em Petrópolis[27]. Nesse encon-

---

25 Vargas relata o mesmo encontro de forma bem mais realista, e até irônica. No dia 26 de outubro de 1937 escreve em seu diário: "Na noite última, fui com o Macedo à casa do Rocha Miranda – Renato – onde encontrei-me com Plínio Salgado, que de muito procurava falar-me. Caipira astuto e inteligente, mas entendemo-nos bem" (VARGAS, 1995, p. 78)
26 A respeito das motivações que teriam levado Vargas a colocar-se contra o Integralismo, ver Hilton (1975b, pp. 53-57).
27 Esse encontro foi também assunto para o seu diário: "Passei na casa do Rocha Miranda, onde encontrei-me com Plínio Salgado, e aí conversamos sobre a dissolução do integralismo e dos partidos políticos, e a sua entrada para o Ministério. Ficou de acordo, ponderando, porém, as dificuldades que encontraria, precisando consultar sua gente e depois responder-me" (VARGAS, 1995, p. 88).

tro, o presidente reafirma a sua exigência de fechamento da AIB e reitera o convite pessoal feito a Plínio Salgado, para que ele ocupasse o Ministério da Educação:

> V. Exa. esclareceu-me que o decreto fechando os partidos trariam um artigo em que se proibiam uniformes, distintivos e gestos. Explicou-me que as sociedades em que se transformassem os partidos teriam de mudar de nome. Dignando-se V. Exa. dar-me essas informações, reiterou o convite que anteriormente me fizera para ocupar o lugar de Ministro da Educação em seu governo [idem, pp. 378-379].

O fim do Integralismo enquanto partido político ocorrerá nos primeiros dias de dezembro de 1937, com a promulgação de um decreto-lei que dissolve todos os partidos políticos

> [...] considerando que o novo regime, fundado em nome da Nação para atender às suas aspirações e necessidades, deve estar em contato direto com o povo, sobreposto às lutas partidárias de qualquer ordem, independendo da consulta de agrupamentos, partidos ou organizações, ostensiva ou disfarçadamente destinados à conquista do poder público [BRASIL, 1937d, pp. 345-347].

Além disso, são também dissolvidas pelo mesmo decreto-lei "as milícias cívicas e organizações auxiliares dos partidos políticos, sejam quais forem os seus fins e denominações", e é proibido "o uso de uniformes, estandartes, distintivos e outros símbolos dos partidos políticos e organizações auxiliares". A todo partido político era permitido continuar a existir "como sociedade civil para fins culturais, beneficentes ou desportivos", desde que não o fizesse com a mesma denominação com que se havia registrado e desde que não se verificasse "o propósito próximo ou remoto de transformá-la em instrumento de propaganda de ideias políticas". A inscrição em tais sociedades era proibida aos militares. Alguns dias depois, novo decreto-lei tornava obrigatório o registro dessas sociedades no Ministério da Justiça (BRASIL, 1937e, p. 383)[28].

---

28 Esse decreto-lei foi regulamentado pelo decreto n. 2.229, de 30 de dezembro de 1937 (Coleção das Leis do Brasil, vol. III, 1937, p. 843). De acordo com esse decreto, seria "cancelado o registro da sociedade cujas reuniões, na sede ou em qualquer sucursal, filial ou local habitual de reunião" se transformasse "em instrumento de propaganda de ideias políticas" (art. 1º, §3º). Tal cancelamento dependia apenas de decisão do ministro da Justiça (art. 9º). Sem dúvida, todos esses dispositivos visavam diretamente o integralismo.

Após a publicação desses decretos-lei, a AIB tenta transformar-se em sociedade civil, com o nome de Associação Brasileira de Cultura. Ao mesmo tempo, continuam as negociações visando à participação de Plínio Salgado no governo. A pedido deste, essa questão é debatida por um grupo de líderes integralistas, que decidem pela colaboração com o governo. Eis como um desses líderes narra esse fato:

> Mesmo assim, o Governo continuou a se entender com o Chefe integralista. Emissários iam e vinham, até que à AIB foi oferecido o Ministério da Educação. Plínio Salgado outorgou a um pequeno e heterogêneo grupo de líderes a solução do problema, afirmando, porém, que se da reunião a se realizar opinassem pelo apoio à nova situação, não indicassem o seu nome, mas sim aquele dos companheiros que, por maioria de votos, fosse o escolhido. Efetuada a reunião, resolveu-se pela colaboração com o Governo, embora a esta reunião não comparecesse número suficiente, inclusive mais da metade da "Câmara dos Quarenta". Os presentes escolheram o nome de Gustavo Barroso para ocupar a pasta da Educação [MELO, 1957, p. 124].

Entretanto, as duas iniciativas dos integralistas fracassaram por causa da oposição do presidente da República e do ministro da Justiça. O requerimento para o registro da Associação Brasileira de Cultura encaminhado ao Ministério da Justiça não teve andamento. Além disso, a indicação de Gustavo Barroso para o Ministério da Educação não foi levada em consideração por Vargas e Campos.

Na realidade, a nomeação de Plínio Salgado interessava a Getúlio Vargas, que assim pretendia cooptá-lo e colocá-lo em posição subordinada no governo. Interessava também a Francisco Campos, que via nessa nomeação o meio para afastar Gustavo Capanema, cuja presença no Ministério da Educação poderia vir a ser um obstáculo ao seu projeto de utilização do sistema de ensino para a mobilização política da juventude[29]. A nomeação de Gustavo Barroso, entretanto, não era do interesse

---

29 Como realmente aconteceu em 1938, quando Capanema se opôs ao projeto de criação de uma organização nacional da juventude, apresentado por Francisco Campos, como se verá no Capítulo IV. Na realidade, Campos, que havia sido uma espécie de orientador político e intelectual de Gustavo Capanema, no início da década de 1930, e que havia conseguido envolvê-lo na aventura da criação da Legião de Outubro, em Minas Gerais, havia rompido com Capanema em 1933, por ocasião das eleições para a Assembleia Nacional Constituinte, para a qual, aliás, Campos não conseguiu eleger-se. Esse episódio, ligado à reorganização partidária no estado de Minas Gerais e à criação do Partido Progressista, ocasionou amarga troca

nem de Campos nem de Vargas. Com efeito, Gustavo Barroso como ministro da Educação poderia tornar-se perigoso para Campos, não mais enquanto obstáculo a seus planos de utilização do sistema de ensino para mobilização da juventude, mas enquanto concorrente potencial na liderança desse processo, em virtude da sua experiência de comandante das Milícias Integralistas[30]. Além disso, Barroso não tinha o carisma de Plínio Salgado. E como o interesse de Vargas era cooptar as massas integralistas e não o Integralismo enquanto partido, a ele não interessava a participação no ministério de um representante da AIB, e sim a participação pessoal de Plínio Salgado.

Mesmo assim, os entendimentos com Plínio Salgado continuam. É novamente Vargas quem escreve, em 6 de dezembro de 1937: "Os integralistas, passada a revolta ou os mal-entendidos das primeiras horas, estão procurando acomodar-se. O Plínio Salgado mandou-me uma longa explicação por intermédio do subchefe da minha Casa Militar. Ele deseja aceitar o Ministério da Educação e está preparando para isso a sua gente" (VARGAS, 1995, p. 90).

E continua também o drama de Capanema, que em carta de 18 de janeiro de 1938 escreve à sua mãe: "O Presidente chegará amanhã do sul. Espero que logo depois fique de uma vez resolvido se vou ou não deixar o Ministério" (CAPANEMA, 1938a).

Mas a questão não se resolve logo, como esperava o ministro. Só se resolverá com o endurecimento de Vargas com os integralistas e com a crescente insatisfação destes com o governo, que os conduzirá à conspiração e à tentativa de golpe. Duas anotações de Vargas em seu diário são bastante esclarecedoras:

---

de correspondência entre Campos e Capanema (CPDOC, Arquivo Gustavo Capanema, GgC/Campos, F., s.d.; 29/4/1933). A esse respeito, ver Schwartzman (1983, pp. 385-386).

30 Gustavo Barroso comandava, desde 1934, as Milícias Integralistas. Stanley Hilton classifica Gustavo Barroso como "o mais aberto admirador do Terceiro Reich" entre os integralistas, e cita o trecho de uma carta de um diplomata alemão do Rio de Janeiro na qual este, referindo-se a Gustavo Barroso, diz: "Ele tem repetidamente falado comigo de sua admiração para com o nosso Führer e pedido literatura sobre ele e o Movimento" (1975a, p. 33). Dulles refere-se a Gustavo Barroso como "Integralista 'military chieftain', a part-German, pro-Nazi history professor" (1967, p. 179). Sobre a organização das Milícias Integralistas e sobre as tendências fascistas e o antissemitismo de Gustavo Barroso, ver Trinade (1974, especialmente pp. 186-190, 223-224, 252-255 e 263).

D. Rosalina teve uma conferência com Plínio Salgado e traz-me as condições escritas pelo genro deste para ele entrar para o Ministério. Pedi à portadora que as devolvesse, dizendo que eu não tomava conhecimento [16 de fevereiro de 1938, VARGAS, 1995, p. 109].

Perguntei ao Ministro Campos se já havia conversado com Plínio Salgado, conforme eu o encarregara. Respondeu-me que não, porque este estava ausente. Reiterei-lhe a recomendação, por um dever de lealdade. Ou ele vinha colaborar, ou teria de adotar medidas de repressão contra seus partidários que estavam conspirando [5 de março de 1938, idem, p. 113].

Mas a colaboração de Plínio Salgado com o governo não se concretizará, para alívio de Capanema. Em fins de março de 1938, as sombras que pairavam sobre a sua permanência no ministério se dissiparam. Novamente as anotações de Vargas em seu diário são bastante esclarecedoras: "Despacho com os ministros da Justiça e Educação. [...] com o segundo [tratei] de vários assuntos de educação e assistência. Achei-o mais animado. Parece que a conspiração integralista dissipou-lhe o receio de deixar o Ministério" (21 de março de 1938, idem, p. 117).

Em contrapartida, Gustavo Capanema havia reagido habilmente às manobras de Francisco Campos no intuito de afastá-lo do Ministério da Educação. Com efeito, o ministro da Educação teve conhecimento das iniciativas de Francisco Campos e do risco que corria, tendo chegado mesmo a escrever o discurso que pronunciaria, caso tivesse de transmitir a outro a sua pasta[31].

Sentindo-se ameaçado, deve ter percebido que o único caminho para permanecer no cargo seria mostrar-se perfeitamente identificado com a ideologia do Estado Novo. E aproveita a oportunidade das comemorações do centenário do Colégio Pedro II para manifestar publicamente sua adesão à nova situação e sua disposição de colocar o sistema educacional a serviço do novo regime. Acredita-se ser essa a perspectiva pela qual deve ser analisado o discurso por ele pronunciado na ocasião,

---

31 Ver: CPDOC, Arquivo Gustavo Capanema, GC/Capanema, G., pi 37.00.00. O general Góes Monteiro, em suas memórias, afirma que o convite feito a Plínio Salgado para ocupar o Ministério da Educação molestou muito, na época, a Gustavo Capanema (COUTINHO, 1955, p. 323).

em solenidade realizada no Teatro Municipal do Rio de Janeiro, na presença de Getúlio Vargas, no dia 2 de dezembro de 1937[32].

Na realidade, existem no Arquivo Gustavo Capanema dois conjuntos de versões desse discurso[33]. Nas primeiras versões, certamente escritas por Capanema antes que ele tivesse conhecimento de que a sua permanência no cargo estava ameaçada, o ministro da Educação considera a solenidade do Teatro Municipal como uma homenagem que lhe era prestada em razão das atividades desenvolvidas por ele à frente do Ministério:

> Quero também, desde agora significar-vos o desvanecimento com que acolho a homenagem que ora me prestais, trazendo-me o vosso aplauso, em que sinto e interpreto não apenas os vossos votos e os vossos incitamentos em prol da grande obra encetada em todos os domínios da educação nacional, senão também o seguro testemunho de que o que já foi realizado coincide por inteiro com os mais profundos e veementes anseios coletivos [CAPANEMA, 1937e].

Nas últimas versões, escritas por Capanema após ter tomado conhecimento do risco que corria a sua permanência no Ministério da Educação, e que se concretizarão na versão definitiva, lida por ele no Teatro Municipal (BRASIL, 1937a, pp. 15-47), o ministro da Educação passa a apresentar a cerimônia como uma homenagem a Getúlio Vargas, que lhe teria encarregado de falar em seu nome:

> Em matéria de educação, cabe, sem dúvida, ao Governo Federal o papel precípuo e decisivo. Tal é o ponto de vista em que se tem colocado o Sr. Presidente da República, de quem recebi a honrosa incumbência de dizer, nesta oportunidade, dos trabalhos que está empreendendo e dos propósitos de que se acha animado, com relação a este importante problema [idem, pp. 16-17].

No corpo do discurso, tal como aparece nas primeiras versões, Capanema limita-se a apresentar as suas realizações na área da educa-

---

32 Na realidade, esse discurso não impressionou muito ao presidente. Em seu diário, ele anota: "Após o expediente, fui à Praia Vermelha assistir ao lançamento da pedra fundamental do novo edifício do Colégio Pedro II. À noite compareci à sessão comemorativa do centenário do mesmo colégio. Houve muito discurso" (VARGAS, 1995, p. 89).
33 Há indícios de que a primeira versão do discurso teria sido escrita por Capanema na suposição de que ele seria pronunciado por Vargas. Tal fato, mesmo se confirmado, não invalida o raciocínio que se está aqui desenvolvendo.

ção e da cultura, e conclui prometendo "continuar, com firmeza, a obra encetada" (CAPANEMA, 1937e).

Na versão definitiva, entretanto, a orientação geral do discurso muda radicalmente. Capanema manifesta-se publicamente a favor do novo regime e compromete-se a orientar a escola no intuito de transformá-la em "centro de preparação integral de cada indivíduo, para o serviço da Nação" (BRASIL, 1937a, p. 25).

Para Capanema, antes de tudo, tornava-se necessário conceituar o que era educação. Segundo ele, mesmo sendo esse um tema bastante debatido, o conceito de educação não estava ainda "assentado em termos completos e definitivos", nem na doutrina geral dos educadores nem na prática seguida pelos poderes oficiais (idem, p. 17). Para o ministro, apesar de os pioneiros da Escola Nova terem reagido contra a concepção tradicional que considerava a educação como "uma atividade destinada à transmissão de noções e conhecimentos adquiridos por uma geração, à geração subsequente", e terem sido os responsáveis por um vasto movimento de renovação pedagógica, do qual era necessário reconhecer as vantagens, nem mesmo a concepção de educação que os havia orientado estava isenta de deficiência e erro (idem, pp. 17 e 19).

Com efeito, segundo Capanema, na doutrina dos Pioneiros "a educação [...] deve tratar o ser humano como uma entidade social destinada à ação", limitando-se a "preparar cada homem para viver, com o máximo de eficiência, entre os outros homens". Mas, e aí estava a "deficiência" e o "erro" dessa concepção, "[...] a ação para a qual o homem deve ser preparado, esta não é prevista nem definida. A aptidão lhe é dada simplesmente para agir, para atuar, para trabalhar, pouco importando a situação, o problema ou a crise em que ele se venha a encontrar" (idem, p. 19).

Para o ministro, uma tal concepção só poderia ser proveitosa

> [...] nas épocas tranquilas e felizes, nas épocas de leis duráveis, de ordem consolidada, de ideias e conceitos assentados, de vida econômica e espiritual organizada, definida, orientada, [...] época na qual basta a capacidade de agir para que a ação seja certa e segura, porque as verdades, incontestes e pacíficas, são um patrimônio comum, e debaixo do seu império os negócios humanos se resolvem segundo a linha de coerência, da facilidade e do êxito [idem, p. 20].

Tal não era o caso da fase que o mundo estava atravessando, "[...] fase de transição, em que as instituições mais firmes foram contestadas, abaladas ou destruídas, em que todas as verdades foram postas em dúvida, em que a negação se formulou contra o espírito e todas as regalias espirituais" (idem, ibidem).

Em tal época, afirma o ministro, "a educação não pode adotar uma atitude de neutralidade, [...] não pode limitar-se, de modo céptico ou indeciso, simplesmente a preparar o homem para a ação" (idem, ibidem).

Assim, "a educação não pode ser neutra no mundo moderno". E também no Brasil, já ameaçado "pelas tempestades do tempo presente", a educação não podia ser neutra, mas teria que "se colocar decisivamente ao serviço da Nação" (idem, pp. 20-21).

Com efeito, afirma Capanema, com o novo regime instaurado no Brasil, o Estado havia se reestruturado e mobilizado os seus instrumentos para cumprir a sua função de "fazer com que a Nação viva, progrida, aumente as suas energias e dilate os limites de seu poder e de sua glória". E a educação era, segundo o ministro, um desses instrumentos do Estado; assim, seu papel seria "ficar ao serviço da Nação". Ora, afirma Capanema, "a Nação não deve ser compreendida como uma entidade de substância insegura e imprecisa. A Nação tem um conteúdo específico. É uma realidade moral, política e econômica" (idem, p. 21).

Assim, dizer que a educação deve ficar a serviço da Nação significa, segundo Capanema, dizer:

> [...] que ela, longe de ser neutra, deve tomar partido, ou melhor, deve adotar uma filosofia e seguir uma tábua de valores, deve reger-se pelo sistema das diretrizes morais, políticas e econômicas, que formam a base ideológica da Nação, e que, por isso, estão sob a guarda, o controle ou a defesa do Estado [idem, ibidem].

Dessa forma, contrapondo-se àquilo que, segundo ele, preconizavam os pioneiros da Escola Nova, Gustavo Capanema defende que a educação devia atuar "não no sentido de preparar o homem para uma ação qualquer na sociedade", e sim "no sentido de prepará-lo para uma ação necessária e definida, de modo que ele entre a constituir uma unidade moral, política e econômica, que integre e engrandeça a Nação" (idem, pp. 21-22).

Em outras palavras, a educação deveria formar o cidadão do Estado Novo. E o cidadão assim formado, conclui o ministro,

> [...] não entrará na praça das lides humanas numa atitude de disponibilidade, apto para qualquer aventura, esforço ou sacrifício. Ele virá para uma ação certa. Virá para construir a Nação, nos seus elementos materiais e espirituais, conforme as linhas de uma ideologia precisa e

assentada, e ainda para tomar a posição de defesa contra as agressões de qualquer gênero que tentem corromper essa ideologia ou abalar os fundamentos da estrutura e da vida nacional [idem, p. 22].

Partindo desses princípios (que só aparecem nas últimas versões do discurso) e consciente de que, ao enunciá-los, tinha conseguido firmar sua posição no Ministério da Educação, Gustavo Capanema procura concretizá-los através da definição de uma política educacional e de um programa de trabalho orientados no intuito de colocar o seu ministério e o sistema educacional do país "a serviço da Nação", isto é, do Estado Novo.

Segundo o ministro, para que a educação pudesse cumprir a sua função de "preparar o homem completo, isto é, como pessoa, como cidadão e como trabalhador, a fim de que ele realize integralmente, no plano moral, político e econômico, a sua vida, para servir à Nação", tornava-se necessário que o Estado assumisse "a sua suprema direção, fixando-lhes os princípios fundamentais e controlando a execução deles". Para isso, o governo federal deveria elaborar um "Código da Educação Nacional", no qual seriam estabelecidas "as diretrizes ideológicas" que deveriam orientar a educação no país, bem como "os princípios gerais de organização e funcionamento de todo o aparelho educativo do país". Esse código seria constituído em "um corpo único da lei", contendo "os preceitos diretores da educação nacional, de modo que todas as atividades educacionais do país, de caráter federal, estadual, municipal ou privado" se regessem "pela mesma disciplina" (idem, p. 23)[34].

Em termos concretos, Capanema revela a disposição do governo federal no intuito de presidir, orientar, coordenar e controlar a reorganização do sistema escolar do país. Para realizar isso, o governo federal estava decidido a atuar diretamente sobre o ensino primário e profissional. A atuação do governo no nível do ensino primário era condição para que este pudesse cumprir a sua função de "[...] despertar e acentuar na

---

34 Ao anunciar a elaboração, pelo governo federal, de um código da educação nacional, o ministro da Educação parece esquecer-se totalmente do Plano Nacional de Educação, cujo projeto acabava de ser elaborado pelo Conselho Nacional de Educação, sob sua coordenação. O projeto, em seu artigo primeiro, apresenta o plano como sendo o "código da educação nacional", isto é, "o conjunto de princípios e normas adotados [...] para servirem de base à organização e funcionamento das instituições educativas, escolares e extraescolares, mantidas no território nacional pelos poderes públicos ou por particulares" (REVISTA BRASILEIRA DE ESTUDOS PEDAGÓGICOS, 1949, p. 210). Nova Constituição, novo regime e, portanto, novo código, novas soluções, outros princípios e outras normas. E o mesmo ministro...

criança as qualidades e aptidões de ordem física, intelectual e moral que a tornem rica de personalidade e ao mesmo tempo dotada de disciplina e eficiência, estes dois atributos essenciais do cidadão e do trabalhador" (idem, p. 27)[35].

Com relação ao ensino profissional, a ação do governo se concretizaria pela criação de uma rede de liceus profissionais "[...] destinados a dar a todo o país, conforme as peculiaridades de cada região, o ensino profissional capaz de transformar a juventude brasileira que aí vem, num exército de trabalhadores competentes, úteis a si mesmos e à Nação" (idem, p. 31).

Quanto ao ensino secundário, definido por Capanema como "ensino educativo formador da personalidade física, moral e intelectual do adolescente", o governo federal se propunha a exercer sobre ele "uma ação esclarecida e enérgica", acentuando seu "caráter cultural" e dando prioridade no seu programa ao estudo das "humanidades clássicas", para que ele se tornasse verdadeiramente "o ensino preparador da elite intelectual do país". Falando do ensino secundário, Capanema retoma a crítica feita à Escola Nova e aplica-a diretamente à Reforma Francisco Campos. Segundo ele, embora conceituasse "em termos seguros" o ensino secundário, conferindo-lhe "o seu verdadeiro caráter de ensino educativo, com objetivos próprios, destinados essencialmente à formação da personalidade e à preparação para a vida", a Reforma Campos não apresentava uma definição do "tipo de vida" para a qual esse ensino pretendia preparar o aluno (idem, pp. 31-33)[36].

Com relação ao ensino superior, destinado "à formação dos grupos mais altos da elite intelectual do país", aos quais competia "a grave tarefa de organizar, orientar e conduzir a vida nacional" e que mereciam, por isso, "atenção e cuidados especiais" do Estado, o governo federal pretendia atuar montando "em todo o país, faculdades de várias

---

35 Compare-se essa função atribuída ao ensino primário na versão definitiva com aquela que Capanema atribuía a esse mesmo nível de ensino nas primeiras versões: "Compete, pois, ao ensino primário transmitir à criança o espírito de iniciativa, o sentido de crítica e de escolha, a utilização dos métodos de trabalho, o contato e o exame da realidade, as faculdades imaginativas, a capacidade de idealizar e realizar" (CAPANEMA, 1937e).

36 Note-se que as primeiras versões do discurso contêm apenas o elogio à Reforma Campos. A crítica só aparece na versão final.

espécies", coordenadas, sempre que possível, em universidades. Mas, partindo do princípio que o ensino superior ou é de ótima qualidade ou não deve existir, o governo atuaria nesse nível de ensino principalmente organizando a Universidade do Brasil como universidade-padrão e adotando, com relação aos estabelecimentos de ensino superior mantidos pelos particulares e pelos poderes públicos locais, um programa que incluiria "exigência de requisitos rigorosos para o reconhecimento, fiscalização assídua e com finalidade orientadora, e concessão de recursos financeiros, na medida do possível" (idem, pp. 33-36).

Uma vez definidas as orientações do Estado Novo com relação aos diferentes níveis de ensino e as iniciativas destinadas a fazer com que a escola funcionasse "não apenas como órgão de socialização da criança e do adolescente, mas precisamente como centro de preparação integral de cada indivíduo, para o serviço da Nação" (idem, p. 25), o ministro da Educação ocupa-se de três questões importantes na perspectiva de utilização da educação como instrumento a serviço da ideologia autoritária: a educação física, a educação moral e o canto orfeônico.

A educação física deveria ser ministrada a todos os alunos, em razão do papel que representava na "formação integral da personalidade". Para isso, segundo Capanema, já estava montado no Ministério da Educação o órgão adequado, que começaria "a atuar de modo sistemático, em todo o país, no intuito de organizar a educação física em todas as escolas". Além disso, o governo federal pretendia levar a educação física "além das escolas", organizando-a "nas várias corporações relacionadas com os interesses da infância e da juventude" (idem, p. 38).

Ao tratar da educação moral, Capanema procura inicialmente responder à crítica de Francisco Campos, que havia declarado poucos dias antes, ainda no mês de novembro, em entrevista à imprensa: "A educação moral e cívica tem sido antes uma ocasião para retórica, reduzindo-se a dissertações relativas à formação do caráter, sem contudo precisar o que se entende por essa expressão de contornos indeterminados" (CAMPOS, 1941f, p. 64).

O ministro da Educação promete acabar com essa "indeterminação": "No Código da Educação Nacional, a educação moral, de que o ensino religioso é a base das mais sólidas, terá definição plena. [...] Qualquer escola, seja qual for o grau ou ramo do seu ensino, mas sobretudo a escola primária, deve incluir, no programa de seus trabalhos, a educação moral" (BRASIL, 1937a, p. 39)[37].

Em ligação com a educação moral, o canto orfeônico, "elemento educativo de mais alto valor", deveria ser organizado e praticado "em todas as escolas do país". Capanema não deixa dúvida quanto à sua função mobilizadora ao afirmar: "as massas orfeônicas que o Governo Federal uma ou outra vez já teve oportunidade de mostrar ao público constituem espetáculos de grande edificação" (idem, p. 39)[38].

O ministro da Educação dedica um item especial de seu discurso à educação feminina. Segundo ele, os poderes públicos, na organização dos estabelecimentos de ensino, deveriam "considerar diversamente o homem e a mulher". Mesmo reconhecendo que, "no mundo moderno, um e outro são chamados à mesma quantidade de esforço pela obra comum", ele reafirma que a educação a ser dada à mulher deve diferir daquela dada ao homem, "na medida em que diferem os destinos que a Providência lhes deu". Segundo Capanema, "se o homem deve ser preparado com a têmpera militar, para os negócios e as lutas, a educação feminina terá outra finalidade, que é o preparo para a vida do lar" (idem, p. 40).

Para o ministro, "é a mulher que funda e conserva a família, como é também por suas mãos que a família se destrói". Ora, a família é "a base da organização social", estando por isso "colocada sob a proteção especial do Estado". A este compete preparar convenientemente a mulher para a sua "grave missão", através da educação que lhe é ministrada. Por essa razão, a educação feminina exige dos poderes públicos "cuidados e medidas especiais" (idem, ibidem)[39].

Gustavo Capanema conclui o seu discurso afirmando que o presidente Getúlio Vargas, cuja figura já estava "tocada do sinal da imortalidade" e que acabava de "assumir corajosamente perante a história a responsabilidade de reorganizar o Estado brasileiro", colocaria "todo o fervor" na realização desse programa educacional do governo federal.

---

37 Nas primeiras versões Capanema afirmava que "ministrar educação moral e cívica às novas gerações era dever precípuo do lar, embora o Estado não devesse ficar alheio a este imperativo" (CAPANEMA, 1937e).
38 Essa referência ao canto orfeônico também não aparece nas primeiras versões do discurso.
39 O trecho relativo à educação feminina estava igualmente ausente das primeiras versões do documento que está sendo analisado.

Assim, a obra educativa que estava sendo realizada no país, sob inspiração e direção do presidente, sem dúvida haveria de "ligar ainda mais seu nome à recordação dos brasileiros" (idem, p. 47)[40].

Com esse discurso, Gustavo Capanema conseguiu garantir a sua permanência à frente do Ministério da Educação e Saúde, mas, ao mesmo tempo, certamente desiludiu muitos daqueles que com ele trabalhavam. Ao anunciar essas diretrizes e esse plano de trabalho, Capanema mostra claramente que pretendia orientar a ação do Ministério da Educação no intuito de colocá-lo a serviço da ideologia autoritária do Estado Novo. Assim, aqueles que com ele trabalhavam viram-se forçados a uma definição. Alguns se deixaram cooptar pelo Estado Novo e passaram a colaborar com ele; outros, se não haviam ainda se afastado, ou sido afastados antes, viram-se na contingência de fazê-lo, a partir desse momento.

5. A educação a serviço do Estado Novo: 1937-1945

Em sua mensagem ao Congresso Nacional, em maio de 1936, Getúlio Vargas, sem negar o alcance político da educação, havia criticado "as nações que vivem sob regimes de força", nas quais a "doutrina do Estado [...] informa e dirige toda a educação". Nesse ponto, elas não eram um exemplo a seguir. Segundo Vargas, no Brasil não se pretendia "abandonar a posição nitidamente imparcial do Estado no ensino" (BRASIL, 1978e, pp. 699-700).

Entretanto, essa preocupação em manter, no nível do discurso, as aparências de autonomia e de neutralidade do sistema de ensino diante do Estado perde toda a sua razão de ser após a implantação do Estado Novo e, especialmente, após o discurso de Capanema, que acabou de ser analisado. Desde o início do Estado Novo, a decisão de utilizar a escola como aparelho ideológico a serviço do Estado aparece claramente nos discursos e entrevistas presidenciais. "Esquecendo-se" das críticas que havia formulado, em 1936, às "nações que vivem sob regime de força",

---

40 Essa conclusão, com a referência ao novo regime que acabava de ser implantado no país, só aparece na última versão do discurso de Gustavo Capanema.

Getúlio Vargas mostra claramente a sua intenção de fazer com que a doutrina do Estado Novo "informasse" e "dirigisse" toda a educação.

Assim, já na "Proclamação ao povo brasileiro", divulgada no momento da instauração do Estado Novo, Getúlio Vargas promete realizar "reformas radicais" em diferentes setores da vida social, inclusive no campo da educação. Mas, segundo ele, a realização dessas reformas só se tornaria possível pela reformulação dos princípios fundamentais que orientavam a "política geral" do país. Era esse o intuito da Constituição que acabava de ser outorgada. Dessa forma, para Vargas, os critérios últimos que deveriam orientar as diferentes políticas setoriais, inclusive a política educacional, deveriam ser buscados na doutrina que orientava o novo regime que acabava de ser instalado:

> Torna-se impossível estabelecer normas sérias e sistematização eficiente à educação, à defesa e aos próprios empreendimentos de ordem material, se o espírito que rege a política geral não estiver conformado em princípios que se ajustem às realidades nacionais. Se queremos reformar, façamos, desde logo, a reforma política. Todas as outras serão consectárias desta [Vargas, 1938o, p. 30][41].

Em discurso pronunciado pouco depois, durante a cerimônia comemorativa do centenário do Colégio Pedro II, o presidente reafirma a necessidade de "dar sentido claro, diretrizes construtoras e regras uniformes à política educacional [...] nos moldes do novo regime" (Brasil, 1937a, p. 9)[42]. E em Porto Alegre, em janeiro de 1938, Vargas, depois de elogiar o "novo regime", no qual "o governo não tem mais intermediários entre ele e o povo", conclui:

> Eu vos direi agora que para a consolidação desta obra, precisamos contar com a educação da juventude e com a mocidade que surge das escolas primárias e elementares, dos ginásios e escolas superiores. E, para isto, todos precisam ser educados dentro da doutrina do Estado Novo.

---

41 Essa posição será clarificada pouco depois, por Francisco Campos. Segundo Campos, os princípios que orientam as diferentes políticas setoriais já devem estar contidos na "política geral": "Não pode haver uma reta política de educação, ou de defesa nacional, por exemplo, se a política geral, ou o espírito que rege a política não está informado em nenhum dos critérios ou princípios que pressupõe cada uma daquelas políticas que lhes são subordinadas" (Campos, 1941g, p. 46). Note-se tanto no discurso de Vargas como na entrevista de Campos a referência conjunta à educação e à defesa nacional, uma constante dos discursos do período.

42 Como se pode ver, esse sentido, essas diretrizes e essas regras foram explicitadas por Gustavo Capanema na mesma ocasião.

Desapareceu e tem de desaparecer a exterioridade do livre didatismo. Agora precisa ser estabelecida a doutrina do Estado [VARGAS, 1938p, pp. 134-135].

Essa disposição de utilizar o sistema de ensino para educar a infância e a juventude "dentro da doutrina do Estado Novo" será reafirmada por Vargas em entrevistas à imprensa, durante todo o ano de 1938. Assim, em abril, o presidente afirmará:

> A iniciativa federal, para maior difusão do ensino primário, em obediência aos preceitos da nova Constituição, se processará de forma intensiva e rápida, estendendo-se a todo o território do país. Não se cogitará apenas de alfabetizar o maior número possível, mas, também, de difundir princípios uniformes de disciplina cívica e moral, de sorte a transformar a escola primária em fator eficiente na formação do caráter das novas gerações, imprimindo-lhe rumos de nacionalismo sadio [VARGAS, 1938q, p. 183].

Para alcançar esse objetivo, acentua-se a tendência centralizadora a se concretizar pela intervenção global do governo federal no sistema de ensino:

> Releva notar, a propósito, a maneira dispersiva e caótica com que sempre se legislou sobre o ensino. O que existe, nesta matéria, é fragmentário e se distribui entre a competência da União e dos Estados. A educação é, entretanto, um problema nacional por excelência. Torna-se preciso e urgente, por isso, fazer emanar do poder federal tudo o que se refere à sua definição e disciplina [idem, ibidem].

Junto com a centralização, a uniformização, à qual não escapariam nem mesmo os métodos de ensino, o livro didático e o material escolar. Em entrevista publicada em novembro de 1938, Getúlio Vargas anuncia a execução de um programa de educação, no qual se incluiria "a unificação dos métodos de ensino no sentido de dar-lhe feição nitidamente nacionalista" (VARGAS, 1940e, p. 106). Em dezembro de 1943, falando às formandas do Instituto de Educação, Vargas refere-se à "importante missão social desses pequenos e obscuros heróis do quotidiano que são os professores primários" e conclui:

> Sempre foi meu pensamento, logo que as circunstâncias o permitam, reuni-los na Capital Federal, vindos de todos os recantos do país, mesmo os mais longínquos, auscultar-lhes as aspirações e sentir de perto as necessidades do ambiente onde trabalham. Seria este o "Congresso dos Professores", em que se cuidasse de dar unidade ao ensino, não só pela legislação, o que é pouco, mas pela escolha do livro escolar único,

pela padronização do material, pela harmonia de espírito de todos os apóstolos dessa grande cruzada [Vargas, 1944b, p. 186].

Em dezembro de 1938, em entrevista ao jornal alemão *Lokal Anzeiger*, ao comentar um desfile da juventude realizado poucos dias antes, Vargas explicita mais uma vez a sua intenção de utilizar o sistema educacional para inculcar na infância e na juventude o espírito do novo regime:

> O Brasil tudo espera da juventude enquadrada perfeitamente nas aspirações do Estado Novo. [...] É necessário formar nestas crianças e nestes adolescentes a mentalidade capaz de levar o país aos seus destinos, mas conservando os traços fundamentais da nossa fisionomia histórica, com o espírito tradicional da nacionalidade, que o regime instituído é o único apto a cultuar na sua verdade. A essa necessidade correspondem os artigos da nova Constituição sobre a matéria educativa, orientando-a no sentido essencialmente cívico e nacionalista [Vargas, 1940f, pp. 155-156].

Além de instrumento de inculcação dos princípios do Estado Novo, a educação deveria servir também de arma de luta ideológica:

> Não sendo uma simples fornecedora de noções e técnicas, mas um instrumento de integração da infância e da juventude na Pátria una e nos interesses sociais que lhe estão incorporados, a educação da mocidade nos preceitos básicos estabelecidos pelo novo Estado será um elemento, não só eficaz, como até decisivo na luta contra o comunismo e outras ideologias que pretendam contrariar e subverter o ideal de nacionalidade e as nossas inspirações cívicas, segundo os quais a juventude, agora mais do que nunca, será formada [idem, p. 156].

Segundo Vargas, ao assegurar "às classes menos favorecidas" o ensino profissional, "a nova educação brasileira exclui a existência de incontentados, de inadaptados à vida social, de capacidades contrariadas, que constituem o material humano mais procurado pelos propagandistas do bolchevismo" (idem, ibidem).

Essa mesma concepção do papel da educação como instrumento de luta ideológica leva Vargas a considerá-la, ao lado do reaparelhamento das Forças Armadas, como forma de preparação da defesa interna e externa do país:

> Qualquer de vós poderá verificar com os próprios olhos, examinando esta mostra das atividades governamentais, que os problemas básicos da vida brasileira, sem distinção de regiões ou preferências políticas,

foram atacados de frente, resolutamente [...] o repúdio sistemático às ideologias extremistas [...] enfim, a preparação da defesa interna e externa, pelo reaparelhamento de nossas gloriosas Forças Armadas, e a simultânea educação das gerações novas, incutindo-lhes no espírito o culto da Pátria, a fé nos seus destinos e o ânimo viril para fazê-la forte e respeitada [VARGAS, 1940f, pp. 183-184].

Todas essas disposições serão reafirmadas por Getúlio Vargas diante dos interventores dos estados, em novembro de 1939, ao inaugurar a Conferência Nacional de Economia e Administração:

> Numa nova ordem, é imprescindível procurar infundir nos espíritos a disciplina necessária a compreendê-la, praticá-la a aperfeiçoá-la. Ao Estado Novo cabia enfrentar, quanto antes, os problemas da educação e do ensino e orientá-los pelos seus postulados, de forma a dar às gerações novas o preparo indispensável para participarem ativamente na grande obra de reconstrução nacional iniciada [VARGAS, 1941b, p. 81].

Gustavo Capanema, por sua vez, tendo garantido a sua permanência no Ministério da Educação, começa a modificar sua posição.

O ministro da Educação mantém suas críticas à Escola Nova e à concepção de socialização por ela defendida. Assim, participando de uma reunião da Comissão Nacional do Ensino Primário, em abril de 1939, Capanema relembra o seu discurso de dezembro de 1937, no qual havia definido sua posição quanto à atuação do governo federal no nível do ensino primário. E conclui:

> Trata-se, no momento, de organizar uma escola para a vida, uma escola para a formação dos brasileiros, no momento presente. Um brasileiro capaz de compreender e cooperar na solução dos problemas políticos, sociais e econômicos que preocupam a nação. Não se trata, pois, mais, de uma "escola nova", formando para uma vida qualquer, mas de uma escola que se inspire nas realidades brasileiras [CAPANEMA, 1939c].

Mas à concepção escolanovista – "educar para a sociedade" e para "formar o homem de ação" – Capanema não opõe mais a concepção de uma escola orientada no intuito de "educar para a Nação" ou para "formar o cidadão do Estado Novo". Traduzindo uma mudança de orientação, relacionada com o seu progressivo afastamento estratégico do grupo de tendências totalitárias e nacionalistas exacerbadas do Governo Vargas, o ministro da Educação passa a falar em "educar para a Pátria" ou para "formar o cidadão consciente".

Assim, ao presidir uma festa cívica organizada pelo DIP, em agosto de 1940, Capanema afirma:

> Entre nós, ainda é vigente a teoria que pode resumir-se na fórmula: "educar para a sociedade". Segundo esta concepção, a educação consiste na socialização da criança e do adolescente, a saber, é o conjunto de processos destinados a adaptar convenientemente o ser humano à vida em sociedade. É fora de dúvida que tal conceito de educação é precário e insuficiente. Não basta realizar a tarefa de sentido algo negativo de adaptar a infância e a juventude à sociedade. [...] Em nosso país, e principalmente no tempo presente, a educação deve abranger uma finalidade maior. A nossa fórmula de hoje tem que ser esta: "*educar para a pátria*" [CAPANEMA, 1940b].

Mas, enquanto "educar para a Nação" significava, no programa traçado por Gustavo Capanema, em 1937, formar o cidadão "[...] para construir a Nação, nos seus elementos materiais e espirituais, conforme as linhas de uma ideologia precisa e assentada, e ainda para tomar a posição de defesa contra as agressões de qualquer gênero que tentem corromper essa ideologia ou abalar os fundamentos da estrutura e da vida nacional" (CAPANEMA, 1937a, p. 22), a "educação para a pátria" era vista por ele, em 1940, como desprovida de qualquer vinculação a uma ideologia precisa e, portanto, isenta de qualquer característica de luta ideológica. Tratava-se de dar aos alunos a compreensão e despertar neles o sentimento da pátria como um patrimônio a ser defendido e ampliado. Essa nova concepção aparece claramente no discurso pronunciado pelo ministro da Educação, em julho de 1940, diante da primeira turma de professores formados pela Faculdade Nacional de Filosofia. Nesse discurso, tratando das finalidades do ensino secundário, ele afirma:

> Cumpre-lhe dar à juventude o sentimento de pátria, a compreensão da pátria como terra dos antepassados, a compreensão da pátria como um patrimônio construído e transmitido pelos antepassados; [...] cumpre-lhe, enfim, infundir na juventude, além da compreensão e do sentimento da pátria, a decisão, a vontade e a energia de guardar ileso, à custa de qualquer sacrifício, esse patrimônio dos antepassados, e de continuamente enriquecê-lo e ilustrá-lo [CAPANEMA, 1940a, p. 9].

Nesse sentido, embora a "educação para a pátria" fosse finalidade de toda escola, ela seria realizada principalmente no ensino secundário, que era, segundo Capanema, o "ensino nacional" por excelência (CAPANEMA, 1941a, VIII).

E será essa dimensão essencialmente "patriótica" do ensino secundário que definirá, segundo Capanema, o caráter "humanístico" desse nível de ensino. Em razão dessa concepção, o ministro tomará posição clara no debate que opunha, na época, os defensores do caráter "científico" do ensino secundário àqueles que insistiam em acentuar a sua dimensão humanística: "Diz-se comumente que as ciências não têm pátria. Isto significa claramente que elas não são o essencial do ensino secundário, pois a pátria, nesse ensino, é a coisa essencial" (idem, p. 10).

Essas ideias serão desenvolvidas por Capanema, em 1941, durante o processo de elaboração do anteprojeto da Lei Orgânica do Ensino Secundário.

Desde as primeiras versões do anteprojeto, o ministro da Educação procura realçar as duas características que ele considera essenciais no ensino secundário, capazes de distingui-lo de qualquer outro nível de ensino: o ensino secundário tem por finalidade "acentuar e elevar, na formação espiritual dos adolescentes, a consciência patriótica e a consciência humanística" (BRASIL, 1942a, art. 1º, p. 21).

Essa dupla finalidade do ensino secundário será largamente explicitada por Capanema na "Exposição de Motivos" que acompanha o anteprojeto, encaminhado em abril de 1942 ao presidente da República (CAPANEMA, 1942b). Nesse documento, após salientar que "formar a personalidade, adaptar o ser humano às exigências da sociedade, socializá--lo, constitui finalidade de toda espécie de educação", o ministro afirma que "a partir do segundo grau de ensino, cada ramo da educação se caracteriza por uma finalidade específica, que se acrescenta àquela finalidade geral" (idem). Segundo Capanema,

> [...] o que constitui o caráter específico do ensino secundário é a sua função de formar nos adolescentes uma sólida cultura geral, marcada pelo cultivo a um tempo das humanidades antigas e das humanidades modernas, e bem assim, de neles acentuar e elevar a consciência patriótica e a consciência humanística [idem].

Capanema estabelece uma distinção entre "sentimento patriótico" e "consciência patriótica". O primeiro já seria desenvolvido no ensino primário:

O ensino primário deve dar os elementos essenciais da educação patriótica. Nele o patriotismo, esclarecido pelo conhecimento elementar do passado e do presente do país, deverá ser formado como um sentimento vigoroso, como um alto fervor, como amor e devoção, como sentimento de indissolúvel apego e indefectível fidelidade para com a Pátria [idem][43].

Quanto à "consciência patriótica", a sua formação seria uma das finalidades específicas do ensino secundário. Segundo Capanema, o ensino secundário se destinava

> [...] à preparação das individualidades condutoras, isto é, dos homens que deverão assumir as responsabilidades maiores dentro da sociedade e da nação, dos homens portadores das concepções e atitudes espirituais que é preciso infundir nas massas, que é preciso tornar habituais entre o povo [idem].

Tendo em vista essa sua finalidade, o ensino secundário deveria ser

> [...] um ensino patriótico por excelência, e patriótico no sentido mais alto da palavra, isto é, um ensino capaz de dar aos adolescentes a compreensão da continuidade histórica da pátria, a compreensão dos problemas e das necessidades, da missão e dos ideais da nação, e bem assim dos perigos que a acompanham, cerquem ou ameacem, um ensino capaz, além disto, de criar, no espírito das gerações novas, a consciência da responsabilidade diante dos valores maiores da pátria, a sua independência, a sua ordem, o seu destino [idem].

Juntamente com a "consciência patriótica", o ensino secundário deveria formar nos alunos a "consciência humanística".

Em um manuscrito datado de 1941, Gustavo Capanema distingue dois sentidos de "humanismo". Em uma primeira acepção, humanismo seria "uma atitude em face do mundo, da vida e da história". Em uma segunda acepção, que Capanema qualifica de "formal", humanismo seria um "conjunto de conhecimentos, modalidade de cultura intelectual" (CAPANEMA, 1941a, VII). Será em torno dessa segunda acepção que girarão os debates no momento da elaboração do currículo do ensino secundário. Mas será da primeira acepção que Capanema

---

[43] Em um manuscrito "sobre a organização do ensino secundário", datado de 1941, Capanema escreve: "Papel da escola primária: formar o sentimento patriótico: Porque me ufano de meu país. Bandeira, hino, etc." (CAPANEMA, 1941a, VII).

se servirá para esclarecer, na "Exposição de Motivos", o sentido de "consciência humanística":

> Por outro lado, seria de todo impraticável introduzir na educação primária e insinuar no espírito das crianças o difícil problema da significação do homem, este problema crítico, de que depende o rumo de uma cultura e de uma civilização, o rumo das organizações políticas, o rumo da ordem em todos os terrenos da vida social. Tal problema só poderá ser considerado quando a adolescência estiver adiantada, e é por isto que a formação da consciência humanística, isto é, a formação da compreensão do valor e do destino do homem é finalidade de natureza específica do ensino secundário [CAPANEMA, 1941b].

Em termos concretos, como organizar um ensino secundário capaz de dar aos adolescentes essa consciência patriótica e essa consciência humanística?

Em um primeiro momento, Capanema chega a cogitar da reintrodução da educação moral e cívica no currículo, como disciplina: "Haverá para a educação cívica e patriótica um ensino de classe, com deveres etc. [...] A educação moral poderá ser preliminarmente instrução moral, matéria de ensino em aulas" (idem).

Entretanto, essa hipótese é logo abandonada:

> Não há a disciplina educação cívica. Há ensino de matérias que formam o espírito do cidadão, do patriota. Essas matérias serão ensinadas na Geografia e na História do Brasil. [...] Nas finalidades [do ensino de cada disciplina] deve-se apontar sempre o que a disciplina visa dar ao aluno, de um modo geral, e de modo especial o que ela pode fazer para educá-lo para a pátria. Frisar a nota patriótica de cada programa. [...] A educação moral [...] será principalmente prática, prática de atos de correção, de pureza, de generosidade, de dignidade. [...] Resultará do clima da escola, da orientação dos programas, do modo de ensinar e da disciplina escolar [CAPANEMA, 1942b].

Essas opções serão concretizadas na versão definitiva do anteprojeto da Lei Orgânica do Ensino Secundário e serão justificadas na "Exposição de Motivos".

Contudo, contrariamente ao que fizera Francisco Campos em 1931, Capanema não recorre a argumentos tirados da pedagogia da Escola Nova para justificar a não inclusão da educação moral e cívica como disciplina no currículo. Para Capanema, não se trata de formar o cidadão e educá-lo para a democracia através da repetição da experiência democrática na escola; trata-se de desenvolver nos alunos o patriotismo, levando-os a vivê-lo a cada momento da vida escolar:

> É dado especial relevo ao problema da educação moral e cívica, isto é, da formação do caráter e do patriotismo. Adotar-se-á a este respeito a melhor lição pedagógica, isto é, a orientação de que o meio eficiente de atingir a esta modalidade de educação não será a inclusão de um programa instrutivo dos deveres humanos, não será ministrar uma especial preparação intelectual dessa matéria, mas desenvolver nos alunos uma justa compreensão da vida e da pátria e fazer-lhes, desde cedo e em todas as atividades e circunstâncias da vida escolar, efetivamente viver com dignidade e fervor patriótico [idem].

As últimas versões do anteprojeto e a versão definitiva da Lei Orgânica do Ensino Secundário dedicam um capítulo especial à educação moral e cívica (BRASIL, 1942a, p. 21). Determina-se aí que os estabelecimentos de ensino secundário dediquem um cuidado especial e constante à educação moral e cívica dos alunos, procurando formar-lhes o caráter e o patriotismo. A formação do caráter deve basear-se na compreensão do valor e do destino do homem; a formação do patriotismo, na compreensão da continuidade histórica do povo brasileiro, de seus problemas e desígnios e de sua missão em meio aos outros povos (art. 22).

Para a formação moral devem ser desenvolvidos os elementos essenciais da moralidade: o espírito de disciplina, a dedicação aos ideais e a consciência da responsabilidade. Além disso, os responsáveis pela educação moral e cívica dos alunos, considerando que a finalidade do ensino secundário é formar as individualidades condutoras, devem desenvolver nos adolescentes a capacidade de iniciativa e de decisão e todos os atributos fortes da vontade (art. 23).

Concretizando a opção assumida pelo ministro, a Lei Orgânica do Ensino Secundário determina também que a educação moral e cívica não seja dada em um tempo determinado, mediante a execução de um programa específico, mas resulte, a cada momento, da forma de execução de todos os programas e do próprio processo da vida escolar que, em todas as atividades e circunstâncias, deve transcorrer em termos de elevada dignidade e fervor patriótico (art. 24).

Para a formação da consciência patriótica, seriam utilizados de modo especial os estudos de história do Brasil e geografia do Brasil (art. 24, §1º), a prática do canto orfeônico (art. 24, §4º) e o serviço cívico próprio da Juventude Brasileira (art. 24, §3º).

A inclusão da história do Brasil como disciplina autônoma no currículo do ensino secundário fora determinada por portaria do ministro da Educação, em março de 1940[44]. Com efeito, até aquela data, a história do Brasil era estudada dentro do programa de história geral. A portaria de Gustavo Capanema foi posta imediatamente em prática, ainda no ano de 1940 (BRASIL, 1942o, p. 12). Em 1941, a revista *Nação Armada* elogia essa decisão e inicia uma campanha para melhorar o ensino de história do Brasil nas escolas. Segundo os editorialistas dessa revista,

> [...] era com efeito, esquisito – pelo menos esquisito – que numa hora em que tanto se fala de nacionalismo e o governo dispende os maiores e mais louváveis esforços para incutir no povo o hábito do culto à pátria, reintegrando, assim, o Brasil na posse de si mesmo, não ensinássemos aos nossos filhos, na escola, a História do país, mas, pelo contrário, a rebaixássemos, transformando-a em mero capítulo vago e apagado, da História da Civilização [*NAÇÃO ARMADA*, 1941b, p. 145].

Entretanto, de acordo com a revista, essa medida, por si mesma, não era suficiente. O ensino da história do Brasil estava "em estado de criminoso descuido e abandono". Era necessário fazer alguma coisa, pois, como mostrava o exemplo da Alemanha, o "ensino perfeito da História do país" era condição *sine qua non* da existência de um "sentimento nacionalista" e da possibilidade de dar à infância e à juventude o civismo e a disciplina de que elas, mais do que nunca, necessitavam: "Se um verdadeiro soldado se prepara desde o berço; se um bom patriota é preparado desde o lar, como se faz, por exemplo, na moderna Alemanha, é com o ensino da História Nacional que tais formações se processam" (idem, p. 131).

Quanto ao estudo da geografia do Brasil, o seu valor para a educação cívica dos alunos foi defendido por Delgado de Carvalho, membro da Comissão Nacional do Livro Didático e autor de um manual de geografia largamente utilizado na época: "O estudo do Brasil-território e do Brasil-povo é a base científica de todos os demais estudos sobre a nacionalidade. [...] [Esse estudo] leva a estabelecer bases científicas de uma

---

44 Portaria ministerial n. 48, de 19 de março de 1940 (BRASIL, 1940c, p. 5.345). Ver também portaria n. 150, de 20 de março de 1940, do diretor do Departamento Nacional de Educação (BICUDO, pp. 429-430) e circular n. 4, de 27 de março de 1940, da Diretoria do Ensino Secundário (idem, pp. 535-536).

educação cívica esclarecida e robusta, e não apenas ingênua, superficial, 'ufanista' e cega" (CARVALHO, 1942, pp. 43-44).

Assim, a partir de 1942, a história do Brasil e a geografia do Brasil passam a fazer parte do programa das duas últimas séries do curso ginasial (2 horas semanais) e da última série do curso colegial (3 horas semanais) (BRASIL, 1943g, p. 3.463).

Quanto ao canto orfeônico, a sua utilização como instrumento de promoção do civismo e da disciplina coletiva foi uma constante durante todo o período.

O canto orfeônico já constituía matéria obrigatória do currículo do ensino secundário desde a Reforma Francisco Campos, de 1931. De acordo com as determinações legais, o núcleo do programa era formado pelos hinos e canções patrióticas destinados a "inspirar o amor e o orgulho pelo Brasil, forte e pacífico"[45].

Durante todo o período, graças sobretudo à ação de Heitor Villa--Lobos, desenvolve-se um trabalho intenso de implantação de orfeões escolares e de formação de professores de canto orfeônico para as escolas, ao mesmo tempo em que se organizam grandes manifestações corais, a primeira das quais, realizada em São Paulo, reuniu um conjunto de doze mil vozes entoando o hino nacional sob a regência de Villa-Lobos.

A partir de 1932, a ação de Villa-Lobos desenvolve-se principalmente através da Superintendência de Educação Musical e Artística (SEMA), criada por Anísio Teixeira no Departamento de Educação da Prefeitura do Distrito Federal (DISTRITO FEDERAL, 1932; 1933). Ainda em 1932, a SEMA organiza o primeiro curso de pedagogia da música e do canto orfeônico. Pouco a pouco, a ação de Villa-Lobos ganha apoio institucional e adquire dimensão nacional. Em 1933, o governo federal chama a atenção dos interventores e dos diretores de instrução dos estados para "as vantagens que poderiam advir para a unidade nacional, da prática coletiva do canto orfeônico calcada numa orientação didática uniforme" (WISNIK, 1982, p. 182) e solicita o interesse para a atividade desenvolvida por Villa-Lobos no Distrito Federal.

Em 1934, a obrigatoriedade do ensino do canto orfeônico estende-se a todos os estabelecimentos de ensino primário e secundário do país, de acordo com as normas a serem estabelecidas pelo governo

---

45 Portaria ministerial de 30 de junho de 1931 (apud BICUDO, 1942, p. 187).

federal. Como se pôde ver, para justificar essa medida, se apelará não apenas para a "utilidade do canto e da música como fatores educativos", mas também para o fato de o ensino do canto orfeônico constituir "uma das mais eficazes maneiras de desenvolver os sentimentos patrióticos do povo" (BRASIL, 1934c, p. 1.363).

Finalmente, em outubro de 1936, o canto do hino nacional torna-se obrigatório nos estabelecimentos públicos e privados de ensino primário, normal, secundário e técnico-profissional, e em todas as associações com finalidade educativa (BRASIL, 1936c, p. 173).

Por essa ocasião, o diretor do Instituto de Pesquisas Educacionais da Prefeitura do Distrito Federal, Everardo Backheuser, considerando que a lei que havia tornado obrigatório o canto do hino nacional havia apenas afastado "a hipótese comunista de se não o fazer cantar por amor ao internacionalismo", mas não havia definido se ele deveria ser "entoado diariamente por todos os alunos", promove um inquérito por meio do qual pretende resolver a controvérsia entre "aqueles que acham que o Hino Nacional deve ser ensinado principalmente sob o ponto de vista cívico" e aqueles que "afirmam ser o canto uma realização artística devendo o Hino Nacional ter também este caráter"[46].

Não se sabe o resultado desse inquérito. A posição do próprio Everardo Backheuser, entretanto, é bastante clara. Ainda em 1936, em artigo publicado em *A Defesa Nacional*, ele escreve:

> Como o comunismo visa destruir as respeitáveis instituições da Família, da Pátria e anular a crença do povo no seu Criador, julgamos que um combate ao comunismo só será eficiente fortalecendo-se na população a fé em Deus, o amor à Pátria e o respeito à Família. [...] Em consequência, cumpre promover o culto à bandeira e ao Hino Nacional, fazendo com que este seja cantado na escola primária, diariamente, à entrada das aulas; momento em que deverá ser hasteado o pavilhão nacional, assistido pelos alunos em atitude de respeito. E mais: promover nas escolas homenagens especiais aos grandes vultos nacionais e rememorar, de modo digno, as principais datas da história do Brasil [BACKHEUSER, 1936, p. 426][47].

---

46 Ver: CPDOC, Arquivo Gustavo Capanema, GgC 37.01.05 (I).
47 Everardo Backheuser era, na época, presidente da Confederação Católica Brasileira de Educação.

E em 1939, a Comissão Nacional do Ensino Primário, dirigida pelo mesmo Everardo Backheuser, proporá que se tornem obrigatórios o hasteamento diário da bandeira e o canto do hino nacional nas escolas primárias (BRASIL, 1939g, p. 28.867).

A posição de Villa-Lobos é mais controversa e sua vinculação ao projeto político autoritário do Estado Novo é uma questão ainda não devidamente esclarecida (SQUEFF, 1976, p. 19).

José Miguel Wisnik distingue, na atuação de Villa-Lobos, paralelamente à dimensão propriamente estética da obra musical, uma dimensão política, que o levava a perceber a música "como lugar estratégico na relação do Estado com as maiorias iletradas do país, lugar a ser ocupado pelas concentrações corais e pela prática disciplinadora cívico-artística do orfeão escolar" (WISNIK, 1982, p. 135).

Essa dimensão política se manifestará sobretudo em um registro pedagógico-autoritário:

> O registro pedagógico-autoritário [...], representado pelo programa do canto orfeônico no Estado Novo, quer imprimir disciplina e civismo ao povo deseducado (ou educando), partindo do tom patriótico e hínico. Pelos alto-falantes do Estado Novo, Villa-Lobos buscou a conversão do *caos* ruidoso do Brasil num *cosmos* coral, mito utópico que se traduziu, quando precisou transformar-se em plano pedagógico-político, na questão da autoridade e da disciplina: a música contribuiria para reverter a rica e perigosa desordem do "país novo" em ordem produtiva, calando a múltipla expressão das diferenças culturais numa cruzada monocórdica [idem, p. 174].

Em um primeiro momento, Villa-Lobos procurará enfatizar a dimensão estética. Não se trata apenas de levar as crianças a cantar os hinos patrióticos nas escolas: tais hinos são, antes de tudo, obras musicais e como tal devem ser executados. Foi esse o ponto de vista que Villa-Lobos procurou por em prática enquanto trabalhou com Anísio Teixeira. Essa sua posição não ficou isenta de críticas; os resultados alcançados valeram-lhe, em contrapartida, muitos elogios[48].

---

48 As críticas acabaram por voltar-se contra Anísio Teixeira, acusado de proibir as crianças de cantarem o hino nacional, "sob pretexto de que a maravilhosa partitura de Francisco Manoel não era orfeônica" (MAUL, 1938, p. 90). Quanto aos elogios, veja-se, por exemplo, o editorial da *Revista Brasileira de Música* (1937).

A dimensão política, através da qual o programa musical nacionalista orquestrado por Villa-Lobos "buscará apoio no Estado Forte carente de legitimação" (idem, p. 149), será acentuada sobretudo a partir da demissão de Anísio Teixeira, em dezembro de 1935, e será, sem dúvida, dominante a partir da implantação do Estado Novo. Na realidade, no momento da demissão de Anísio Teixeira, Villa-Lobos, depois de alguma hesitação, decide continuar à frente da SEMA, agora sob a direção de Francisco Campos[49]. A partir daí, seu compromisso com o projeto político autoritário será cada vez maior. Assim, em 1941, depois de se queixar das resistências que a SEMA havia enfrentado e de afirmar que só por milagre fora possível vencê-las, ele escreverá: "Esse milagre só poderia ser realizado dentro das normas de um governo forte e perfeitamente esclarecido dos problemas sociais e educacionais de seu povo" (VILLA-LOBOS, 1941, p. 30).

A referência a um "governo forte" não é casual. Como mostra Wisnik, Villa-Lobos pretendia, através do canto coral, "fazer do Estado Nacional uma verdadeira obra de arte". Tal pretensão, sintetizada na promessa a ser feita pelos professores no momento da inscrição no orfeão dos professores – "prometo de coração servir à arte para que o Brasil possa, na disciplina, trabalhar cantando" –, exigia um governo forte,

> [...] capaz de dar função orgânica ao músico e de consumar aquela delicada operação que sua obra já realizava simbolicamente: despertar para o trabalho, vale dizer, para a acumulação, as poderosas energias ociosas do país, e ao mesmo tempo dominar o tumulto potencial nelas inscrito [WISNIK, 1982, p. 190][50].

Era exatamente isso que pretendia Villa-Lobos, ao reger as grandes concentrações orfeônicas comemorativas das grandes datas nacionais, que se convertiam, pela ação do DIP, em momentos de exaltação do Estado Novo e do seu chefe:

> O canto coletivo, com seu poder de socialização, predispõe o indivíduo a perder no momento necessário a noção egoísta de individualidade

---

49 No momento da demissão de Anísio Teixeira, seus colaboradores mais próximos, entre eles Villa-Lobos, pediram também demissão, em sinal de solidariedade. Convidados por Francisco Campos a rever essa decisão, a maior parte deles reitera seu pedido e é exonerada. Villa-Lobos volta atrás e aceita continuar dirigindo a SEMA. Ver *A Nação* (1935) e Silveira (1935).

50 Na realidade, Villa-Lobos não foi o único a ver no autoritarismo estadonovista uma garantia de respaldo institucional ao nacionalismo musical. Ver, por exemplo, Luiz Heitor (1937, pp. 192-193).

excessiva, integrando-o na comunidade, valorizando no seu espírito a ideia da necessidade da renúncia e da disciplina ante os imperativos da coletividade social, favorecendo, em suma, essa noção de solidariedade humana, que requer da criatura uma participação anônima na construção das grandes nacionalidades [Villa-Lobos, 1941, p. 10].

Mas, para Villa-Lobos, o caráter cívico-disciplinador do canto coletivo adquiria toda a sua importância por meio do ensino do canto orfeônico nas escolas:

> Entretanto, o seu mais importante aspecto educativo é, evidentemente, o auxílio que o canto coletivo veio prestar à formação moral e cívica da infância brasileira. [...] O ensino e a prática do canto orfeônico nas escolas impõe-se como uma solução lógica, não só à formação de uma consciência musical, mas também como um fator de civismo e disciplina coletiva [idem, p. 11 e pp. 21-22].

Gustavo Capanema, contudo, não compartilhava do mesmo entusiasmo de Villa-Lobos. O ministro da Educação parecia hesitar entre a dimensão artística e a dimensão cívico-disciplinadora do canto orfeônico. Nos estudos preparatórios que antecederam a promulgação da Lei Orgânica do Ensino Secundário (Brasil, 1942a), ele chega a considerar a hipótese de substituir canto orfeônico por "educação artística", a ser dividida em duas partes: educação plástica e educação musical (Capanema, 1941b, VIII). Mas, na versão final da Lei Orgânica a dimensão cívica predominará e, numa opção à qual certamente não estava alheia a decisão de enfatizar a finalidade patriótica do ensino secundário, o canto orfeônico será mantido como disciplina no currículo do 1º ciclo. Além disso, no capítulo dedicado à educação moral e cívica, a "prática do canto orfeônico de sentido patriótico" será considerada obrigatória nos estabelecimentos de ensino secundário para todos os alunos do 1º e do 2º ciclos (art. 24, §4º).

E será para o valor do canto orfeônico enquanto meio de educação cívica da juventude que Capanema apelará no momento de justificar, perante o presidente da República, sua proposta de criação de um Conservatório Nacional de Canto Orfeônico, em agosto de 1942. Mas o ministro da Educação encontrará ainda outra justificativa: através do canto patriótico e das músicas populares a Juventude Brasileira poderia "dar expressão viva e comunicativa às suas festas e solenidades"; por meio do canto se tornariam "mais sólidos os vínculos de unidade moral dentro da Juventude Brasileira" (CAPANEMA, 1942c)[51].

O Conservatório Nacional de Canto Orfeônico será criado em novembro de 1942 (BRASIL, 1942f). Por meio dele, Villa-Lobos, seu primeiro diretor, controlará o ensino do canto orfeônico em todo o país, determinando os programas a serem seguidos, os hinos e canções a serem ensinados, as normas didáticas e os manuais a serem adotados e até mesmo os critérios de avaliação, entre os quais ele incluirá a "perfeita atitude cívica" e a "disciplina de conjunto"[52].

Como já dito, a participação de Villa-Lobos no processo de utilização da música como instrumento de propaganda do Estado Novo constitui objeto de controvérsia. Alguns o consideram compositor do regime e elemento de contato com outros músicos, objetivando induzi-los "a participar de espetáculos organizados com o intuito de enfatizar as realizações do regime" (GARCIA, 1982, p. 109). Outros preferem encarar a questão por outro prisma. Como salienta Wisnik:

> Há quem considere, no entanto, que a ação orfeônica de Villa-Lobos não deveria ser encarada pela faceta autoritária com que se apresenta nos numerosos relatórios e textos de propaganda do DIP getulista, mas como representante de uma orientação humanista tradicional que marcava presença nos primeiros anos do governo Vargas, através da ação de Anísio Teixeira na Diretoria de Instrução Municipal do Rio de Janeiro, e pelos estímulos modernizantes de Capanema, que engajou tantos dos intelectuais brasileiros no período. [...] O encarecimento desse aspecto humanista tradicional faz com que alguns vejam na ação de Villa-Lobos um vigoroso trabalho de educação musical popular sem precedentes na nossa história, frente ao qual o aspecto propagandístico e cívico não mereceria maior importância, relegado ao plano de um mero expediente de circunstância externo à própria pedagogia, de interesse puramente tático para a obtenção de respaldo institucional indispensável à consecução de uma ação musical de tais proporções [1982, pp. 185-186].

---

51 Será tratado sobre a organização Juventude Brasileira no Capítulo IV.
52 Veja-se, por exemplo, a portaria n. 241, de 22 de março de 1943 (apud BICUDO, 1942, Suplemento, p. 53) e portaria n. 29, de 10 de junho de 1943, do diretor do Conservatório Nacional de Canto Orfeônico (idem, p. 169).

Na verdade, Villa-Lobos não foi o único artista ou intelectual a ocupar uma posição de destaque na burocracia do Ministério da Educação durante o Estado Novo. Entretanto, julga-se aqui que ele não pode ser incluído entre aqueles que, com o apoio de Capanema, constituíam, segundo Miceli (1981, p. 130), "uma espécie de 'chasse gardée' ao abrigo das pressões ideológicas do regime". No caso de Villa-Lobos, seus apoios eram o DIP e o próprio presidente da República.

Getúlio Vargas, através do DIP, apoiava todas as iniciativas de Villa-Lobos[53]. Vargas apreciava nele "a inestancável energia, a febre do grandioso, do colossal, postas a serviço das cerimônias cívicas" (Luiz Heitor apud WISNIK, 1982, p. 179). O músico retribuía, atribuindo a Vargas o "milagre" de "aproveitar o sortilégio da música como um fator de cultura e de civismo e integrá-la na própria vida e na consciência nacional" (VILLA-LOBOS, 1941, p. 7).

O Estado autoritário constituía a caixa de ressonância ideal para essa aliança. Nele "[...] o músico e o político se correspondem: para destrinchar a partitura política da nação o chefe teria que ser, a seu modo, um verdadeiro maestro, e o maestro, para conduzir a harmonia social regendo o conflito, teria de constituir-se num verdadeiro chefe" (WISNIK, 1982, p. 190).

Vargas, enquanto *chefe*, soube conduzir com maestria sua ação política; Villa-Lobos, como *maestro*, conseguiu orquestrar com autoridade o seu projeto de utilização do canto coral como fator de disciplina coletiva.

A música popular situa-se de forma ambígua no centro desse processo:

> Durante o Estado Novo, o samba, que tradicionalmente sustentava a apologia da boemia e do ócio malandro, dialoga ambiguamente com o poder, aquiescendo muitas vezes no elogio da ordem e do trabalho. Ganhando nesta época o tom eloquente do samba-exaltação, ele proclama

---

[53] Na realidade, nem todos viam com bons olhos a forma como Villa-Lobos assumia a direção e o controle das grandes manifestações nacionalistas, principalmente durante a Semana da Pátria. Assim, em 1940, o Gabinete Militar da Presidência critica o custo elevado das solenidades da Semana da Pátria, principalmente "a importância de 188.500$000 paga ao Maestro Villa-Lobos, a títulos diversos" (CPDOC, Arquivo Gustavo Capanema, GgC 36.04.21 (II)). Em 1943, o espetáculo cívico preparado por Villa-Lobos, para a celebração da Hora da Independência, intitulado "A dança da Terra", teve de ser modificado em vista dos protestos que suscitou (CPDOC, Arquivo Gustavo Capanema, GgC 36.04.21(III)).

o Brasil como usina do mundo, faiscante forja de aço do futuro, segundo um *éthos* heroico pouco comum em sua história [idem, ibidem].

Em 1941, Ataulfo Alves aconselhava ao trabalhador:

> Veja só!
> A minha vida como está mudada
> Não sou mais aquele
> Que entrava em casa alta madrugada
> Faça o que eu fiz
> Porque a vida é do trabalhador
> Tenho um doce lar
> E sou feliz com meu amor
> O Estado Novo
> Veio para nos orientar
> No Brasil não falta nada
> Mas precisa trabalhar
> Tem café, petróleo e ouro
> Ninguém pode duvidar
> ["É negócio casar", Alves & Martins apud SEVERIANO, 1983, p. 31].

Mas, em 1945, o mesmo Ataulfo Alves terá mudado de opinião:

> Nós queremos nossa liberdade
> Liberdade de pensar e falar
> Nós queremos escolas pros filhos
> E mais casas pro povo morar
> Nós queremos
> Leite, carne e pão
> Nós queremos
> açúcar sem cartão
> Nós queremos
> Viver sem opressão
> Nós queremos
> Progresso pra nação
> ["Isto é o que nós queremos", Alves apud SEVERIANO, 1983, pp. 41-42].

Em 1942, ilustrando o desejo de Villa-Lobos de ver o país trabalhar cantando na disciplina, João de Barro saudava o Brasil como "usina do mundo, nova oficina de Deus":

> E junto às fornalhas gigantes,
> o malho empunhando,
> Homens de mãos calejadas
> trabalham, cantando.
> Ouve esta voz que o destino
> da pátria bendiz

> É a voz do Brasil,
> que trabalha cantando, feliz
> ["Brasil, usina do mundo", Barro apud Wisnik, 1982, p. 181].

Mas, em 1945, Almeidinha, como que querendo mostrar que é impossível trabalhar e ao mesmo tempo cantar feliz, quando o trabalho constitui uma forma de opressão, decide cantar:

> Eu trabalhei como um louco
> Até fiz calo na mão
> O meu patrão ficou rico
> E eu pobre sem tostão
> Foi por isso que agora
> Eu mudei de opinião
> Trabalhar, eu não, eu não
> Trabalhar, eu não, eu não
> Trabalhar, eu não, eu não
> ["Trabalhar, eu não", Almeidinha apud Wisnik, 1982, p. 190].

Capítulo IV

A Juventude Brasileira: da mobilização ao civismo

1. O projeto da Organização Nacional da Juventude (ONJ)

Ao elaborar a Constituição de 1937, Francisco Campos havia deixado caminho aberto para a criação de mecanismos de mobilização da juventude estabelecendo, no capítulo dedicado à família, que a infância e a juventude deveriam ser objeto de "cuidados e garantias especiais por parte do Estado", e prevendo, no capítulo da educação, a fundação, pelo Estado, de instituições destinadas a "organizar para a juventude períodos de trabalho anual nos campos e oficinas, assim como promover-lhe a disciplina moral e o adestramento físico, de maneira a prepará-la ao cumprimento dos seus deveres para com a economia e a defesa da Nação" (BRASIL, 1937f, arts. 127 e 132).

Acredita-se que, ao incluir tal dispositivo no capítulo relativo à educação e à cultura, Francisco Campos queria significar que essas instituições deveriam estar em estreita ligação com o sistema de ensino, que ele contava poder dominar, controlando o Ministério da Educação. Foi certamente por isso que Campos incluiu, no mesmo capítulo da Constituição, dispositivo tornando obrigatórias, em todas as escolas primárias, normais e secundárias, a educação física e o ensino cívico (art. 31)¹. Acredita-se também que, ao falar em organizar a juventude com a finalidade de "promover-lhe a disciplina moral e o adestramento físico, de maneira a prepará-la ao cumprimento dos seus deveres para com a economia e a defesa da Nação", Campos estava pensando em instituições voltadas para a mobilização e a militarização dos jovens. A sua visão da função mobilizadora da educação já foi aqui analisada. Quanto à militarização, basta ler o seu discurso em homenagem à bandeira, pronunciado poucos dias após a decretação da nova Constituição:

> A vocação da juventude em horas como esta deve ser a vocação do soldado. Seja qual for o seu nascimento, a sua fortuna, a sua inclinação, o seu trabalho, que cada um, na sua escola, no seu ofício, na sua profissão, seja um soldado, possuído do seu dever, obediente à disciplina, sóbrio e vigilante, duro para consigo mesmo, trazendo, no seu pensamento, clara e definida, a sua tarefa e, no coração, em dia e em ordem, as suas decisões. Todos somos soldados, quando o que nos pedem é a ordem, a disciplina, a decisão [CAMPOS, 1941h, pp. 250-251].

Consciente de que não poderia contar com o apoio de Gustavo Capanema para a efetivação de seu projeto de mobilização política da juventude através do sistema de ensino e tendo fracassado na sua tentativa de afastá-lo do Ministério da Educação e Saúde, Campos planeja reunir os jovens em um sistema paralelo e criar para isso uma grande organização nacional, sob a dependência direta do ministro da Justiça, isto é, dele próprio.

Para atingir esse objetivo, Campos encaminhou a Getúlio Vargas, em janeiro de 1938, a proposta de criação da Organização Nacional da Juventude (ONJ), concretizada em um projeto de decreto-lei (DL) e dois projetos de regulamento: Regulamento Administrativo (RA) e Regulamento Técnico-Disciplinar (RTD)². Esses anteprojetos são, em grande

---

1 Aparentemente, Francisco Campos coloca-se aqui muito longe da posição defendida por ele em 1931, com relação ao ensino do civismo. Na realidade, a sua posição não mudou. Mudaram as circunstâncias. E, à nova realidade, novos instrumentos...

2 Os três documentos foram redigidos no Ministério da Justiça e encontram-se no Arquivo Getúlio Vargas (GV 38.03.00/1) e no Arquivo Gustavo Capanema (GgC 38.08.09 (I-1)), CPDOC da Fundação Getúlio Vargas. Em 24 de janeiro de 1938, o presidente escreve em seu diário: "Despachos com a Justiça e a Educação, que trouxeram uma montanha de papéis. No expediente da Justiça, o projeto de Organização da Mocidade para o serviço do novo regime" (VARGAS, 1995, p. 103). Vargas tratou do assunto com Campos em várias audiências, entre fevereiro e agosto de 1938. O ministro da Educação só será envolvido nesse assunto a partir de agosto de 1938.

parte, transcrição literal (ou quase literal) dos primeiros documentos normativos da Opera Nazionale Balilla, isto é, do movimento de juventude criado na Itália, em 1926, pelo regime fascista (ITÁLIA, 1926; 1927)[3].

A organização proposta por Francisco Campos seria exatamente a instituição prevista no artigo 132 da Constituição e teria assim por finalidade "assistir e educar a mocidade, organizar para ela períodos de trabalho anual nos campos e oficinas, promover-lhe a disciplina moral e o adestramento físico, de maneira a prepará-la ao cumprimento dos seus deveres para com a economia e a defesa da Nação" (DL, art. 1º). A ONJ se propunha a realizar esse objetivo "pela arregimentação de toda a juventude brasileira compreendida entre os 8 e 18 anos de idade" em formações destinadas "a prepará-la física, moral e espiritualmente para a ação adequada aos fins e às normas que passam a reger os impulsos da nova vida brasileira" (DL, art. 15).

A juventude arregimentada pela ONJ seria organizada em dois grandes grupos: os aspirantes (de 8 a 13 anos de idade) e os pioneiros (de 13 a 18 anos). A inscrição na organização seria voluntária[4]. No momento da inscrição os pais, tutores ou responsáveis deveriam assinar uma declaração permitindo ao candidato ingressar nas fileiras da organização, conformando-se com as normas educativas e disposições disciplinares que a regiam "de acordo com os princípios políticos que determinam a ação do Estado sobre a juventude" (RA, art. 53). Na ficha de inscrição, entre outros dados, deveriam constar a cor, as origens raciais, o nível de vida familiar e a religião do candidato. A religião era considerada "nota ideológica" (RA, art. 54). Uma carteira individual contendo todas essas informações deveria acompanhar o jovem em toda a sua carreira nas fileiras da organização (RA, art. 56). A apresentação da caderneta daria aos inscritos o direito de utilizar-se dos serviços postos a sua disposição pela organização em todo o território nacional. Além disso, os inscritos teriam direito à "preferência nas matrículas, nos estabelecimentos de

---

3 A respeito das organizações da juventude na Itália fascista ver, entre outros, Caporilli (1930), Marzolo (1939), Ollivier (1934), Bertone (1975), Ostenc (1980) e Horta (2009b).
4 O RA previa a realização, em cada município, de uma campanha para intensificar o alistamento, por meio de uma propaganda "dirigida ao povo e às instituições educacionais e esportivas" na qual se procuraria demonstrar "a significação e a superioridade do regime novo instituído no Brasil em 10 de novembro de 1937". Na realidade, como se verá, a filiação obrigatória de outras instituições à ONJ, com a consequente inscrição automática de seus membros, prevista no projeto, tornaria bem limitado o caráter voluntário da inscrição.

ensino oficial primário, secundário ou superior" e à matrícula gratuita em todo o curso primário, secundário ou superior das escolas oficiais, quando "pelo seu excepcional aproveitamento" se tornassem merecedores das medalhas de honra da ONJ (RA, art. 58). Estavam previstas também vantagens aos egressos da organização, que teriam "preferência, em igualdade de condições, para o preenchimento de cargos públicos" e "direito à consideração especial, perante as autoridades do país... em todos os atos da vida civil e política" (RA, art. 59).

A ONJ ficaria "sob a alta vigilância do Presidente da República", ao qual incumbiria "as funções de comando e de definição doutrinária" (DL, art. 2º). Ela seria dirigida por uma "junta suprema", presidida pelo chefe da Nação e constituída pelos ministros da Guerra, da Marinha e da Justiça (DL, art. 5º), e por um conselho nacional "composto de 15 cidadãos nomeados pelo Presidente da República entre pessoas de notória idoneidade moral e intelectual" (DL, art. 6º). Haveria também um "secretário-geral" nomeado pelo presidente da República, com a função de

> [...] presidir e convocar as sessões do Conselho Nacional, superintender os serviços administrativos e técnicos da Organização em todo o território nacional, dando-lhe a direção adequada ao completo desenvolvimento dos princípios e dos planos a que visa a Organização, na estrutura do Estado Novo, orientar a propaganda e divulgar os fundamentos doutrinários e a atividade exercida pela organização em todo o país, indicar ao Presidente da República os jovens que, pelas suas excepcionais qualidades, manifesta vocação ou destacado aproveitamento, se façam merecedores das bolsas de estudo, distinções e prêmios, propor ao Conselho Nacional os nomes das pessoas a serem admitidas como sócios e nomear e demitir os funcionários da Organização [DL, art. 10º].

Estava prevista a criação de departamentos estaduais e municipais da ONJ, dirigidos por conselhos e secretários nomeados pelo presidente da República (DL, arts. 12-14). Do conselho municipal, formado por três membros, deveria fazer obrigatoriamente parte o pai de família que tivesse o maior número de filhos nos quadros da organização (RA, art. 43). Aos conselhos municipais incumbia "representar a autoridade moral da Organização e a garantia de confiança pública na ação educativa do Estado, pela qualidade de seus membros, escolhidos entre as figuras representativas da tradição moral da família brasileira" (RA, art. 45).

Para acompanhar nos diferentes níveis a realização dos planos da organização, seria criada uma rede de inspetores de divisão nos níveis federal, estadual e municipal. A ONJ teria também um corpo de assistentes, do qual fariam parte professores, pais de família, diretores, sócios e membros de sociedades desportivas e clubes e ministros da Igreja católica, cada qual com atividades próprias.

Os professores se encarregariam de "encarecer a significação política, moral e social da obra da Organização [Nacional] da Juventude, realizada dentro dos princípios do Estado Nacional"; salientariam "a dignidade dos que a ela pertencem", e dariam "caráter nacional às lições das disciplinas que comportem o exame das questões político-sociais de outras nações, ou a crítica dos fatos históricos brasileiros e universais" (RA, art. 67). Além disso, aos professores pertencentes ao corpo de assistentes caberia "o dever particular de estabelecer a aproximação entre a Organização e as massas estudantis que lhe são confiadas, procurando imprimir ao seu ensino e à formação de seus alunos o espírito educacional do Estado e incentivar o ingresso dos seus discípulos nas fileiras da Organização" (RTD, art. 80).

Os pais de família propagariam

> [...] a obra da Organização Nacional, constituindo-se, pela aceitação da disciplina que a mesma impõe a seus filhos, fiadores do sucesso de sua missão e completando, pela educação ministrada no seio da família, a função total da educação da juventude, de que a Organização executa a parte pública [RA, art. 67].

Os membros dos clubes e sociedades desportivas, além de facilitar o trabalho de arregimentação da mocidade pertencente aos seus quadros e por à disposição da organização as suas instalações, deveriam "apreender o espírito que rege o papel educativo do Estado Nacional, para a ele conformarem as atividades das associações a que pertencem" (RA, art. 67).

Os ministros religiosos, "além dos serviços próprios ao seu múnus sacerdotal", deveriam prestar "todo o auxílio ao seu alcance, contribuindo, pela influência que exercem na vida social brasileira, para aproximar a mocidade da Organização Nacional" (RA, art. 67).

Para cumprir seus objetivos, a ONJ deveria oferecer aos jovens por ela arregimentados instrução pré-militar, educação esportiva, instrução profissional e técnica, trabalho no campo, assistência social e educação e assistência religiosa.

A instrução pré-militar, ministrada aos pioneiros por um período de 3 anos, por instrutores pertencentes às Forças Armadas, teria "efeitos equivalentes aos da prestação do serviço militar exigida pelas leis em vigor" (DL, art. 18). Estava prevista a criação de uma Divisão Nacional de Serviço Pré-Militar, que teria a incumbência de "imprimir caráter pré-militar à arregimentação da mocidade, preparando-a física e moralmente para exercer a função de soldado como dever natural do cidadão" (RA, art. 33).

Para a realização da instrução pré-militar, os membros da ONJ seriam agrupados "em formações ordenadamente constituídas, submetidas ao comando de chefes hierarquicamente subordinados, sujeitas a um código de disciplina individual e coletiva e moldadas no espírito e na estruturação do Exército Nacional" (RTD, art. 17). Essas formações seriam: coluna (15 inscritos), falange (3 colunas), bandeira (3 falanges), companhia (3 bandeiras), legião (3 companhias) e grupo de legiões (3 legiões). As colunas e falanges seriam dirigidas por subalternos da ONJ; as bandeiras e companhias por graduados da organização; as legiões e grupos de legiões por membros das Forças Armadas (RTD, art. 17). Os chefes das formações seriam escolhidos entre os que possuíssem "melhores qualidades de caráter, capacidade de direção e devotamento à vida da Organização" (RTD, art. 20). Seriam criadas "escolas de preparação de oficiais juvenis", denominadas "escolas de graduados", com a finalidade de "desenvolver as qualidades de direção e as aptidões de comando reveladas pelos subalternos e graduados" e dar-lhes preparo cultural e pré-militar que lhes permitisse exercer com maior conhecimento a autoridade dos seus postos (RTD, art. 45). Nessas escolas seriam "mais desenvolvidos os exercícios e as noções teóricas da organização militar, mais detalhados os conhecimentos de História do Brasil e principalmente apuradas as qualidades de disciplina, de vontade e de direção dos jovens alunos" (RTD, art. 48).

O conteúdo da instrução pré-militar seria distribuído em dois níveis: instrução básica e instrução pré-militar propriamente dita.

A instrução básica, a ser ministrada aos aspirantes (de 8 a 13 anos) consistiria em exercícios de ordem unida e na prática da marcha militar, realizados "de modo adequado à idade dos inscritos, de maneira a preparar e desenvolver a sua resistência física e fazê-los adquirir a cadência e o ritmo dos movimentos criadores, o entusiasmo e a audácia que inspiram as vibrações dos tambores e dos clarins, e o orgulho de se terem tornado soldados de sua Pátria" (RTD, art. 25). Além disso, seria incluído na instrução básica o ensino dos princípios de moral cívica, de noções elementares da história nacional e militar brasileira, da organização do exército e da marinha, e dos rudimentos da constituição política do Estado nacional (RTD, art. 25). O culto à bandeira, o canto do hino nacional e do hino da mocidade ocupariam lugar importante na instrução básica dos aspirantes, aos quais deveria ser explicada "a profunda significação desses símbolos, expressão da ideia suprema de unidade da Pátria" (RTD, art. 25).

A instrução pré-militar propriamente dita seria ministrada aos pioneiros, divididos para isso em pioneiros do 1º grau (de 13 a 16 anos) e pioneiros do 2º grau (de 16 a 18 anos).

Aos pioneiros do 1º grau seria dada "a instrução completa que se pode dar ao homem sem armas". Os exercícios de ordem unida seriam desenvolvidos e completados, realizando-se grandes manobras de conjunto e marchas mais extensas e introduzindo-se a prática das primeiras especializações das funções militares. A instrução pré-militar dos pioneiros do 1º grau seria completada pela "prática de esportes e jogos atléticos de caráter militar", pela realização de acampamentos, nos quais as tropas aprenderiam "os usos e deveres rudimentares da vida de campanha", pelo "culto fervoroso dos símbolos e cânticos nacionais" e pelo "desenvolvimento dos estudos da História do Brasil, da organização do Exército e da Armada brasileiros e dos fundamentos e da constituição da sociedade e do Estado brasileiros" (RTD, art. 26).

A instrução pré-militar dos pioneiros de 2º grau consistiria "no preparo, no exercício e na educação militares com armas, no conhecimento das manobras e da tática do combate e de toda a estrutura do Exército e da Marinha Nacionais". Por meio dessa instrução, idêntica à que era dada aos candidatos a reservistas do Exército, a ONJ prepararia "os jovens inscritos em suas fileiras para o cumprimento do dever que incumbe a todos os cidadãos de prestar serviço militar e outros encargos necessários à defesa da Pátria" (RTD, art. 58). Assim, o serviço pré-militar preparatório à reserva das Forças Armadas passaria a ser feito "exclusivamente nas fileiras da Organização" e o certificado de aprovação no curso de instrução pré-militar dado aos pioneiros do 2º grau excluiria da obrigação de prestar serviço ativo dentro dos quadros regulares do Exército (RTD, arts. 59 e 60). Os Tiros de Guerra (TG), autônomos ou anexos a estabelecimentos de ensino ou sociedades desportivas, deixariam de existir e seus membros passariam automaticamente aos quadros da ONJ (RTD, arts. 59 e 66).

A educação esportiva dos membros da ONJ seria orientada por uma Divisão Nacional de Cultura Física, que deveria "conduzir a mocidade brasileira à prática dos esportes e dos exercícios físicos, pelos quais se consegue o equilíbrio harmonioso das funções do corpo com as do espírito" e

> [...] promover torneios esportivos ou atléticos entre os seus membros, e entre estes e os de outras associações, neles infundindo o espírito de pugnacidade, coragem e audácia, de devotamento à causa a que pertencem, de desinteresse pelas recompensas materiais e de respeito e admiração pelo adversário digno [RA, art. 32].

Para isso seriam criadas "em todas as sedes da Organização, praças de esportes, terrenos para jogos, equipagem para o preparo atlético, piscinas etc." (RA, art. 32).

A instrução profissional e técnica seria destinada a ministrar aos jovens, por meio de escolas de artes e ofícios, conhecimentos que lhes permitissem realizar plenamente as suas vocações (DL, art. 18). Os membros "mais necessitados" deveriam ser encaminhados às escolas profissionais (RA, art. 30).

O trabalho no campo seria realizado, na ONJ, "por meio de concentrações periódicas em que a juventude realiza a comunhão com a terra" (DL, art. 18). A Divisão Nacional de Cultura Física, por meio de acampamentos, deveria

> [...] desenvolver na mocidade o gosto pela vida ao ar livre, nas fazendas e nos campos, assim como o amor à terra e o desejo de possuí-la, o interesse pelo trabalho da lavoura e do pastoreio, o sentimento de alegria que a natureza inspira e o espírito de aventura e de conquista, necessário à penetração e à civilização dos espaços ignorados do Brasil [RA, art. 32].

A ONJ cuidaria da assistência social e da saúde física de seus membros "por meio da instituição de Centros de Saúde e de propaganda eugênica e caixas de amparo" para distribuir recursos aos mais necessitados (DL, art. 18). Haveria uma Divisão Nacional de Assistência Social, com a finalidade de "fornecer à mocidade os meios de realizar a sua instrução e preparo para a vida profissional", assegurando aos inscritos matrícula nas escolas públicas primárias e secundárias, encaminhando os mais necessitados às escolas profissionais, instituindo Caixas de Auxílio para distribuição de livros e material de estudo aos associados, criando fundos de assistência às famílias pobres e numerosas cujos filhos pertencessem à organização e tomando sob sua tutela os jovens que viessem a se tornar órfãos, para assegurar-lhes a subsistência e a educação através dos estabelecimentos oficiais e particulares a isso destinados (RA, art. 30). Uma Divisão Nacional de Eugenia e Assistência Médica deveria realizar exames sanitários e biomédicos dos candidatos no momento da inscrição, prestar assistência médico-cirúrgica a todos os inscritos, realizar estudos e inquéritos nacionais ou regionais "sobre as condições de vida da juventude, das famílias pobres e dos trabalhadores" e "sobre o tipo constitucional da criança brasileira, seus índices antropométricos, seu grau de desenvolvimento mental, e sobre as características de seu temperamento na medida em que sobre ela influem as condições de nutrição, de clima, de gênero de vida familiar e de ambiente ideológico e religioso" e "propagar os princípios de higiene e profilaxia pessoal entre a mocidade, a fim de preservá-la e defendê-la dos males físicos e morais, conformando-a a uma vida sã, sóbria e pura" (RA, art. 31).

A educação e a assistência religiosas seriam ministradas aos jovens inscritos na ONJ "segundo os princípios da doutrina e da moral católica" (DL, art. 18), por "sacerdotes da Igreja Católica designados pela autoridade eclesiástica" (RA, art. 78). Cada departamento municipal teria o seu assistente eclesiástico, ao qual competiria "a formação religiosa da mocidade submetida à sua jurisdição" (RA, art. 79). Entre os deveres gerais dos aspirantes e pioneiros estava o de "cultivar com fervor os sentimentos religiosos, cumprindo rigorosamente os deveres da fé e formando moralmente, pela prática de uma disciplina interna, o seu caráter e a sua consciência" (RTD, art. 37).

A dimensão mobilizadora da organização proposta que está presente em todo o projeto, como demonstrado pelas citações, salienta-se muito mais quando este trata dos deveres dos membros e das relações da ONJ com outras entidades.

Assim, além de obedecer com precisão às ordens dos seus superiores, honrar os símbolos nacionais e aplicar-se com amor ao estudo, o aspirante ou pioneiro deveria

> [...] compenetrar-se da circunstância nova de vida que lhe cria a sua incorporação no quadro da Organização Nacional, compreendendo o sentido dos deveres a que está sujeito e da disciplina e do trabalho que lhe são exigidos, não como uma condição de inferioridade, mas como

> um alto desígnio a que foi chamado, e do qual se deve orgulhar em todo o tempo; respeitar a lei e os seus representantes de qualquer natureza, evitando criticar futilmente os atos do governo e das autoridades e censurando os que o fizerem em sua presença, prestando auxílio aos agentes do Poder Público, quando requisitado ou por iniciativa própria, e sentir que, como soldado juvenil, está investido de uma autoridade que deverá ser respeitada; lembrar-se, em todos os atos da vida e em todos os meios em que se encontrar, da responsabilidade que traz consigo de representar o espírito do Estado nacional, e esforçar-se por demonstrar com o seu exemplo, e sobretudo com a seriedade das suas atitudes e dos seus juízos, que se está criando uma nova consciência na mocidade brasileira [RTD, art. 37].

Além disso, ao mesmo tempo em que procura dar à ONJ o monopólio das atividades de organização da juventude, o projeto estabelece mecanismos para ampliar ao máximo a sua área de atuação. Assim, "para assegurar a irradiação e, ao mesmo tempo, a unidade espiritual e moral da obra nacional de organização da juventude" seriam vedadas, a partir de sua instalação, "quaisquer formações ou arregimentações" destinadas à instrução, ao preparo para a profissão, arte ou ofício ou, de qualquer modo, à educação física, moral ou espiritual dos jovens, exceptuadas as "formações ou organizações de fins puramente religiosos" (DL, art. 21). Além disso,

> [...] as instituições existentes de educação cívica, moral ou física da mocidade, tais como as associações, ligas e clubes esportivos atléticos, o escotismo, e as de proteção à infância, autônomas ou anexas a estabelecimentos de instrução, centros culturais ou sociedades religiosas somente poderiam continuar funcionando se filiadas à Organização Nacional da Juventude [RA, art. 9º].

Tal filiação, "no que se refere à educação cívica, moral e física de seus associados", importaria na "dependência direta das mesmas ao Departamento Estadual", que nomearia "um representante, escolhido, se possível, entre os dirigentes dessas instituições, com o fim de conformá-las ao espírito e à estrutura da Organização Nacional" (RA, art. 10º). A filiação implicaria a incorporação automática de todos os seus associados à ONJ (RA, art. 11).

Quanto à relação da ONJ com as escolas, elas vão no mesmo sentido de ampliação do campo de atuação da organização. Assim, na secretaria geral estava prevista a existência de uma Divisão Nacional de Instrução com a incumbência de "organizar os jovens matriculados nas escolas primárias e secundárias mantidas pelo Governo, dentro da estrutura da Organização Nacional". Para isso, a ONJ teria um representante em cada uma dessas escolas, "escolhido de preferência entre os professores pertencentes ao corpo de assistentes". Quanto às escolas privadas, elas poderiam pleitear livremente a sua filiação à ONJ. As escolas privadas não filiadas, nas quais existisse um número de inscritos superior a cinquenta, seriam agregadas à organização, que designaria um representante junto à sua diretoria (RA, art. 29).

A dimensão paramilitar da ONJ fica patente pela ênfase dada à instrução pré-militar e pelas contínuas referências às Forças Armadas como um modelo. Assim, "os regimentos, instruções e disposições a serem adotados pela Organização da Juventude" deveriam adaptar-se "ao espírito e à forma dos existentes nas classes armadas" (RTD, art. 9º); os exercícios pré-militares a serem executados pelas formações juvenis deveriam assemelhar-se, quanto possível, às disposições em vigor nas Forças Armadas (RTD, art. 8º) e a disciplina, "princípio fundamental da constituição da Organização Nacional e das relações entre os seus membros", seria "moldada nas regras, preceitos e ensinamentos das Forças Armadas da Nação" (DL, art. 18). Além disso, as formações da organização seriam comandadas nos níveis nacional, estadual e municipal por oficiais das Forças Armadas, que constituiriam o Comando Superior, os Comandos Estaduais e os Comandos Municipais da ONJ (RTD, Título II).

Finalmente, a função de propaganda e de inculcação da ideologia do Estado Novo, que também perpassa todo o projeto, torna-se evidente no momento em que se inclui entre as funções da ONJ "a formação da consciência e do pensamento da juventude" por meio de "escolas de preparação cultural destinadas à formação de monitores, guias, chefes e comandantes" e de "centros de estudo e propaganda" (DL, art. 18). Estava também prevista no projeto a publicação de uma revista mensal destinada "à propaganda do trabalho realizado pelo Estado em favor da mocidade" e de livros para serem distribuídos nas escolas públicas, sempre "no intuito de formar a consciência da mocidade" (RA, arts. 72 e 78).

2. A reação de Dutra e Capanema

Os documentos relacionados com a criação da ONJ, que acabaram de ser analisados, passaram inicialmente pelas mãos de Alzira Vargas, auxiliar de gabinete de Getúlio Vargas.

Alzira Vargas, em seu parecer[5], depois de considerar o projeto uma "obra de importação clandestina, traduzida das organizações europeias, sem a competente adaptação ao meio nacional", critica a estrutura projetada para a ONJ: "verdadeira máquina governamental, exigindo receitas e despesas próprias, obra suntuária, um quase ministério novo, absorvendo funcionários e fazendo gemer os minguados cofres públicos". Alzira Vargas critica também a subordinação da ONJ ao Ministério da Justiça:

> Não se compreende que esta organização esteja colocada sob o controle do Ministério da Justiça, com a cooperação dos da Marinha e Guerra e sem que seja ouvido o da Educação, único Ministério que tem autoridade real sobre a juventude. Quer-me parecer que a presente organização deve estar subordinada a este Ministério, de preferência a qualquer outro.

Outra crítica sua refere-se ao caráter militar da organização:

> A orientação demasiado militar sugerida pelo decreto parece-me perigosa. Não temos o objetivo de fabricar soldados, mas o de formar cidadãos, capazes de produzir em todos os setores, tornando o entusiasmo infantil uma força criadora. A formação de uma mentalidade militar na juventude de hoje pode constituir séria ameaça para a tranquilidade do Brasil de amanhã.

Além disso, Alzira Vargas critica a exigência de se seguir a moral católica, visto que "o Brasil não tem religião oficial"; o uniforme, cuja inclusão "não se explica nem mesmo para aproveitar o pano das camisas kakis dos ex-legionários"[6] e as atribuições do secretário-geral "dema-

---

5   Arquivo Getúlio Vargas, CPDOC, GV 38.03.00/1, março de 1938. As citações que se seguem são desse documento.
6   Trata-se de uma referência irônica ao uniforme da Legião de Outubro, criada por Francisco Campos em 1931, em Minas Gerais.

siado extensas para que possam ser exercidas totalmente pelo Ministro da Justiça"[7].

Mas essas críticas de Alzira Vargas ao projeto não escondem seu entusiasmo pela criação de mecanismos por meio dos quais o governo federal atuasse mais diretamente sobre a juventude, no intuito de sua integração ao projeto estadonovista. Segundo ela, "[...] a juventude brasileira compõe-se de uma massa heterogênea... O trabalho inicial do Estado Novo deverá ser, portanto, o de homogeneizar esta massa, por meio de uma propaganda ativa, em que se procure fazer compreender aos jovens o que se espera deles".

Para isso, como primeira medida ela propõe que o governo federal assuma o controle do ensino primário:

> A simples federalização do ensino primário, tornado obrigatório, sem distinção de sexo, e gratuito, unificado e regido por uma só lei, solucionaria em parte o caso. Introduzindo no curso primário noções de administração para os alunos, educação esportiva, militarizada e os prolegômenos do ensino profissional e prático, o governo teria pelo espaço de 5 anos, dos 8 aos 13, o mais absoluto controle e ação a mais direta possível sobre os chamados "aspirantes".

Para os jovens de 13 a 18 anos, a inscrição seria voluntária.

> Trazendo já uma disciplina inicial dos bancos escolares, teriam um treinamento mais militar e de maior responsabilidade, podendo mesmo experimentar os dons de comando e iniciativa, qualidades de administração, e dar-lhes consciência de suas responsabilidades, colocar sob sua autoridade direta, controlada pelos chefes municipais, a organização e a vigilância dos aspirantes.

Alzira Vargas admitia que a organização a ser criada viesse a absorver as já existentes: "O programa de organização juvenil deve ser atraente, simpático, e um despertador de entusiasmo. Do contrário, fa-

---

[7] Não há, no projeto, nenhuma referência a uma possível atribuição do cargo de secretário--geral ao ministro da Justiça. Pelo contrário: o art. 64 do anteprojeto de RTD dispõe que "nos casos omissos [...] o Secretário-Geral submeterá o assunto ao Ministro da Justiça que o resolverá ou o submeterá à decisão do Presidente da República". Na realidade, o que Alzira Vargas critica é o evidente controle a ser exercido por Campos sobre a organização. Aliás, na biografia de Vargas escrita por Alzira Vargas, em 1960, ela não esconde a sua antipatia por Francisco Campos, "o homem das camisas-kaki de Minas", a quem ela não perdoava o ter-se afastado de Getúlio Vargas em 1932 (AMARAL PEIXOTO, 1960, p. 153).

lharão seus objetivos e não poderá absorver as organizações particulares já existentes".

Contrariamente ao que afirmará Alzira Vargas alguns anos mais tarde, o projeto da ONJ não foi arquivado por Vargas[8], mas enviado pelo presidente à apreciação do ministro da Guerra e do ministro da Educação. O parecer do ministro da Guerra, general Eurico Dutra, foi encaminhado a Getúlio Vargas em agosto de 1938 (DUTRA, 1938a)[9].

Dutra concorda inicialmente com a proposta:

> Em princípio não pode deixar de ser aconselhável a arregimentação da mocidade em normas preestabelecidas de orientação doutrinária e cívica, em hábitos de disciplina e no culto do dever militar. No Brasil, e no momento atual, é mais do que indicado esse trabalho de educação moral, física e intelectual da mocidade [idem].

Mas o ministro da Guerra critica a inspiração do projeto em modelos de outros países: "para que seja atingida a finalidade visada, torna-se necessário que a organização da juventude brasileira se faça de acordo com as nossas realidades, boas ou más, e nunca sob inspiração de modelos, que se não ajustam ainda ao nosso meio" (idem).

Esses modelos seriam, segundo Dutra, a Alemanha, a Itália e Portugal. E o Brasil diferia essencialmente dessas nações, fosse quan-

---

[8] Eis como Alzira Vargas, muitos anos depois, narra esse episódio: "Nos primeiros dias de fevereiro, Papai me entregou um projeto do Ministro da Educação para estudar. Chamava-se Organização da Juventude Brasileira [...]. Não recordo mais quantas páginas, quantas palavras e quantas vírgulas foram substituídas nesse famoso decreto. Ficou em minhas mãos perto de dois anos. Era mais ou menos adaptada para o clima brasileiro, uma cópia da organização fascista dos jovens 'Balillas' [...]. Entre as 24 horas que Papai me deu para relatar o assunto e os 24 meses em que ficou guardado no 'cemitério particular', muita água correu. O 'cemitério particular' era uma determinada gaveta, onde ficavam guardados os casos impossíveis, até que se tornassem possíveis. Eu era pessoalmente contra a maneira por que ia ser feita a Organização da Juventude, embora fosse a favor da ideia, por isso com todo o prazer o guardei, junto aos 'impossíveis', por ordem do 'Patrão' [...]. É verdade que Papai, após me haver dado ordens para estudar todo o expediente em 48 horas e apresentar sugestões, tinha preferido deixá-lo congelar provisoriamente" (AMARAL PEIXOTO, 1960, pp. 235-236 e p. 257). Há dois enganos de Alzira Vargas: o documento não era originário do ministro da Educação e sim do ministro da Justiça, e não ficou "congelado", mas teve andamento normal, como se verá. Com base nessas informações errôneas de Alzira Vargas, McCann atribuirá a Capanema a iniciativa da criação de uma organização de juventude de tipo fascista (MCCANN, 1973, p. 71).

[9] Vargas não anotou em seu diário o encaminhamento do projeto ao ministro da Guerra. O documento de Dutra será entregue a Francisco Campos no dia 15 de agosto de 1938 (VARGAS, 1995, p. 151).

to ao caráter heterogêneo dos municípios brasileiros, em comparação com a "homogeneidade de população" e a "proporcionalidade de dimensões" dos municípios dos países europeus, fosse quanto ao nível de instrução. Evocando o problema do analfabetismo, afirma Dutra que "quando aqueles países cuidam da organização da juventude e, sobretudo, de sua instrução pré-militar, partem da preliminar de que esta juventude já está alfabetizada"[10]. Ora, "o mesmo não se dá no Brasil, onde ainda é elevado, como se sabe, o número de analfabetos nos jovens de 7 a 17 anos". Assim, "não é lógico imaginar-se uma campanha cívica, sem primeiro ser resolvido, ou convenientemente impulsionado, o importante problema do analfabetismo". Além disso, "as razões que determinam a organização miliciana da juventude nas citadas nações", isto é, "o regime da Nação Armada" a que elas estão sujeitas, e a "permanente ameaça da guerra" em que elas têm vivido não se verificam "presentemente" no Brasil (idem).

Valendo-se dessas considerações, Dutra propõe que a arregimentação da juventude se processe em duas fases. A primeira seria "o enquadramento da mocidade escolar já existente, dentro de normas que seriam traçadas pelo Ministério da Guerra e da Educação e que visariam a sua conveniente educação física, cívica e instrução pré-militar". Dessa maneira, os alunos, em vez de se distribuírem nas fileiras de uma entidade nova, seriam conservados nos estabelecimentos a que pertencem "que passariam então a células da ONJ". E "a cada uma dessas células poderia a ONJ dar a constituição que entendesse". A segunda fase consistiria no recrutamento da juventude que ainda não pertencesse a nenhum estabelecimento de ensino: "O melhor meio de recrutá-la seria a fundação de escolas. Não só a ONJ prestaria assim assinalados serviços à Pátria, combatendo o analfabetismo, como a essas escolas poderia, de início, impor o seu padrão de organização" (idem).

Assim, ao mesmo tempo em que se opõe ao projeto de uma organização da juventude desvinculada da escola, Dutra propõe a criação de uma organização nacional que não só poderia criar escolas e impor-

---

10 Dutra cita especialmente o caso de Portugal, onde, segundo ele, a Lei de Preparação Militar da Juventude não menciona a instrução primária, "pois já está subentendido que os jovens se acham alfabetizados". Dutra parece ignorar a oposição de alguns dirigentes salazaristas da época às "escolas para os pobres" e o alto índice de analfabetismo em Portugal, no período. Ver Mônica (1980, pp. 499-518; 1978, pp. 109-129).

-lhes o seu padrão de organização, como também interferir nas escolas já existentes, transformando-as em "células suas" e dando-lhes "a configuração que entendesse" (idem). Em última análise, seria uma organização que assumiria funções não só do Ministério da Educação, mas também funções das secretarias estaduais de educação. Não estão claras, na proposição de Dutra, as ligações dessa organização com o Ministério da Educação. O que aparece claramente é a sua concordância quanto à utilização do sistema escolar para infundir na juventude a disciplina, o patriotismo e o espírito do Estado Novo. Para o ministro da Guerra

> [...] o devido aproveitamento da atual massa de toda a mocidade escolar já existente nos estabelecimentos de ensino no Brasil, orientada num sentido único, de acordo com o espírito da Constituição de 10 de novembro e disciplinada em elevados princípios de patriotismo, já é um assinalado serviço que o Estado Novo presta à Pátria e, sobretudo, ao futuro do Brasil [idem].

Mas Dutra opõe-se terminantemente à organização da juventude em uma entidade de caráter paramilitar. E para isso invoca o argumento definitivo, ou seja, "imperiosas razões de segurança nacional". Segundo ele,

> [...] toda a parte do projeto referente à instrução pré-militar precisa ser fundamentalmente modificada, o que poderia ser conseguido mediante um entendimento do Ministério da Educação com o da Guerra, ficando, porém, desde já assentada a impossibilidade da Organização Nacional da Juventude conceder carteiras de reservistas ou interferir em qualquer assunto relativo ao serviço militar [idem].

Tal interferência, prevista no projeto,

> [...] não consulta os interesses da defesa nacional e vem retirar das classes armadas uma atribuição que não deve ser concedida a outrem. Só ao Exército deve caber todo o poder militar. Admitir qualquer outra entidade coletiva, com aquelas atribuições, seria aceitar o enfraquecimento do Exército como força nacional e, consequentemente, o do Estado e o da União, sem falar noutros graves inconvenientes de ordem política e social. A instrução pré-militar já está regulada nas próprias leis militares e com vantagens perfeitamente especificadas para os jovens que recebem instrução nos estabelecimentos de ensino [idem].

E Dutra conclui:

Feitas as correções acima indicadas, é de se esperar que a nova organização venha a contribuir eficazmente para a educação física e moral da juventude, imprimindo-lhes o sentido da ordem, o hábito da disciplina e o culto do dever militar, assim se tornando um poderoso fator de cooperação para o Exército, na alta missão que este tem de zelar pela segurança nacional e pelo engrandecimento da Pátria [idem].

Quanto ao ministro da Educação, este encaminhou a Getúlio Vargas uma análise bem mais ampla e detalhada do projeto de criação da ONJ, em setembro de 1938 (CAPANEMA, 1938b)[11].

Como Dutra, Capanema começa seu documento aplaudindo "tão patriótica iniciativa", que vinha atender ao preceito constitucional segundo o qual a infância e a juventude deveriam ser objeto de cuidados e garantias especiais por parte do Estado. Para Capanema, os projetos, "organizados com clareza e método, inspirados em seguros conhecimentos da matéria tratada", encerravam "medidas de grande alcance para a formação da juventude brasileira" (idem).

Mas o ministro da Educação considera necessário "formular algumas observações e sugestões" sobre alguns "pontos essenciais": o nome da instituição, suas finalidades, seu regime administrativo, sua estrutura, sua composição, suas bases locais e seu patrimônio (idem).

Quanto ao nome, Capanema sugere que não seja "Organização Nacional da Juventude", mas "Mocidade Brasileira" ou "Juventude Brasileira", marcando assim "o seu vínculo ao Brasil". Ele cita o exemplo de Portugal, que havia denominado sua organização da juventude "com o nome singelo de Mocidade Portuguesa" (idem)[12].

---

11 O projeto de Campos havia sido entregue ao ministro da Educação em audiência no mesmo dia em que o parecer de Dutra foi entregue ao ministro da Justiça: "Despacho com os Ministros da Justiça e da Educação. Entreguei ao primeiro as observações do Ministro da Guerra sobre a Organização da Juventude e ao da Educação os projetos da mesma organização feitos pelo da Justiça" (VARGAS, 1995, pp. 151-152).
12 Prevista na lei de abril de 1936, que transformou o Ministério da Instrução Pública em Ministério da Educação Nacional, a Mocidade Portuguesa foi criada em maio do mesmo ano. Definida como uma organização nacional e pré-militar destinada a estimular na mocidade o desenvolvimento integral de sua capacidade física, a formação do caráter e a devoção à Pátria e a colocá-la em condições de poder concorrer eficazmente para a sua defesa (lei n. 1.941, de 11 de abril de 1936, Base XI, *Diário do Governo*, n. 84, 1936, p. 287), a Mocidade Portuguesa era dirigida por um Comissariado Nacional, ligado ao Ministério da Educação (decreto-lei n. 26.611, de 19 de maio de 1936, arts. 40-43, *Diário do Governo*, n. 116, 1936, p. 373). O re-

Com relação às finalidades da instituição, o ministro acha importante limitá-las, excluindo as funções de ensino profissional, de assistência e de educação militar.

Quanto à primeira, afirma Capanema: "O ensino profissional é assunto extenso, difícil e custoso que, ao invés de ser distribuído entre direções diversas, deve ficar concentrado numa só, e esta não pode ser, sem dúvida, a Organização Nacional da Juventude" (idem).

Quando à assistência, ela constituía, segundo o ministro, "um grande setor do serviço público, com problemas complicados, cuja solução demandaria estudos e inquéritos penosos, obras sociais de grande variedade, medidas delicadas e somas enormíssimas", não devendo assim ficar sob a responsabilidade da ONJ (idem).

Quanto à educação militar, Capanema também critica o caráter excessivamente militarista que seria assumido pela organização. Como Dutra, Capanema acentua a inconveniência "de ficar a Organização Nacional da Juventude com a atribuição de ministrar a instrução militar, em substituição aos tiros de guerra e linhas de tiro" (idem). Em sua opinião, "deve o ensino militar ser dado somente pelo Ministério da Guerra. Dar a outro órgão o papel de preparar as reservas militares é enfraquecer, pela supressão da unidade de direção, a organização militar do país"[13].

---

gulamento da Mocidade Portuguesa foi aprovado em dezembro de 1936 (decreto n. 27.301, de 4 de dezembro de 1936, *Diário do Governo*, n. 284, 1936, p. 661). Em dezembro de 1937 foi criada a Mocidade Portuguesa Feminina com a finalidade de "estimular nas jovens portuguesas a formação do caráter, o desenvolvimento da capacidade física, a cultura do espírito e a devoção ao serviço social, no amor de Deus, da Pátria e da Família" (decreto n. 28.262, de 8 de dezembro de 1937, art. 1º). Entretanto, segundo Maria Filomena Mônica (1978, p. 355), a Mocidade Portuguesa "nunca teve a vitalidade ou a influência das juventudes fascistas alemã e italiana, exceto talvez nos principais centros urbanos e durante um período de tempo relativamente curto". Sobre a Mocidade Portuguesa, ver Horta (2009b).

13 Ao defender uma unidade de direção para a organização militar do país, Capanema parece esquecer a sua participação na criação da Legião de Outubro, em Minas Gerais, em 1931, e seu esforço para fortalecer a Polícia Militar de Minas Gerais, no tempo em que era secretário do Interior e Justiça desse Estado. Sobre o caráter miliciano e paramilitar da Legião de Outubro, ver Bomeny (1980, p. 156) e Flynn (1970, p. 100). Quanto ao fortalecimento da Polícia Militar de Minas Gerais, o Service Historique de l'Armée de Terre, de Paris, conserva os relatórios do general Huntziger, na época chefe da Missão Militar Francesa no Brasil, nos quais este relata as "démarches" desenvolvidas por Capanema em 1931 e 1933 no intuito de que ele, Huntziger, se encarregasse de estabelecer um Plano de Reorganização da Força Pública do Estado de Minas Gerais. Essas "démarches" iam no bom caminho, quando ocorreu a morte de Olegário Maciel e o afastamento de Capanema. Ver *Rapport du General Huntziger* (1933a; 1933b).

Assim, para o ministro da Educação, a ONJ deveria "limitar a sua área de atuação" e "restringir os seus objetivos a dois somente, a saber, a educação física e a educação moral e cívica". Ainda aqui, o bom exemplo era o da organização juvenil portuguesa, "instituída com finalidades singelas" e cujos "únicos objetivos" eram a educação física e a educação moral e cívica (idem).

A seguir, Capanema critica o regime administrativo previsto para a nova organização: "uma espécie de ministério novo, destinado a superintender a educação da juventude em todos os seus aspectos, salvo no que se refere ao ensino ou instrução" (idem)[14]. Ele não considera acertado "partir o problema da educação em duas partes, ficando uma delas, o ensino ou instrução, com o Ministério da Educação e com as secretarias estaduais de educação, e a outra, a educação física e moral, com outro aparelho do serviço público, não subordinado, mas paralelo àquele Ministério e a estas secretarias". Para ele, "esta duplicação de aparelhos para tratar de um só problema seria um motivo de conflitos permanentes". Com efeito, afirma o ministro, a Constituição havia tornado obrigatórios em todas as escolas o ensino cívico e a educação física. Como "as escolas do país são todas dirigidas ou controladas pelo Ministério da Educação e pelas secretarias estaduais de educação", o conflito seria inevitável (idem).

Assim, para o ministro da Educação, seria mais lógico que a ONJ fosse uma instituição "não separada do Ministério da Educação e a ele paralela, mas incluída na sua estrutura, como um dos seus serviços". Mais uma vez, o exemplo evocado é o da Mocidade Portuguesa. Nela, o Comissariado Nacional fazia parte do Ministério da Educação Nacional e agia por delegação do ministro, contrariamente ao que acontecia na Itália, na Alemanha e na União das Repúblicas Socialistas Soviéticas (URSS), "onde as organizações juvenis eram órgãos relacionados, mas não subordinados aos ministérios da educação". A explicação era que

---

14 Nas anotações escritas por Capanema, ao preparar o seu parecer, pode-se ler: "O assunto é do Ministério da Educação: examinar as finalidades (educação física, educação profissional, assistência, ensino religioso, educação moral). Sem tais assuntos, o Ministério fica liquidado. Instrução é educação. Nos Estados Unidos. Em Portugal. Enumeração das finalidades: todas de educação. A ONJ assume o papel do Ministério que é dirigir a educação da juventude. O Ministério fica com a função apenas de reger a parte didática-técnica" (CAPANEMA, 1938c).

"nesses países as organizações juvenis não eram instituições de precípua finalidade educativa, mas órgãos políticos, entidades filiadas e incorporadas aos partidos únicos nacionais" (idem)[15].

Capanema critica também a estrutura unitária prevista para a ONJ, que a tornaria "inteiramente desvinculada dos governos estaduais e municipais". Para o ministro, a ONJ "deveria ser estruturada, não de maneira unitária, mas conforme o princípio federativo" (idem). Segundo ele,

> [...] se a educação fosse um serviço privativo da União, se somente o Governo Federal administrasse as instituições educativas do país, nesse caso, poder-se-ia dar ao aparelho encarregado da administração dessas instituições uma estrutura de bloco, única, contínua, hierarquizada. Mas a educação é um serviço que se distribui por todas as esferas administrativas do país; a União e os Estados têm as suas repartições montadas para administrá-lo; estas repartições são necessárias, atendem a exigências irremovíveis; é, assim, o princípio federativo que rege a administração educacional do país. Por tudo isto, qualquer nova instituição de alcance nacional que entre nós se funde, no terreno da educação, tem que estruturar-se federativamente, sob pena de desarticular-se das que já existem [idem][16].

No seu parecer, Capanema propõe ainda que a idade mínima para a inscrição seja de 7 anos, "idade com que se entra na escola primária"; que em vez de "aspirantes" e "pioneiros" as duas categorias fossem denominadas "infantes" e "bandeirantes", e que a organização da juventude feminina constasse da mesma lei que organizasse a mocidade masculina (idem). Opõe-se ainda a que o alistamento seja voluntário. Segundo o ministro, todos os jovens, de ambos os sexos, de 7 a 18 anos, que estivessem frequentando qualquer estabelecimento de ensino oficial ou particular deveriam pertencer obrigatoriamente à ONJ. Para os demais jovens, o alistamento seria voluntário.

---

15 Capanema não percebeu, ou simula não ter percebido, as verdadeiras intenções de Campos ao propor a criação da ONJ. Para os exemplos da Itália, Alemanha e URSS, Capanema baseia-se em Manoilesco (1936).

16 Na realidade, esse princípio federativo, bastante diminuído na Constituição de 1937, e principalmente na Lei Orgânica dos Estados (decreto-lei n. 1.202, de 8 de abril de 1939), foi negado pela crescente centralização que se operou ao longo do Estado Novo. E o Ministério da Educação, dirigido por Capanema, não escapou a essa tendência.

Finalmente, o ministro da Educação analisa as relações entre a ONJ e a escola. E aqui a sua proposta diverge bastante daquela apresentada por Dutra. Criticando o projeto, segundo o qual a ONJ seria "um aparelho desligado da escola... uma instituição à parte, que prescinde da escola, que com ela não se comunica, que dela não depende", Capanema afirma que

> [...] deve a Organização Nacional da Juventude estar por tal forma vinculada às escolas, que estas sejam sempre consideradas como sedes suas. As escolas seriam assim centros de preparação integral da mocidade, e poderiam realizar o papel que os grandes pedagogos de todos os tempos lhes traçaram [idem].

No caso de não existir escola, deveria "ser organizado o centro autônomo de atividade da Organização Nacional da Juventude", passando assim a existir "duas espécies de centros de educação física e moral da juventude: os centros escolares e os centros extraescolares". Além disso, deveriam ser criadas "escolas especiais de preparação de professores para a ONJ"[17], pois a educação física e moral da juventude não deveria ficar a cargo de instrutores tirados do Exército, da Marinha e das forças públicas estaduais, visto que "ao maior número deles faltam os atributos pedagógicos que só se adquirem em escolas especiais de formação do magistério" (idem).

E Capanema conclui:

> Caso seja por V. Exa. aceito o alvitre de se excluir da instituição projetada o ensino militar e de ser ela organizada, com os assuntos restantes, como uma parcela do Ministério da Educação, poder-se-ia fazer um novo projeto de decreto-lei, consubstanciando os princípios fundamentais de organização ora distribuídos pelos três projetos estudados. Baixado este decreto-lei, seria a instituição organizada em todo o país, por meio de instruções e com a cooperação das secretarias estaduais de educação [idem].

---

17 Capanema volta aqui aos exemplos de Portugal, com as escolas de graduados de Lisboa e Porto, e da Itália, com as escolas de Roma e Orvieto.

3. Da "Organização Nacional da Juventude" à "Juventude Brasileira"

Os pareceres de Dutra e Capanema ocasionaram o arquivamento do projeto de organização miliciana e paramilitar da juventude, preparado por Francisco Campos[18], mas, ao mesmo tempo, fortaleceram a ideia de se criar no Brasil um movimento que se encarregasse da educação física, moral e cívica da juventude, inculcando-lhe a disciplina e servindo como instrumento de sua mobilização em torno da ideologia do Estado Novo.

Duas tendências estão em jogo. No meio militar, excluído um pequeno grupo que ainda considerava as organizações italiana e alemã como exemplo, firma-se, entre os que defendiam a necessidade de organizar-se a juventude, a convicção de que a melhor forma de fazê-lo seria através de uma instituição de caráter extraescolar, organizada nos moldes do movimento escoteiro. No Ministério da Educação, a tendência dominante é favorável à criação de um movimento ligado à escola e ao sistema de ensino.

Com relação ao escotismo, a ideia de promover a sua expansão por meio de um movimento desvinculado do sistema de ensino é consequência do fracasso das tentativas de introduzi-lo nas escolas. Já em 1928, um decreto de Washington Luiz assegurava à União dos Escoteiros do Brasil (UEB) o direito ao uso de uniformes, emblemas, distintivos, insígnias e lemas que fossem adotados pelos seus regulamentos, e determinava que o governo promovesse "a adoção da instrução e educação escoteiras nos colégios e institutos de ensino técnico e profissional mantidos pela União" (BRASIL, 1928, p. 128)[19]. Na mesma época, a Reforma do Ensino Primário de Minas Gerais criava a Inspetoria de Educação Física que tinha, entre outras, a função de organizar e orientar o escotismo nas escolas públicas e de preparar para isso os instrutores necessários. E, em 1936, o Congresso Nacional havia aprovado uma lei de acordo com

---

18 Em novembro de 1938, o ministro da Justiça será totalmente excluído do debate sobre a questão, que será entregue pelo presidente ao ministro da Educação. Vargas anotará no seu Diário, em 14 de novembro de 1938: "Passei ao Ministério da Educação o serviço da Organização da Juventude" (VARGAS, 1995, p. 173).

19 A UEB foi fundada no Rio de Janeiro, em 4 de novembro de 1924, mas o primeiro "Centro dos Boy Scouts do Brasil" havia sido criado em 1910 (VIEIRA, 1943, p. 118).

a qual "a teoria e a prática do escotismo" deveriam constituir "matéria dos programas de ensino nas escolas primárias, secundárias, profissionais e normais do país" (BRASIL, 1936d, p. 1.106). Com essa medida, esperava-se que o escotismo alcançasse "a alta finalidade de aprimorar o desenvolvimento físico e moral das futuras gerações brasileiras, para a intransigente defesa da Pátria e pureza do regime democrático" (art. 1º). Para isso o Ministério da Educação deveria fixar a orientação e extensão dos programas, contratar instrutores escoteiros e realizar entendimentos com a UEB para a execução do ensino do escotismo e a criação de "grupos de escoteiros" nos estabelecimentos de ensino (art. 2º).

Mas todas essas iniciativas tiveram pouco resultado. Assim, em 1937, das mais de 35 mil escolas primárias existentes no país, apenas 347 mantinham grupos de escoteiros, metade delas no estado de São Paulo (BRASIL, 1943a, p. 20). Em contrapartida, outras instituições, como a Igreja católica e a Ação Integralista Brasileira (AIB), procuravam também, por meio do movimento escoteiro, estender a sua influência sobre a infância e a juventude[20].

No meio militar, era também grande o entusiasmo pelo movimento escoteiro entre alguns oficiais como, por exemplo, os generais Heitor Borges, Newton Cavalcanti e Meira de Vasconcelos e o almirante Benjamin Sodré[21]. O escotismo era visto como uma forma de ampliação da área de influência do Exército e como uma espécie de preparação para o serviço militar.

Um exemplo significativo pode ser encontrado em artigo publicado na revista *A Defesa Nacional*, em julho de 1935. Partindo do princípio de que é necessário afastar os ressentimentos que existem no "mundo civil" contra o Exército, para que esse seja visto com simpatia e confiança,

---

20 A Igreja católica, através da Federação dos Escoteiros Católicos, mantinha agrupamentos escoteiros em paróquias e colégios. Quanto à AIB, o órgão de direção da juventude integralista (Departamento dos Plinianos) mantinha uma Divisão de Escotismo (*MONITOR INTEGRALISTA*, 1936a, p. 14, art. 11).
21 O general Heitor Borges foi durante muito tempo chefe da UEB. O general Newton Cavalcanti, grande apoio dos integralistas no meio militar e comandante da Vila Militar do Rio de Janeiro, distinguia-se pela sua atuação no intuito de fazer com que o movimento escoteiro se adaptasse mais "aos usos e costumes do Brasil" (*REGULAMENTO TÉCNICO...*, 1936, p. 15). O general Meira de Vasconcelos, presidente do Clube Militar de 1939 a 1945, foi o autor do prefácio ao livro de Baden Powell, *Caminho para o sucesso*, editado pela UEB em 1939. Quanto ao almirante Benjamin Sodré, ele é autor, sob o pseudônimo de "Velho Lobo", do *Guia do escoteiro*, publicado pela UEB.

o autor propõe que seja realizado "um trabalho educativo a fim de fazer viver o Exército num ambiente de estímulos cívicos, fixando no espírito público a ideia de que a vida civil é o Exército 'em potência'". Para isso, preconiza a elaboração de um "plano de política militar interna", cujo ponto de partida seria "estender a 'zona de influência do Exército' até a infância":

> Nós não hesitamos de estender, legitimamente, como elemento nuclear da Pátria, a nossa influência até a adolescência, estabelecendo a educação pré-militar nas Escolas de Instrução Militar e nos Tiros de Guerra: porque não irmos além e completar a nossa obra estendendo a nossa influência justa, consequente, patriótica até a infância, preparando o clímax moral que o Exército futuro deve viver para sua maior eficiência? [PINHEIRO, 1935, p. 810].

E o melhor meio seria a atuação do Exército no movimento escoteiro:

> Basta que os chefes escoteiros sejam feitos pelo Exército. Essa escola de escotismo poderia funcionar anexa à Escola de Educação Física, e em agrupamentos regionais nos Estados, junto aos CPOR [Centro de Preparação de Oficiais da Reserva]. Para reunir a obrigação ao interesse... os que fizessem o curso de chefes escoteiros seriam sargentos do Exército da reserva [idem, p. 811].

Assim, no momento em que ganha corpo a ideia de se criar um movimento nacional de juventude, é natural que para alguns o escotismo apareça como uma alternativa. É o caso, por exemplo, do capitão Hugo Bethlem, que, em artigo escrito em agosto de 1938, afirma: "se um dia, no Brasil, se organizar... a juventude de todo o país, nada mais perfeito para reuni-la, recrutá-la, instituí-la que a forma escoteira" (1938)[22]. Segundo ele, era necessário dar ao povo brasileiro, "desde a infância, uma orientação segura e precisa, criadora de uma mentalidade espiritual superior, sublimada no ideal grandioso da concepção mística da Pátria". Ora, isso era impossível de se realizar através da escola, pois esta, por melhor que fosse, só poderia dar ao aluno "uma noção teórica do sentimento pátrio". Por isso o escotismo, "que não foi criado para substituir a escola, mas para ampliá-la", apresenta-se como a solução. Fazendo questão de frisar que não se trata de "militarizar a juventude", como

---

22 As citações que seguem são desse documento.

fazem "os países potências do mundo", mas de discipliná-la, o capitão Hugo Bethlem propõe a criação de uma Juventude Escotista Brasileira que, tendo como chefe supremo o chefe da Nação, reuniria os alunos das escolas, do primário à universidade, e os empregados, até 18 anos, das fábricas, arsenais, comércio e indústria. Chegados a essa idade, os jovens, "habituados desde a infância à ordem e à disciplina", seriam encaminhados às unidades do Exército, onde cumpririam um estágio de 2 a 3 meses e receberiam a caderneta de reservista[23].

Estimulado por todas essas proposições, o general José Meira de Vasconcelos, comandante da Primeira Região Militar, prepara um anteprojeto do decreto-lei de criação de uma organização de juventude, que ele encaminha ao ministro da Guerra e ao chefe do Estado-Maior, em setembro de 1938 (VASCONCELOS, 1938a).

De acordo com a proposta do general Meira de Vasconcelos, a Juventude Brasileira constituiria "uma instituição nacional permanente incumbida da formação e orientação cívica da mocidade, pelo sistema de educação extraescolar de Baden Powell" (art. 1º, idem). A Juventude Brasileira estaria colocada sob a "chefia suprema" do presidente da República, que seria assistido por um Conselho Nacional Diretor, formado por um oficial-general do Exército e outro da Armada, e por um civil pertencente ao quadro dos professores federais (art. 2º, idem). Regionalmente, a Juventude Brasileira estaria sob a direção dos comandantes das respectivas Regiões Militares, que seriam assistidos por um conselho regional formado por um oficial superior do Exército e outro da Marinha, e por um professor civil (art. 4º, idem). Todos os "grupos, associações e agremiações com finalidades instrutivas para a mocidade", bem como "outras organizações similares" para poderem funcionar no país deveriam incorporar-se à Juventude Brasileira (art. 8º, idem), passando a funcionar sob a "fiscalização direta" do Conselho Nacional Diretor. Na capital federal, deveria ser criada uma Escola Nacional de Chefes "destinada à preparação técnica dos instrutores incumbidos da direção direta das tropas da Juventude Brasileira" (art. 10º, idem).

---

23 Note-se que o escotismo substituiria assim a instrução pré-militar, prevista na legislação do ensino militar em vigor naquele momento.

Em carta ao general Dutra, ministro da Guerra, o general Meira de Vasconcelos (1938b) justifica a sua proposta, que ele apresenta como "sugestão à solução de um dos mais importantes problemas nacionais – o da instrução cívica e social do povo" –, e afirma ser natural que "a sugestão, criação, organização e controle" da Juventude Brasileira parta do Exército, o qual, "dentro de uma das suas missões mais grandiosas em tempo de paz, cuida da educação e preparação cívica do povo" (idem). Além disso, ao propor a adoção do "método educacional extraescolar de Baden Powell", o Exército poderia sentir-se "inteiramente à vontade", visto que

> [...] a doutrina escoteira firmada nos mais puros princípios sociais nada de rigidez militar contém, nas práticas perfeitas com as quais rege, cria e aperfeiçoa o complexo psicológico da mocidade, dando-lhe desde cedo todos os elementos para sozinha vencer na vida [idem].

Dessa maneira, por meio da Juventude Brasileira, o Exército poderia ter "melhores cidadãos para serem perfeitos soldados" (idem).

Note-se que para justificar externamente o papel privilegiado atribuído ao Exército na criação e orientação da Juventude Brasileira, o general Meira de Vasconcelos, baseado na concepção do "cidadão-soldado", utiliza o argumento tradicional: a função educativa das Forças Armadas. Entretanto, internamente, o argumento baseia-se na concepção do soldado profissional: a Juventude Brasileira prepararia melhor o cidadão, e o entregaria ao Exército, que o transformaria em um "perfeito soldado" (idem).

A proposta do general Meira de Vasconcelos é encaminhada pelo ministro da Guerra ao presidente da República, ainda em setembro de 1938, "como subsídio à organização da Juventude Brasileira" (Dutra, 1938b). Em novembro de 1938, o general Góes Monteiro comunica ao ministro da Guerra a posição do Estado-Maior do Exército com relação ao projeto do general Meira de Vasconcelos. Góes Monteiro afirma que

> [...] o Estado-Maior do Exército não vê inconveniente na fundação da Juventude Brasileira e propõe que a atribuição dos cargos de seus diferentes órgãos a militares seja a título provisório, até que a instituição em apreço possa ser transferida para a competência de outros ministérios ou do Conselho Superior de Segurança Nacional [Góes Monteiro, 1938].

Finalmente, em dezembro de 1938, o ministro da Guerra encaminha novamente o projeto ao presidente, agora com a aprovação do

Estado-Maior do Exército. Entretanto, ao comunicar a Vargas a aprovação ao projeto, Dutra modifica-lhe substancialmente o teor. Segundo o ministro da Guerra,

> [...] o Estado-Maior de Exército julga não haver inconveniente da fundação da Juventude Brasileira, *nos termos exatos em que está prevista no projeto de Decreto-lei*. Não devem, entretanto, os encargos de seus diferentes órgãos ser atribuídos, exclusivamente, a militares, *senão na primeira fase da organização, quando para propaganda, orientação, instrução e enquadramento iniciais se faça mister o elemento militar*. Depois, melhor ficará a instituição *sob a direção imediata do Conselho Superior de Segurança Nacional*, coadjuvado no seu trabalho por funcionários de um ou mais Ministérios [DUTRA, 1938c, grifos meus].

Ao insistir que a criação da Juventude Brasileira se faça "nos termos exatos" do projeto, Dutra reitera sua oposição à criação de um movimento de juventude em outros termos, isto é, nos termos propostos por Francisco Campos. Aliás, no final da carta, o Ministério da Guerra relembra ao presidente da República seu parecer sobre o projeto oriundo do Ministério da Justiça. Ao exigir que na fase de organização da instituição, os órgãos de direção sejam ocupados exclusivamente por militares, Dutra quer garantir a influência direta do Exército sobre a orientação a ser assumida pelo movimento. Finalmente, ao manifestar seu desejo que a instituição passe depois para a dependência direta do Conselho Superior de Segurança Nacional e não para a competência de outro ministério, como admitia o parecer do Estado-Maior do Exército, o ministro da Guerra pretende evitar que ela caia nas mãos do Ministério da Justiça. Em contrapartida, ao fazer a Juventude Brasileira dependente do Conselho Superior de Segurança Nacional, o ministro da Guerra está certamente considerando esse movimento pelo ponto de vista da "segurança nacional", conceito que, como visto, serviu na época para justificar a ampliação da influência das Forças Armadas na sociedade, inclusive no setor educacional.

Ao mesmo tempo em que o ministro da Guerra e o Estado-Maior do Exército ocupavam-se do projeto do general Meira de Vasconcelos, o secretário-geral do Conselho Superior de Segurança Nacional, e também presidente da União Católica dos Militares, general Francisco José Pinto, encaminhava diretamente ao presidente da República, em setembro de 1938, o projeto de criação do Departamento de Educação da Mocidade (DEM) (PINTO, 1938), que teria por função "orientar e guiar a educação da juventude" e "coordenar e fiscalizar todas as instituições, de caráter oficial ou não", que tivessem por finalidade a educação da juventude brasileira (art. 2º). O Departamento de Educação da Mocidade seria chefiado pelo presidente da República e dirigido pelo Conselho de Segurança Nacional representado por um departamento administrativo cuja direção seria confiada a um secretário-geral, que deveria ser um oficial-general do Exército ou um civil que na vida pública tivesse demonstrado possuir "qualidades de organizador", dado "provas de sentimento patriótico" e fosse de "ilibada conduta privada" (arts. 4º e 21). A Divisão de Educação Física e a Divisão de Educação Extraescolar do Ministério da Educação e Saúde deveriam passar para a dependência do DEM. Além disso, "todas as organizações oficiais e particulares, as associações culturais e profissionais, desportivas e de educação física" nas quais participasse a mocidade, ou que tivessem por objetivo a sua educação, ficariam subordinadas ao DEM (art. 11). Caberia ao secretário-geral orientá-las pelo "ponto de vista ideológico e doutrinário".

O Programa de Educação da Mocidade, apresentado juntamente com o projeto, incluía educação nacional e cívica, educação moral, educação pré-militar e técnica, educação física e trabalhos domésticos para as meninas. Para as sessões, a serem realizadas aos domingos, os jovens seriam agrupados em unidades e subunidades, identificadas com os mesmos nomes daquelas da infantaria do Exército (esquadra, grupo, pelotão, companhia, batalhão e regimento), "não só para com eles familiarizar, desde a infância, os futuros soldados, como também para emprestar caráter acentuadamente nacional às organizações do DEM" (PINTO, 1938, p. 18).

Ao tratar da "educação nacional e cívica", o general Francisco José Pinto, utilizando quase literalmente a argumentação desenvolvida pelo general Friedrich Von Bernhardi, já analisada no primeiro capítulo deste livro, critica o sistema de ensino brasileiro e propõe que sejam modificados os regulamentos do ensino primário e secundário, introduzindo-se o estudo da história do Brasil e proibindo-se que "nas escolas de qualquer grau, meninos e meninas recebam instrução em comum". Para justificar sua oposição à coeducação, o general Francisco José Pinto se utiliza da mesma argumentação utilizada por Von Bernhardi (1916, p. 259):

> Elevar o coração e a fantasia dos meninos, por via do ensino da história, será impossível ante a simples consideração de que meninos e meninas recebem instrução em comum. O coração do menino deve ser formado de maneira diversa do da menina, embora esta também tenha necessi-

dade de receber lições de patriotismo, para transmiti-las, mais tarde, como mãe, aos seus rebentos [PINTO, 1938, p. 8].

No final do documento, o general resume os objetivos de sua proposta:

> Em síntese, para a realização do seu programa, o DEM começará por exigir que o cidadão de amanhã seja fiel ao seu governo, às instituições de seu país, que ligue seu destino ao destino da nação. Comparecendo, desde a infância, às solenidades nacionais, aos cultos cívicos, respeitando e prestigiando as autoridades, interessando-se pelos seus concidadãos e tendo disposição para sustentar e defender sua família, ele vai armazenando cabedal de enorme valia, tornando-se um homem útil e capaz [idem, p. 21].

Como se pode verificar, as propostas dos militares não visavam à militarização prematura da juventude e muito menos à sua transformação em uma milícia organizada. Tratava-se, antes de tudo, de se criar uma instituição que garantisse uma influência maior do Exército sobre a juventude e que, ao mesmo tempo, ocupando-se da preparação física, moral e cívica, facilitasse o trabalho de militarização a ser realizado durante o serviço militar.

Paralelamente a essas iniciativas desenvolvidas nos meios militares, preparava-se no Ministério da Educação outro projeto, de acordo com a proposta feita por Capanema a Getúlio Vargas. A elaboração desse projeto, que durará todo o ano de 1939 e que culminará com a promulgação de decreto-lei de criação da Juventude Brasileira, em março de 1940, será conduzida diretamente pelo ministro da Educação.

Capanema tomará como base o seu parecer sobre a proposta de Francisco Campos, mas utilizará também os projetos oriundos dos meios militares e algumas informações sobre as organizações de juventude da Alemanha, da Itália e de Portugal[24].

---

24 No Arquivo Gustavo Capanema existe uma pasta intitulada: "Subsídios utilizados por Capanema em suas interferências a respeito da organização de um movimento juvenil em âmbito nacional ligado ao Estado". Nela pode-se encontrar o resumo de um texto de Rudolf Fuer sobre "o Serviço Pré-militar na Juventude Hitlerista", um artigo intitulado "Die Hitler-Jugend" e a respectiva tradução (em papel timbrado da Divisão de Ensino Industrial), uma descrição dos uniformes da Mocidade Portuguesa, vários esquemas sobre a organização da Gioventú Italiana del Littorio, allegato n. 1 a allegato n. 7 al foglio d'ordini del PNF n. 187 (29 ottobre XVI), um documento sobre a organização da juventude nos Estados Unidos e os projetos dos generais Meira de Vasconcelos e Francisco José Pinto.

Como ponto de partida, o ministro da Educação elaborará um documento, entregue ao presidente em 27 de março de 1939 (VARGAS, 1995, p. 211), contendo sugestões para a organização da Juventude Brasileira, no qual ele traçará as linhas gerais do projeto alternativo a ser preparado pelo Ministério da Educação (CAPANEMA, 1939d). De acordo com esse documento, os pontos essenciais a serem considerados para a organização da Juventude Brasileira eram: a sua finalidade, o enquadramento, a direção suprema, os órgãos administrativos e as bases locais.

Quanto às finalidades da Juventude Brasileira, elas seriam aquelas da educação realizada fora da classe: toda a educação física (ginástica e esporte), parte da educação moral e cívica (demonstração da parte dada na classe) e parte da educação intelectual (complemento da parte dada na classe). Segundo o ministro, o fato de essas partes do processo educativo realizarem-se fora da classe não significava que elas deveriam necessariamente se realizar fora da escola.

Para cumprir essas finalidades, a Juventude Brasileira deveria enquadrar, obrigatoriamente, toda a juventude das escolas, masculina e feminina, entre 7 e 18 anos de idade. Para a juventude não escolarizada, o enquadramento seria voluntário.

A direção suprema da organização caberia ao presidente da República, admitindo-se a existência de uma junta suprema, dirigida pelo presidente da República e formada pelos ministros da Justiça, da Guerra, da Marinha e da Educação. A Juventude Brasileira seria administrada, no nível federal, por um Conselho Nacional da Juventude e por um Departamento Nacional da Juventude, ligados ao Ministério da Educação. O Departamento Nacional da Juventude substituiria a Divisão de Educação Física e a Divisão de Educação Extraescolar do Ministério da Educação e ficaria com o encargo da "administração das atividades educativas, não incluídas no ensino, e destinadas à formação física, ao desenvolvimento da educação moral e cívica e ao complemento da educação intelectual da Juventude Brasileira" (idem). No nível estadual, seriam criados conselhos de juventude e departamentos de juventude nas secretarias estaduais de educação.

As bases locais da Juventude Brasileira seriam os centros de juventude, que poderiam funcionar dentro ou fora das escolas, mas que deveriam contar sempre com professores e aparelhamento necessário à realização da sua tríplice finalidade.

O projeto de decreto elaborado por Capanema segue, em suas linhas gerais, esse documento. A primeira versão estava pronta em janeiro de 1939 (CAPANEMA, 1939e).

De acordo com esse projeto, ficava criada uma "instituição nacional" denominada Juventude Brasileira "destinada a promover, além dos limites do ensino, e dentro ou fora das escolas, a educação da juventude, bem como da infância em idade escolar, a fim de que cada brasileiro, realizando superiormente o próprio destino, possa bem cumprir os seus deveres para com a pátria" (art. 1º). Para que a Juventude Brasileira realizasse esse objetivo, o projeto definia, como sua finalidade essencial, dar à infância e à juventude educação moral, cívica e física, educação pré-militar e educação doméstica. A educação pré-militar seria destinada somente aos homens e a educação doméstica somente às mulheres (art. 14).

A educação moral visaria "à elevação espiritual da personalidade humana", buscando "incutir nas crianças e nos jovens a confiança no próprio esforço, o hábito da disciplina, o gosto da iniciativa, a intrepidez e a perseverança na ação, a dignidade na alegria e no infortúnio, e ainda a solidariedade para com a família, a generosidade para com o próximo e o amor a Deus" (art. 15).

A educação cívica visaria "à formação da consciência patriótica", criando

> [...] na alma das crianças e dos jovens o sentimento de que o Brasil é uma entidade sagrada, e de que a cada cidadão cabe uma parcela de responsabilidade pela sua segurança, pelo seu engrandecimento e pela sua perpetuidade, e ainda de que, a exemplo dos grandes brasileiros do passado, deve cada brasileiro de hoje estar por tal forma identificado com o destino da pátria, que se consagre ao seu serviço com o maior esforço e esteja a todo momento pronto a dar por ela a própria vida [art. 16].

A educação física teria por objetivo "[...] não somente fortalecer a saúde das crianças e dos jovens, tornando-os resistentes a qualquer espécie de invasão mórbida e aptos aos esforços continuados, mas também dar-lhes ao corpo solidez, agilidade e harmonia" (art. 17).

A educação pré-militar deveria formar nos jovens inscritos na Juventude Brasileira "o amor ao dever militar, a consciência das grandes responsabilidades do soldado, o conhecimento das técnicas elementares do serviço militar e os hábitos singelos e duros da vida de caserna e de campanha" (art. 18).

A educação doméstica teria por função dar às jovens brasileiras "o sentimento de que o seu maior dever é a consagração ao lar, e ainda a ministrar-lhes os conhecimentos necessários ao cabal desempenho de sua missão de mães e de donas de casa" (art. 19).

Além dessas "modalidades de educação", que constituíam as "finalidades essenciais" da Juventude Brasileira, ela buscaria ainda dar à infância e à juventude "a educação intelectual, que não entre nos limites do ensino e seja destinada a completar ou a ilustrar os conhecimentos no ensino adquiridos" (art. 20).

Para realizar essas finalidades, a Juventude Brasileira faria "o enquadramento de toda a infância compreendida entre 7 e 13 anos de idade e de toda a juventude incluída na idade de 13 a 18 anos". A inscrição seria obrigatória "para as crianças e os jovens, de ambos os sexos" que estivessem matriculados "em qualquer estabelecimento de ensino oficial ou fiscalizado", e facultativa para os outros (art. 8º).

Os membros da Juventude Brasileira seriam enquadrados em escalões. Existiriam dois escalões masculinos: o dos infantes (de 7 a 13 anos) e o dos pioneiros (de 13 a 18 anos). Os escalões femininos seriam o das brasileirinhas (de 7 a 13 anos) e o das jovens brasileiras (de 13 a 18 anos) (art. 9º).

As atividades da Juventude Brasileira seriam realizadas nos núcleos, que poderiam ser escolares ou extraescolares, oficiais ou particulares. Os poderes públicos deveriam criar núcleos escolares ou extraescolares em todas as cidades e auxiliar a montagem e a manutenção daqueles instituídos por entidades privadas. Além disso, em cada estabelecimento de ensino oficial ou fiscalizado deveria ser criado, pela entidade mantenedora, um núcleo destinado às atividades educativas de seus alunos inscritos na Juventude Brasileira (arts. 22-26).

Colocada "sob a alta vigilância do Presidente da República" (art. 6º) a Juventude Brasileira seria dirigida pelo governo federal, que para isso deveria criar no Ministério da Educação os órgãos necessários. Os governos estaduais e municipais deveriam cooperar com o governo federal na administração da Juventude Brasileira organizando, mantendo e dirigindo núcleos nas escolas por eles administradas e fora delas, e cooperando financeiramente com as entidades privadas para a montagem e manutenção de núcleos escolares e extraescolares. Os núcleos federais, estaduais, municipais e particulares destinados à educação dos pioneiros e das jovens brasileiras seriam colocados sob a direta fiscalização do governo federal; os núcleos estaduais, municipais e particulares destinados à educação dos infantes e das brasileirinhas ficariam sob a fiscalização direta dos governos estaduais (arts. 27-31). As questões gerais relacionadas com a organização da Juventude Brasileira seriam estudadas por um conselho supremo, presidido pelo presidente da República e constituído pelos ministros da Educação, da Guerra e da Marinha (art. 7º)[25].

Entre as atividades a serem realizadas pela Juventude Brasileira destacavam-se as "formações" que consistiam em "exercícios de concentração ou de deslocamento [...] visando, pela criação da disciplina, do entusiasmo e da resistência, a fins educativos a um tempo de ordem moral, cívica e física". Entre essas teriam especial destaque as formações gerais, por ocasião das grandes festas nacionais. O projeto previa duas formações gerais em cada ano: no dia 21 de abril, em comemoração ao sacrifício de Tiradentes, e no primeiro domingo de setembro, em comemoração à Independência do Brasil. Para dirigir as formações seriam organizados comandos regionais, subordinados a um comando geral, a ser criado no Ministério da Educação. Tais comandos seriam exercidos por oficiais superiores do Exército ou da Marinha (arts. 32-39).

A Juventude Brasileira teria por divisa a expressão "Viver é lutar" e por patrono Tiradentes, "paradigma de grandeza humana, no propósito, na ação e no sacrifício" (arts. 3º-4º). Depois de salientar que a Juventude Brasileira deveria prestar "culto constante à bandeira nacional" e ter no hino nacional "a expressão de seu fervor de cada dia" (art. 5º), o projeto previa a adoção de um estandarte e de um cântico próprios "como símbolos da sua unidade moral" (art. 6º).

O projeto incluía ainda um artigo segundo o qual não poderia funcionar no país, a partir de 1º de julho de 1939, "qualquer instituição destinada a ministrar à infância e à juventude, nos limites de idade previstos, a educação moral, cívica e física, uma vez que não se tenha incorporado à Juventude Brasileira, como um de seus núcleos" (art. 42).

Em junho de 1939, o ministro da Educação encaminhará à aprovação do presidente da República uma versão modificada desse projeto

---

25 Note-se que, contrariamente ao que havia admitido Capanema em suas *Sugestões para a organização da Juventude Brasileira* (1939d), o projeto não prevê a participação do ministro da Justiça no Conselho Supremo.

(CAPANEMA, 1939f). Esta nova versão inclui a educação religiosa entre as modalidades de educação a serem ministradas pela Juventude Brasileira a seus membros (art. 22) e prevê que a educação artística, em todas as suas modalidades seja objeto de especial consideração no domínio da educação intelectual (art. 21). Determina, além disso, que em cada Estado seja criado um conselho presidido pelo chefe do governo local e formado pelo secretário estadual de educação e por duas autoridades federais, responsáveis pela administração da Juventude Brasileira no Estado (art. 32). Quanto à educação pré-militar, esta passava a ser ministrada sob a orientação do Ministério da Guerra, através do comando geral e dos comandos regionais da Juventude Brasileira (arts. 29 e 33).

Mas as duas modificações fundamentais referem-se às relações da Juventude Brasileira com a escola e com as outras instituições de juventude já existentes.

Prevendo a reação dos responsáveis pelas escolas, Capanema inclui na nova versão um artigo no qual afirma: "a educação ministrada pela Juventude Brasileira será a um tempo base e complemento da educação ministrada pelas escolas. Entre aquela e estas haverá continuado entendimento e estreitos vínculos de cooperação" (art. 2º). Ao mesmo tempo, certamente para evitar reações desfavoráveis, sobretudo da parte da Igreja católica e dos chefes escoteiros, Capanema suprime a cláusula que tornava obrigatória a incorporação à Juventude Brasileira de todas as instituições destinadas a ministrar educação moral, cívica e física à infância e à juventude.

Na "Exposição de Motivos", Capanema comunica ao presidente haver submetido o projeto "à apreciação do Ministro da Guerra e do Ministro da Marinha, dadas as ligações a serem estabelecidas entre a Juventude Brasileira e os dois ministérios militares". Note-se que Capanema não consultou o ministro da Justiça. Nesse momento, Francisco Campos já estava completamente descartado do processo de organização do movimento de juventude que ele havia iniciado. Capanema considera seu projeto como definitivo, afirmando:

> Parece-me que o projeto encerra as medidas essenciais de organização da juventude em nosso país, para o fim de se lhe ministrar uma educação que a revigore na saúde, que ao corpo lhe dê resistência e destreza, que lhe eleve e enobreça o caráter, que lhe encha o coração de entusiasmo, que a torne capaz de dedicação e de sacrifício diante das necessidades e exigências da pátria, em suma, uma educação que prepare o tipo

humano de que a nação precisa para a sua duração, a sua prosperidade e o seu prestígio através dos tempos incertos e difíceis [CAPANEMA, 1939g].

Entretanto, se o ministro da Educação considerava a versão de junho como definitiva, Vargas não tinha a mesma opinião e procurou ouvir outros pontos de vista.

Entre as pessoas consultadas pelo presidente inclui-se Osvaldo Aranha, que se posicionou radicalmente contra[26], e Gustavo Barroso, que encaminhou seu parecer a Getúlio Vargas no final de julho de 1939 (BARROSO, 1939)[27]. O documento de Gustavo Barroso reflete claramente as ideias do antigo dirigente das Milícias Integralistas. Criticando o lema "Viver é lutar" que se poderia prestar a uma interpretação em "sentido materialista", Barroso propõe que seja substituído pela expressão "Por Deus e pelo Brasil", que era, segundo ele, "lema de profunda expressão espiritualista e patriótica, verdadeira afirmação doutrinária, que chamará logo sobre a nova Instituição as simpatias de todas as correntes espiritualistas do país". Justificando sua preocupação com essa questão, escreve Gustavo Barroso: "A importância do lema simbólico é muito grande. Pode-se dizer que é uma importância até certo ponto religiosa. Todos os lemas em casos semelhantes são verdadeiras afirmações de princípios, são sínteses de uma doutrina".

Em seu parecer, Barroso propõe também uma modificação no artigo referente à educação moral, sugerindo que seja dada ênfase especial ao amor a Deus e ao culto da Pátria. Segundo ele, era necessário criar uma mística, ou seja, uma "sugestão comum, criadora de uma disciplina consciente coletiva para fins precisos". Sem uma mística, "a nova Instituição será um corpo sem alma, infecundo, incapaz de produzir os frutos que dela se esperam". Ora, para Gustavo Barroso:

> [...] toda mística decorre de uma doutrina, toda doutrina de uma concepção de vida, a qual se enquadra numa filosofia. Não há filosofia espiritualista sem Deus. Prova-o a História com o martirológio cristão, a espantosa conquista militar do Islam, o ressurgimento de nações mo-

---

26 "O Osvaldo fez várias objeções à lei de proteção à família e manifestou-se contra a da Juventude" (VARGAS, 1995, p. 253).
27 Getúlio Vargas havia pedido o parecer de Gustavo Barroso em 24 de julho de 1939: "Audiências [...] Entre estas, Gustavo Barroso a quem dei a examinar o decreto da Organização da Mocidade, entregue pelo Ministro da Educação" (VARGAS, 1995, p. 241).

dernas, presas da anarquia, anquilosadas pelos tratados ou esmagadas pela miséria [idem].

Ao referir-se às "nações modernas", Barroso pensa certamente na Itália e na Alemanha. E serão esses mesmos países que ele tomará como exemplos, ao relembrar a Vargas, no fim de seu parecer, de uma forma indireta, a necessidade da criação da milícia e do partido:

> Um Estado Moderno enquadra os cidadãos e de certo modo os dirige quase do berço ao túmulo. Somente assim poderá ter uma forte estrutura moral para firmar sua força material, em consequência. A organização da mocidade deve ser encarada como o preâmbulo de outras organizações mais amplas e imprescindíveis [idem].

Outro parecer, não assinado, buscará reintroduzir no projeto a dimensão político-mobilizadora da proposta inicial de Francisco Campos (CPDOC, 1939). Assim, a educação política voltaria a fazer parte das finalidades da organização, que teria por lema a expressão "Tudo pela Pátria"; o comandante da Região Militar passaria a fazer parte do Conselho Estadual e a obrigatoriedade de inscrição se estenderia aos "funcionários públicos, solteiros, menores de 20 anos e aos associados dos institutos dos comerciários, industriários e bancários e dos sindicatos de classe, nas mesmas condições". A carteira de membro da instituição daria ao seu portador direito de preferência no momento da seleção para preenchimento de cargos públicos. Entre os deveres dos membros da instituição se incluíam o respeito e o acatamento dos superiores hierárquicos e das autoridades constituídas, o compromisso de prestigiar e de defender o regime político instituído no país e a saudação ritual ao chefe supremo, às autoridades e aos componentes da instituição.

Todas essas propostas serão encaminhadas pelo presidente ao ministro da Educação, que redigirá uma nova versão do projeto, enviando-a a Vargas em dezembro de 1939 (CAPANEMA, 1939h). O lema "Viver é lutar" é suprimido; desaparece também a divisão em escalões e o agrupamento dos inscritos em legiões, cortes, pelotões, grupos e esquadras. A educação doméstica é substituída pela educação familiar, "destinada a incutir nas crianças e nos jovens de ambos os sexos os sentimentos e os conhecimentos que os tornem dignos e capazes da missão de pais e mães de família". Essa modalidade de educação seria destinada "de modo especial às mulheres", às quais deveria ser dado, "além da consciência dos deveres que as vinculam ao lar, o aprendizado de todas as modalidades de serviços domésticos, inclusive os que se referem à criação e à educação dos filhos" (art. 13). Inclui-se entre as finalidades da Juventude Brasileira a educação sanitária, destinada a "ensinar às crianças e aos jovens os hábitos e as práticas higiênicas que tenham por finalidade a prevenção de toda sorte de doenças, a conservação do bem-estar e o prolongamento da vida" (art. 15). Os núcleos passam a denominar-se Centros da Juventude Brasileira. Finalmente, refletindo a intensa atividade que se desenvolvia naquele momento, com vistas à implantação da aprendizagem profissional sistemática no país e a disputa entre o Ministério da Educação e o Ministério do Trabalho pelo controle desse processo[28], a nova versão do decreto prevê a inscrição dos aprendizes na Juventude Brasileira e a instalação de centros destinados a eles, "mediante cooperação dos poderes públicos com as empresas de diferentes categorias" (art. 20).

A nova versão do projeto será ainda objeto de um comentário anônimo, contendo ásperas críticas ao projeto, especialmente quanto à escolha de Tiradentes como patrono da Juventude Brasileira, ao papel atribuído à religião, à família e ao Estado na nova instituição e às relações desta com os governos estaduais e com as instituições particulares. As críticas serão respondidas em tom conciliador pelo ministro da Educação. A resposta de Capanema receberá uma réplica e a disputa terminará com a intervenção direta do presidente (CAPANEMA, 1939h)[29]. Essa documentação merece ser analisada, não apenas pela importância a ela atribuída por Getúlio Vargas, como também porque contém uma tomada de posição clara de Capanema quanto a algumas questões fundamentais. As críticas referem-se à escolha de Tiradentes como patrono da Juventude Brasileira, ao papel atribuído à religião, à família e ao Estado na nova instituição, e às relações dessa com os governos estaduais e com as instituições particulares.

O autor da crítica começa propondo que, em lugar de Tiradentes, "herói muito pouco imponente e de pouca exemplaridade", seja escolhido como patrono da Juventude Brasileira "um herói jovem, pouco conhecido, mas acerca de quem se pudesse criar uma lenda interessante". Capanema, mesmo concordando com a supressão do artigo

---

28 A respeito, ver Cunha (1983, pp. 437-469).
29 As citações que se seguem são desse documento.

relativo à escolha do dia 21 de abril como data maior da organização, defende Tiradentes, afirmando que nenhum herói da história brasileira era mais indicado do que ele "para figurar como guia e inspiração da juventude". Capanema não compreendeu que, na realidade, o que estava em jogo não era a figura histórica de Tiradentes. Ao propor que o patrono da Juventude Brasileira fosse um herói jovem e lendário, o autor dos comentários tem certamente diante dos olhos o modelo italiano, com a figura de Giovanni Batista Perasso, chamado Balilla, jovem herói italiano quase desconhecido que em 1746 desencadeou em Gênes a revolta popular contra os ocupantes austríacos, transformado em figura quase lendária pelos responsáveis pela Opera Nationale Balilla. Por isso, em sua contrarresposta, o crítico volta à carga afirmando que o debate acerca de figuras históricas era "academicismo". O verdadeiro debate era outro:

> Não se pode, nem deve, pois, dar à juventude brasileira um herói comportando discussões. O herói deve ser ou um produto acabado e completo ou uma criação nova. De modo algum uma simples figura histórica, que comporte discussões, dúvidas, negações. [...] Tome-se portanto um herói verdadeiramente nacional – do Brasil todo – e quanto mais anônimo melhor, porque a sua lenda poderá ser enriquecida à vontade.

O autor dos comentários propõe também que a educação familiar seja excluída de entre as finalidades da Juventude Brasileira. Segundo ele, "a organização não deve ter em vista educar para o lar, mas para o Estado. Não pode incumbir ao Estado este aspecto da educação. A educação do Estado deve ser para o Estado. Ao próprio lar é que deve incumbir a educação familiar". Quanto à consciência dos deveres que vinculam a mulher ao lar, essa pode ser um objetivo da educação moral. Capanema concorda que a educação familiar seja excluída das finalidades da Juventude Brasileira, não sem dizer que essa exclusão viria "diminuir a força e a elevação do projeto". O ministro da Educação não concorda, porém, com a argumentação apresentada para justificar a exclusão:

> Não é, entretanto, exato que ao Estado não caiba educar para a família. Esta doutrina só é admissível onde o Estado adote com relação à família uma atitude de indiferença. Não, porém, no nosso país. Aqui a família está colocada sob a proteção especial do Estado (art. 124 da Constituição), o qual busca, justamente neste momento, organizar de maneira adequada o sistema dessa proteção. Aqui, portanto, não pode a educação, a ser ministrada pelo Estado, abster-se do problema da fa-

mília. Ao contrário, deve ele visar, entre outros objetivos, ao de tornar os pais e as mães plenamente conscientes de seus deveres familiares, concorrendo assim para o fortalecimento, a prosperidade, o prestígio da instituição que, por ser base da Nação, é colocada sob a proteção especial do Estado.

Ainda aqui, a razão da disputa não se esgota na inclusão ou não inclusão da educação familiar entre as finalidades da Juventude Brasileira. Como será visto, paralelamente à elaboração do projeto de organização da Juventude Brasileira, processava-se no seio do governo a preparação do projeto do "Estatuto da família". O ministro da Educação estava interessado em garantir para o seu ministério a direção desse processo. Daí a sua insistência em afirmar que o problema da família era, antes de tudo, um problema de educação. Aliás, ele utiliza aqui a mesma argumentação de que se servirá no preâmbulo do anteprojeto do "Estatuto da família", elaborado por ele na mesma ocasião. Nesse anteprojeto, a dimensão familiar da função educativa do Estado aparece de forma bem mais explícita:

> O Estado educará ou fará educar a infância e a juventude para a família. Devem ser os homens educados de modo a que se tornem plenamente aptos para a responsabilidade de chefes de família. Às mulheres será dada uma educação que as torne afeiçoadas ao casamento, desejosas da maternidade, competentes para a criação dos filhos e capazes da administração da casa [apud Schwartzman, 1981, p. 72].

Além da supressão da educação familiar, o documento sugere que do projeto de organização da juventude seja excluída a educação religiosa e que o "amor a Deus" não figure como uma das finalidades da educação moral. O autor apela para os exemplos da Itália e da Alemanha, e retoma também o argumento já utilizado em 1931 pelos adversários do ensino religioso de uma possível desunião interna, por razões de ordem religiosa:

> Uma organização de Estado não precisa cuidar de entidade superior ao próprio Estado. [...] Não cabe educação religiosa numa organização do gênero. Nenhum Estado entre os que possuem arregimentações semelhantes traz questões confessionais ou de credo para a sua organização. Pelo contrário, trata de destruí-las. São muito conhecidos os episódios da luta do Governo italiano para destruir as agremiações de Juventude da Igreja conhecidas com o nome de Azione Catolica. Na Alemanha também foram destruídas as organizações de juventude segundo credos. Depois, a unidade monolítica da juventude seria rompida pelas

separações de credo e as lutas internas da organização em torno de objetivos secundários, como os de ordem religiosa.

Capanema não concorda com essa argumentação. Segundo ele, se a Rússia e a Alemanha excluíram a religião de suas organizações nacionais de juventude, o mesmo não se pode dizer da Itália e de Portugal. Além disso, afirma o ministro:

> [...] esta isenção que a crítica aconselha que o Estado mantenha em face do problema religioso é a atitude de velho Estado leigo e liberal, não porém a de um Estado moderno como o brasileiro, que tem reiteradamente reconhecido a existência e a legitimidade da vida espiritual da Nação.

O autor das críticas replica, afirmando que a sua proposta de exclusão da educação familiar e da educação religiosa do projeto respondia a uma exigência que não poderia ser negada quando analisada "à luz do bom senso político e do primado da ação em qualquer trabalho de organização". Recusando-se a entrar em questões teóricas, ele prefere contra-argumentar com base em critérios pragmáticos:

> Quem visa muitos objetivos, é truísmo, em geral não atinge nenhum. Educar, a um tempo, para Deus, para a Família e para o Estado não é possível sem enfraquecer um pelo menos dos resultados, e esse fatalmente será o de educar para o Estado. É preciso portanto escolher. Se a educação é para Deus, não é necessário que o Estado intervenha. Cabe a missão aos religiosos, sempre ciosos disso e desejosos de absorver o Estado no credo religioso. Se é para a Família, então reforcemos os seus laços, e não há necessidade de organizar a juventude. O tríplice objetivo resulta apenas em debilidade da organização.

O documento critica ainda a multiplicação dos centros, que seria "prejudicial à unificação dos métodos e processos de trabalho de organização da Juventude Brasileira" e propõe que eles sejam instalados apenas nos estabelecimentos oficiais "que unificam a disciplina e os métodos de convivência dos jovens". Quanto aos conselhos estaduais, esses deveriam ser presididos por um delegado do Conselho Supremo e não pelo chefe do governo local, para evitar qualquer subordinação da Juventude Brasileira aos governos locais, pois isso enfraqueceria a instituição.

A palavra final em todas essas questões caberá a Getúlio Vargas, que comunicará suas decisões ao ministro da Educação. Capanema proporá ao presidente que na versão definitiva seja mantida a "estrutura fundamental" do projeto através de uma redação mais simples, evitando-se "as questões de definição, sempre susceptíveis de controvérsia". Será isso que o ministro da Educação procurará realizar, ao redigir a nova versão do projeto, que será finalmente aprovada pelo presidente da República e transformada em lei, em março de 1940 (BRASIL, 1940a, p. 271)[30].

As modificações introduzidas por Capanema serão, na realidade, mais de forma que de conteúdo.

Em primeiro lugar, Capanema suprime qualquer referência à educação pré-militar, à educação familiar e à educação sanitária enquanto finalidades específicas da Juventude Brasileira. Entretanto, os objetivos anteriormente a elas atribuídos são mantidos, sendo incluídos entre os objetivos da educação cívica, moral e física.

Assim, a educação cívica teria como objetivo "a formação da consciência patriótica", criando, "no espírito das crianças e dos jovens, o sentimento de que a cada cidadão cabe uma parcela de responsabilidade pela segurança e pelo engrandecimento da pátria, e de que é dever de cada um consagrar-se ao seu serviço com maior esforço e dedicação". Seria também papel da educação cívica "formar nas crianças e nos jovens do sexo masculino o amor ao dever militar, a consciência das responsabilidades do soldado e o conhecimento elementar dos assuntos militares, e bem assim dar às mulheres o aprendizado das matérias que, como a enfermagem, as habilitem a cooperar, quando necessário, na defesa nacional" (art. 2º).

A educação moral deveria visar "à elevação espiritual da personalidade". Para isso, deveria "incutir nas crianças e nos jovens a confiança no próprio esforço, o hábito da disciplina, o gosto da iniciativa, a perseverança no trabalho, e a mais alta dignidade em todas as ações e circunstâncias". Além disso, a educação moral deveria "formar nas crianças e nos jovens de um e outro sexo os sentimentos e os conhecimentos que os tornem capazes da missão de pais e mães de família". Para as mulheres, deveria ser dada, de modo especial, "a consciência dos deveres que as vinculam ao lar, assim como o gosto dos serviços domésticos, principalmente dos que se referem à criação e à educação dos filhos" (art. 3º).

---

30 O presidente anotou em seu diário: "Assinei vários atos importantes, entre eles a criação da Juventude" (VARGAS, 1995, p. 300).

Finalmente, a educação física teria por objetivo "não somente fortalecer a saúde das crianças e dos jovens, tornando-os resistentes a qualquer espécie de invasão mórbida e aptos para os esforços continuados, mas também dar-lhes ao corpo solidez, agilidade e harmonia" (art. 4º). A educação física deveria também "dar às crianças e aos jovens os hábitos e as práticas higiênicas que tenham por finalidade a prevenção de toda sorte de doenças, a conservação do bem-estar e o prolongamento da vida" (art. 4º).

Ao excluir do decreto qualquer referência à educação pré-militar, Capanema procura adaptá-lo à nova Lei do Ensino Militar que acabava de ser promulgada (BRASIL, 1939d, p. 149). Essa lei, como visto no Capítulo I, determinava que fosse criada, em cada estabelecimento civil de ensino primário e secundário, uma Escola de Instrução Pré-Militar (EIPM), sob o controle da Inspetoria Geral de Ensino do Exército, com a finalidade de dar instrução pré-militar a todos os alunos. Assim, dar educação pré-militar nos centros cívicos da Juventude Brasileira significaria, seja uma duplicação de instituições destinadas à mesma atividade, seja uma transformação dos centros cívicos em escolas de instrução pré-militar, o que os colocaria sob o controle do Ministério da Guerra. Ora, como visto, nem o ministro da Educação nem o ministro da Guerra desejavam esse fato, e certamente entraram em um acordo para evitar que isso acontecesse. Dessa forma, na versão final do decreto de criação da Juventude Brasileira, embora o ministro da Guerra e o ministro da Marinha continuassem a fazer parte do conselho supremo, a administração da Juventude Brasileira passa totalmente para o Ministério da Educação (art. 23). O Ministério da Guerra e o Ministério da Marinha ficam apenas com a incumbência de dar ao Ministério da Educação os necessários esclarecimentos quanto à orientação a ser dada às "atividades destinadas a dar às crianças e aos jovens os conhecimentos elementares dos assuntos relativos à defesa nacional", atividades estas que, no decreto, substituem os exercícios de educação pré-militar previstos nas versões anteriores (arts. 13 e 23).

A exclusão da educação pré-militar permite também a supressão do comando geral e dos comandos regionais, anteriormente previstos para superintender a educação pré-militar e dirigir as formaturas da Juventude Brasileira. Dessa forma, os oficiais indicados pelos ministérios militares passavam a "cooperar na administração da Juventude Brasileira", sob a superintendência do Ministério da Educação (art. 23). Além disso, desaparece do decreto qualquer referência às atividades a serem desenvolvidas pelos governos municipais: quanto às repartições encarregadas da administração da Juventude Brasileira em cada Estado, elas deveriam atuar em articulação com as repartições correspondentes do Ministério da Educação (art. 26). Tudo isso vem aumentar ainda mais o controle deste último sobre a organização que acabava de ser legalmente criada.

4. O papel de árbitro – Getúlio Vargas

Na medida em que pretendia enquadrar a juventude dentro das aspirações e dos princípios do Estado Novo, Getúlio Vargas não podia ficar indiferente à questão da qual se trata aqui. Desse modo, durante os anos de 1938 e 1939, Vargas, em diferentes ocasiões, refere-se à criação de uma organização de juventude, de caráter nacional, evitando, entretanto, tomar posição entre as várias tendências que disputavam no seio de seu governo a liderança da futura organização, posicionando-se ora a favor de uma, ora a favor de outra.

Assim, em entrevista à imprensa, na comemoração do primeiro aniversário do Estado Novo, Vargas anuncia: "Estuda-se com carinho o modo mais prático de incrementar a educação cívica das novas gerações, organizando a juventude por forma a constituir reserva facilmente mobilizável, sempre que houver objetivo patriótico a alcançar" (VARGAS, 1940e, p. 107).

Note-se que, ao falar em "reserva mobilizável", o presidente está empregando uma linguagem tipicamente militar. Aliás, Vargas faz esse anúncio ao falar das atividades desenvolvidas pelas Forças Armadas, no item relativo à "cultura cívica e preparação militar", e não ao tratar das atividades do setor educacional.

Em junho de 1939, já de posse da proposta do Ministério da Guerra, favorável à organização da juventude segundo o modelo do escotismo, Getúlio Vargas anuncia, ao discursar em uma reunião de escoteiros:

> Em breve, toda a juventude brasileira será chamada a incorporar-se numa poderosa organização nacional, que se erguerá, como uma flama abrasada pelo patriotismo, para realizar um grande ideal. A vossa experiência e treinamento constituirão valiosa e decisiva contribui-

ção para por em marcha, vitoriosamente, este empolgante movimento cívico [VARGAS, 1940b, p. 13].

Durante o segundo semestre de 1939, Vargas volta ainda duas vezes ao assunto. Nesse momento, ele já fala em "Juventude Brasileira" e situa a iniciativa de sua organização no mesmo plano de elaboração do "Estatuto da família". Como se verá, essa ligação não é casual. Assim, em setembro de 1939, o presidente anuncia à nação, na *Hora da Independência*:

> Dentro em pouco, poremos em vigor mais duas leis de capital importância na reestruturação de nossa sociedade: o Estatuto da Família e a Lei Orgânica da Juventude Brasileira. Com elas definirá o Estado os princípios fundamentais da organização da família, como base da vida social, assumindo a tarefa de velar pela sua formação, desenvolvimento, segurança e honra, e mobilizará a juventude, enquadrando-a numa grande instituição de finalidade patriótica e educacional [VARGAS, 1940g, p. 299].

Em novembro desse mesmo ano, ao inaugurar a Conferência Nacional de Economia e Administração, ele afirma: "Outras medidas de significativa importância devem ser postas em vigor proximamente; entre elas, o Estatuto da Família e a Organização da Juventude Brasileira, ambas previstas no Estatuto fundamental do regime" (VARGAS, 1941b, p. 76).

Nesse momento, essas medidas são incluídas por Vargas no elenco das transformações relacionadas com a justiça e com a ordem constitucional.

Finalmente, em março de 1940, quatro dias depois de assinado o decreto-lei de criação da Juventude Brasileira, Vargas declara, em entrevista à imprensa:

> Promulgou-se, ainda, um Decreto criando a Juventude Brasileira. Já é um grau mais alto de auxílio educativo, orientando a juventude na quadra em que precisa receber instrução cívica e moral e, também, paramilitar, de modo a preparar a mocidade, dentro do regime da disciplina e da ordem, para as altas funções que está chamada a desempenhar, na substituição das gerações atuais [VARGAS, 1941c, p. 226].

Nessa entrevista, Vargas, embora fale de "instrução paramilitar"[31], situa esse decreto entre as realizações na área da instrução e saúde públi-

---

31 A expressão "educação paramilitar" havia sido sugerida pelo autor dos comentários ao projeto de dezembro de 1939, em substituição à expressão "educação pré-militar", que Capanema

ca, depois de falar da criação do Departamento Nacional da Criança e da ação do governo federal no âmbito do ensino primário.

A vinculação da Juventude Brasileira ao Ministério da Educação, definida no decreto-lei que a criou, é claramente anunciada por Vargas no final de 1940: "Completando o conjunto das iniciativas em matéria de ensino e educação, organizou-se a Juventude Brasileira, que deverá enquadrar a mocidade do país, em movimento de mobilização cívica, nos moldes nacionalistas do Estado Novo" (VARGAS, 1942b, p. 173).

Assim, a decisão de criação de uma organização de juventude no nível nacional só foi apresentada como definitiva por Getúlio Vargas no final de 1938, após ter recebido parecer favorável das parcelas do poder que nela poderiam estar interessadas. Mas o presidente, reservando sua decisão para o momento oportuno, evitou tomar partido na disputa ligada à estrutura e à organização da instituição, que opunha o ministro da Justiça aos ministros da Guerra e da Educação[32].

Paralelamente ao processo de definição de uma política da juventude para o Estado Novo, travava-se entre o ministro da Educação e o ministro da Justiça outra disputa, ligada à definição da política da família. Os dois processos completam-se e se esclarecem mutuamente.

Com efeito, no que se refere à definição de uma política da família para o Estado Novo, o caminho seguido foi o inverso daquele que descrito para a definição da política da juventude[33].

O projeto inicial de um "Estatuto da família" teve sua origem no Ministério da Educação, tendo sido encaminhado a Vargas por Capanema, no primeiro semestre de 1939. Como visto, a existência desse projeto foi anunciada publicamente por Vargas em setembro de 1939, juntamente com o anúncio do projeto de uma Lei Orgânica da Juventude Brasileira. Entretanto, da mesma forma como a proposta da ONJ, oriunda do Ministério da Justiça, havia sofrido a oposição de Capanema, a proposta do estatuto da família, oriunda do Ministério

---

considerava inadequada, caso fosse decidido que ela se estenderia às mulheres. Getúlio Vargas havia aprovado a sugestão.

32 Em março de 1939, Abgar Renault, diretor-geral do Departamento Nacional de Educação, envia uma carta a Capanema com os seus comentários sobre o projeto de organização da Juventude Brasileira. No final da carta, ele acrescenta a observação: "O C[ampos] é capaz de não gostar de ter ficado isto com o seu Ministério, não?" (CPDOC, Arquivo Gustavo Capanema, GgC 38.08.09 (II-8)).

33 O debate em torno da definição de uma política estadonovista para a família está descrito em Schwartzman (1981). As informações citadas a seguir são desse estudo.

da Educação, encontra oposição da parte de Campos. Este, juntamente com Oswaldo Aranha, critica duramente o projeto de Capanema e apresenta um anteprojeto próprio, em substituição. O debate continua com a resposta de Capanema e um parecer de um assessor de Vargas, rejeitando ambos os projetos.

Em novembro de 1939, no mesmo dia em que, na abertura da Conferência Nacional de Economia e Administração, Vargas anuncia a próxima entrada em vigor do estatuto da família e a criação de uma "Organização da Juventude Brasileira", é assinado um decreto-lei criando a Comissão Nacional de Proteção à Família, com a incumbência de elaborar o projeto do estatuto e nele consubstanciar "os princípios da política nacional com relação à família" (BRASIL, 1939h, p. 191). Tal comissão havia sido sugerida por Capanema, mas Vargas entrega essa presidência ao ministro da Justiça, Francisco Campos. O Ministério da Educação ficou apenas com direito a um representante, entre os sete membros da comissão[34]. Será essa comissão que elaborará o anteprojeto de decreto sobre a organização e proteção da família, encaminhado a Getúlio Vargas por Francisco Campos e promulgado em abril de 1941 (BRASIL, 1941a, p. 55).

Assim, enquanto a definição da política nacional da juventude, iniciada no Ministério da Justiça, é entregue por Vargas ao ministro da Educação, a definição da política nacional da família, iniciada através de uma proposição de Capanema, é confiada por Vargas a uma "comissão técnica", presidida pelo ministro da Justiça.

---

34 A representante do Ministério da Educação será Stela de Faro, secretária da secção feminina da Confederação das Associações Católicas. A sua indicação será imediatamente aprovada por Alceu Amoroso Lima: "ótima a sua indicação de D. Stela de Faro. Parece-me que a Comissão ficou bem constituída e vai trabalhar com espírito de unidade e sentido cristão e brasileiro" (LIMA, 1939). A previsão de Amoroso Lima não se confirmou, e pouco depois ele escrevia novamente ao ministro da Educação para falar sobre os problemas surgidos entre Stela de Faro e outro membro da comissão que, segundo ele, "nada conhece do assunto e é um elemento puramente livresco, que não fará falta alguma à Comissão" (LIMA, 1940a). Os outros membros da Comissão eram: Levi Carneiro, Oliveira Viana, Cândido Motta Filho, Paulo Sá, João Domingues de Oliveira e Ernani Reis.

Getúlio Vargas desempenha aqui claramente o seu papel de árbitro entre as várias parcelas do poder que procuravam defender os diferentes interesses por elas representados. Trata-se de um exemplo típico da forma como se desenrolava o processo de tomada de decisões no Estado Novo[35].

5. A longa gestação

Como se viu, a Juventude Brasileira foi legalmente instituída por um decreto-lei em março de 1940 (BRASIL, 1940a, p. 271).

Tornando obrigatória a educação cívica, moral e física da infância e da juventude em todo o país, o decreto-lei declara criada uma instituição nacional com a finalidade de promovê-la dentro e fora das escolas. São nele definidas, em linhas gerais, a estrutura e a organização da Juventude Brasileira, bem como os objetivos de cada uma dessas modalidades de educação.

A Juventude Brasileira deveria enquadrar toda a infância, dos 7 aos 11 anos de idade, e toda a juventude, dos 11 aos 18 anos, em âmbito nacional. Para as crianças e os jovens matriculados em estabelecimentos de ensino oficiais ou fiscalizados, a inscrição seria obrigatória; para os demais, ela seria facultativa (art. 10º).

Para a realização das atividades da Juventude Brasileira, o decreto-lei previa a instalação, pelos poderes públicos, de centros cívicos escolares e extraescolares em todas as cidades e povoados do território nacional. Além disso, em cada estabelecimento de ensino, oficial ou fiscalizado, deveria ser criado também um centro cívico, a ser mantido pela própria escola, com a ajuda dos poderes públicos. O mesmo deveria ocorrer nas empresas que tivessem aprendizes inscritos na Juventude Brasileira (arts. 15-17).

As relações entre a Juventude Brasileira e a escola não ficam claramente definidas. De acordo com o decreto, a educação ministrada pela

---

35 Esse processo foi descrito e analisado por Luciano Martins, ao estudar a elaboração das políticas siderúrgica e petrolífera do Brasil, no mesmo período. Ver Martins (1976) e Camargo (2000).

Juventude Brasileira seria "base e complemento da educação ministrada pela escola e prolongamento da educação ministrada pela família". Assim, entre a Juventude Brasileira, a escola e a família deveria haver "continuado entendimento e estreitos vínculos de cooperação" (art. 7º). Entretanto, entre as atividades da Juventude Brasileira, além da educação cívica, moral e física, o decreto incluía "a educação intelectual" que não fosse exclusiva dos currículos de ensino e tivesse por objetivo "completar ou ilustrar os conhecimentos no ensino adquiridos", sendo "objeto de especial consideração a educação artística, em todas as suas modalidades" (art. 11). Além disso, a Juventude Brasileira poderia também ministrar educação religiosa, de acordo com o desejo dos pais (art. 12).

Colocada "sob a alta vigilância do Presidente da República" (art. 6º) e administrada pelo governo federal (art. 23), a Juventude Brasileira seria dirigida por um conselho supremo, presidido pelo presidente da República e constituído pelos ministros da Educação, da Guerra e da Marinha. Ao Ministério da Educação competiria superintender as atividades da organização em todo o país. Os ministérios da Guerra e da Marinha deveriam dar a este os "necessários esclarecimentos" quanto à orientação a ser dada às atividades destinadas a oferecer às crianças e aos jovens "os conhecimentos elementares dos assuntos relativos à defesa nacional", além de designar os oficiais que deveriam cooperar na administração da Juventude Brasileira (art. 23). Em cada estado deveria haver um "conselho de cooperação presidido pelo Chefe do governo estadual e composto da mais alta autoridade dos negócios estaduais de educação e de mais duas autoridades federais a que aí estiverem afetos os encargos administrativos da Juventude Brasileira" (art. 24).

Os professores "habilitados a ministrar as diferentes modalidades de educação", que constituíam as finalidades essenciais da organização, seriam preparados em escolas ou cursos a serem instituídos pelo Ministério da Educação (art. 28).

Depois de salientar que a Juventude Brasileira deveria prestar "culto constante à Bandeira Nacional" e ter no hino nacional a "expressão do seu fervor em cada dia" (art. 8º), o decreto-lei prevê a adoção de um estandarte e de um cântico próprios para a organização (art. 9º), bem como de uniformes e distintivos, que deveriam ser adotados pelos estabelecimentos de ensino a ela vinculados (art. 29).

Entre as atividades a serem desenvolvidas, o decreto-lei destaca as formaturas, ou seja, "exercícios de concentração ou de deslocamentos" visando "pela criação da disciplina, do entusiasmo e da resistência, a fins educativos a um tempo de ordem cívica, moral e física". Essas formaturas deveriam realizar-se frequentemente em cada centro cívico, tendo destaque especial a formatura geral a ser realizada no mês de setembro, em comemoração à Independência (arts. 18-22).

A publicação do decreto-lei de criação da Juventude Brasileira foi recebida com satisfação em Portugal, pelos dirigentes da organização da juventude daquele país. José Soares Franco, comissário nacional adjunto da Mocidade Portuguesa escreveu imediatamente a Capanema, manifestando sua satisfação, apresentando seus votos de que as relações entre as duas obras fossem de íntima colaboração e colocando à disposição do ministro a experiência já adquirida pela sua instituição (FRANCO, 1940).

No Brasil, entretanto, a publicação do decreto-lei de criação da Juventude Brasileira não teve a repercussão esperada, de tal forma que o Departamento de Imprensa e Propaganda (DIP) viu-se obrigado a organizar uma série de conferências, procurando assim tornar mais conhecida a nova organização[36]. Na realidade, os conferencistas, representantes das escolas militares do Instituto de Educação e da Universidade do Brasil, não apresentaram nada de novo, limitando-se a repetir frases feitas sobre o papel da juventude, o valor da família, a necessidade do amor ao dever militar, a função moralizadora e disciplinadora da educação física etc. Não faltaram os elogios à "juventude organizada, consciente de sua força e disciplinada de outros povos além-mar", nem deixaram de ser enunciados, em forma de "mandamentos", os deveres da juventude na nova ordem instituída pelo Estado Novo[37].

No meio militar, a reação também não foi de entusiasmo. Na realidade, o decreto-lei, embora conservasse a presença dos ministros da Guerra e da Marinha no conselho supremo, atribuía-lhes um papel secundário e reduzia bastante a influência direta das Forças Armadas sobre a nova organização.

Isso foi compensado pela tentativa de dar novo impulso à instrução pré-militar, através da criação, sob o controle direto do Exército, de

---

36 As conferências foram publicadas na coleção Estudos e Conferências, editada pelo DIP, em 1940 e 1941.
37 Os "mandamentos" da Juventude Brasileira dos centros cívicos foram enunciados por Isaias Alves, secretário da Educação e Saúde do Estado da Bahia e membro do Conselho Nacional de Educação (ALVES, 1940, pp. 65-66).

Escolas de Instrução Pré-Militar nos estabelecimentos de ensino. Além disso, a possibilidade de um trabalho conjunto e mesmo de uma vinculação entre a Juventude Brasileira e a UEB atendia, em parte, a proposta feita pelo ministro da Guerra, em dezembro de 1938. Restava ainda aberta a possibilidade de que oficiais militares viessem a ocupar postos de direção nos órgãos administrativos da organização.

E não faltarão aqueles que, baseando-se na afirmação de Vargas em Porto Alegre, acreditarão que a nova organização daria também aos jovens "instrução paramilitar"; para esses, a criação da Juventude Brasileira seria uma forma de atender às exigências de "preparo militar das novas gerações". Nesse sentido, é bastante significativo o editorial publicado pela revista *Novas Diretrizes*, em abril de 1940 (AZEVEDO AMARAL, 1940b, pp. 7-10)[38].

Partindo dos conceitos de "mobilização geral" e de "segurança nacional", a revista retoma as argumentações de Góes Monteiro e Dutra para justificar a participação dos chefes militares na elaboração de um plano educacional para o país e a intervenção direta deles no processo de organização da juventude.

Para os editorialistas da revista, a participação das autoridades militares junto ao sistema escolar não era suficiente:

> Mesmo nos países onde existem grandes tradições militares acumuladas pela experiência muitas vezes secular da guerra, está se compreendendo a necessidade de completar a educação ministrada pela família e pela escola com o tirocínio em formações especializadas, onde desde tenra idade o futuro soldado e cidadão adquire o que o Presidente Getúlio Vargas acertadamente denominou educação paramilitar.

Justifica-se assim a criação da nova organização da juventude que

> [...] abrangendo na amplitude dos seus dispositivos todos os aspectos da formação da personalidade humana, com exceção apenas do lado intelectual, que apropriadamente deve ficar a cargo de outro setor do aparelho educativo... vem atender precipuamente à questão máxima do preparo militar das novas gerações.

Justifica-se também a intervenção direta dos ministros da Guerra e da Marinha nos rumos que a nova organização deverá tomar. Segundo

---

38 As citações que se seguem são desse editorial.

o editorial, a eles caberá "a tarefa mais importante na obra de organização cívica, moral e militar da mocidade". Com efeito, uma lei como a que criou a Juventude Brasileira "depende essencialmente, para a obtenção dos seus resultados benéficos, das minúcias da sua regulamentação, da maneira como for executada e antes e acima de tudo das qualidades pessoais dos que forem incumbidos da mocidade". E será a presença e a "influência decisiva" dos "supremos expoentes das Forças Armadas" no Conselho Supremo da Juventude Brasileira que "assegurará, pela regulamentação e sobretudo pela escolha do pessoal dirigente dos quadros infantis e juvenis a realização plena dos elevados objetivos visados pelo Presidente Getúlio Vargas, no decreto-lei de 8 de março".

Na realidade, o processo de regulamentação e organização da Juventude Brasileira não sofreu a "influência decisiva" dos ministros militares. A regulamentação e a organização foram conduzidas pelo ministro da Educação através de um longo processo de gestação, que durou cerca de três anos[39].

Entre as razões que podem explicar essa demora, acredita-se poder colocar em primeiro lugar as transformações ocorridas no contexto internacional e a mudança de orientação da política externa brasileira a partir de 1939[40].

Como mostra Carone, nos primeiros anos do Estado Novo

> [...] a composição ministerial reflete não só tendências internas, mas principalmente preferências políticas externas... Germanófilos são Dutra e Góes Monteiro, Felinto Müller e Souza Dantas (do Banco do Brasil), todos eles favoráveis à aproximação com a Alemanha, à compra de armamentos na Alemanha, às vitórias militares alemãs, e estão certos de que as democracias estão falidas [...]. Quem contrabalança, em pequena parte, esta predominância, é Oswaldo Aranha, que ocupa o Ministério das Relações Exteriores [1976a, pp. 266-267].

Vargas procura arbitrar entre essas tendências e tirar proveito dessa situação:

---

39 O próprio presidente se inquietará com essa demora. Em 17 de junho de 1940, ele anota em seu diário: "Despachei com o da Educação, a quem concitei a apressar a Organização da Juventude" (VARGAS, 1995, p. 321).
40 A esse respeito, consultar: Seitenfus (1981; 1983, pp. 623-643), Moura (1980), Gambini (1977) e Pinsky (1969).

Ele conhece as preferências de cada um, tolera-os segundo seus interesses, e equilibra-se a favor de uma ou de outra direção, conforme as circunstâncias. No entanto, um traço fundamental o diferencia dos que compõem o Ministério: enquanto a maior parte deles – exceções de Souza Costa, Oswaldo Aranha e Gustavo Capanema – são direitistas e autoritários, Getúlio Vargas também se inclui nestas categorias, mas defende e adota medidas nacionalistas. Ele usa métodos fascistas, mas combate os estrangeirismos, mesmo no momento em que a Alemanha e Itália estão no apogeu de sua expansão [idem, p. 267].

Essas medidas nacionalistas adotadas por Getúlio Vargas, entre as quais se destaca a campanha pela nacionalização das escolas das colônias alemãs e italianas do Sul do Brasil, serão motivo de uma grave crise diplomática com a Alemanha e a Itália. Essa crise será uma das causas da aproximação cada vez maior do Brasil com os Estados Unidos e da americanização progressiva da política externa brasileira.

Essa aproximação, que se realizará sob o impulso de alguns membros do governo, principalmente de Osvaldo Aranha, será acompanhada de uma reação contra tudo o que pudesse ser interpretado como uma influência do nazifascismo no país. Isso explica em parte as dificuldades encontradas para a organização da Juventude Brasileira, tal como prevista no decreto-lei de março de 1940, e as resistências suscitadas pelas suas primeiras manifestações exteriores. Entre essas manifestações, pode ser incluído o desfile realizado no Rio de Janeiro, em agosto de 1941, em homenagem à Delegação Portuguesa (da qual fazia parte o Comissário Nacional da Mocidade Portuguesa) e a formatura geral comemorativa da Independência, realizada no dia 5 de setembro do mesmo ano[41]. Explica também a insistência dos defensores da Juventude Brasileira, principalmente a partir de 1942, em procurar demonstrar que esta não sofria nenhuma influência das organizações de juventude italiana e alemã.

Também a ambiguidade na definição das relações entre a Juventude Brasileira e a escola, presente no decreto-lei de criação, provocou

---

41 Nessa ocasião, são utilizados pela primeira vez o estandarte e o vexilo da Juventude Brasileira, que acabavam de ser estabelecidos por decreto. O estandarte era formado por um quadro verde, dentro do qual havia um quadro menor amarelo, contornado por um filete vermelho e carregado de um disco azul, com uma cruz formada por vinte e uma estrelas brancas (Brasil, 1941b, p. 485). Sobre a formatura geral em homenagem à Independência, ver Brasil (1941e, p. 96).

reticências e certa indiferença entre os educadores, fato que sem dúvida contribuiu para dificultar ainda mais a implantação da organização.

Finalmente, a questão das relações entre a Juventude Brasileira e o escotismo ocupou um lugar importante nesse longo processo de gestação do movimento nacional de juventude.

Quanto à posição dos educadores, são significativas as reações da Comissão Nacional do Ensino Primário e de Lourenço Filho, diretor do Instituto Nacional de Estudos Pedagógicos.

Logo após a publicação do decreto-lei de criação da Juventude Brasileira, o major Euclides Sarmento, presidente em exercício da Comissão Nacional do Ensino Primário, encaminha uma carta ao ministro da Educação, na qual procura demonstrar que, ao menos com relação a esse nível de ensino, os objetivos visados com a criação da Juventude Brasileira poderiam ser alcançados pela promulgação da lei básica do ensino primário, cujo anteprojeto a comissão havia encaminhado a Capanema em dezembro de 1939 (SARMENTO, 1940). Euclides Sarmento afirma que, ao elaborar o anteprojeto, a comissão levou em consideração, "como condição fundamental da educação primária, o sentido nacional, como decorrente não da unidade formal, mas sim da unidade do espírito" (idem). Assim,

> [...] o anteprojeto procurou criar um sadio espírito de nacionalismo, que se não contente apenas com os aspectos formais ou externos, mas ao contrário, se desenvolva de modo a integrar as novas gerações, e ainda adolescentes e adultos carentes de educação elementar, na compreensão das necessidades do país e assim, nas atividades de produção que o seu desenvolvimento está a reclamar [idem].

Referindo-se diretamente ao decreto de criação da Juventude Brasileira, o presidente da Comissão Nacional do Ensino Primário afirma que este só poderia ser eficiente após a promulgação da lei básica do ensino primário obrigatório. Só depois de devidamente escolarizadas poderiam as crianças e os jovens ser enquadrados pela Juventude Brasileira, visto que esta nada mais era do que "uma ampla instituição periescolar", que deveria "gravitar em torno do sistema de educação primária nacional, instituído pela lei básica de organização desse ensino" (idem).

Quanto à carência de professores capacitados para orientar as diferentes atividades previstas para a Juventude Brasileira, esta poderia, segundo Euclides Sarmento, ser perfeitamente sanada através do plano de formação do magistério primário, que a comissão estava elaborando:

É óbvio que tal plano, constituindo o sustentáculo de todo o sistema de organização escolar primário, visa à formação do professor urbano para as grandes e pequenas cidades e do professor rural e de zonas de colonização, constituindo a essência dessa formação uma educação política que fará discernir às gerações as necessidades da nação. Essas gerações serão subordinadas às exigências que o Estado impuser visando o bem comum e defendendo-as de ideologias prejudiciais à segurança nacional. A mentalidade desse professorado primário disciplinará de tal modo a vontade do educando, que ele sempre se subordinará e se enquadrará no pensamento do Estado [idem].

Assim, mesmo admitindo a necessidade de preparar as novas gerações para integrá-las nas atividades de produção, de subordiná-las às exigências que o Estado impuser e de disciplinar a vontade do educando para que este sempre se subordine e se enquadre no pensamento do Estado, o presidente da Comissão Nacional do Ensino Primário insiste que esses objetivos poderiam ser alcançados através da própria escola. Consequentemente, em lugar de enquadrar a infância e a juventude em uma nova instituição, o Estado deveria escolarizá-las. Ao mesmo tempo, o Estado deveria atuar na preparação dos professores, essencialmente através de uma "educação política" capaz de criar uma "mentalidade" que os levasse a orientar a sua ação sobre os alunos no intuito de disciplina-los, subordina-los e enquadra-los no pensamento do Estado (idem).

Quanto a Lourenço Filho, a sua posição exemplifica bem a perplexidade de alguns educadores diante da nova organização. Em julho de 1940, em declarações à revista da Associação Brasileira de Educação (ABE), o diretor do Instituto Nacional de Estudos Pedagógicos afirma que a criação da Juventude Brasileira correspondia a um "imperativo do momento pedagógico" brasileiro (LOURENÇO FILHO, 1940a, p. 28)[42]. Segundo Lourenço Filho, o movimento pedagógico não se contentava mais com as "práticas estritas da escola", exigindo "novos instrumentos e novos processos" capazes de ensinar "a cooperação e a solidariedade" e apresentar à juventude "os deveres que ela é chamada a cumprir". Para atender a essas novas exigências, eram criadas "instituições peri e post-escolares" e experimentadas "organizações gerais" capazes de dar a essas instituições "a necessária coordenação e sentido cívico". A

---

42 As citações que se seguem são desse documento.

Juventude Brasileira nada mais era que uma organização desse tipo. O seu programa, cujos objetivos não deveriam ser confundidos "com os objetivos de outros movimentos da juventude existentes em diversos países", seria realizado através dos "centros cívicos" que se tornariam assim "belos órgãos educativos", que ensinariam "a ordem, a disciplina e a força ao Brasil Novo".

Em dezembro do mesmo ano, em carta enviada ao ministro da Educação, o diretor do Instituto Nacional de Estudos Pedagógicos não manifesta a mesma certeza e o mesmo entusiasmo com relação aos centros cívicos da Juventude Brasileira (LOURENÇO FILHO, 1940c). Segundo Lourenço Filho, o decreto que havia criado a Juventude Brasileira não havia estabelecido a forma de organização dos centros cívicos, nem esclarecido como eles deveriam se coordenar com as atividades da escola. A definição da modalidade e da extensão do programa a ser por eles executado dependia da solução dessa questão.

Em contrapartida, afirma ele, considerando-se a falta de recursos financeiros e de pessoal devidamente preparado, os centros cívicos não se poderiam desenvolver de forma autônoma, devendo ser organizados "como órgãos de educação 'extracurricular', isto é, como instituição que ofereça maiores possibilidades para expansão de certos aspectos que a educação escolar já ministra" (idem). Com efeito, a preocupação com a educação moral e cívica das crianças não poderia ser excluída da escola, ou do ensino em classe. Daí a necessidade de uma definição clara daquilo que, em matéria de educação moral e cívica, deve caber à escola, de um lado, e aos centros cívicos propriamente ditos, de outro. Para Lourenço Filho, a classe era "uma pequena sociedade" na qual a criança recebia "de modo mais claro que no lar, as noções e os hábitos fundamentais de disciplina, de ordem, de governo, de justiça, de solidariedade social" (idem). Quanto aos centros cívicos, a sua função seria

> [...] alargar ainda mais o âmbito das relações dos escolares, levando-os a compreender a sua integração em grupos cada vez maiores, submetidos aos mesmos princípios de ordem e de disciplina, corporificadas numa organização em que um só uniforme, um mesmo cântico e o respeito aos mesmos símbolos mais facilmente podem evocar a presença da grande comunhão nacional a que devem conscientemente pertencer, e para cujo serviço se devem preparar [idem].

Quanto à questão das relações entre a Juventude Brasileira e o escotismo, esta já havia se colocado, como visto, durante o ano de 1939.

Além da proposta dos militares, no intuito de ser criado um movimento de juventude nos moldes do escotismo, o ministro da Educação havia recebido, em junho de 1939, outra proposta, enviada pelo almirante Benjamin Sodré, presidente da Federação Brasileira dos Escoteiros do Ar (SODRÉ, 1939). De acordo com essa proposta, deveriam ser adotados "a organização, os métodos e programas escoteiros, embora sob a denominação de Juventude Brasileira" (idem); o governo deveria "chamar a si a direção do movimento, dando-lhe apoio e tornando-o obrigatório nos estabelecimentos de ensino e nas organizações onde existissem agrupamentos infantis ou juvenis (como fábricas e casas comerciais)"; deveria ser permitida "a manutenção dos Grupos e Associações de Escoteiros e Bandeirantes já existentes" (idem). Quanto ao decreto de criação da Juventude Brasileira, este deveria ser retardado "até que as autoridades tivessem um suficiente conhecimento do valor educacional do escotismo" (idem).

Em março de 1940, imediatamente após a criação da Juventude Brasileira, os dirigentes escoteiros voltam à carga, desta vez através do general Heitor Borges. Em documento enviado ao ministro da Educação, o general Borges propõe que a regulamentação e a execução do decreto-lei de criação da Juventude Brasileira sejam confiadas à UEB, presidida por ele (BORGES, 1940). Caso isso se mostrasse inviável, seria possível uma alternativa: o movimento escoteiro passaria a ser parte integrante da organização e os agrupamentos escoteiros seriam considerados "centros cívicos", sendo-lhes assegurado "o direito de ministrarem a educação cívica, moral e física de acordo com os seus próprios métodos" (idem). Além disso, as crianças e os jovens inscritos no movimento escoteiro seriam dispensados da obrigação de participar das atividades de outros centros da Juventude Brasileira. Em troca, os estatutos da UEB seriam submetidos à aprovação do Conselho Supremo da Juventude Brasileira (idem).

Essa segunda proposta será aceita pelo ministro da Educação e em junho de 1940 será assinado um decreto incorporando a UEB à Juventude Brasileira e autorizando a primeira a manter a sua própria organização (BRASIL, 1940b, p. 339). A cerimônia de incorporação será realizada na presença de 40 mil alunos das escolas primárias do Rio de Janeiro, durante a comemoração da Independência, no dia 7 de setembro de 1940. Nessa ocasião, o general Heitor Borges afirmará que a decisão de incorporar a UEB à Juventude Brasileira "foi de invulgar felicidade e consultou inteiramente os anseios do escotismo brasileiro" (AJURI, 1940, p. 50).

Na realidade, os dirigentes do escotismo esperavam que a incorporação se realizasse em sentido inverso, isto é, que a União dos Escoteiros do Brasil, em razão de sua organização e experiência, não apenas se mantivesse, mas acabasse atraindo os núcleos da Juventude Brasileira que viessem a organizar-se (VIEIRA, 1941, p. 162). Explica-se assim a insistência da UEB em manter a sua personalidade jurídica e a sua própria organização, apesar da incorporação. Explica-se pela mesma razão a tentativa de levar a Juventude Brasileira a dotar os programas e os métodos do escotismo[43].

A questão das relações da Juventude Brasileira com o escotismo não ficou resolvida com o procedimento formal de incorporação. Essa questão apresentava-se intimamente ligada àquela das relações da Juventude Brasileira com a escola. Era necessário encontrar uma solução conjunta e isso só aconteceu no final de 1941, durante a I Conferência Nacional de Educação, por intervenção direta do ministro da Educação.

A realização de conferências nacionais de educação estava prevista na Lei de Reforma do Ministério da Educação e Saúde, de janeiro de 1937. Convocada inicialmente para o primeiro semestre de 1941 (BRASIL, 1941c, p. 156), a I Conferência Nacional de Educação só veio a realizar-se em novembro do mesmo ano (BRASIL, 1941d, p. 108)[44].

Entre os objetivos previstos para a conferência no primeiro decreto de convocação, de janeiro de 1941, constava "a organização, em todo o país, da Juventude Brasileira". A forma como esse objetivo está enunciado no decreto parece indicar que a organização da Juventude Brasileira era considerada, naquele momento, como um problema de educação não apenas escolar, mas também extraescolar. Entretanto, na "Exposição de Motivos" que acompanha o segundo decreto de convocação, de outubro de 1941, Capanema afirma que a conferência deveria "assentar

---

43 Durante o ano de 1941, esse problema foi objeto de um debate entre Oldegar Vieira e Leão Machado, nas páginas da revista *Cultura Política*. É interessante notar que, para justificar sua oposição à adoção dos métodos do escotismo pela Juventude Brasileira, Leão Machado evoca o argumento que o escotismo era "rigorosamente apolítico", ao passo que a Juventude Brasileira era "um organismo eminentemente político, criado com fins nitidamente políticos, também cultuando a pátria, mas preocupando-se concomitantemente com a conservação do regime" (MACHADO, 1941, p. 64).

44 Sobre a I Conferência Nacional de Educação, ver Horta (2000).

as medidas de ordem administrativa que possibilitem a imediata organização da Juventude Brasileira em todas as escolas do país" (CAPANEMA, 1941c, p. 20.452). Essa transformação mostra como Capanema, já antes da conferência, estava decidido a organizar a Juventude Brasileira como uma instituição escolar.

Isso fica mais claro durante o desenrolar da conferência.

Entre as comissões constituídas pelo ministro para estudo das matérias a serem discutidas e votadas em plenário, pode-se encontrar uma "Comissão de Organização da Juventude Brasileira", composta quase que exclusivamente por militares e presidida pelo general Heitor Borges[45]. Essa comissão teve de pronunciar-se sobre dois projetos de resolução: um encaminhado por representantes de quinze estados e outro apresentado pelo próprio ministro da Educação[46]. No primeiro se propunha que a Juventude Brasileira adotasse os programas e métodos que constituem a doutrina escoteira; que fossem respeitadas as organizações escoteiras já existentes, as quais deveriam apenas se adaptar à organização da Juventude Brasileira para evitar dualidade de direção; que fossem criados agrupamentos juvenis ou centros cívicos nas escolas, clubes, associações religiosas, fábricas etc., e que todos os jovens fossem obrigados a pertencer a algum agrupamento juvenil ou centro cívico, escolar ou extraescolar, de acordo com a vontade dos pais[47].

Essa proposição era altamente vantajosa para a UEB e teria sido certamente aprovada pela comissão, não fosse a intervenção direta de Gustavo Capanema.

De fato, como visto, o ministro da Educação já havia, naquele momento, projetado concretizar a Juventude Brasileira como uma organização puramente escolar. Essa orientação está presente no projeto de resolução que ele próprio elaborou e encaminhou à comissão. De acordo com a proposta de Capanema, a Juventude Brasileira seria formada de duas alas: ala menor, abrangendo as crianças das escolas primárias e a

---

45 Além do general Heitor Borges, chefe da UEB, faziam parte da comissão o almirante Benjamin Sodré, representante do Ministério da Marinha (também ligado ao movimento escoteiro) e o major Euclides Sarmento, representante do Ministério da Guerra. O representante do Ministério da Educação era o major Barbosa Leite, diretor da DEF. A estes vieram juntar-se os representantes dos estados do Paraná, Minas Gerais e Alagoas.
46 Os dois projetos de resolução, bem como os pareceres da comissão, encontram-se publicados em Brasil (1946a).
47 Ver: CPDOC, Arquivo Gustavo Capanema, GfC 35.05.26 (IV).

ala maior, abrangendo os adolescentes das escolas secundárias, normais e técnicas. A ala menor seria administrada por inspetorias, que atuariam em nível estadual, sob o controle do governo federal; a ala maior seria dirigida, coordenada e orientada diretamente pelo governo federal. Além disso, o ministro propunha que fosse, "sem perda de tempo", organizado em cada estabelecimento de ensino primário um centro cívico, a ser presidido pelo diretor ou por um dos professores. As atividades desses centros seriam dirigidas, orientadas e coordenadas pelas inspetorias. Para que eles pudessem funcionar mais eficientemente, deveria ser promovida a formação de professores especializados em educação física e em canto orfeônico para as escolas primárias.

O ministro da Educação defenderá sua proposição, primeiro diante da comissão e depois no plenário da conferência[48]. Segundo Capanema, era desejo do governo que "a única entidade destinada a educar" fosse a escola, sem excluir, logicamente, a educação dada pela Igreja e pela família:

> A educação a ser dada pelo Estado deve ser ministrada só na escola, essencialmente. É intuitivo que há outras entidades educativas, mas a essencial é a escola. Portanto, as educações intelectual, moral, física e cívica são obra da escola, que as ministra. A Juventude Brasileira organizar-se-á nas escolas, como uma corporação unitária, nacional, do feitio do Exército, da Marinha de Guerra, da Igreja Católica ou de qualquer outra organização desta natureza; é uma corporação formada por jovens dos estabelecimentos de ensino primário, secundário, normal e profissional, com o objetivo de manter o culto constante à pátria.

De acordo com a proposta do ministro da Educação, a Juventude Brasileira teria na escola a sua "base de funcionamento"; o "ritmo de sua vida" seria estabelecido pelo seu calendário, graças ao qual "todos os problemas, todos os ideais, todos os grandes nomes, todas as datas marcantes" seriam celebradas em seu dia, em todas as escolas do Brasil. Tais celebrações teriam maior ou menor solenidade, de acordo com a cidade, a escola ou a data a ser comemorada e deveriam, em geral, "ser feitas rapidamente, em dez ou quinze minutos". As solenidades maiores, as manifestações de rua deveriam realizar-se raramente, uma ou duas vezes por ano.

---

48 CPDOC, Arquivo Gustavo Capanema, GfC 35.05.26 (IV). As citações que se seguem são desse documento.

O ministro da Educação aproveita para acentuar as diferenças que, segundo ele, deveriam existir entre a Juventude Brasileira e as organizações de juventude de outros países. Nesse momento, nem mesmo a Mocidade Portuguesa, que em 1938 era considerada por Capanema como modelo, escapa de suas críticas. Segundo o ministro da Educação, a Juventude Brasileira deveria evitar duas atitudes, comuns às outras organizações da juventude.

A primeira dessas atitudes consistia em "tomar da escola um certo número de coisas", como faziam as organizações da Itália, de Portugal e da Alemanha:

> Que faz a Juventude destes países? Toma da escola a educação física, moral e cívica, para dar ela mesma, a Juventude, essa modalidade de educação. Resultado: a escola fica limitada, exclusivamente, à educação intelectual; e há um organismo exterior à escola, dirigido por outro ministério – na Itália é o Partido Nacional Fascista; na Alemanha o Partido Nacional Socialista; em Portugal é o mesmo Ministério da Educação. A escola fica, dessa forma, violada no seu direito de realizar a educação total da criança. Vamos evitar esse defeito de pedagogia. Respeitemos a escola segundo ela foi sempre definida e desejada pelos maiores pedagogos da história.

A segunda atitude a ser evitada pela Juventude Brasileira era a intolerância com relação às outras organizações. Segundo o ministro, em outros países, nos quais as organizações de juventude assumiam o caráter de corporações patrióticas, elas eram totalitárias, exigentes, despóticas, não admitindo que os jovens fizessem parte de outras entidades. Tal não deveria acontecer com a Juventude Brasileira:

> O jovem escolar, homem ou mulher, será obrigado a fazer parte da Juventude, porque não é nenhum partido político ou corporação partidária, mas faz parte da própria educação e ninguém, assim, terá a liberdade de não querer entrar nela, porque a Juventude aparece como existem as aulas de português, de latim ou matemática, às quais ninguém se pode furtar; ela é um momento da escola. Portanto, o jovem matriculado é, obrigatoriamente, parte integrante dela e deve participar em todas as suas celebrações. Fora da escola, o jovem é livre de ir para sua igreja, de praticar a sua religião, de frequentar as corporações esportivas, culturais, etc., desde que não estejam agindo em sentido contrário ao da escola, porque aí, então, o Estado tem de agir, não mais contra o ingresso do jovem, mas contra a própria instituição. Dada, porém, a existência de uma corporação patriótica, educativa, fora da escola, desde que o menino possa frequentá-la, que vá. Não pode, no entanto, furtar-se aos seus deveres para com a Juventude Brasileira.

Diante dessa posição clara do ministro da Educação, a comissão não teve outra alternativa senão recomendar ao plenário da conferência a aprovação da proposição apresentada por Capanema, tanto mais que, de acordo com as normas de funcionamento da conferência, cabia ao ministro da Educação a última palavra, como representante do governo federal[49]. Como única modificação, a comissão sugeriu que fosse incluída na proposta de Capanema a recomendação de que a ação do governo federal sobre a ala menor e sobre a ala maior das escolas dependentes dos governos estaduais se fizesse "por intermédio da mais alta autoridade educacional de cada Estado". Como se verá, essa sugestão, aceita por Capanema e aprovada em plenário, foi "esquecida" pelo ministro da Educação logo após a conferência.

Quanto ao primeiro projeto de resolução, ele foi anulado pelo projeto de Capanema. Assim, mesmo reconhecendo o escotismo como "uma escola integral de educação" e recomendando que o governo continuasse a prestar-lhe "a máxima assistência moral e material", a comissão, "depois de ouvir uma brilhante exposição de S. Exa. o Sr. Ministro da Educação sobre a orientação precisa que pretende o governo dar à organização da Juventude Brasileira, cujas atividades se cingem ao período escolar e se objetivam mais especialmente na educação cívica da mocidade pátria", concluiu "não ser totalmente recomendada a aplicação dos métodos e programa do escotismo".

Dessa forma, ao mesmo tempo em que propõe "que seja mantida, como existe, a organização do Escotismo Nacional" e "que seja dada aos jovens incorporados na Juventude Brasileira a liberdade de fazer parte de agrupamentos escoteiros extraescolares", a comissão insiste que essa participação não se faça em detrimento das atividades dos jovens enquanto membros da Juventude. Assim se determina que os escoteiros assistam "sempre que possível às solenidades cívicas da Juventude Brasileira para que sejam beneficiados pelas suas elevadas práticas morais" e se estabelece que "jamais, a pretexto de uma atividade escoteira, poderá um membro da Juventude Brasileira faltar a qualquer atividade da Juventude".

---

49 Portaria ministerial n. 287, de 30 de outubro de 1941, art. 5º, §7: "Submetida qualquer matéria à votação, considerar-se-á aprovada se votar a favor a maioria dos delegados das unidades federativas e se favoravelmente também se manifestar, pela voz do Ministro, o Governo Federal" (Brasil, 1946a, p. 25).

6. O parto da montanha

O decreto-lei estabelecendo as bases da organização da Juventude Brasileira foi finalmente publicado, em fevereiro de 1942 (BRASIL, 1942g, p. 206). Prevalece nele a orientação estabelecida por Capanema na I Conferência Nacional de Educação, no intuito de transformar a Juventude Brasileira em uma instituição vinculada à escola.

Na "Exposição de Motivos" que acompanha o decreto-lei, Capanema explica essa opção (CAPANEMA, 1942d, pp. 10-11). Segundo ele, essa "nova organização" da Juventude Brasileira, mantendo-a como uma "instituição de finalidade patriótica", torna mais simples e portanto "mais realizável" o seu funcionamento. Mas não se trata apenas de uma nova organização. Trata-se, segundo o ministro, de uma "nova concepção" que se baseia no pressuposto que "à parte a obra educativa da família, de importância fundamental, a educação deve, sob todos os seus aspectos, ser obra da escola, e somente da escola" (idem, p. 10). Assim, o novo decreto-lei "deixa à escola toda a função educativa", em lugar de "retirar à escola a atribuição de ministrar determinadas formas de educação, a educação física, a educação moral, a educação cívica, conferindo-se a outra entidade, a uma corporação à parte, o dever de atender a tais modalidades de educação" (idem, pp. 10-11). Dessa forma, segundo Capanema,

> [...] a Juventude Brasileira se constituirá não como um aparelho que, com a escola, reparta a tarefa da educação, mas como uma instituição complementar da escola, que se estrutura dentro da escola, para funcionar como um dos elementos da vida escolar, no horário e no ritmo dos trabalhos escolares [idem, p. 11].

E Capanema, pensando certamente nos obstáculos que vinha enfrentando para a implantação da Juventude Brasileira nas escolas, conclui:

> Se a Juventude Brasileira se organizar nos termos ora propostos, se desenvolver metodicamente a sua ação, no decurso e na intimidade da vida escolar... a sua existência representará um grande bem nacional e a sua permanência há de ser sempre resguardada pelas escolas do país, que nela verão um meio, uma expressão e um símbolo da unidade de seu trabalho e de sua vida [idem, p. 11].

Fiel a essa nova concepção elaborada por Capanema, o decreto-lei define a organização como "uma corporação formada pela juventude escolar de todo o país, com a finalidade de prestar culto à Pátria" (art. 1º). "Instituição complementar da escola", funcionando "em articulação íntima e permanente com a vida escolar" (art. 1º, § único), a Juventude Brasileira seria formada de uma ala menor, constituída pela infância masculina e feminina das escolas primárias, e de uma ala maior, agrupando os jovens dos estabelecimentos de ensino secundário (art. 4º).

O culto patriótico da Juventude Brasileira deveria ser prestado em face da bandeira nacional e teria no hino nacional a sua primeira e maior expressão (art. 3º). Ele seria realizado através de comemorações especiais, definidas em calendário, e ser incluído dentro do período letivo do ano escolar (art. 5º). Estavam previstas comemorações simples, a serem feitas no início dos trabalhos escolares pelo professor da classe, nas escolas primárias, ou por professores especialmente designados, nas escolas secundárias; e comemorações especiais, semanais ou quinzenais, em torno de um nome, acontecimento, ideal ou problema definido no calendário. Nas grandes datas nacionais, essas comemorações poderiam ser feitas em público, reunindo vários estabelecimentos de ensino (art. 7º).

As atividades da Juventude Brasileira deveriam ser organizadas pelos centros cívicos, a serem criados em todos os estabelecimentos de ensino primário e de ensino secundário do país. Todos os alunos menores de 18 anos seriam automaticamente inscritos nesses centros cívicos, e todos os professores deveriam cooperar nas atividades educativas por eles organizadas (art. 6º). A frequência dos alunos às atividades e comemorações organizadas pelos centros cívicos seria obrigatória (art. 8º).

O decreto-lei previa ainda a adoção, pela organização, de uniformes e símbolos próprios, como sinal de sua "unidade espiritual" (art. 11).

Colocada sob alta vigilância do "presidente da República" e governada por um "conselho supremo", a Juventude Brasileira teria uma "direção nacional", imediatamente subordinada ao ministro da Educação, e direções regionais, subordinadas à direção nacional. Haveria ainda em cada estado uma direção local, encarregada de superintender as atividades da ala menor, sob a orientação da direção nacional (arts. 12-14).

Note-se que Capanema abandona a visão federalista, manifestada por ele no parecer sobre o projeto de criação da ONJ, de 1938. Ele assume uma perspectiva altamente centralizadora, sem levar em consideração a recomendação da I Conferência Nacional de Educação, no intuito de que a atuação do governo federal em relação à Juventude Brasileira se fizesse por intermédio das autoridades educacionais dos estados. De acordo com o decreto, a direção nacional concentraria todo o poder e atuaria diretamente ou através das direções regionais e locais. Não há nenhuma referência às secretarias de educação dos estados. Dessa forma, a organização só poderia realmente começar a funcionar depois de instalada a direção nacional.

Essa demora começou a impacientar os defensores mais ardorosos da criação da Juventude Brasileira. No meio militar, essa impaciência manifestou-se através de editorial da revista *Nação Armada*. Comentando o decreto-lei que estabeleceu as bases para a organização da Juventude Brasileira, o editorial afirma:

> Meses e meses esperando pelo decreto que ora é publicado – uma espera que se revestiu de todas as melancólicas virtudes da paciência, mas que sempre foi alentada pela confortadora esperança de que um dia a montanha havia de estremecer e nenhum ratinho sairia de suas tenebrosas entranhas... E eis que agora surgem, finalmente, as Bases da Organização. Ao lê-las devemos confessar que sentimos em suas graves e tremebundas torturas o gigantesco e angustioso parto da montanha – e um pequeno, ágil e irrequieto camundongo saiu a correr estonteado – e certamente ainda está a correr – orgulhoso de sua paternidade. Não podemos esconder a nossa decepção... Só nos resta uma coisa: esperar... Com paciência. Com resignação. Com fé, esperança e caridade. Mesmo porque a organização da juventude brasileira não tem sido mais que uma forma patriótica de se conjugar o verbo – esperar [NAÇÃO ARMADA, 1942c, pp. 3-5].

Alguns, cansados de esperar, decidiram não se limitar apenas aos editoriais de revistas para manifestar sua decepção diante do alcance limitado e dos objetivos restritos atribuídos à organização nacional da juventude pelo decreto de fevereiro de 1942.

Assim, em outubro de 1942, o major Ignácio de Freitas Rolim, diretor da Escola Nacional de Educação Física e Desportos, dependente do Ministério da Educação, encaminha diretamente ao presidente da República a proposta de um novo decreto, que viesse a substituir aquele preparado por Capanema. Essa proposta está acompanhada de uma carta na qual o major Rolim critica a orientação dada à organização da Juventude Brasileira pelo ministro da Educação[50].

---

50 CPDOC, Arquivo Gustavo Capanema, GgC 38.08.09 (XVIII-10). As citações que se seguem são desse documento.

De acordo com o diretor da Escola Nacional de Educação Física e Desportos, o decreto de 1942, que havia estabelecido as bases da organização da Juventude Brasileira, distanciara-se muito do "alto e patriótico desígnio" que havia orientado a sua criação. Tornava-se, portanto, necessário não só restabelecer, mas ampliar o alcance dado à organização pelo decreto de fevereiro de 1940.

Concretamente, o major Rolim propõe a organização de centros cívicos extraescolares por associações esportivas e de classe, de colônias agrícolas, do escotismo e de outras organizações infantojuvenis; a extensão da obrigatoriedade de inscrição a todos os jovens e não apenas àqueles que frequentem escolas; a reintrodução da instrução pré-militar, a partir dos 13 anos, entre as finalidades da organização; enfim, a formação de orientadores para a Juventude Brasileira através da Escola Nacional de Educação Física e Desportos. Além disso, adaptando-se à nova posição assumida pelo Brasil no contexto internacional, ele critica a subdivisão da Juventude Brasileira em ala menor e ala maior, que a tornava semelhante à Mocidade Portuguesa. Segundo ele, a orientação da Juventude Brasileira deveria ser feita "absolutamente de acordo com a realidade brasileira e livre de qualquer influência estranha às aspirações da coletividade nacional", evitando-se "qualquer suspeita e perigo de imitação intempestiva com os regimes totalitários, que estão causando excessivo mal à humanidade". E propõe uma nova subdivisão: ciclo elementar (de 7 a 13 anos) e ciclo secundário (de 13 a 18 anos).

A proposta do major Ignácio de Freitas Rolim será encaminhada pelo presidente da República ao Ministério da Educação e não terá maiores consequências.

Durante o ano de 1942, embora a obrigatoriedade de instalação de centros cívicos nas escolas passasse a constar da legislação escolar, com a sua introdução nas leis orgânicas de ensino (BRASIL, 1942e, p. 100; 1942a, art. 24, §3º, p. 20), e o canto do hino nacional diante da bandeira passasse a fazer parte de vida diária dos alunos das escolas primárias e secundárias, os defensores da organização de um movimento nacional de juventude continuavam a esperar pela sua concretização.

As únicas manifestações da Juventude Brasileira, fora dos muros das escolas, no ano de 1942, foram, mais uma vez, a homenagem a Getúlio Vargas, no dia de seu aniversário (que havia sido declarado "Dia Nacional da Juventude") e a Parada da Juventude, em comemoração à Independência, realizado na capital federal e nos estados (BRASIL, 1942p, pp. 103-105; 1942q, pp. 50-53). Algumas escolas criaram seus "centros cívicos", mas a grande maioria preferiu esperar as orientações que deveriam vir do Ministério da Educação, por meio da direção nacional.

Mas o processo de organização da direção nacional só começou em dezembro de 1942, quando foi aprovado um decreto-lei cujo anteprojeto havia sido encaminhado ao presidente da República pelo ministro da Educação em agosto daquele ano (BRASIL, 1942h, p. 221).

De acordo com esse decreto-lei, a direção nacional seria "o órgão encarregado da administração central das atividades da Juventude Brasileira" (art. 1º), com a competência de "dirigir, diretamente ou por intermédio das direções regionais, as atividades cívicas habituais da Ala Maior" e "coordenar e orientar as direções estaduais ou locais da Juventude Brasileira, encarregadas da superintendência das atividades cívicas da Ala Menor". Além disso, caberia à direção nacional "superintender a execução da instrução pré-militar nos estabelecimentos de ensino, na parte relativa à competência do Ministério da Educação" (art. 2º).

A direção nacional, subordinada diretamente ao ministro da Educação, seria formada por uma secretaria geral e por um conselho de administração. A secretaria geral, que na realidade centralizaria todas as atividades da direção nacional, seria dirigida por um secretário--geral nomeado pelo presidente da República. O conselho de administração, presidido pelo secretário-geral, seria formado pelos diretores das repartições do Ministério da Educação que tivessem ligação com o ensino primário e médio.

Em março de 1943 foi aprovado o regimento da Direção Nacional da Juventude Brasileira. São nele mais bem definidas as funções do secretário-geral e do conselho de administração. Segundo esse regimento, o secretário-geral seria auxiliado em seu trabalho por uma seção técnica, encarregada de realizar estudos e organizar programas, controlar as direções regionais, estaduais e locais, inspecionar os centros cívicos e publicar o boletim da Juventude Brasileira e os manuais de instrução pré-militar.

O processo de organização da direção nacional realizou-se entre março e maio de 1943: os membros do conselho de administração, o secretário-geral e o pessoal administrativo foram nomeados e um crédito especial aberto para as despesas com sua instalação[51].

Como se pode ver, será no momento da organização da direção nacional que a questão da instrução pré-militar reaparecerá na legislação relacionada com a Juventude Brasileira.

Com efeito, a direção nacional será encarregada de realizar aquelas atividades que competiam ao Ministério da Educação com relação à instrução pré-militar. Como visto, a competência do Ministério da Educação quanto a essa questão havia sido definida em setembro de 1942 (BRASIL, 1942b, p. 13.521). Caberia ao Ministério da Educação a tarefa de incluir a instrução pré-militar no conjunto das atividades educativas dos estabelecimentos de ensino e fornecer ao Ministério da Guerra as informações necessárias para que este pudesse exercer a sua função de controle. Nas escolas, a instrução pré-militar continuava, portanto, como tarefa dos centros de instrução pré-militar, sob controle do Ministério da Guerra. Não há nenhuma referência a uma eventual responsabilidade dos centros cívicos da Juventude Brasileira nesse campo.

Tal não será, entretanto, a interpretação que será dada pelo tenente-coronel Jair Dantas Ribeiro, que havia tomado posse como secretário-geral da Direção Nacional da Juventude Brasileira em dezembro de 1942[52]. Em março de 1943, ele encaminha ao ministro da Educação um projeto de regulamentação para os centros cívicos no qual inclui um capítulo especial sobre a instrução pré-militar da Juventude Brasileira. A posição do secretário-geral será mais bem definida em abril de 1943, em entrevista à imprensa. Segundo o tenente-coronel Jair Dantas Ribeiro, a questão da instrução pré-militar era urgente:

> Estamos empenhados numa guerra que se poderá prolongar por muito tempo. É então possível que muitos dos adolescentes de agora venham a participar diretamente da luta. Neste dia, tanto maior será a eficiência destes homens como soldados, quanto mais cedo eles se tenham adap-

---

51 Decreto-lei n. 5.302, de 4 de março de 1943 (BRASIL, 1943k, p. 128); decreto n. 12.100, de 25 de março de 1943 (BRASIL, 1943l); decreto n. 12.431, de 18 de março de 1943 (BRASIL, 1943m, p. 306) e portaria ministerial n. 223, de 27 de março de 1943 (BRASIL, 1943n, p. 4.885).
52 Anais do Ministério da Educação e Saúde, dezembro de 1942, p. 94.

tado às duras condições da vida militar. É isto justamente o que se está fazendo em quase todos os países do mundo a começar pelos Estados Unidos, onde o Sr. John Studebaker acaba de determinar a inclusão da instrução pré-militar nos currículos [apud Vieira, 1943, p. 232].

A referência aos Estados Unidos é intencional. Tratava-se de colocar a Juventude Brasileira no novo contexto de alianças internacionais do Brasil e responder àqueles que viam na sua criação uma influência da Itália ou da Alemanha:

> A propósito, sabemos todos que, apesar da conduta cristalina do Brasil em face do momento internacional, ainda há espíritos de má-fé que se ocupam em procurar indícios de "fascismo" na nova política do Brasil. Um desses indícios é, aos que afirmam, a criação da Juventude Brasileira. Estribam-se, para isto, numa simples questão de nome, uma exterioridade afinal, como se determinadas palavras fossem privilégio de partidos totalitários. Longe de qualquer vislumbre de autoritarismo, a Juventude Brasileira não tem na sua organização nada que se pareça de leve com as organizações dos jovens alemães e italianos. E se isto se dá com a sua organização, melhor ainda é o que se verifica com seu sentido filosófico e político que outro não é senão o do novo regime brasileiro. Segundo esta orientação, a Juventude Brasileira aprenderá a amar o Brasil ardente e conscientemente, a trabalhar, dentro do atual regime, pelo seu aperfeiçoamento e a cooperar com a juventude das nações unidas [idem, pp. 232-233].

Mas as resistências que a Direção Nacional da Juventude Brasileira encontrará para instalar-se e exercer suas atividades não virão de "espíritos de má-fé" nem terão como origem questões relacionadas com seu "sentido filosófico ou político". No momento da instalação da direção nacional, o ministro da Educação se defrontará com a oposição da União Nacional dos Estudantes (UNE); ao começar a exercer suas atividades, o secretário-geral entrará em choque com os outros departamentos do Ministério da Educação.

A crise que oporá a Direção Nacional da Juventude Brasileira e o próprio ministro da Educação à UNE terá sua origem na disputa pelo direito de ocupar e utilizar o prédio do antigo Clube Germânia, no Rio de Janeiro.

O ministro da Educação, inspirado certamente pelo exemplo da Mocidade Portuguesa, imaginara inicialmente instalar a Juventude Brasileira "em um palácio de significação histórica"⁵³. Diante da impossibilidade dessa realização, Capanema resolve instalar a Juventude Brasileira no prédio do Clube Germânia, propriedade da Colônia alemã do Rio de Janeiro, que acabava de ser fechado pelo governo. Assim, em maio de 1942, ele encarrega o major Rolim, diretor da Escola Nacional de Educação Física e Desportos, de tomar as primeiras providências nesse sentido (BRASIL, 1942i).

Mas, ao mesmo tempo, a UNE, que vinha de ser reconhecida oficialmente como "entidade coordenadora e representativa dos corpos discentes dos estabelecimentos de ensino superior" (BRASIL, 1942k, p. 211), a Confederação Brasileira de Desportos Universitários (CBDU) e o Diretório Central dos Estudantes (DCE) da Universidade do Brasil solicitam diretamente ao presidente da República a autorização para se instalarem no mesmo prédio. Getúlio Vargas, ignorando certamente as pretensões de Capanema, despacha favoravelmente a solicitação dos estudantes, determinando ao ministro da Educação que regularizasse a entrega. Capanema, ao mesmo tempo em que comunica ao major Rolim que a instalação da Juventude Brasileira ficava para ser feita em "ocasião oportuna" (BRASIL, 1942j, p. 39), consegue protelar a entrega do prédio às entidades estudantis, sob pretexto que este não havia ainda sido incorporado ao Patrimônio Nacional (POERNER, 1979, p. 179).

Em 18 de agosto de 1942, cansados de esperar uma decisão do ministro da Educação, os estudantes, apoiados pelo despacho favorável do presidente da República, ocupam a sede do Clube Germânia, instalam lá as suas entidades e comunicam o fato a Capanema, que não tem outra alternativa senão aceitar o fato consumado. Quatro dias depois, o ministro da Educação comparece ao local, para presidir a instalação oficial da UNE (BRASIL, 1942l, pp. 103-104).

Tal fato não prejudica as boas relações existentes entre o ministro da Educação e as diretorias das organizações estudantis. Em setembro de

---

53 O Comissariado Nacional da Mocidade Portuguesa instalara-se, em 24 de novembro de 1940, no Palácio da Independência, em Lisboa, que lhe fora doado pela Colônia portuguesa do Brasil. Ver "O Palácio da Independência é a nova sede do Comissariado Nacional da Mocidade Portuguesa" (*MOCIDADE PORTUGUESA*, 1940, pp. 65-69).

1942, Capanema comparece à sessão inaugural do V Congresso Nacional dos Estudantes, pronunciando o discurso de abertura (CAPANEMA, 1942e). Em dezembro de 1942, após a aprovação do decreto-lei de organização da Direção Nacional da Juventude Brasileira e a nomeação do secretário-geral, o diretor do Departamento de Administração do Ministério da Educação, considerando irregular a utilização dos recursos e do pessoal do ministério na manutenção de um imóvel ocupado apenas por entidades estudantis, propõe a Capanema que a Juventude Brasileira se instale no prédio, ficando o secretário-geral autorizado "a permitir que continuem sediadas no edifício as entidades de estudantes, enquanto as dependências não se tornarem necessárias à Juventude Brasileira" (SÁ, 1942). O ministro da Educação dará o seu acordo à proposta e a submeterá à consideração do presidente da República, que a aprovará, no final de dezembro.

Em abril de 1943, após haver prometido ao presidente da UNE, Hélio de Almeida, que nenhuma decisão seria tomada sem que a diretoria da UNE tivesse prévio conhecimento, o ministro da Educação publica uma portaria ministerial determinando a instalação da Direção Nacional da Juventude Brasileira no prédio do Clube Germânia, junto com a UNE, e entregando a administração geral do prédio, sua conservação e vigilância ao secretário-geral da Juventude Brasileira (BRASIL, 1943e, p. 115). Hélio de Almeida demite-se da presidência da UNE, em sinal de protesto contra a decisão de Capanema, a quem ele acusa de ter agido de forma desleal (ALMEIDA, 1943). A demissão de Hélio de Almeida gera uma crise cujas repercussões no meio estudantil levarão o ministro da Educação a revogar, em parte, a sua portaria. Mesmo mantendo a Direção Nacional da Juventude Brasileira no prédio do Clube Germânia, Capanema entrega a sua administração a um funcionário do Ministério da Educação (BRASIL, 1943f, p. 157). Os estudantes, aconselhados pelo próprio Hélio de Almeida, aceitam a decisão do ministro.

A censura impediu que o fato fosse divulgado pela imprensa. Poucos dias depois, e isso reflete bem a forma como se realizava o controle dos meios de comunicação durante o Estado Novo, o Serviço de Documentação do Ministério da Educação forjou uma "Nota Oficial da União Nacional dos Estudantes", a qual, modificada de próprio punho por Capanema, foi divulgada através do DIP como tendo sido redigida pela Secretaria de Imprensa e Publicidade da UNE. Nessa nota se diz:

> A União Nacional dos Estudantes comunica aos universitários brasileiros que, em virtude da Portaria n. 225 do Sr. Ministro da Educação, afastou-se, em caráter irrevogável, do cargo de presidente desta entidade o acadêmico Hélio de Almeida, que solicitou aos demais membros da diretoria permanecessem em seus cargos. [...] A atual diretoria da União Nacional dos Estudantes manifesta seu pesar pelo afastamento do acadêmico Hélio de Almeida e declara seu propósito de continuar a manter com o Ministro da Educação as mais cordiais relações no encaminhamento e solução de todos os problemas de interesse da classe universitária. Comunica ainda que, em entendimentos realizados, foi encontrada solução satisfatória para o caso que deu origem ao incidente acima referido [CPDOC, 1943a].

Mas os estudantes não consideraram a solução como "satisfatória". Ainda em abril de 1943, o ministro da Educação recebeu uma comissão de estudantes, liderada pelo DCE da Universidade do Brasil, que foi manifestar novamente a Capanema a sua insatisfação com a presença da Direção Nacional da Juventude Brasileira no prédio que eles ocupavam. A única versão que se tem desse encontro está contida em uma comunicação à imprensa, redigida pelo ministro da Educação. Depois de apresentar o encontro como "uma visita de cordialidade" dos estudantes ao ministro da Educação, a comunicação diz que o ministro da Educação havia esclarecido aos estudantes que a localização da Direção Nacional da Juventude Brasileira no edifício que pertenceu ao Clube Germânia não tinha caráter definitivo, pois esta deveria passar brevemente para o edifício sede do Ministério da Educação, ainda em construção. Além disso, a presença das duas entidades no mesmo local não criava, segundo a comunicação, nenhuma relação de dependência entre elas. A UNE e a Juventude Brasileira eram "entidades absolutamente autônomas" (CAPANEMA, 1943b).

Entretanto, uma série de atritos entre o secretário-geral da Juventude Brasileira e os estudantes mostrou ser impossível a convivência das duas entidades. Em maio de 1943, os estudantes encaminharam novo documento a Capanema, no qual afirmam:

> A autonomia que deve reger as entidades universitárias, estamos já agora certos, não pode ser preservada coabitando as mesmas com entidades outras de caráter não universitário. Mais evidente ainda se torna este fenômeno si se considerar o caso da Direção Nacional da Juventude Brasileira, e, em particular, a oportunidade que tem seu Secretário-Geral, com a sua autoridade, de interferir em atividades da classe

universitária, promovidas em edifício comum às entidades referidas [UNIÃO... 1943].

Depois de lembrar a Capanema que o prédio lhes fora cedido pelo presidente da República, os estudantes ameaçam recorrer novamente a Getúlio Vargas caso o ministro da Educação não adotasse a "única solução compatível com os desejos gerais, que consiste, precisamente, em permitir coabitem no mesmo edifício em apreço, desde já, apenas entidades universitárias".

Apesar de haver devolvido aos estudantes o seu documento, sem respondê-lo, Capanema não tem alternativa senão transferir a sede da Juventude Brasileira para outro local (BRASIL, 1943j, p. 275)[54].

Essa medida significou o fim da crise entre o ministro da Educação e os estudantes. Em julho de 1943, Capanema comparecerá ao VI Congresso Nacional dos Estudantes para dar posse à nova diretoria da UNE e afirmará, em seu discurso:

> Digo, com toda a sinceridade, que da antiga diretoria não guardo mágoa ou ressentimento. O incidente que aconteceu, público e notório, apenas serviu para melhor nos conhecermos, para mais nos compreendermos, uns aos outros, em suas reais virtudes. Por isso digo que "sinceramente" agradeço à antiga diretoria a sua colaboração, dela não guardando senão provas de amizade e demonstrações de patriotismo [CAPANEMA, 1943c].

Na verdade, a continuação do conflito não interessava nem aos estudantes nem ao governo. Isso ficará claro durante o VI Congresso, que rejeitará uma proposta de greve geral apresentada pelos estudantes de São Paulo. Essa rejeição será defendida pelos estudantes baianos, em nome da necessidade de um apoio total ao governo e à sua política de guerra e de combate ao fascismo e à quinta-coluna (CPDOC, 1943b).

Como se pode ver, a reação da UNE à instalação da Direção Nacional da Juventude Brasileira no prédio ocupado pelas entidades estudantis não foi, como afirma Poerner, um ato heroico "que salvou o Brasil da Juventude Brasileira" nem significou um "golpe de misericórdia" na organização da juventude (POERNER, 1979, p. 177). Os estudantes, ao

---

54 No telegrama enviado pelo secretário-geral da Juventude Brasileira aos interventores, em julho de 1943, tratando das comemorações da Semana da Pátria, consta como endereço da secretaria geral o Edifício Piauí, na avenida Almirante Barroso.

reagirem, estavam antes de tudo defendendo a sua autonomia e o patrimônio que haviam conquistado[55].

A principal razão do desaparecimento da Juventude Brasileira será a crise que oporá o seu secretário-geral aos dirigentes de outros órgãos do próprio Ministério da Educação.

Em julho de 1943, o tenente-coronel Jair Dantas Ribeiro enviará ao ministro da Educação extensa carta relatando as dificuldades que estava encontrando para desempenhar suas atividades (Ribeiro, 1943). Segundo ele, essas dificuldades deveriam ser atribuídas a "uma imperfeita definição de competências" dos órgãos do Ministério da Educação.

O secretário-geral critica especialmente uma circular do diretor-geral do Departamento Nacional de Educação, de maio de 1943[56]. Essa circular atribuía à Divisão de Educação Extraescolar a função de orientar a organização e o desenvolvimento das instituições escolares de caráter cultural e recreativo previstas no artigo 46 da Lei Orgânica do Ensino Secundário. Segundo o tenente-coronel Jair Dantas Ribeiro, essa circular estava "em evidente conflito" com a legislação relativa à Juventude Brasileira.

Para resolver esses atritos, o secretário-geral propõe que a Juventude Brasileira passe a ocupar "o lugar que lhe cabe" dentro da estrutura do Ministério da Educação, tendo em vista tanto "o vulto de sua extensão" quanto a "importância de suas finalidades". Concretamente, ele propõe que o Departamento Nacional de Educação passe a ser responsável apenas pelas atividades curriculares, sob a denominação de Departamento Nacional de Ensino, e que a Juventude Brasileira, transformada em departamento, fique responsável por todas as atividades extracurriculares das escolas de grau primário e secundário. Quanto à educação física nas escolas, ela passaria a ser também atribuição da Juventude Brasileira. A Divisão de Educação Física se encarregaria da fiscalização das escolas destinadas à formação de professores e técnicos e da realização das pesquisas necessárias ao estabelecimento do método nacional de educação física. Quanto à Divisão de Educação Extraescolar, suas funções seriam assumidas pelas Divisões de Ensino ou pela Juventude Brasileira.

---

55 A UNE conservará a sua sede até o Golpe Militar de abril de 1964. Nessa ocasião, a sede da UNE será invadida e saqueada pelo Exército.
56 Circular n. 1-43, do diretor-geral do Departamento Nacional de Educação (apud Bicudo, 1942, p. 135).

Tal proposta não será aceita pelo ministro da Educação, o que levará o tenente-coronel Jair Dantas Ribeiro a pedir demissão, ainda em julho de 1943 (BRASIL, 1943i, p. 227).

Embora tivesse em mãos uma proposta da Divisão de Ensino Primário, sugerindo que o cargo de secretário-geral da Direção Nacional da Juventude Brasileira fosse extinto e que suas funções fossem assumidas pelo diretor-geral do Departamento Nacional de Educação[57], Capanema preferiu solicitar ao Diretor da Divisão de Educação Física que assumisse interinamente a secretaria geral e que, nessas condições, organizasse a formatura da Juventude Brasileira, em setembro de 1943. Tal situação durará até setembro de 1944, data na qual o Diretor da Divisão de Educação Física será liberado desse encargo e os arquivos da Secretaria Geral da Direção Nacional da Juventude Brasileira serão colocados sob a responsabilidade de um técnico do ministério (BRASIL, 1944b, p. 136). Em fevereiro de 1945, os funcionários colocados à disposição da Direção Nacional da Juventude Brasileira serão transferidos para a Divisão de Educação Física (BRASIL, 1945a, p. 372).

Esta medida, que coincidiu com o início do processo de redemocratização do país (fim da censura e convocação de eleições), será saudada pela imprensa, que nela verá um sinal do fim melancólico de uma tentativa frustrada de implantação no Brasil de um movimento de juventude nos moldes fascista. Em seu editorial, *O Jornal*, do Rio de Janeiro, escreverá:

> Os servidores da Juventude Brasileira não têm, no momento, serviços a executar. Não têm, nem nunca tiveram. E nunca tiveram porque, se houve uma moda fascista que não pegou no país, apesar do interesse da ditadura estadonovista, foi essa de Juventude Brasileira, em moldes da "juventude hitlerista". [...] A Juventude Brasileira nunca pegou. Nunca existiu, de fato. E não pegou porque a mocidade de nossas escolas, hoje como ontem, e sobretudo no período mais grave da ditadura estadonovista, sempre manifestou instintiva repulsa pela sua organização, inspirada e confeccionada sob o modelo nazista [*O JORNAL*, 1945].

Quanto ao *Correio da Manhã*, ele verá nessa decisão mais uma manifestação do oportunismo político do ministro da Educação:

---

57 CPDOC, Arquivo Gustavo Capanema, GgC 38.08.09 (XX-10).

A Juventude é uma criação do Sr. Gustavo Capanema. [...] O Ministro que andou, depois da Revolução de 1930, enfiado numa camisa parda, quis dar a sua contribuição tímida ao fascismo disfarçado que se instituiu no país desde 1937. Adotou um plano parecido com o da Giuventu Fascista [...]. Mas nesta hora de recuos, com a mesma sutileza com que tentou organizar a Juventude [Capanema] decidiu, sem estardalhaço, despreocupar-se do assunto... Dissolveu dela a única coisa que dava a ficção da sua existência. Dissolveu o grupo de funcionário [...] e passou a ver diante dos olhos uma vereda que o leve à estrada-tronco da redemocratização [CORREIO DA MANHÃ, 1945].

Na verdade, a extinção da direção nacional representou o desaparecimento dos últimos vestígios da Juventude Brasileira. E em novembro de 1945, a revogação da legislação referente à Juventude Brasileira marcará o fim legal da instituição (BRASIL, 1945b, p. 103; 1945c, p. 304).

Conclusão

Este estudo tinha por objetivo analisar as relações entre educação e ordem política autoritária. Para isso, foi estudado o caso do Brasil no período de 1930-1945, privilegiando as propostas educacionais dos militares, da Igreja e do Estado. A seguir são apresentadas as conclusões a que se pôde chegar, utilizando como contraponto o caso da Itália no período fascista[1].

No decorrer da Primeira República coexistiam duas formas de se conceber as relações entre as Forças Armadas e a educação: de uma parte, a Liga de Defesa Nacional (LDN), fiel à sua concepção de "cidadão-soldado", transformava as Forças Armadas em "educadoras do povo", isto é, em aparelho ideológico encarregado de difundir os princípios da ordem e da disciplina; por outro lado, os militares formados pelo Exército alemão e pela Missão Militar Francesa defendiam a ideia de um Exército profissional, responsável único pela defesa nacional e pela manutenção da ordem, ou seja, um Exército que assumisse sua verdadeira função de aparelho repressivo. Na primeira concepção, o quartel substitui a escola na sua função de inculcação ideológica; na segunda, a escola, conservando sua função de aparelho ideológico, assume também uma função indireta de preparação militar.

A partir de 1930, a atitude dos militares com relação às questões educacionais se transforma – uma consequência das mudanças ocorridas na forma de se conceber o papel das Forças Armadas e suas relações com a sociedade. Essa nova concepção, que se cristaliza no projeto inter-

---

1 Sobre a educação na Itália fascista, ver Horta (2008; 2009a).

vencionista moderador defendido pelo general Góes Monteiro, implicava essencialmente: criação de um partido único (social-nacionalista), que assegurasse a transição para um governo forte, preparasse quadros para o Estado e guiasse com mão firme as massas; fortalecimento dos aparelhos repressivos do Estado (Exército e polícia), para garantia da ordem político-social; controle dos aparelhos ideológicos (imprensa e sistema educacional), para formação e difusão de uma mentalidade capaz de disciplinar as novas gerações e fazer desaparecer a luta de classes. Paralelamente, intervenção do Estado na economia, de modo que impeça o colapso na produção e aumente a riqueza. Assim, não se trata mais de sublinhar a função educativa das Forças Armadas ou de defender a intervenção destas no sistema educacional de forma que o leve a cumprir sua tarefa de bem preparar o futuro soldado. Sem ignorar essa dimensão, os militares procuram intervir diretamente no processo de definição da política educacional para que esta seja estabelecida em conformidade com a política militar do país. Buscam assim adequar o sistema de ensino à política estabelecida no seio das Forças Armadas enquanto política de preparação para a guerra, com base no conceito de mobilização nacional. No quadro desse projeto mobilizador, competia ao Ministério da Educação encarregar-se da educação moral e cívica e da educação física nas escolas. A educação moral e cívica teria por objetivo a difusão da ideologia nacionalista, o disciplinamento das novas gerações e sua preparação moral para a guerra; a educação física, orientada pelas Forças Armadas, ajudaria na preparação do futuro soldado.

A partir de 1935, o conceito de "segurança nacional" vem substituir aquele de "defesa nacional". Acentua-se a tese segundo a qual a segurança da pátria é ameaçada não somente pelo inimigo externo, mas principalmente por aqueles que se encontram no interior das fronteiras nacionais, isto é, pelo "inimigo interno". Será em nome dessa concepção de "segurança nacional" que as Forças Armadas justificarão suas intervenções controladoras e repressivas no sistema educacional a partir desse momento.

Observa-se assim uma diferença fundamental entre o que ocorre no Brasil e o que acontece na Itália fascista. Na Itália, não houve intervenção direta das Forças Armadas no sistema de ensino, mas sim a presença de um espírito militarista na escola, principalmente em virtude da ação da milícia fascista. A partir de 1934 estabeleceu-se uma divisão de funções entre a escola e as organizações da juventude com relação à sua militarização. A escola, por meio dos "programas de cultura militar", deveria fortalecer o espírito militarista da juventude. As organizações juvenis, por meio da instrução pré-militar, dariam ao jovem uma preparação militar que lhes permitisse o ingresso na milícia. No Brasil, apesar das intervenções diretas dos militares no sistema de ensino, as Forças Armadas não desejavam a militarização da juventude, como demonstra seu pouco interesse pela introdução da instrução pré-militar nas escolas. Como afirmou várias vezes o general Dutra, o que interessava aos militares não era incutir nos alunos um "espírito militarista", mas sim o "verdadeiro espírito de segurança nacional", isto é, a compreensão de que o inimigo interno é o verdadeiro inimigo que deve ser combatido.

A introdução do ensino religioso nas escolas brasileiras, a partir de 1931, foi justificada pelo ministro da Educação, Francisco Campos, com argumentos de caráter filosófico e pedagógico. Contudo, ela teve uma significação política evidente: tratava-se de obter o apoio da Igreja ao novo governo oriundo da Revolução de 1930. Entretanto, a dimensão política não esgota todo o significado desse ato. Além dela, o decreto de introdução do ensino religioso nas escolas teve igualmente uma dimensão ideológica: ao identificar "formação moral" com "educação religiosa" e transferir dessa forma para a Igreja a responsabilidade da formação moral do cidadão, o governo não apenas responde às exigências dos educadores católicos, que reclamavam para a Igreja essa tarefa, mas também se mostra fiel à sua concepção autoritária, pelo estabelecimento de mais um mecanismo para reforçar a disciplina e a autoridade. Assim, o ensino religioso, ao mesmo tempo em que servia de instrumento para a formação moral da juventude, tornava-se também um mecanismo de cooptação da Igreja católica e uma arma poderosa na luta contra o liberalismo e o comunismo e no processo de inculcação dos valores que constituíam a base de justificação ideológica do pensamento político autoritário.

A Igreja, mesmo reagindo à sua utilização como instrumento de mobilização política para fins pessoais, assumiu sua parcela de responsabilidade na formação moral do cidadão e na defesa dos valores do autoritarismo, em troca do apoio governamental para suas obras e instituições e de uma ação repressiva contra aqueles que se apresentavam como um possível obstáculo à sua ação.

A função do ensino religioso e o papel desempenhado pela Igreja no Brasil na década de 1930 podem ser mais bem compreendidos quando comparados com o que acontece na Itália fascista.

Em primeiro lugar, a motivação de ordem filosófica apresentada por Francisco Campos para justificar a introdução do ensino religioso nas escolas difere profundamente daquela apresentada por Gentile. Para o ministro da Educação de Mussolini, o ensino religioso, que devia limitar-se à escola elementar, se justificava com base na concepção de religião inerente à filosofia idealista, segundo a qual a religião representa um estágio inferior, embora necessário, da evolução espiritual, constituindo uma preparação para o ingresso no estágio superior, ou seja, aquele da própria filosofia. Para Campos, a educação, na medida em que visa "impor preceitos à consciência e subministrar à vontade motivos eficazes de ação", possui sempre uma dimensão moral e exige uma concepção ético-religiosa da vida e uma visão de mundo dada sempre pela religião e não pela filosofia, como queria Gentile.

Em segundo lugar, embora as razões de ordem filosófica apresentadas por Campos e Gentile para a introdução do ensino religioso nas escolas fossem radicalmente diferentes, as razões de ordem política e ideológica são as mesmas: obter o apoio da Igreja para o regime e defender os valores morais nos quais ele se apoia. Entretanto, a atitude da Igreja é diferente: na Itália, a Igreja rejeita a motivação filosófica apresentada por Gentile, na medida em que esta constitui um obstáculo à sua pretensão de estender o ensino religioso às escolas médias e de controlá-lo. Quanto às razões de ordem ideológica, a Igreja italiana, mesmo aceitando a função de "depositária dos valores morais da Nação", rejeita a utilização do sentimento religioso para a "reconstrução" do Estado, na medida em que a visão gentiliana de "estado ético" opõe-se à proposta do papel complementar do Estado por ela defendida. No Brasil, a justificação filosófica foi elaborada pela própria Igreja; quanto às razões de ordem ideológica, a defesa dos valores morais identificou-se com a luta contra o comunismo e foi plenamente assumida por ela. Politicamente, o ensino religioso foi utilizado no Brasil como instrumento de cooptação da Igreja; na Itália ele serviu principalmente de "moeda de troca".

A intervenção do Estado no sistema educacional brasileiro, particularmente antes de 1935, teve principalmente a função de arbitrar os conflitos entre as diferentes tendências existentes. Mas, a partir de 1937, o Estado fixa um objetivo bem preciso para suas intervenções: utilizar a educação como instrumento para inculcar na infância e na juventude os princípios do *Estado Novo*, e como arma de luta ideológica. Essa utilização deveria concretizar-se por meio da elaboração do Código da Educação Nacional e pela criação de uma "Organização Nacional da Juventude". Ambas as medidas previstas na Constituição de 1937 tiveram, na forma em que foram propostas, uma dimensão totalitária e mobilizadora que desaparece quase totalmente no momento de sua concretização.

Assim, a proposição inicial de organização da juventude, preparada em 1938, era uma imitação quase perfeita da organização da juventude fascista. E o Código da Educação Nacional, apresentado pelo ministro da Educação como o documento no qual deveriam ser fixadas as orientações ideológicas da política educacional do país, de forma que a colocasse a serviço do *Estado Novo*, anunciava uma "estadonovização" da escola brasileira, em um processo bastante semelhante ao de "fascistização" da escola italiana.

Contudo, no momento de sua concretização, essas medidas perderam completamente suas características totalitárias e mobilizadoras. A Juventude Brasileira surge em 1942 como uma organização de finalidades puramente patrióticas. Quanto ao Código da Educação Nacional, este se concretiza apenas em parte, nas leis orgânicas de ensino, a partir de 1942. Nesse momento não se fala mais em "educar para a Nação" e para "formar o cidadão do Estado Novo", e sim em "educar para a pátria" e para "formar o cidadão consciente".

Partindo dessas constatações, pode-se buscar uma resposta à questão que esteve presente ao longo de todo o trabalho: quais as relações entre educação e regime autoritário?

Não se trata de perguntar se a escola, no Brasil, a partir de 1930 e principalmente durante o Estado Novo, foi uma escola fascista. Nesses termos, a questão foi colocada e respondida antes mesmo do fim do Estado Novo. Com efeito, em agosto de 1945, na sua campanha presidencial, o brigadeiro Eduardo Gomes afirma que a partir de 1937 tinha ocorrido uma "criminosa infiltração fascista" no ensino brasileiro: as escolas tinham se transformado em "órgãos de propaganda do regime" e os alunos tinham sido utilizados para a glorificação dos governantes (GOMES, 1946b, p. 65). Capanema, que era ainda ministro da Educação, responde a essas acusações com base na definição do fascismo como regime de partido único e da escola fascista como instrumento utilizado pelo Estado para formar politicamente a infância e a juventude e levar os jovens a participarem das organizações e atividades do partido. Com base nessa definição de fascismo e de escola fascista, Capanema nega categoricamente que o fascismo tenha sido introduzido no ensino brasileiro. Segundo o ministro, "nunca foi fascista a escola brasileira: foi sempre uma escola democrática e patriótica" (CAPANEMA, 1945).

Colocada a questão nesses termos, Capanema teria razão, ao menos em parte: a escola brasileira, mesmo durante o Estado Novo, não foi fascista, pela simples razão que o regime não era fascista. Embora sendo um regime autoritário, faltava ao Estado Novo duas características fundamentais do regime fascista: o partido único e a mobilização nacional.

Mas o mesmo argumento utilizado por Capanema para negar o caráter fascista da escola brasileira poderia ser utilizado para negar a afirmação feita por ele de que a escola brasileira durante o Estado Novo havia sido uma escola democrática. A escola brasileira, principalmente a partir de 1937, não foi democrática, visto que o regime não era um regime democrático.

Na verdade, não é esse o verdadeiro caminho: o problema da utilização do sistema escolar como instrumento de legitimação do regime político autoritário não pode ser tratado de forma unilateral, mas com base em uma análise das relações entre o papel político e a dimensão especificamente pedagógica da educação. Em outros termos: a verdadeira questão coloca-se no nível da maior ou menor autonomia da escola em relação ao sistema político.

No caso da Itália, o papel político da educação acentua-se durante o período fascista, a partir da entrada da "verdadeira política" na escola, proposta por Gentile, passando pela exigência de uma ação política dos professores no intuito de transformar a escola em uma escola fascista, até chegar a uma identificação entre escola e partido, na *Carta della scuola*. Assim, a fascistização da escola significou, de fato, a supressão quase total de sua autonomia relativa.

No caso do Brasil, o papel político da escola não constituiu nunca a dimensão predominante, mesmo tendo sido acentuado por Francisco Campos em 1935, no momento em que ele substitui Anísio Teixeira à frente da Secretaria de Educação do Distrito Federal, ou por Capanema em 1937, por ocasião do discurso pronunciado durante a comemoração do centenário do Colégio Pedro II. Assim, apesar de uma forte intervenção do Estado no aparelho escolar, sobretudo no período de 1935-1942, a não concretização das diferentes propostas oficiais, que foram identificadas ao longo de todo este trabalho, mostra que o regime nunca chegou a impor à escola um papel político idêntico àquele imposto na Itália fascista. Assim, a escola no Brasil pôde conservar durante todo o período uma relativa autonomia.

Além disso, a política educativa que o Estado procurou implantar provocou certamente resistência por parte de professores, pais e alunos. Nesse momento, passa-se para o nível da prática escolar, ao qual não pode aceder sem enfrentar delicados problemas metodológicos. Se uma análise do discurso e da prática dominante é sempre possível, as práticas de resistência são, ao contrário, muito mais difíceis de apreender. Contudo, pensa-se que tal estudo deve ser tentado. Mas isso constitui tema para outra pesquisa.

Referências

1. Publicações oficiais

BRASIL. (1890). Constituição da República dos Estados Unidos do Brasil. "Decreto n. 330, de 12 de abril de 1890". *Promulga o regulamento que reorganiza o ensino nas escolas do exército* (Coleção das Leis do Brasil, vol. I, 1890, p. 550).

_____. (1891). Constituição da República dos Estados Unidos do Brasil. "Estabece no art. 72, §6º: 'Será leigo o ensino ministrado nos estabelecimentos públicos'". *Diário Oficial da União*, p. 777, 25 fev.

_____. (1917). "Decreto n. 12.708, de 9 de novembro de 1917, art. 71". *Aprova o Regulamento da Diretoria Geral do Tiro de Guerra* (Coleção das Leis do Brasil, vol. III, 1917, p. 119).

_____. (1919). "Decreto n. 3.741, de 28 de maio de 1919". *Autoriza o governo do Brasil a contratar na França uma missão militar, para fins de instrução do Exército* (Coleção das Leis do Brasil, vol. I, 1919, p. 198).

_____. (1925). "Decreto n. 16.782, de 13 de janeiro de 1925". *Estabelece o concurso da união para difusão do ensino primário, organiza o departamento nacional do ensino, reforma o ensino secundário e o superior dá outras providências* (Coleção das Leis do Brasil, vol. I, 1925, p. 6).

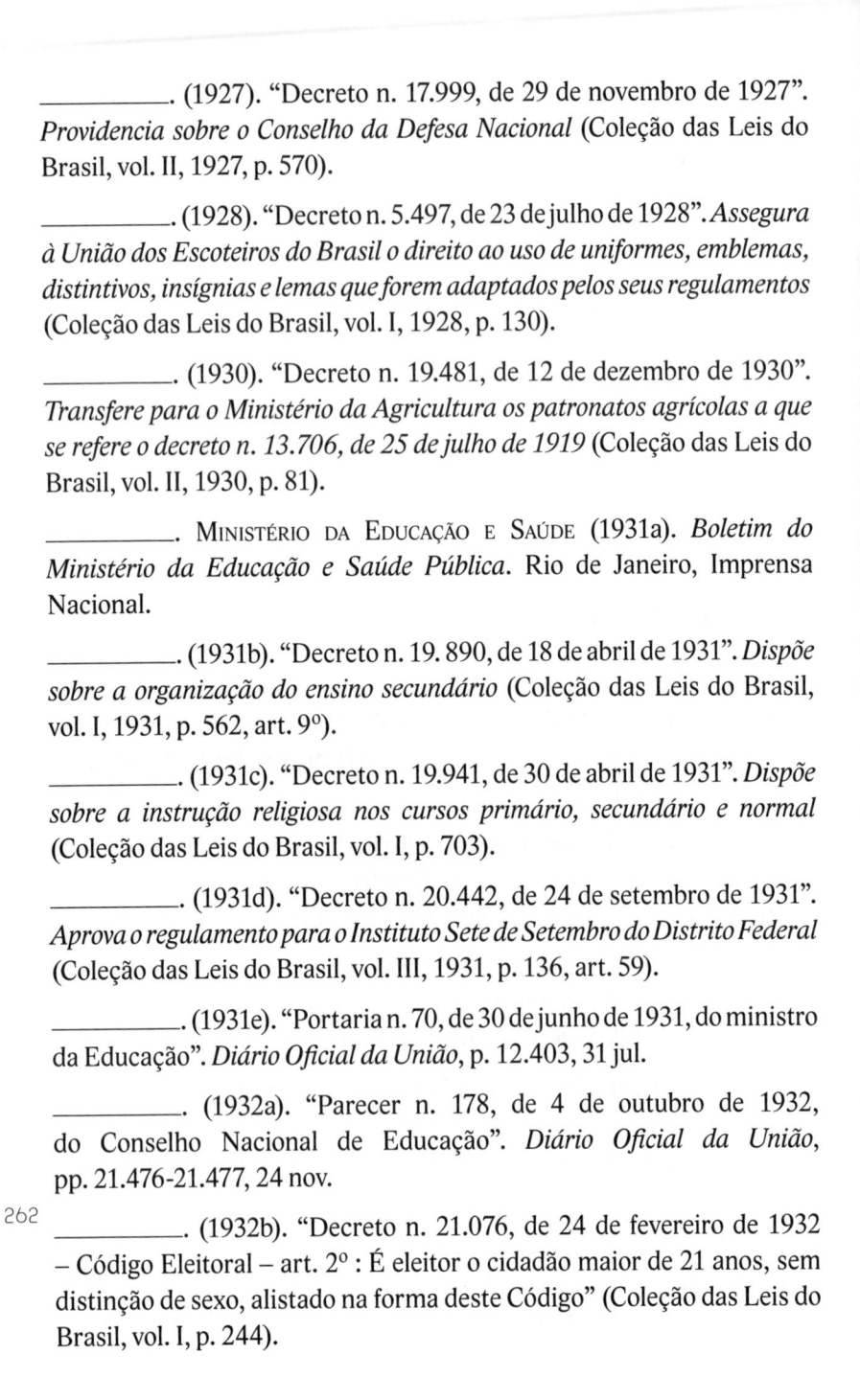

_____. (1927). "Decreto n. 17.999, de 29 de novembro de 1927". *Providencia sobre o Conselho da Defesa Nacional* (Coleção das Leis do Brasil, vol. II, 1927, p. 570).

_____. (1928). "Decreto n. 5.497, de 23 de julho de 1928". *Assegura à União dos Escoteiros do Brasil o direito ao uso de uniformes, emblemas, distintivos, insígnias e lemas que forem adaptados pelos seus regulamentos* (Coleção das Leis do Brasil, vol. I, 1928, p. 130).

_____. (1930). "Decreto n. 19.481, de 12 de dezembro de 1930". *Transfere para o Ministério da Agricultura os patronatos agrícolas a que se refere o decreto n. 13.706, de 25 de julho de 1919* (Coleção das Leis do Brasil, vol. II, 1930, p. 81).

_____. MINISTÉRIO DA EDUCAÇÃO E SAÚDE (1931a). *Boletim do Ministério da Educação e Saúde Pública*. Rio de Janeiro, Imprensa Nacional.

_____. (1931b). "Decreto n. 19.890, de 18 de abril de 1931". *Dispõe sobre a organização do ensino secundário* (Coleção das Leis do Brasil, vol. I, 1931, p. 562, art. 9º).

_____. (1931c). "Decreto n. 19.941, de 30 de abril de 1931". *Dispõe sobre a instrução religiosa nos cursos primário, secundário e normal* (Coleção das Leis do Brasil, vol. I, p. 703).

_____. (1931d). "Decreto n. 20.442, de 24 de setembro de 1931". *Aprova o regulamento para o Instituto Sete de Setembro do Distrito Federal* (Coleção das Leis do Brasil, vol. III, 1931, p. 136, art. 59).

_____. (1931e). "Portaria n. 70, de 30 de junho de 1931, do ministro da Educação". *Diário Oficial da União*, p. 12.403, 31 jul.

_____. (1932a). "Parecer n. 178, de 4 de outubro de 1932, do Conselho Nacional de Educação". *Diário Oficial da União*, pp. 21.476-21.477, 24 nov.

_____. (1932b). "Decreto n. 21.076, de 24 de fevereiro de 1932 – Código Eleitoral – art. 2º : É eleitor o cidadão maior de 21 anos, sem distinção de sexo, alistado na forma deste Código" (Coleção das Leis do Brasil, vol. I, p. 244).

_____. (1933a). "Decreto n. 22.350, de 12 de janeiro de 1933". *Aprova o plano geral do ensino militar* (Coleção das Leis do Brasil, vol. I, 1933, p. 73, art. 7º).

_____. (1933b). "Decreto n. 23.252, de 19 de outubro de 1933". *Aprova o regulamento da Escola de Educação Física do Exército* (Coleção das Leis do Brasil, 1933, vol. IV, p. 84, art. 2º).

_____. (1933c). "Decreto n. 22.934, de 13 de julho de 1933". *Transforma o aprendizado agrícola de Barbacena em escola agrícola e dá outras providências* (Coleção das Leis do Brasil, vol. III, 1933, p. 71).

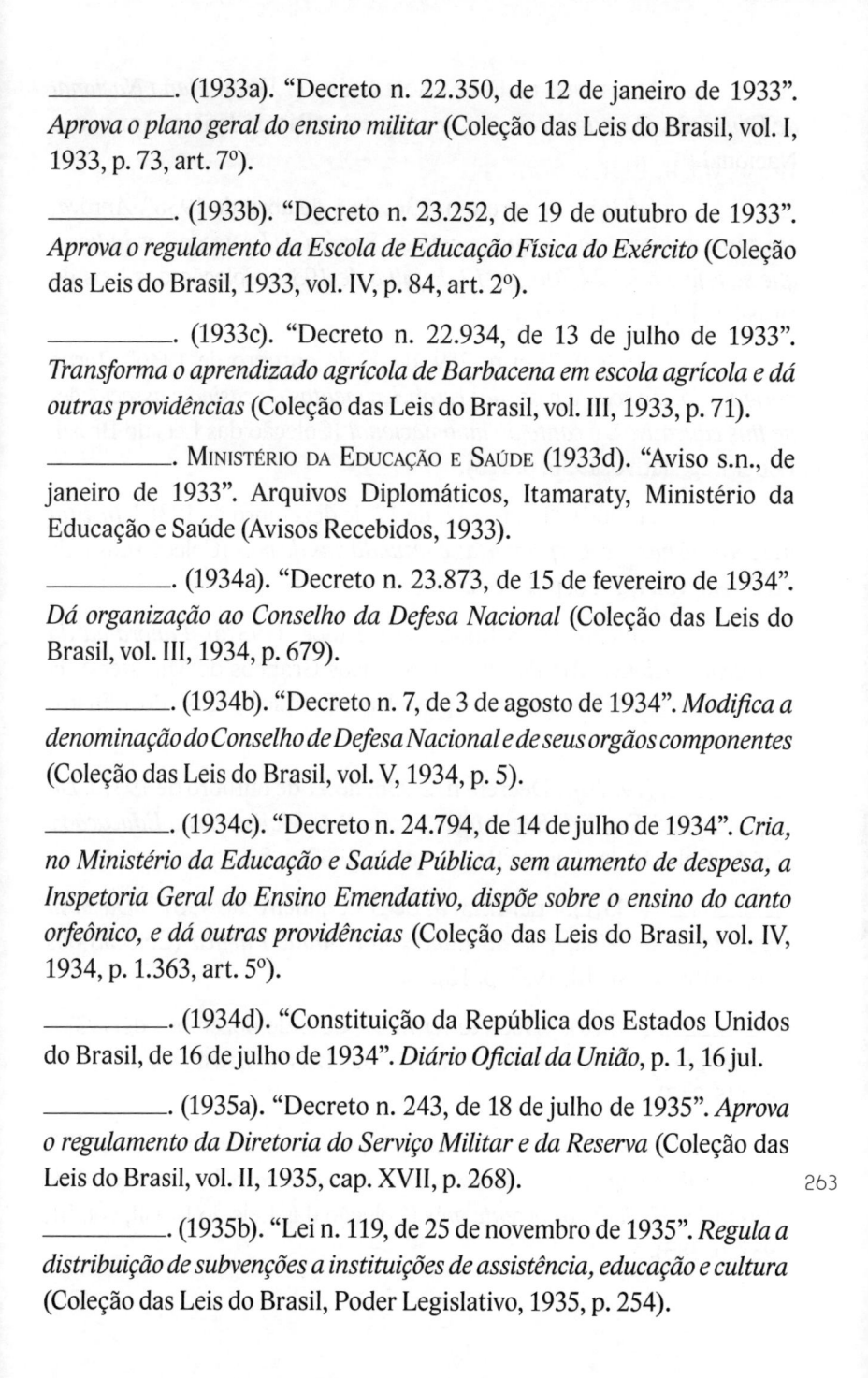

_____. Ministério da Educação e Saúde (1933d). "Aviso s.n., de janeiro de 1933". Arquivos Diplomáticos, Itamaraty, Ministério da Educação e Saúde (Avisos Recebidos, 1933).

_____. (1934a). "Decreto n. 23.873, de 15 de fevereiro de 1934". *Dá organização ao Conselho da Defesa Nacional* (Coleção das Leis do Brasil, vol. III, 1934, p. 679).

_____. (1934b). "Decreto n. 7, de 3 de agosto de 1934". *Modifica a denominação do Conselho de Defesa Nacional e de seus orgãos componentes* (Coleção das Leis do Brasil, vol. V, 1934, p. 5).

_____. (1934c). "Decreto n. 24.794, de 14 de julho de 1934". *Cria, no Ministério da Educação e Saúde Pública, sem aumento de despesa, a Inspetoria Geral do Ensino Emendativo, dispõe sobre o ensino do canto orfeônico, e dá outras providências* (Coleção das Leis do Brasil, vol. IV, 1934, p. 1.363, art. 5º).

_____. (1934d). "Constituição da República dos Estados Unidos do Brasil, de 16 de julho de 1934". *Diário Oficial da União*, p. 1, 16 jul.

_____. (1935a). "Decreto n. 243, de 18 de julho de 1935". *Aprova o regulamento da Diretoria do Serviço Militar e da Reserva* (Coleção das Leis do Brasil, vol. II, 1935, cap. XVII, p. 268).

_____. (1935b). "Lei n. 119, de 25 de novembro de 1935". *Regula a distribuição de subvenções a instituições de assistência, educação e cultura* (Coleção das Leis do Brasil, Poder Legislativo, 1935, p. 254).

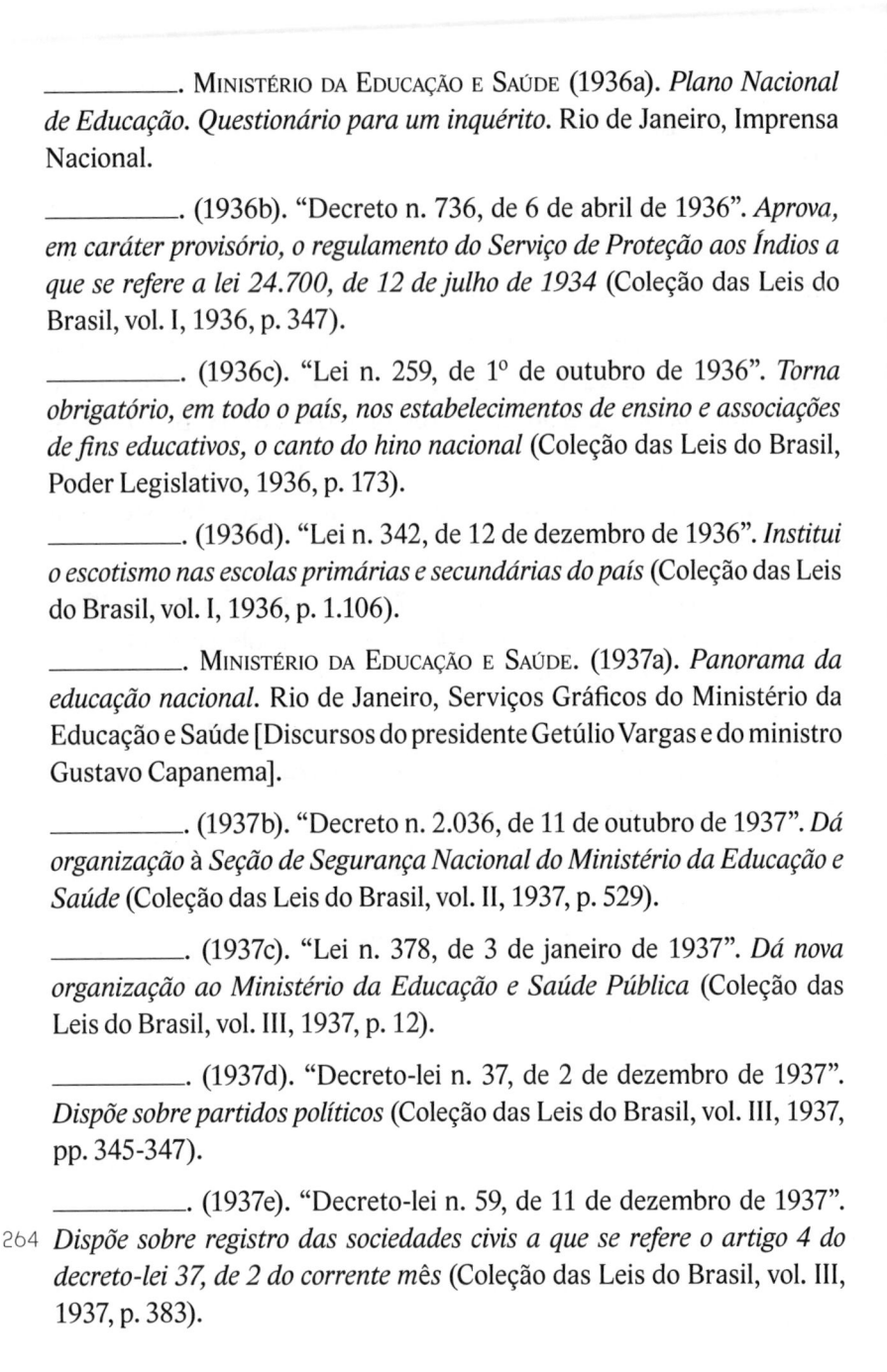

_____. MINISTÉRIO DA EDUCAÇÃO E SAÚDE (1936a). *Plano Nacional de Educação. Questionário para um inquérito.* Rio de Janeiro, Imprensa Nacional.

_____. (1936b). "Decreto n. 736, de 6 de abril de 1936". *Aprova, em caráter provisório, o regulamento do Serviço de Proteção aos Índios a que se refere a lei 24.700, de 12 de julho de 1934* (Coleção das Leis do Brasil, vol. I, 1936, p. 347).

_____. (1936c). "Lei n. 259, de 1º de outubro de 1936". *Torna obrigatório, em todo o país, nos estabelecimentos de ensino e associações de fins educativos, o canto do hino nacional* (Coleção das Leis do Brasil, Poder Legislativo, 1936, p. 173).

_____. (1936d). "Lei n. 342, de 12 de dezembro de 1936". *Institui o escotismo nas escolas primárias e secundárias do país* (Coleção das Leis do Brasil, vol. I, 1936, p. 1.106).

_____. MINISTÉRIO DA EDUCAÇÃO E SAÚDE. (1937a). *Panorama da educação nacional.* Rio de Janeiro, Serviços Gráficos do Ministério da Educação e Saúde [Discursos do presidente Getúlio Vargas e do ministro Gustavo Capanema].

_____. (1937b). "Decreto n. 2.036, de 11 de outubro de 1937". *Dá organização à Seção de Segurança Nacional do Ministério da Educação e Saúde* (Coleção das Leis do Brasil, vol. II, 1937, p. 529).

_____. (1937c). "Lei n. 378, de 3 de janeiro de 1937". *Dá nova organização ao Ministério da Educação e Saúde Pública* (Coleção das Leis do Brasil, vol. III, 1937, p. 12).

_____. (1937d). "Decreto-lei n. 37, de 2 de dezembro de 1937". *Dispõe sobre partidos políticos* (Coleção das Leis do Brasil, vol. III, 1937, pp. 345-347).

_____. (1937e). "Decreto-lei n. 59, de 11 de dezembro de 1937". *Dispõe sobre registro das sociedades civis a que se refere o artigo 4 do decreto-lei 37, de 2 do corrente mês* (Coleção das Leis do Brasil, vol. III, 1937, p. 383).

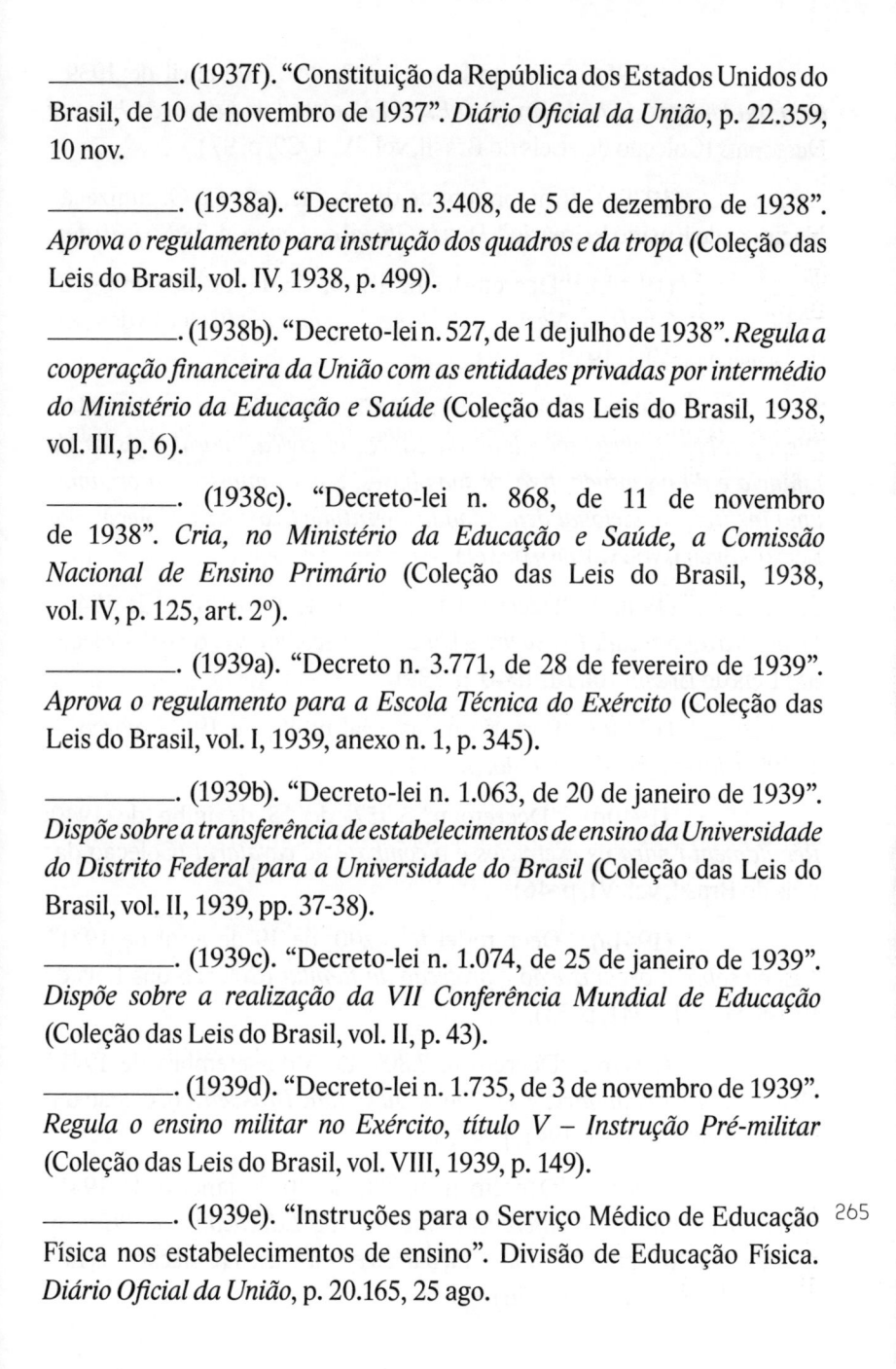

_____. (1937f). "Constituição da República dos Estados Unidos do Brasil, de 10 de novembro de 1937". *Diário Oficial da União*, p. 22.359, 10 nov.

_____. (1938a). "Decreto n. 3.408, de 5 de dezembro de 1938". *Aprova o regulamento para instrução dos quadros e da tropa* (Coleção das Leis do Brasil, vol. IV, 1938, p. 499).

_____. (1938b). "Decreto-lei n. 527, de 1 de julho de 1938". *Regula a cooperação financeira da União com as entidades privadas por intermédio do Ministério da Educação e Saúde* (Coleção das Leis do Brasil, 1938, vol. III, p. 6).

_____. (1938c). "Decreto-lei n. 868, de 11 de novembro de 1938". *Cria, no Ministério da Educação e Saúde, a Comissão Nacional de Ensino Primário* (Coleção das Leis do Brasil, 1938, vol. IV, p. 125, art. 2º).

_____. (1939a). "Decreto n. 3.771, de 28 de fevereiro de 1939". *Aprova o regulamento para a Escola Técnica do Exército* (Coleção das Leis do Brasil, vol. I, 1939, anexo n. 1, p. 345).

_____. (1939b). "Decreto-lei n. 1.063, de 20 de janeiro de 1939". *Dispõe sobre a transferência de estabelecimentos de ensino da Universidade do Distrito Federal para a Universidade do Brasil* (Coleção das Leis do Brasil, vol. II, 1939, pp. 37-38).

_____. (1939c). "Decreto-lei n. 1.074, de 25 de janeiro de 1939". *Dispõe sobre a realização da VII Conferência Mundial de Educação* (Coleção das Leis do Brasil, vol. II, p. 43).

_____. (1939d). "Decreto-lei n. 1.735, de 3 de novembro de 1939". *Regula o ensino militar no Exército, título V – Instrução Pré-militar* (Coleção das Leis do Brasil, vol. VIII, 1939, p. 149).

_____. (1939e). "Instruções para o Serviço Médico de Educação Física nos estabelecimentos de ensino". Divisão de Educação Física. *Diário Oficial da União*, p. 20.165, 25 ago.

_____. (1939f). "Decreto-lei n. 1.212, de 17 de abril de 1939". *Cria, na Universidade do Brasil, a Escola Nacional de Educação Física e Desportos* (Coleção das Leis do Brasil, vol. IV, 1939, p. 97).

_____. (1939g). "Anteprojeto de decreto-lei sobre a Organização Nacional do Ensino Primário". *Diário Oficial da União*, p. 28.867, 20 dez.

_____. (1939h). "Decreto-lei n. 1.764, de 11 de novembro de 1939". *Cria a Comissão Nacional de Proteção à Família* (Coleção das Leis do Brasil, vol. VIII, 1939, p. 191).

_____. (1940a). "Decreto-lei n. 2.072, de 8 de março de 1940". *Dispõe sobre a obrigatoriedade da educação cívica, moral e física da infância e da juventude, fixa as suas bases, e para ministrá-la organiza uma instituição nacional denominada Juventude Brasileira* (Coleção das Leis do Brasil, vol. I, 1940, p. 271).

_____. (1940b). "Decreto-lei n. 2.310, de 14 de julho de 1940". *Incorpora à Juventude Brasileira a União dos Escoteiros do Brasil* (Coleção das Leis do Brasil, vol. III, 1940, p. 339).

_____. (1940c). "Portaria ministerial n. 48, de 19 de março de 1940". *Diário Oficial da União*, p. 5.345.

_____. (1940d). "Decreto n. 5.957, de 15 de julho de 1940: *Regulamento para os exercícios e o combate de cavalaria* (Coleção das Leis do Brasil, vol. VI, p. 46)

_____. (1941a). "Decreto-lei n. 3.200, de 19 de abril de 1941". *Dispõe sobre a organização e proteção da família* (Coleção das Leis do Brasil, vol. III, 1941, p. 55).

_____. (1941b). "Decreto n. 7.807, de 5 de setembro de 1941". *Dispõe sobre o estandarte e o vexilo da Juventude Brasileira* (Coleção das Leis do Brasil, vol. VI, 1941, p. 485).

_____. (1941c). "Decreto n. 6.788, de 30 de janeiro de 1941". *Convoca a Primeira Conferência Nacional de Educação e a Primeira Conferência Nacional de Saúde e dá outras providências* (Coleção das Leis do Brasil, vol. II, 1941, p. 156).

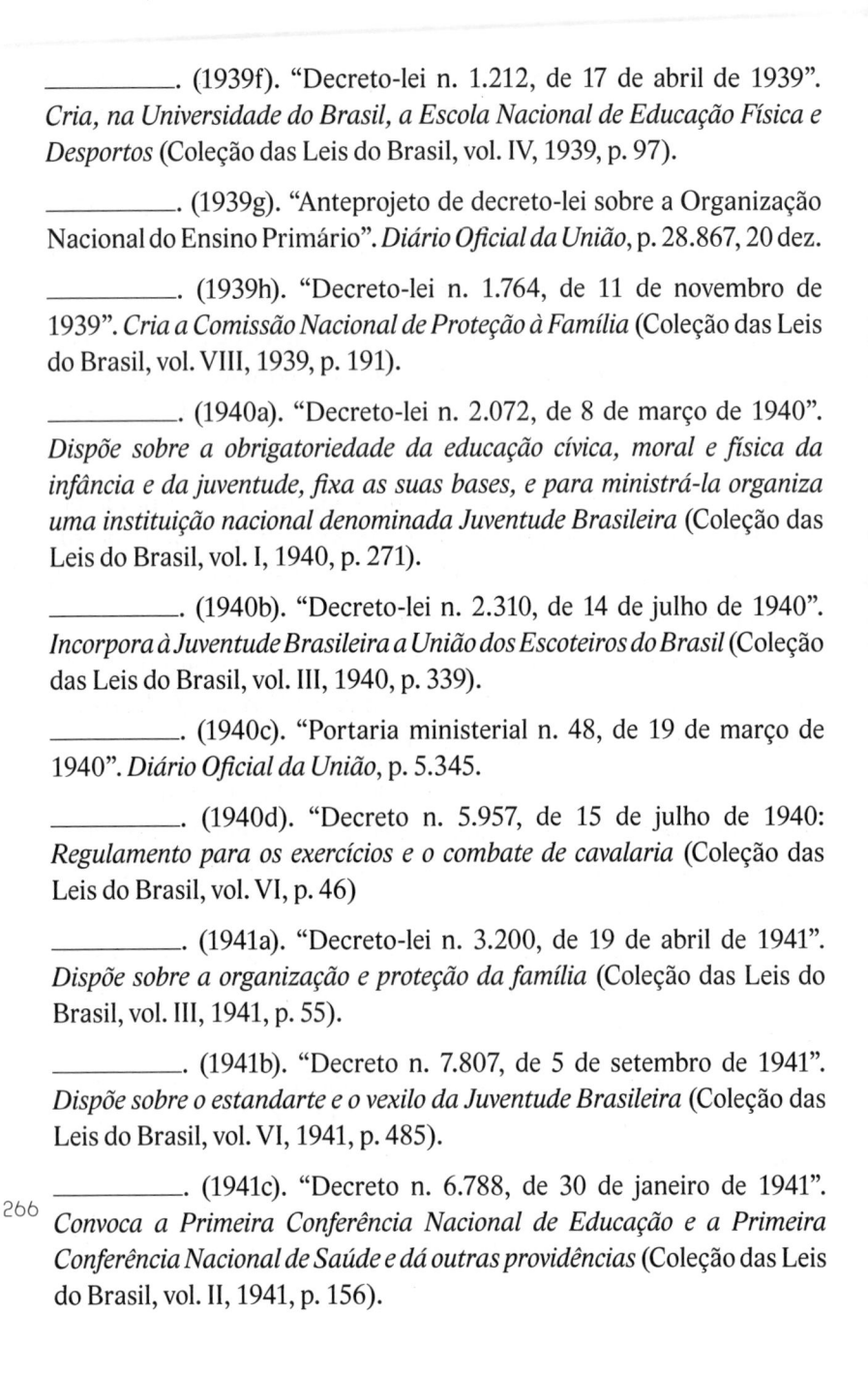

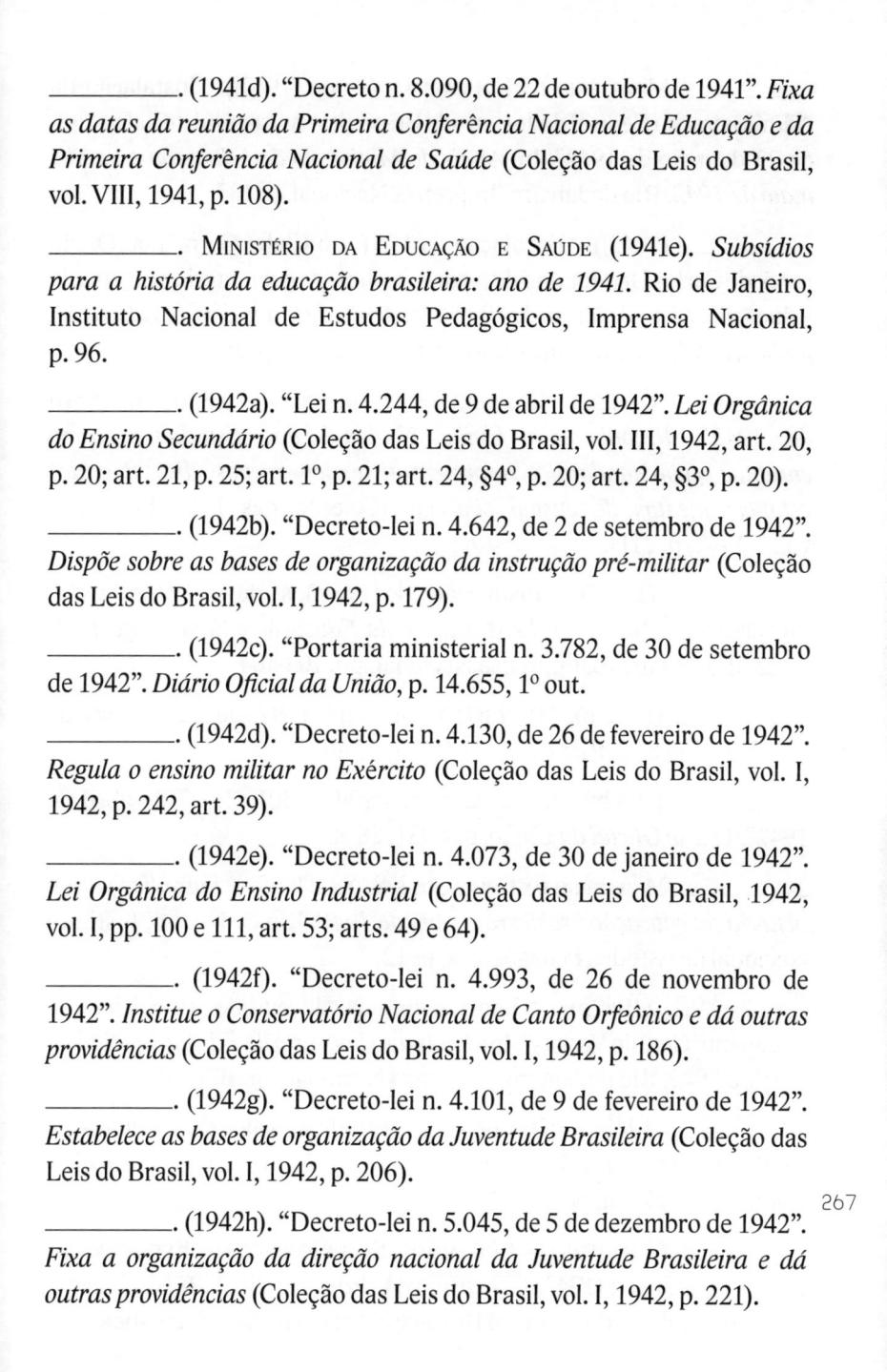

_____. (1941d). "Decreto n. 8.090, de 22 de outubro de 1941". *Fixa as datas da reunião da Primeira Conferência Nacional de Educação e da Primeira Conferência Nacional de Saúde* (Coleção das Leis do Brasil, vol. VIII, 1941, p. 108).

_____. Ministério da Educação e Saúde (1941e). *Subsídios para a história da educação brasileira: ano de 1941*. Rio de Janeiro, Instituto Nacional de Estudos Pedagógicos, Imprensa Nacional, p. 96.

_____. (1942a). "Lei n. 4.244, de 9 de abril de 1942". *Lei Orgânica do Ensino Secundário* (Coleção das Leis do Brasil, vol. III, 1942, art. 20, p. 20; art. 21, p. 25; art. 1º, p. 21; art. 24, §4º, p. 20; art. 24, §3º, p. 20).

_____. (1942b). "Decreto-lei n. 4.642, de 2 de setembro de 1942". *Dispõe sobre as bases de organização da instrução pré-militar* (Coleção das Leis do Brasil, vol. I, 1942, p. 179).

_____. (1942c). "Portaria ministerial n. 3.782, de 30 de setembro de 1942". *Diário Oficial da União*, p. 14.655, 1º out.

_____. (1942d). "Decreto-lei n. 4.130, de 26 de fevereiro de 1942". *Regula o ensino militar no Exército* (Coleção das Leis do Brasil, vol. I, 1942, p. 242, art. 39).

_____. (1942e). "Decreto-lei n. 4.073, de 30 de janeiro de 1942". *Lei Orgânica do Ensino Industrial* (Coleção das Leis do Brasil, 1942, vol. I, pp. 100 e 111, art. 53; arts. 49 e 64).

_____. (1942f). "Decreto-lei n. 4.993, de 26 de novembro de 1942". *Institue o Conservatório Nacional de Canto Orfeônico e dá outras providências* (Coleção das Leis do Brasil, vol. I, 1942, p. 186).

_____. (1942g). "Decreto-lei n. 4.101, de 9 de fevereiro de 1942". *Estabelece as bases de organização da Juventude Brasileira* (Coleção das Leis do Brasil, vol. I, 1942, p. 206).

_____. (1942h). "Decreto-lei n. 5.045, de 5 de dezembro de 1942". *Fixa a organização da direção nacional da Juventude Brasileira e dá outras providências* (Coleção das Leis do Brasil, vol. I, 1942, p. 221).

_____. Ministério da Educação e Saúde (1942i). "Instalação da Administração Central da Juventude Brasileira. Aviso ministerial n. 268, de 23 de maio de 1942". In: *Anais do Ministério da Educação e Saúde, maio de 1942*. Rio de Janeiro, Imprensa Nacional, p. 137.

_____. (1942j). "Instalação da UNE no Clube Germânia. Ofício n. 65, de Carlos Drummond de Andrade, chefe de gabinete do ministro da Educação, de 13 de junho de 1942". In: *Anais do Ministério da Educação, junho de 1942*. Rio de Janeiro, Imprensa Nacional, p. 39.

_____. (1942k). "Decreto-lei n. 4.105, de 11 de fevereiro de 1942". *Reconhece a União Nacional dos Estudantes como entidade coordenadora e representativa dos corpos discentes dos estabelecimentos de ensino superior* (Coleção das Leis do Brasil, vol. I, 1942, p. 211).

_____. (1942l). "Instalação dos órgãos de representação universitária". In: *Anais do Ministério da Educação e Saúde, agosto de 1942*. Rio de Janeiro, Imprensa Nacional, pp. 103-104.

_____. (1942m). "Portaria ministerial n. 97, de 22 de abril de 1942". *Diário Oficial da União*, p. 6.607, 23 abr.

_____. (1942n). "Portaria ministerial n. 101, de 27 de abril de 1942". *Diário Oficial da União*, p. 7.031, 28 abr.

_____. Ministério da Educação e Saúde (1942o). *Subsídios para a história da educação brasileira: I, ano de 1940*. Rio de Janeiro, Instituto Nacional de Estudos Pedagógicos, p. 12.

_____. (1942p). "Homenagem da Juventude Brasileira ao presidente Getúlio Vargas". In: *Anais do Ministério da Educação e Saúde, abril de 1942*. Rio de Janeiro, Imprensa Nacional, pp. 103-105.

_____. (1942q). "Desfile da Juventude Brasileira". In: *Anais do Ministério da Educação e Saúde, setembro de 1942*. Rio de Janeiro, Imprensa Nacional, pp. 50-53.

_____. Ministério da Educação e Saúde. Serviço de Estatística da Educação e Saúde (1943a). *O ensino no Brasil em 1937*. Rio de Janeiro, Serviços Gráficos do Instituto Brasileiro de Geografia e Estatística.

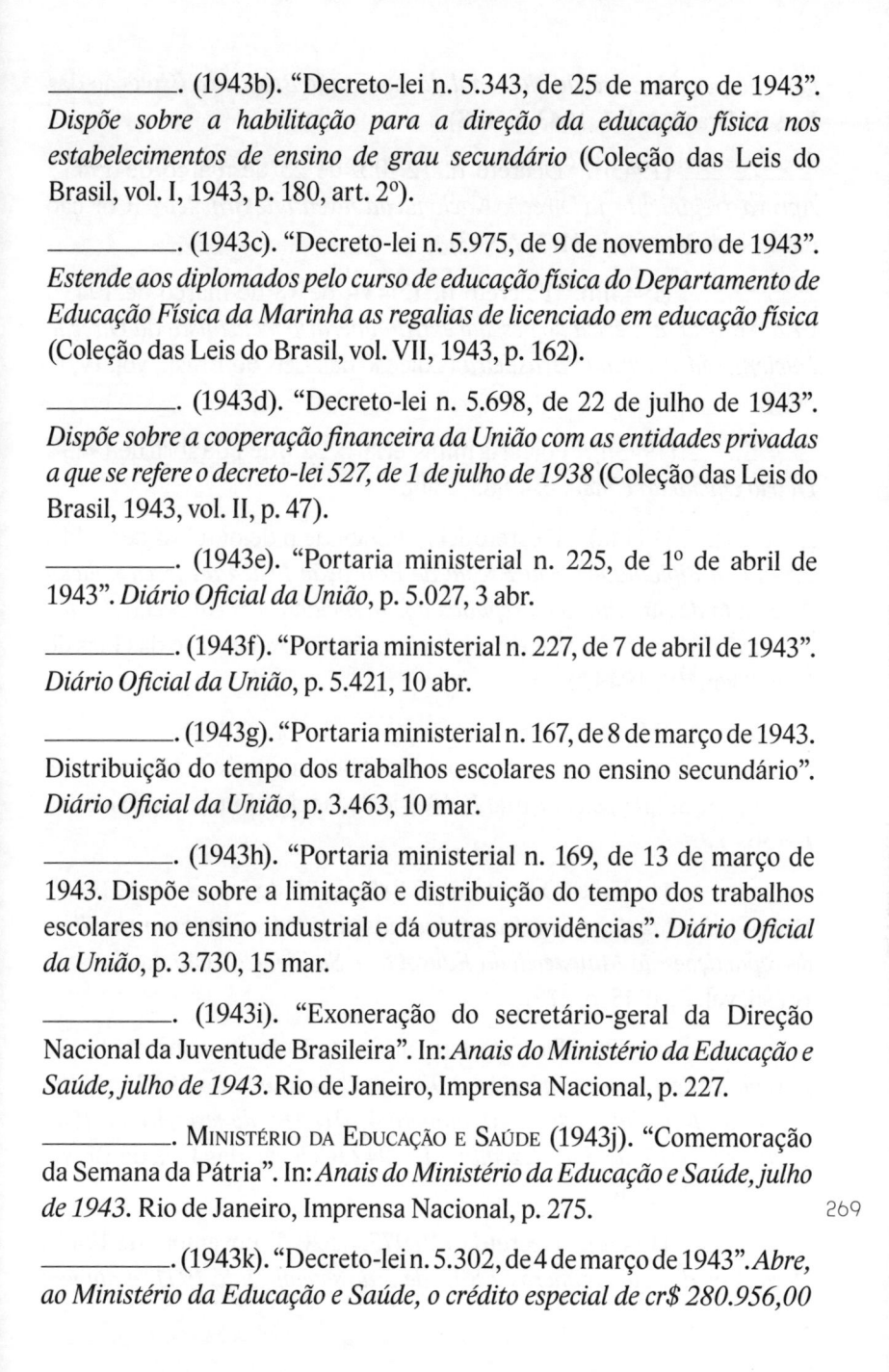

_____. (1943b). "Decreto-lei n. 5.343, de 25 de março de 1943". *Dispõe sobre a habilitação para a direção da educação física nos estabelecimentos de ensino de grau secundário* (Coleção das Leis do Brasil, vol. I, 1943, p. 180, art. 2º).

_____. (1943c). "Decreto-lei n. 5.975, de 9 de novembro de 1943". *Estende aos diplomados pelo curso de educação física do Departamento de Educação Física da Marinha as regalias de licenciado em educação física* (Coleção das Leis do Brasil, vol. VII, 1943, p. 162).

_____. (1943d). "Decreto-lei n. 5.698, de 22 de julho de 1943". *Dispõe sobre a cooperação financeira da União com as entidades privadas a que se refere o decreto-lei 527, de 1 de julho de 1938* (Coleção das Leis do Brasil, 1943, vol. II, p. 47).

_____. (1943e). "Portaria ministerial n. 225, de 1º de abril de 1943". *Diário Oficial da União*, p. 5.027, 3 abr.

_____. (1943f). "Portaria ministerial n. 227, de 7 de abril de 1943". *Diário Oficial da União*, p. 5.421, 10 abr.

_____. (1943g). "Portaria ministerial n. 167, de 8 de março de 1943. Distribuição do tempo dos trabalhos escolares no ensino secundário". *Diário Oficial da União*, p. 3.463, 10 mar.

_____. (1943h). "Portaria ministerial n. 169, de 13 de março de 1943. Dispõe sobre a limitação e distribuição do tempo dos trabalhos escolares no ensino industrial e dá outras providências". *Diário Oficial da União*, p. 3.730, 15 mar.

_____. (1943i). "Exoneração do secretário-geral da Direção Nacional da Juventude Brasileira". In: *Anais do Ministério da Educação e Saúde, julho de 1943*. Rio de Janeiro, Imprensa Nacional, p. 227.

_____. MINISTÉRIO DA EDUCAÇÃO E SAÚDE (1943j). "Comemoração da Semana da Pátria". In: *Anais do Ministério da Educação e Saúde, julho de 1943*. Rio de Janeiro, Imprensa Nacional, p. 275.

_____. (1943k). "Decreto-lei n. 5.302, de 4 de março de 1943". *Abre, ao Ministério da Educação e Saúde, o crédito especial de cr$ 280.956,00* *para despesa da Direção Nacional da Juventude Brasileira* (Coleção das Leis do Brasil, vol. 1, 1943, p. 128).

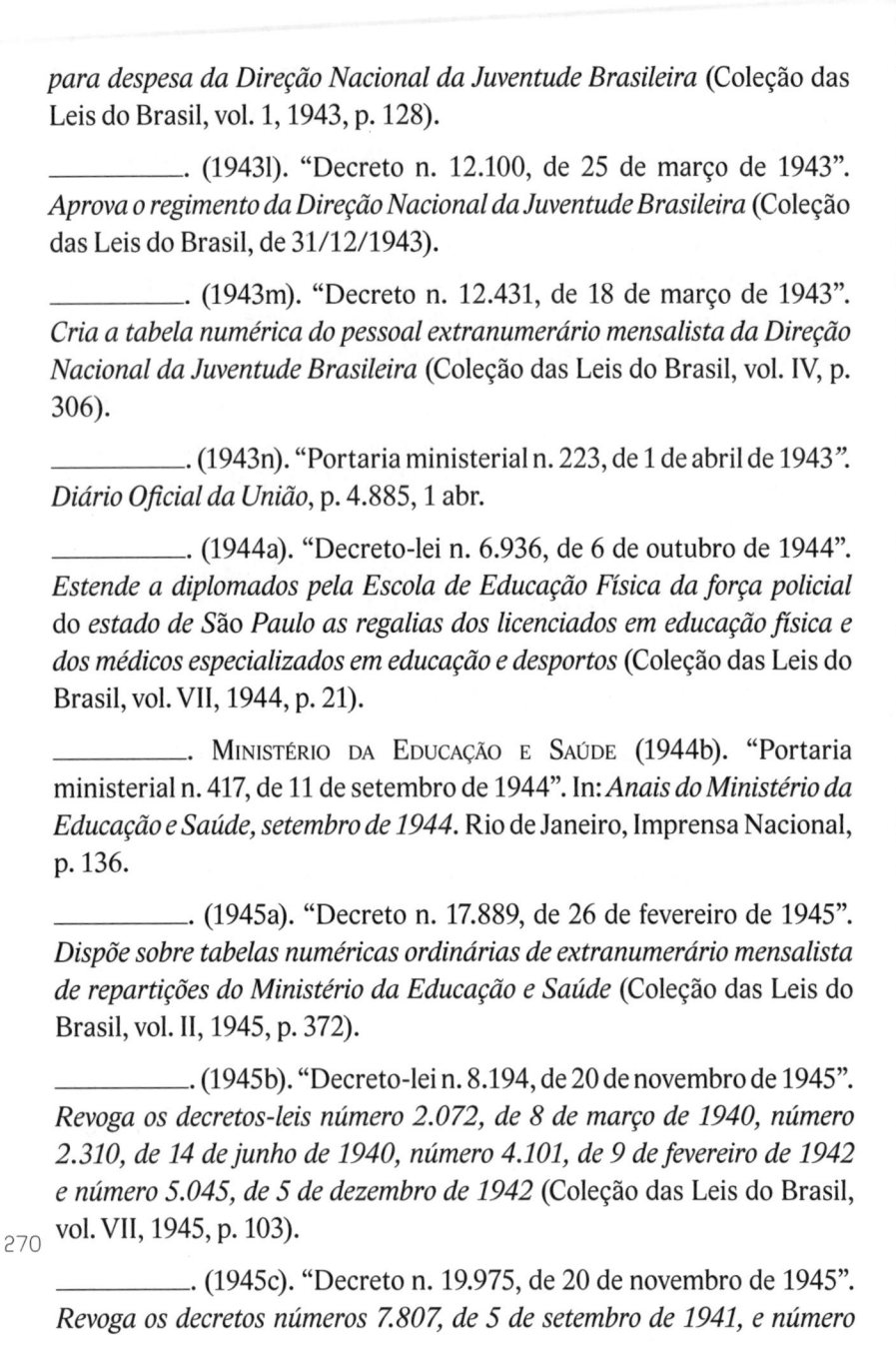

_____. (1943l). "Decreto n. 12.100, de 25 de março de 1943". *Aprova o regimento da Direção Nacional da Juventude Brasileira* (Coleção das Leis do Brasil, de 31/12/1943).

_____. (1943m). "Decreto n. 12.431, de 18 de março de 1943". *Cria a tabela numérica do pessoal extranumerário mensalista da Direção Nacional da Juventude Brasileira* (Coleção das Leis do Brasil, vol. IV, p. 306).

_____. (1943n). "Portaria ministerial n. 223, de 1 de abril de 1943". *Diário Oficial da União*, p. 4.885, 1 abr.

_____. (1944a). "Decreto-lei n. 6.936, de 6 de outubro de 1944". *Estende a diplomados pela Escola de Educação Física da força policial do estado de São Paulo as regalias dos licenciados em educação física e dos médicos especializados em educação e desportos* (Coleção das Leis do Brasil, vol. VII, 1944, p. 21).

_____. MINISTÉRIO DA EDUCAÇÃO E SAÚDE (1944b). "Portaria ministerial n. 417, de 11 de setembro de 1944". In: *Anais do Ministério da Educação e Saúde, setembro de 1944*. Rio de Janeiro, Imprensa Nacional, p. 136.

_____. (1945a). "Decreto n. 17.889, de 26 de fevereiro de 1945". *Dispõe sobre tabelas numéricas ordinárias de extranumerário mensalista de repartições do Ministério da Educação e Saúde* (Coleção das Leis do Brasil, vol. II, 1945, p. 372).

_____. (1945b). "Decreto-lei n. 8.194, de 20 de novembro de 1945". *Revoga os decretos-leis número 2.072, de 8 de março de 1940, número 2.310, de 14 de junho de 1940, número 4.101, de 9 de fevereiro de 1942 e número 5.045, de 5 de dezembro de 1942* (Coleção das Leis do Brasil, vol. VII, 1945, p. 103).

_____. (1945c). "Decreto n. 19.975, de 20 de novembro de 1945". *Revoga os decretos números 7.807, de 5 de setembro de 1941, e número*

12.100, de 25 de março de 1943 (Coleção das Leis do Brasil, vol. VIII, 1945, p. 304).

_____. MINISTÉRIO DA EDUCAÇÃO E SAÚDE. SERVIÇO DE DOCUMENTAÇÃO (1946a). *Primeiro Congresso Nacional de Educação*. Rio de Janeiro, Imprensa Nacional.

_____. (1946b). "Decreto-lei n. 9.331, de 10 de junho de 1946". *Extingue a instrução pré-militar* (Coleção das Leis do Brasil, vol. III, 1946, p. 189).

_____. INSTITUTO BRASILEIRO DE GEOGRAFIA E ESTATÍSTICA. CONSELHO NACIONAL DE ESTATÍSTICA (1949). *A educação no Brasil*. Rio de Janeiro, Serviços Gráficos do Instituto Brasileiro de Geografia e Estatística.

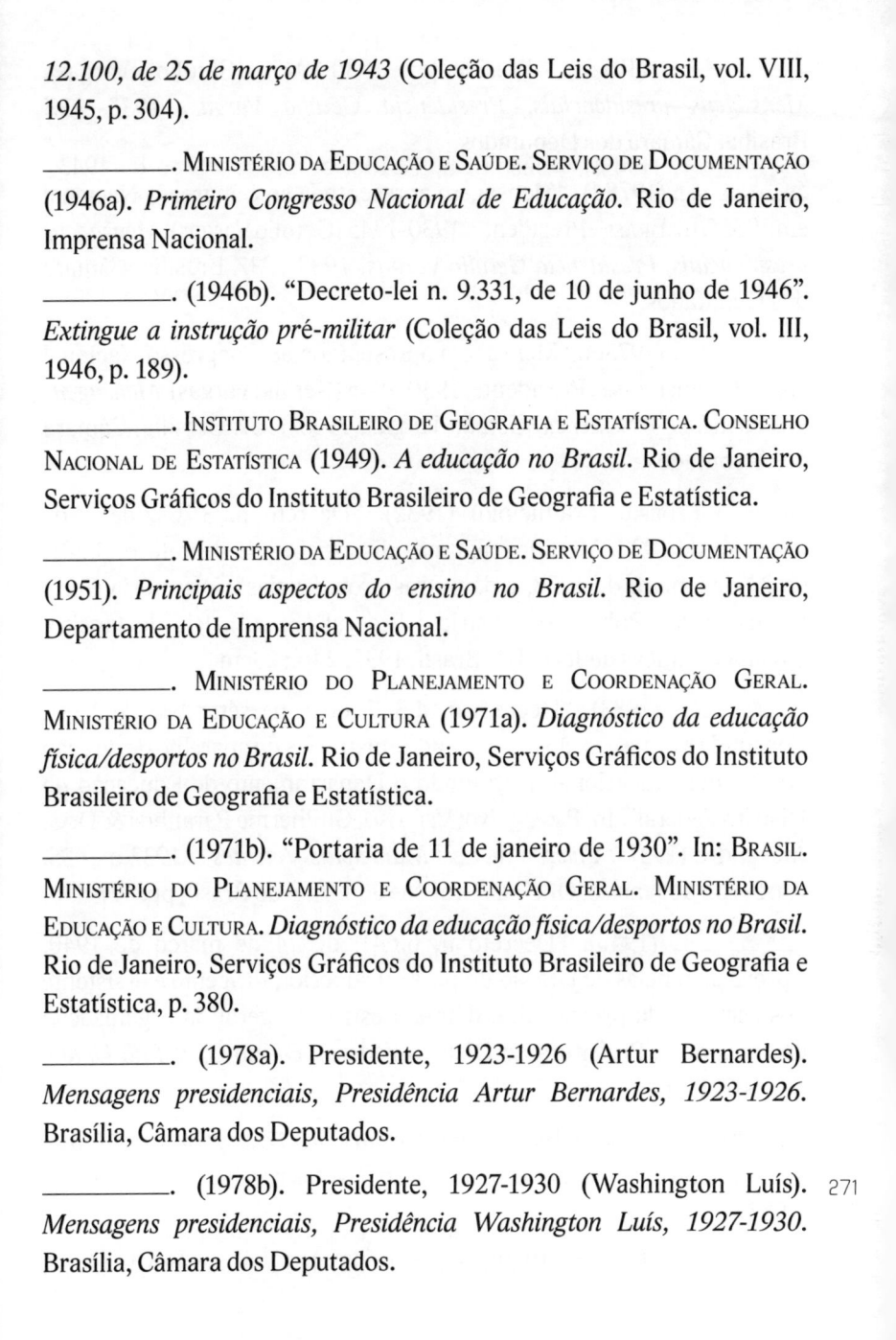

_____. MINISTÉRIO DA EDUCAÇÃO E SAÚDE. SERVIÇO DE DOCUMENTAÇÃO (1951). *Principais aspectos do ensino no Brasil*. Rio de Janeiro, Departamento de Imprensa Nacional.

_____. MINISTÉRIO DO PLANEJAMENTO E COORDENAÇÃO GERAL. MINISTÉRIO DA EDUCAÇÃO E CULTURA (1971a). *Diagnóstico da educação física/desportos no Brasil*. Rio de Janeiro, Serviços Gráficos do Instituto Brasileiro de Geografia e Estatística.

_____. (1971b). "Portaria de 11 de janeiro de 1930". In: BRASIL. MINISTÉRIO DO PLANEJAMENTO E COORDENAÇÃO GERAL. MINISTÉRIO DA EDUCAÇÃO E CULTURA. *Diagnóstico da educação física/desportos no Brasil*. Rio de Janeiro, Serviços Gráficos do Instituto Brasileiro de Geografia e Estatística, p. 380.

_____. (1978a). Presidente, 1923-1926 (Artur Bernardes). *Mensagens presidenciais, Presidência Artur Bernardes, 1923-1926*. Brasília, Câmara dos Deputados.

_____. (1978b). Presidente, 1927-1930 (Washington Luís). *Mensagens presidenciais, Presidência Washington Luís, 1927-1930*. Brasília, Câmara dos Deputados.

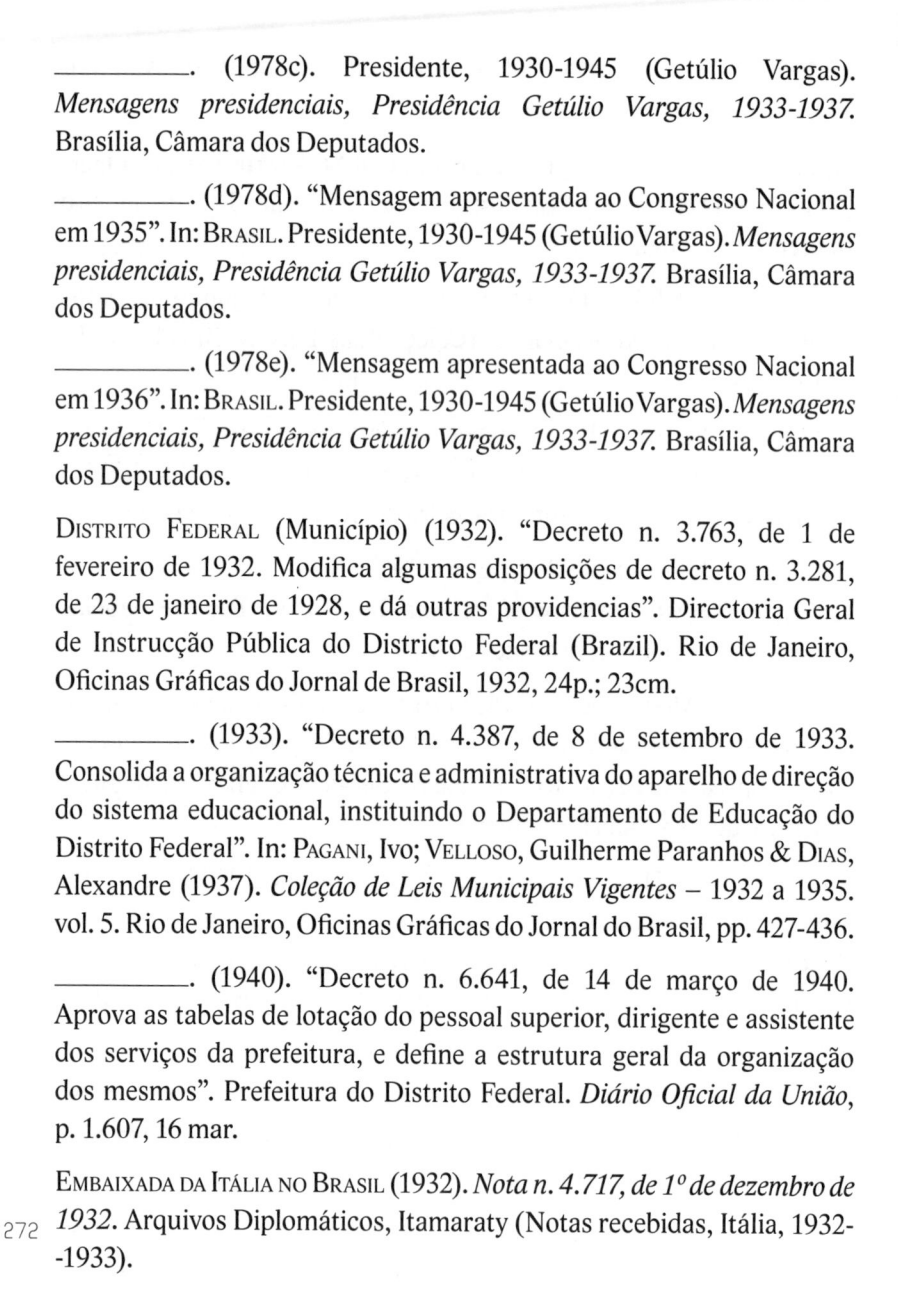

_____. (1978c). Presidente, 1930-1945 (Getúlio Vargas). *Mensagens presidenciais, Presidência Getúlio Vargas, 1933-1937.* Brasília, Câmara dos Deputados.

_____. (1978d). "Mensagem apresentada ao Congresso Nacional em 1935". In: BRASIL. Presidente, 1930-1945 (Getúlio Vargas). *Mensagens presidenciais, Presidência Getúlio Vargas, 1933-1937.* Brasília, Câmara dos Deputados.

_____. (1978e). "Mensagem apresentada ao Congresso Nacional em 1936". In: BRASIL. Presidente, 1930-1945 (Getúlio Vargas). *Mensagens presidenciais, Presidência Getúlio Vargas, 1933-1937.* Brasília, Câmara dos Deputados.

DISTRITO FEDERAL (Município) (1932). "Decreto n. 3.763, de 1 de fevereiro de 1932. Modifica algumas disposições de decreto n. 3.281, de 23 de janeiro de 1928, e dá outras providencias". Directoria Geral de Instrucção Pública do Districto Federal (Brazil). Rio de Janeiro, Oficinas Gráficas do Jornal de Brasil, 1932, 24p.; 23cm.

_____. (1933). "Decreto n. 4.387, de 8 de setembro de 1933. Consolida a organização técnica e administrativa do aparelho de direção do sistema educacional, instituindo o Departamento de Educação do Distrito Federal". In: PAGANI, Ivo; VELLOSO, Guilherme Paranhos & DIAS, Alexandre (1937). *Coleção de Leis Municipais Vigentes* – 1932 a 1935. vol. 5. Rio de Janeiro, Oficinas Gráficas do Jornal do Brasil, pp. 427-436.

_____. (1940). "Decreto n. 6.641, de 14 de março de 1940. Aprova as tabelas de lotação do pessoal superior, dirigente e assistente dos serviços da prefeitura, e define a estrutura geral da organização dos mesmos". Prefeitura do Distrito Federal. *Diário Oficial da União*, p. 1.607, 16 mar.

EMBAIXADA DA ITÁLIA NO BRASIL (1932). *Nota n. 4.717, de 1º de dezembro de 1932.* Arquivos Diplomáticos, Itamaraty (Notas recebidas, Itália, 1932--1933).

MINAS GERAIS (Estado) (1929). "Lei n. 1.092, de 12 de outubro de 1929".

São Paulo. Diretoria de Ensino (Estado) (1936). *Programa de ensino para as escolas primárias*. Imprensa Oficial do Estado.

Itália (1926). "Legge 3 aprile 1926, n. 2.247 – Istituzione dell'Opera Nazionale Balilla per l'assistenza e l'educazione f'isica e morale della gioventù". *Bolletino Ufficiale del Ministero della Pubblica Istruzione*, n. 18, p. 293, 18 genn.

_____. (1927). "Regio decreto legge 9 gennaio 1927, n. 6 – Approvazione dei regolamenti amministrativo e tecnico-disciplinare per l'escuzione della legge 3 aprile 1926, n. 2.247, sull'Opera Nazionale Balilla". *Bolletino Ufficiale del Ministero della Pubblica Istruzione*, n. 4, p. 346, 25 genn.

2. Livros, artigos e documentos anteriores a 1946

A Defesa Nacional (1918a). "Editorial". Rio de Janeiro, ano V, n. 57, pp. 267-271, jun.

_____. (1918b). "Editorial". Rio de Janeiro, ano V, n. 59, pp. 331-333, ago.

_____. (1930). "A educação e as novas doutrinas sociais". Rio de Janeiro, n. 201, p. 735, set.

A Nação (1935). "Exonerados a pedido". Rio de Janeiro, 5 dez., p. 3.

A Offensiva (1934a). "A escola ativa". Rio de Janeiro, ano I, n. 12, p. 1, 2 ago.

_____. (1934b). "Belezas do ensino municipal". Rio de Janeiro, ano I, n. 4, p. 2, 7 jun.

A Ordem (1931). "Educação religiosa". Rio de Janeiro, pp. 257-262, maio.

A Reconstrução educacional do Brasil: *ao povo e ao governo (manifesto dos Pioneiros da Educação Nova)*. (1932). São Paulo, Companhia Editora Nacional.

Afonso Pena Júnior (1941). "Discurso na sessão inaugural". *Anuário das Faculdades Católicas do Rio de Janeiro*, pp. 69-73.

Ajuri (1940). "A incorporação da União dos Escoteiros do Brasil à Juventude Brasileira". Rio de Janeiro, ano I, n. 10, pp. 5-6, set./out.

Almeida, Helio de (1943). *Carta*. Helio de Almeida a Gustavo Capanema. CPDOC, Arquivo Gustavo Capanema [GgC 38.04.18 (III)], 3 abr.

Almeidinha (1945). "Trabalhar, eu não". In: Squeff, Ênio & Wisnik, José Miguel (1982). *Música. O nacional e o popular na cultura brasileira*. Rio de Janeiro, Brasiliense, p. 190.

Alves, Ataulfo & Martins, Felisberto (1941). "É negócio casar". In: Severiano, Jairo (1983). *Getúlio Vargas e a música popular*. Rio de Janeiro, Ed. da Fundação Getúlio Vargas, p. 31.

Alves, Ataulfo (1945). "Isto é o que nós queremos". In: Severiano, Jairo (1983). *Getúlio Vargas e a música popular*. Rio de Janeiro, Ed. da Fundação Getúlio Vargas, pp. 41-42.

Alves, Isaias (s.d.). *Técnica e política educacional*. Rio de Janeiro, Infância e Juventude Editora.

_____. (1937). *Ata da 35ª Sessão da Primeira Reunião Ordinária de 1937, 14 de abril*. CPDOC, Arquivo Gustavo Capanema [GgC 34.07.30 (III-4)].

_____. (1940). "O dever da juventude na organização nacional". *Estudos e Conferências*, Departamento de Imprensa e propaganda, n. 5, pp. 41-66.

_____. (1941). *Estudos objetivos de educação*. São Paulo, Cia. Editora Nacional.

Andrade, Almir de (1936). *O Plano Nacional de Educação*. CPDOC, Arquivo Gustavo Capanema (GC/Andrade, A., pi 36.04.01).

Andrade, Capitão Carlos Sudá de (1940). "Reservas étnicas do Exército". *Nação Armada*, Rio de Janeiro, n. 8, pp. 105-110, jul.

ARANHA, Oswaldo (1939). *Carta confidencial*. Oswaldo Aranha a Eurico G. Dutra. CPDOC, Arquivo Oswaldo Aranha [OA 39.04.18], 18 abr.

ARARIPE, Capitão T. A. (1930). "A organização geral da nação para a guerra". *A Defesa Nacional*, Rio de Janeiro, n. 202-204, pp. 21-23, dez.

ARQUIDIOCESE DO RIO DE JANEIRO (1942). *Programa de ensino de religião para o curso secundário*. CPDOC, Arquivo Gustavo Capanema [GgC 42.00.00/2, GgC 42.00.00/2 (I-1)].

ASSOCIAÇÃO BRASILEIRA DE EDUCAÇÃO (1929). *O problema brasileiro da escola secundária*. Rio de Janeiro, Oficina Gráfica do Centro da Boa Imprensa.

_____. (1934a). *O problema educacional e a nova Constituição*. São Paulo, Companhia Editora Nacional.

_____. (1934b). "Anteprojeto de constituição da comissão designada pelo Governo Provisório". In: ASSOCIAÇÃO BRASILEIRA DE EDUCAÇÃO. *O problema educacional e a nova Constituição*. São Paulo, Companhia Editora Nacional, p. 29.

_____. (1934c). "Substitutivo da Comissão Constitucional da Assembleia Nacional Constituinte". In: ASSOCIAÇÃO BRASILEIRA DE EDUCAÇÃO. *O problema educacional e a nova Constituição*. São Paulo, Companhia Editora Nacional, art. 171, p. 43.

_____. (1934d). "Parecer elaborado por uma comissão especial da ABE sobre o Substitutivo do Anteprojeto da Constituinte". In: ASSOCIAÇÃO BRASILEIRA DE EDUCAÇÃO. *O problema educacional e a nova Constituição*. São Paulo, Companhia Editora Nacional, p. 50.

_____. (1934e). "Comunicado da ABE sobre os dispositivos da Constituição referentes ao problema educacional". In: ASSOCIAÇÃO BRASILEIRA DE EDUCAÇÃO. *O problema educacional e a nova Constituição*. São Paulo, Companhia Editora Nacional, pp. 91-92.

_____. (1945). *Congresso Brasileiro de Educação – carta brasileira de educação democrática*. Rio de Janeiro, ABE.

AZEVEDO AMARAL, Antônio José de (1934). *O Brasil na crise atual*. São Paulo, Companhia Editora Nacional.

_____. (1936). "O comunismo e a educação". *A Defesa Nacional*, Rio de Janeiro, n. 263, pp. 426-427, abr.

_____. (1938). *O estado autoritário e a realidade nacional*. Rio de Janeiro, Livraria José Olympio Editora.

_____. (1940a). "O Exército e a educação nacional". *Nação Armada*, Rio de Janeiro, n. 4, pp. 26-30, mar.

_____. (1940b). "Organização da mocidade". *Novas Diretrizes*, Rio de Janeiro, n. 18, pp. 7-10, abr.

_____. (1940c). "O dia do soldado". *Nação Armada*, Rio de Janeiro, n. 23, pp. 7-9, set.

_____. (1940d). "Educação Militar". *Nação Armada*, Rio de Janeiro, n. 4, pp. 149-151.

_____. (1942). "Instrução pré-militar". *Nação Armada*, Rio de Janeiro, n. 29, pp. 166-168, abr.

AZEVEDO, Fernando de (1939). "A ABE e o seu novo presidente". *Educação*, Rio de Janeiro, n. 1, pp. 15-17, fev. [Discurso pronunciado pelo professor Fernando de Azevedo, ao assumir a Presidência da ABE Nacional].

BACKHEUSER, Everardo (1936). "O comunismo e a educação". *A Defesa Nacional*, Rio de Janeiro, n. 263, abr.

BARBOSA LEITE, Major João (1938). *Carta*. Barbosa Leite a Gustavo Capanema. CPDOC, Arquivo Gustavo Capanema [GgC 34.07.14 (I-9)], 24 jan.

BARRO, João de (1942). "Brasil, usina do mundo". In: SQUEFF, Ênio & WISNIK, José Miguel (1982). *Música. O nacional e o popular na cultura brasileira*. Rio de Janeiro, Brasiliense, p. 181.

Barroso, Gustavo (1939). *Carta*. Gustavo Barroso a Getúlio Vargas. CPDOC, Arquivo Gustavo Capanema [GgC 38.08.09 (III-10)], 29 jul.

Bethlem, Hugo (1938). "Juventude construtora". *Revista do Ensino*, Rio de Janeiro, ano XII, n. 155-157, pp. 270-276, out./dez.

_____. (1940). "Escotismo e militarismo". *Ajuri*, Rio de Janeiro, ano I, n. 5, p. 3, mar.

Bicudo, Joaquim de Campos (1942). *O ensino secundário no Brasil e sua atual legislação*. São Paulo, Oficina José Magalhães.

Bilac, Olavo (1917). *A defesa nacional*. Rio de Janeiro, Liga da Defesa Nacional.

Borges, Heitor (1940). CPDOC, Arquivo Gustavo Capanema [GgC 38.08.09 (V-3)] [Propõe que a regulamentação e a execução da Juventude Brasileira sejam confiadas à União dos Escoteiros do Brasil].

Caldas Barbosa, M. A. (1940). "A organização da Juventude Brasileira". *Estudos e Conferências*, n. 4, pp. 57-70.

Câmara, Helder (1933). "Educação progressiva". *A Ordem*, Rio de Janeiro, vol. X, pp. 544-549, abr.

Campos, Francisco (1925a). "Comunicado ao *Rio Jornal*". *A União*, Rio de Janeiro, ano 16, n. 46, p. 1, 7 jun.

_____. (1925b). "A reforma da constituição". *A União*, Rio de Janeiro, ano XVI, n. 43, pp. 1-5, 28 maio.

_____. (1931a). "A ação da universidade na renovação moral, intelectual e política do Brasil". *O Jornal*, Rio de Janeiro, 26 mar.

_____. (1931b). "Discurso de posse de Francisco Campos como ministro da Educação e Saúde". *Minas Gerais*, 3 dez.

_____. (1931c). "Exposição de Motivos do decreto n. 19.941, de 30 de abril de 1931". *Boletim do Ministério da Educação e da Saúde Pública*, Rio de Janeiro, n. 1 e 2, pp. 312-314.

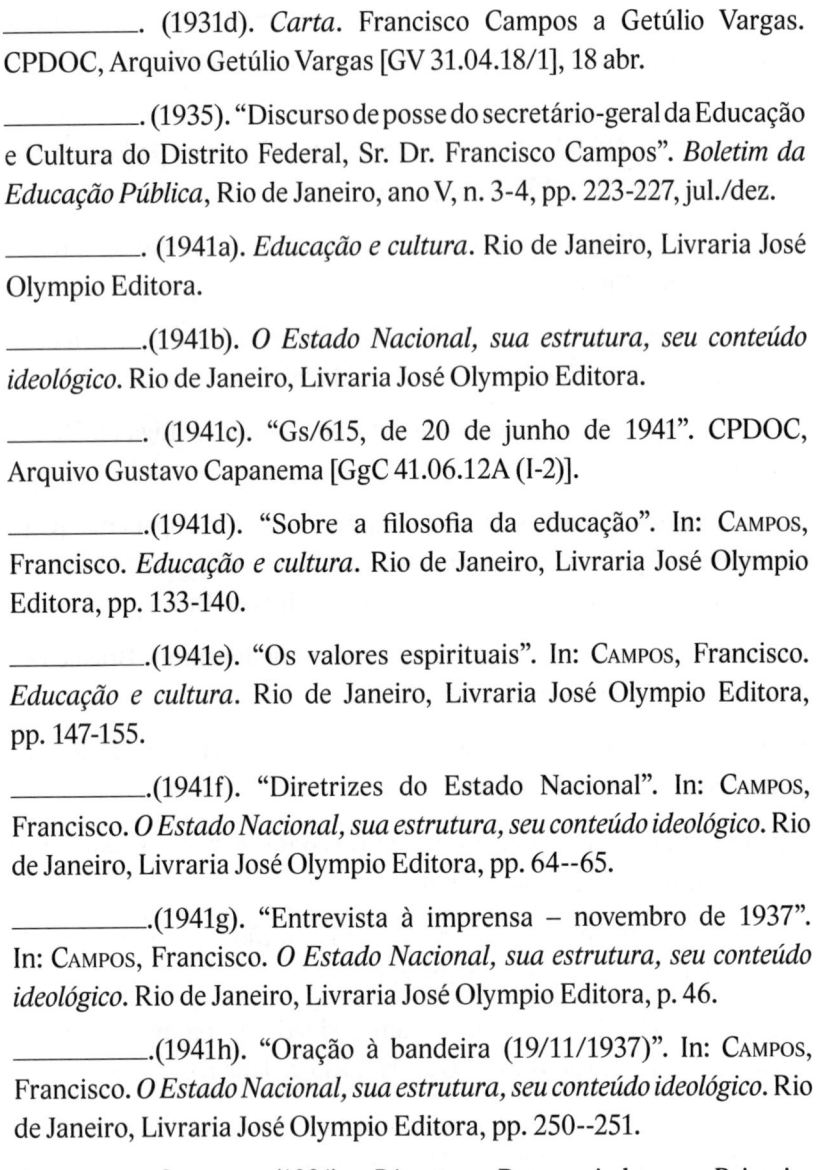

_____. (1931d). *Carta*. Francisco Campos a Getúlio Vargas. CPDOC, Arquivo Getúlio Vargas [GV 31.04.18/1], 18 abr.

_____. (1935). "Discurso de posse do secretário-geral da Educação e Cultura do Distrito Federal, Sr. Dr. Francisco Campos". *Boletim da Educação Pública*, Rio de Janeiro, ano V, n. 3-4, pp. 223-227, jul./dez.

_____. (1941a). *Educação e cultura*. Rio de Janeiro, Livraria José Olympio Editora.

_____.(1941b). *O Estado Nacional, sua estrutura, seu conteúdo ideológico*. Rio de Janeiro, Livraria José Olympio Editora.

_____. (1941c). "Gs/615, de 20 de junho de 1941". CPDOC, Arquivo Gustavo Capanema [GgC 41.06.12A (I-2)].

_____.(1941d). "Sobre a filosofia da educação". In: CAMPOS, Francisco. *Educação e cultura*. Rio de Janeiro, Livraria José Olympio Editora, pp. 133-140.

_____.(1941e). "Os valores espirituais". In: CAMPOS, Francisco. *Educação e cultura*. Rio de Janeiro, Livraria José Olympio Editora, pp. 147-155.

_____.(1941f). "Diretrizes do Estado Nacional". In: CAMPOS, Francisco. *O Estado Nacional, sua estrutura, seu conteúdo ideológico*. Rio de Janeiro, Livraria José Olympio Editora, pp. 64--65.

_____.(1941g). "Entrevista à imprensa – novembro de 1937". In: CAMPOS, Francisco. *O Estado Nacional, sua estrutura, seu conteúdo ideológico*. Rio de Janeiro, Livraria José Olympio Editora, p. 46.

_____.(1941h). "Oração à bandeira (19/11/1937)". In: CAMPOS, Francisco. *O Estado Nacional, sua estrutura, seu conteúdo ideológico*. Rio de Janeiro, Livraria José Olympio Editora, pp. 250--251.

CAPANEMA, Gustavo (1931). *Discurso*. Pronunciado na Primeira Assembleia Legionária da Legião de Outubro. CPDOC, Arquivo Gustavo Capanema [GC pi Capanema (G. pi 31.07.01)].

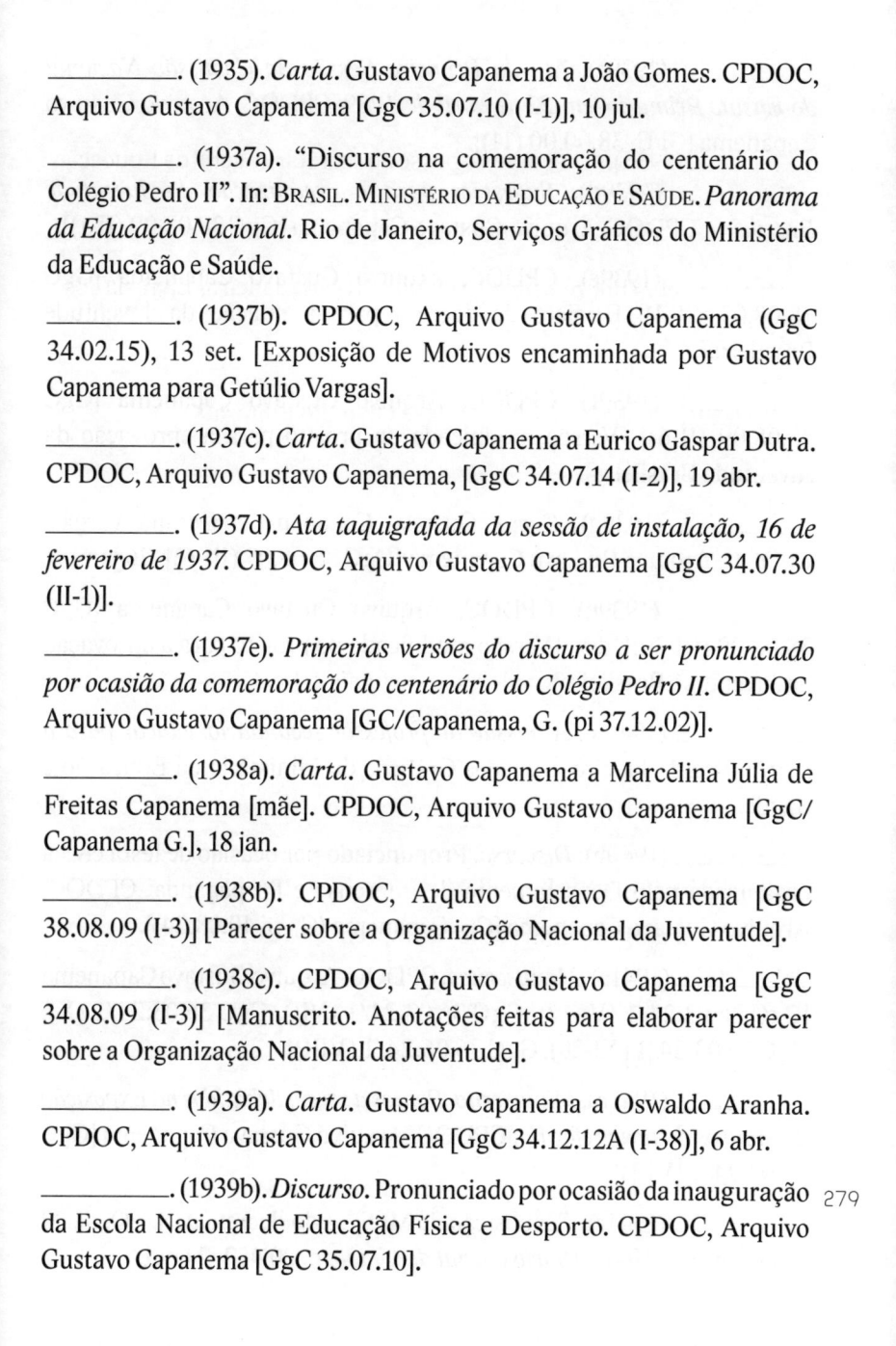

_____. (1935). *Carta*. Gustavo Capanema a João Gomes. CPDOC, Arquivo Gustavo Capanema [GgC 35.07.10 (I-1)], 10 jul.

_____. (1937a). "Discurso na comemoração do centenário do Colégio Pedro II". In: BRASIL. MINISTÉRIO DA EDUCAÇÃO E SAÚDE. *Panorama da Educação Nacional*. Rio de Janeiro, Serviços Gráficos do Ministério da Educação e Saúde.

_____. (1937b). CPDOC, Arquivo Gustavo Capanema (GgC 34.02.15), 13 set. [Exposição de Motivos encaminhada por Gustavo Capanema para Getúlio Vargas].

_____. (1937c). *Carta*. Gustavo Capanema a Eurico Gaspar Dutra. CPDOC, Arquivo Gustavo Capanema, [GgC 34.07.14 (I-2)], 19 abr.

_____. (1937d). *Ata taquigrafada da sessão de instalação, 16 de fevereiro de 1937*. CPDOC, Arquivo Gustavo Capanema [GgC 34.07.30 (II-1)].

_____. (1937e). *Primeiras versões do discurso a ser pronunciado por ocasião da comemoração do centenário do Colégio Pedro II*. CPDOC, Arquivo Gustavo Capanema [GC/Capanema, G. (pi 37.12.02)].

_____. (1938a). *Carta*. Gustavo Capanema a Marcelina Júlia de Freitas Capanema [mãe]. CPDOC, Arquivo Gustavo Capanema [GgC/Capanema G.], 18 jan.

_____. (1938b). CPDOC, Arquivo Gustavo Capanema [GgC 38.08.09 (I-3)] [Parecer sobre a Organização Nacional da Juventude].

_____. (1938c). CPDOC, Arquivo Gustavo Capanema [GgC 34.08.09 (I-3)] [Manuscrito. Anotações feitas para elaborar parecer sobre a Organização Nacional da Juventude].

_____. (1939a). *Carta*. Gustavo Capanema a Oswaldo Aranha. CPDOC, Arquivo Gustavo Capanema [GgC 34.12.12A (I-38)], 6 abr.

_____. (1939b). *Discurso*. Pronunciado por ocasião da inauguração da Escola Nacional de Educação Física e Desporto. CPDOC, Arquivo Gustavo Capanema [GgC 35.07.10].

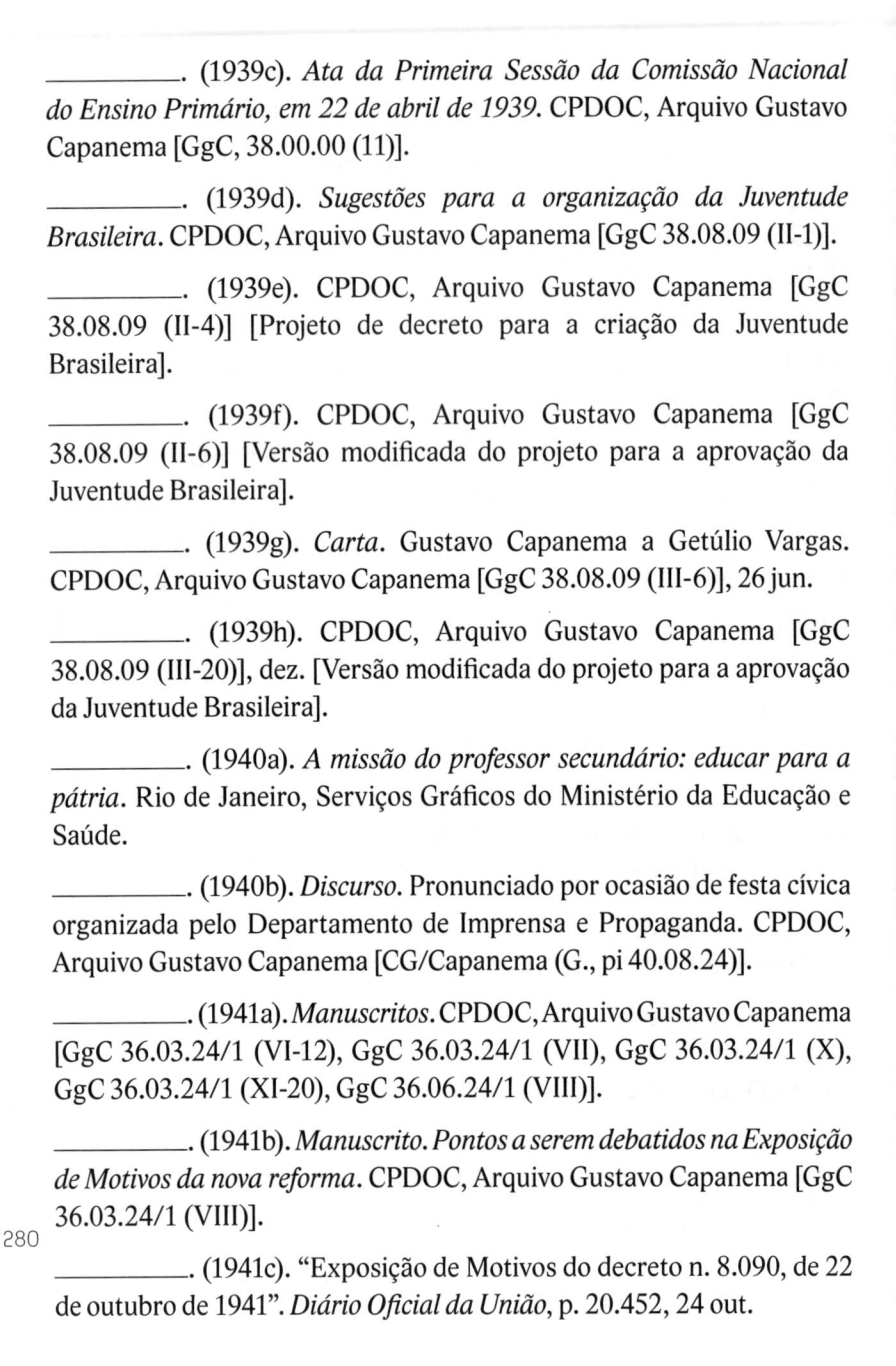

_____. (1939c). *Ata da Primeira Sessão da Comissão Nacional do Ensino Primário, em 22 de abril de 1939*. CPDOC, Arquivo Gustavo Capanema [GgC, 38.00.00 (11)].

_____. (1939d). *Sugestões para a organização da Juventude Brasileira*. CPDOC, Arquivo Gustavo Capanema [GgC 38.08.09 (II-1)].

_____. (1939e). CPDOC, Arquivo Gustavo Capanema [GgC 38.08.09 (II-4)] [Projeto de decreto para a criação da Juventude Brasileira].

_____. (1939f). CPDOC, Arquivo Gustavo Capanema [GgC 38.08.09 (II-6)] [Versão modificada do projeto para a aprovação da Juventude Brasileira].

_____. (1939g). *Carta*. Gustavo Capanema a Getúlio Vargas. CPDOC, Arquivo Gustavo Capanema [GgC 38.08.09 (III-6)], 26 jun.

_____. (1939h). CPDOC, Arquivo Gustavo Capanema [GgC 38.08.09 (III-20)], dez. [Versão modificada do projeto para a aprovação da Juventude Brasileira].

_____. (1940a). *A missão do professor secundário: educar para a pátria*. Rio de Janeiro, Serviços Gráficos do Ministério da Educação e Saúde.

_____. (1940b). *Discurso*. Pronunciado por ocasião de festa cívica organizada pelo Departamento de Imprensa e Propaganda. CPDOC, Arquivo Gustavo Capanema [CG/Capanema (G., pi 40.08.24)].

_____. (1941a). *Manuscritos*. CPDOC, Arquivo Gustavo Capanema [GgC 36.03.24/1 (VI-12), GgC 36.03.24/1 (VII), GgC 36.03.24/1 (X), GgC 36.03.24/1 (XI-20), GgC 36.06.24/1 (VIII)].

_____. (1941b). *Manuscrito. Pontos a serem debatidos na Exposição de Motivos da nova reforma*. CPDOC, Arquivo Gustavo Capanema [GgC 36.03.24/1 (VIII)].

_____. (1941c). "Exposição de Motivos do decreto n. 8.090, de 22 de outubro de 1941". *Diário Oficial da União*, p. 20.452, 24 out.

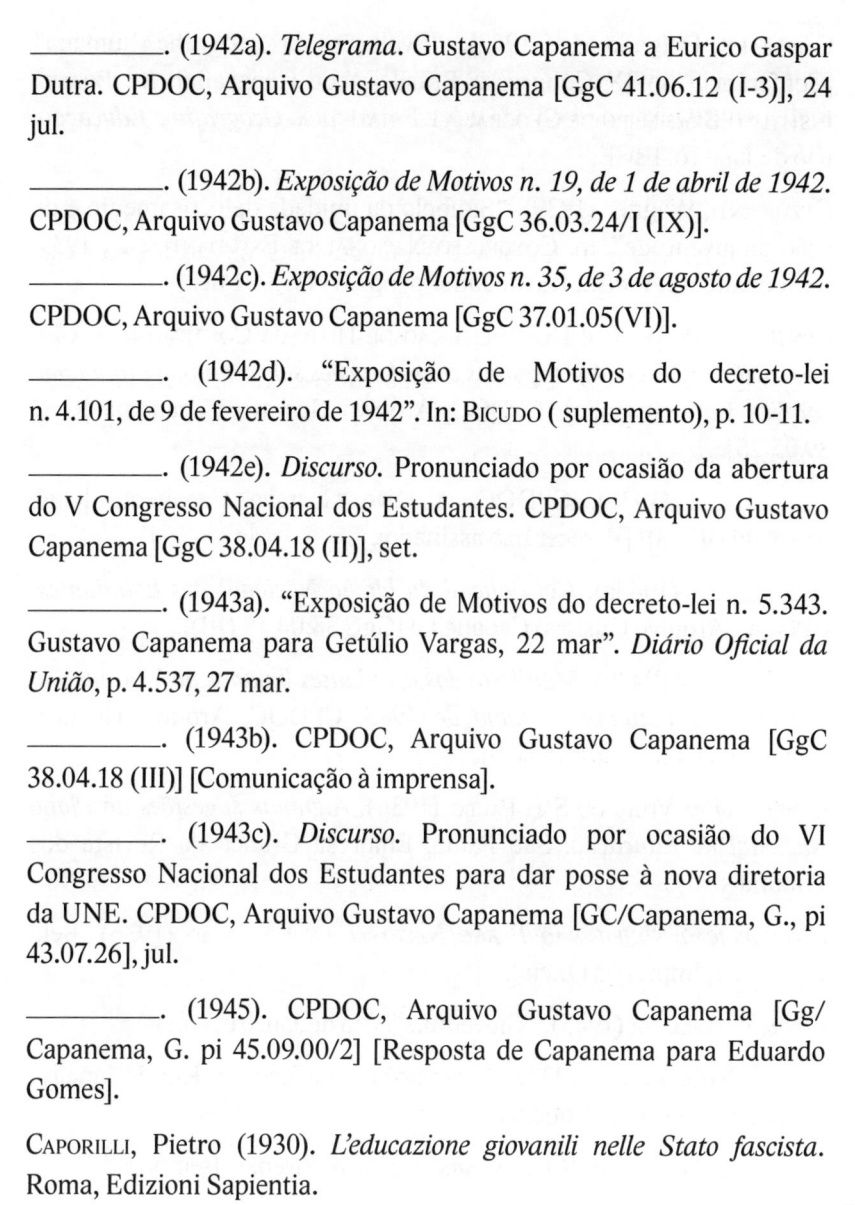

_____. (1942a). *Telegrama*. Gustavo Capanema a Eurico Gaspar Dutra. CPDOC, Arquivo Gustavo Capanema [GgC 41.06.12 (I-3)], 24 jul.

_____. (1942b). *Exposição de Motivos n. 19, de 1 de abril de 1942*. CPDOC, Arquivo Gustavo Capanema [GgC 36.03.24/I (IX)].

_____. (1942c). *Exposição de Motivos n. 35, de 3 de agosto de 1942*. CPDOC, Arquivo Gustavo Capanema [GgC 37.01.05(VI)].

_____. (1942d). "Exposição de Motivos do decreto-lei n. 4.101, de 9 de fevereiro de 1942". In: Bicudo (suplemento), p. 10-11.

_____. (1942e). *Discurso*. Pronunciado por ocasião da abertura do V Congresso Nacional dos Estudantes. CPDOC, Arquivo Gustavo Capanema [GgC 38.04.18 (II)], set.

_____. (1943a). "Exposição de Motivos do decreto-lei n. 5.343. Gustavo Capanema para Getúlio Vargas, 22 mar". *Diário Oficial da União*, p. 4.537, 27 mar.

_____. (1943b). CPDOC, Arquivo Gustavo Capanema [GgC 38.04.18 (III)] [Comunicação à imprensa].

_____. (1943c). *Discurso*. Pronunciado por ocasião do VI Congresso Nacional dos Estudantes para dar posse à nova diretoria da UNE. CPDOC, Arquivo Gustavo Capanema [GC/Capanema, G., pi 43.07.26], jul.

_____. (1945). CPDOC, Arquivo Gustavo Capanema [Gg/Capanema, G. pi 45.09.00/2] [Resposta de Capanema para Eduardo Gomes].

Caporilli, Pietro (1930). *L'educazione giovanili nelle Stato fascista*. Roma, Edizioni Sapientia.

Carneiro Leão, Antônio (1942). *Planejar e agir*. Rio de Janeiro, Jornal do Commércio – Rodrigues & Cia.

CARVALHO, Delgado de (1942). "Evolução da geografia humana" [Conferência no IX Congresso Brasileiro de Geografia]. In: BRASIL. INSTITUTO BRASILEIRO DE GEOGRAFIA E ESTATÍSTICA. *Geografia e Educação*. Rio de Janeiro, IBGE.

CAVALCANTI, Wagner (1939). "Símbolo da unidade de pensamento e de ação da juventude". In: CONGRESSO NACIONAL DE ESTUDANTES, 2., 1939, Rio de Janeiro. *Anais*... Rio de Janeiro, pp. 37-43, 5-21 dez.

CENTRO DE PESQUISA E DOCUMENTAÇÃO DE HISTÓRIA CONTEMPORÂNEA DO BRASIL (CPDOC) (s.d.). *Algumas considerações sobre a nossa atualidade católica* [não assinado]. CPDOC, Arquivo Gustavo Capanema [GgC 39.05.25].

_____. (1939). CPDOC, Arquivo Gustavo Capanema [GgC 38.08.09 (III-18)] [Parecer não assinado].

_____. (1943a). *Nota oficial da União Nacional dos Estudantes*. CPDOC, Arquivo Gustavo Capanema [GgC 38.04.18 (III)].

_____. (1943b). *Manifesto dos estudantes baianos ao VI Conselho Nacional de Estudantes, julho de 1943*. CPDOC, Arquivo Gustavo Capanema [GgC 38.04.18 (III)].

CENTRO DOM VITAL DE SÃO PAULO (1936). *Algumas sugestões ao Plano Nacional de Educação*. São Paulo, Empresa Gráfica da Revista dos Tribunais.

CONTRIBUIÇÃO MINEIRA AO PLANO NACIONAL DE EDUCAÇÃO (1936). Belo Horizonte, Imprensa Oficial.

CORREIO DA MANHÃ (1945). "Gioventù...". Rio de Janeiro, 4 mar.

CUNHA, Nóbrega da (1932). *A revolução e a educação*. Rio de Janeiro, Gráfica do Diário de Notícias.

DAVANZATI, Forges (1926). *Fascismo e cultura*. Firenze, Bemporad.

DUTRA, General Eurico Gaspar (1938a). Documento reservado do ministro da Guerra. CPDOC, Arquivo Gustavo Capanema [GgC 38.08.09 (I)], 9 ago. [Parecer. Organização Nacional da Juventude].

_____. (1938b). *Carta*. Eurico G. Dutra a Getúlio Vargas. CPDOC, Arquivo Gustavo Capanema [GgC 38.08.09 (I-2)].

_____. (1938c). *Carta*. Eurico G. Dutra a Getúlio Vargas. CPDOC, Arquivo Gustavo Capanema [GgC 38.08.09 (I-9)].

_____. (1939a). "Os problemas educativos e a segurança nacional". Mensagem apresentada pelo general Eurico G. Dutra, ministro da Guerra, ao excelentíssimo senhor presidente da República Getúlio Vargas. Ministério da Guerra (reservado). CPDOC, Arquivo Gustavo Capanema [GgC 34.12.12], 20 mar.

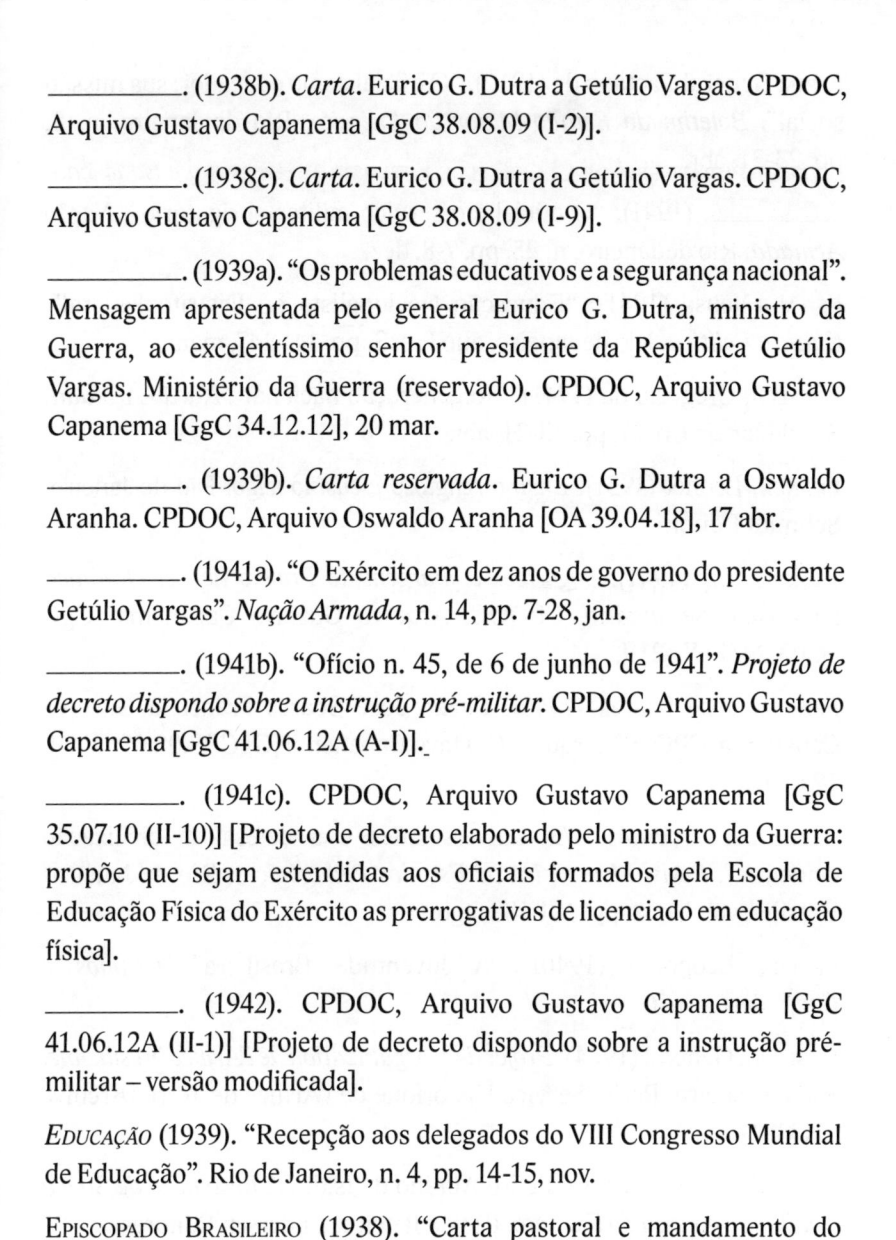

_____. (1939b). *Carta reservada*. Eurico G. Dutra a Oswaldo Aranha. CPDOC, Arquivo Oswaldo Aranha [OA 39.04.18], 17 abr.

_____. (1941a). "O Exército em dez anos de governo do presidente Getúlio Vargas". *Nação Armada*, n. 14, pp. 7-28, jan.

_____. (1941b). "Ofício n. 45, de 6 de junho de 1941". *Projeto de decreto dispondo sobre a instrução pré-militar*. CPDOC, Arquivo Gustavo Capanema [GgC 41.06.12A (A-I)].

_____. (1941c). CPDOC, Arquivo Gustavo Capanema [GgC 35.07.10 (II-10)] [Projeto de decreto elaborado pelo ministro da Guerra: propõe que sejam estendidas aos oficiais formados pela Escola de Educação Física do Exército as prerrogativas de licenciado em educação física].

_____. (1942). CPDOC, Arquivo Gustavo Capanema [GgC 41.06.12A (II-1)] [Projeto de decreto dispondo sobre a instrução pré-militar – versão modificada].

EDUCAÇÃO (1939). "Recepção aos delegados do VIII Congresso Mundial de Educação". Rio de Janeiro, n. 4, pp. 14-15, nov.

EPISCOPADO BRASILEIRO (1938). "Carta pastoral e mandamento do episcopado brasileiro sobre o communismo atheu". In: MAUL, Carlos. *Em guarda (contra o comunismo)*. Rio de Janeiro, Imprensa do Estado--Maior do Exército.

Faria, General Caetano de (1912). "O oficial como educador: sua missão social". *Boletim do Estado-Maior do Exército*, Rio de Janeiro, n. 3, pp. 23-31, abr.

_____. (1941). "O oficial e o serviço militar obrigatório". *Nação Armada*, Rio de Janeiro, n. 25, pp. 7-8. dez.

Feital, Neusa (1941). "Educação Nacionalista no Distrito Federal". *Cultura Política*, Rio de Janeiro, ano I, n. 3, pp. 141-147, maio.

Fonseca, Gregório da (1941). "Regeneração nacional". *Nação Armada*, Rio de Janeiro, n. 17, pp. 13-21, abr.

Franca, Leonel (1931). *Ensino religioso e ensino leigo*. Rio de Janeiro, Schmidt Editor.

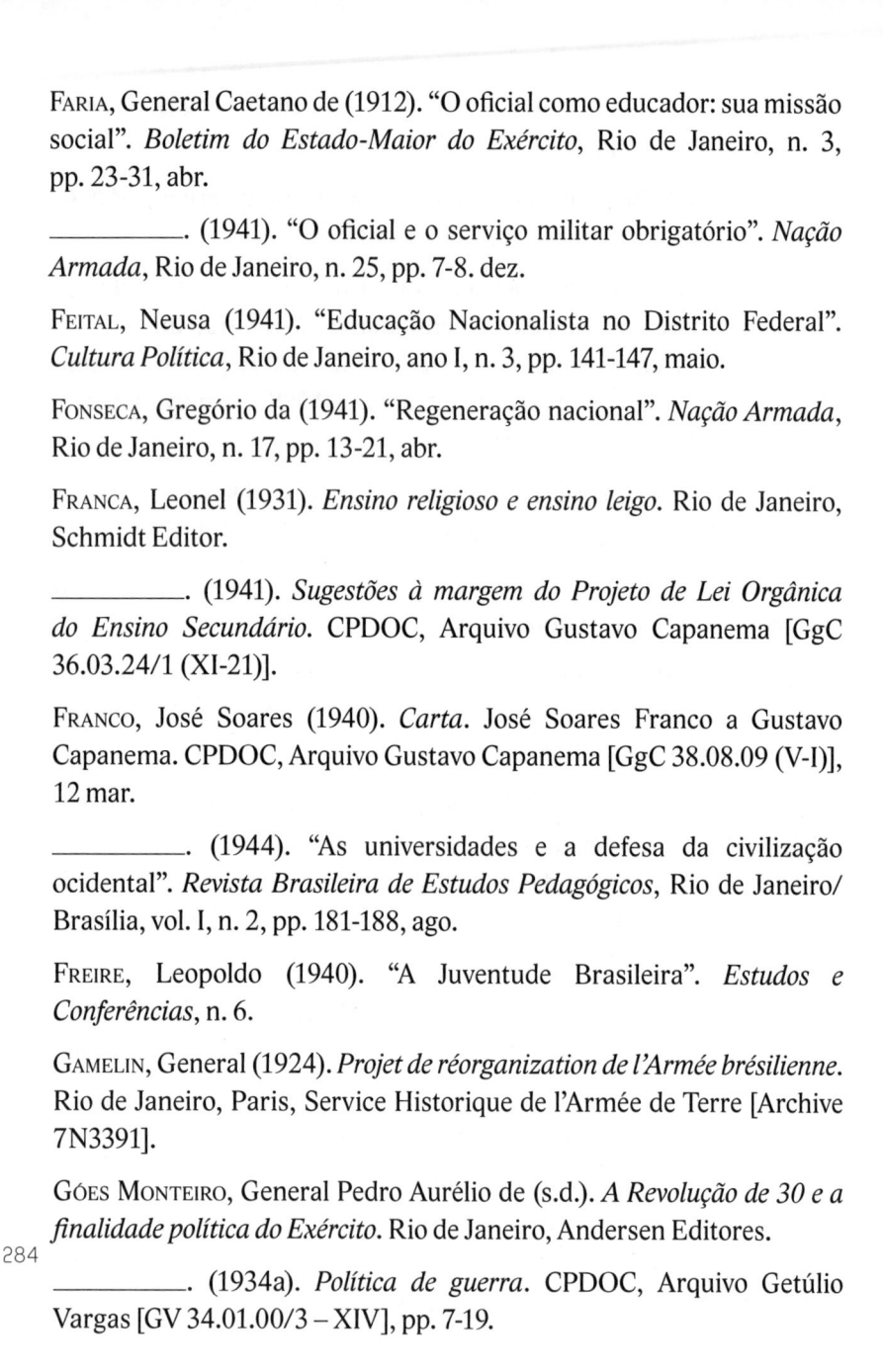

_____. (1941). *Sugestões à margem do Projeto de Lei Orgânica do Ensino Secundário*. CPDOC, Arquivo Gustavo Capanema [GgC 36.03.24/1 (XI-21)].

Franco, José Soares (1940). *Carta*. José Soares Franco a Gustavo Capanema. CPDOC, Arquivo Gustavo Capanema [GgC 38.08.09 (V-I)], 12 mar.

_____. (1944). "As universidades e a defesa da civilização ocidental". *Revista Brasileira de Estudos Pedagógicos*, Rio de Janeiro/ Brasília, vol. I, n. 2, pp. 181-188, ago.

Freire, Leopoldo (1940). "A Juventude Brasileira". *Estudos e Conferências*, n. 6.

Gamelin, General (1924). *Projet de réorganization de l'Armée brésilienne*. Rio de Janeiro, Paris, Service Historique de l'Armée de Terre [Archive 7N3391].

Góes Monteiro, General Pedro Aurélio de (s.d.). *A Revolução de 30 e a finalidade política do Exército*. Rio de Janeiro, Andersen Editores.

_____. (1934a). *Política de guerra*. CPDOC, Arquivo Getúlio Vargas [GV 34.01.00/3 – XIV], pp. 7-19.

_____. (1934b). *Problemas do Exército – confidencial*. CPDOC, Arquivo Getúlio Vargas [GV 34.01.18/2 – XIV].

_____. (1938). *Carta*. Góes Monteiro a Eurico G. Dutra. CPDOC, Arquivo Gustavo Capanema [GgC 38.08.09 (I-9)], 26 nov.

GOMES, Capitão Moacyr Faião de Abreu (1942). *O livro do juventude: manual de instrução pré-militar*. Rio de Janeiro, Zélio Valverde.

HEITOR, Luiz (1937). "Nacionalismo musical". *Revista Brasileira de Música*, Rio de Janeiro, vol. IV, pp. 192-193.

KEHL, Renato (1935). *Lições de eugenia*. Rio de Janeiro, Renato Kehl Editor.

LEME, D. Sebastião (1916). *Carta pastoral a Olinda*. Petrópolis, Editora Vozes.

LIMA, Alceu Amoroso (1931). *Debates pedagógicos*. Rio de Janeiro, Schmidt Editor.

_____. (1935a). "O socialismo". *A Defesa Nacional*, Rio de Janeiro, n. 258, pp. 1.199-1.204, nov.

_____. (1935b). *Carta*. Alceu Amoroso Lima a Gustavo Capanema. CPDOC, Arquivo Gustavo Capanema [GbC/Lima, A.], jun.

_____. (1936a). *Indicações políticas: da Revolução à Constituição*. Rio de Janeiro, Civilização Brasileira.

_____. (1936b). "Revolução ou regeneração". In: LIMA, Alceu Amoroso. *Indicações políticas: da Revolução à Constituição*. Rio de Janeiro, Civilização Brasileira.

_____. (1936c). "Rumos". In: LIMA, Alceu Amoroso. *Indicações políticas: da Revolução à Constituição*. Rio de Janeiro, Civilização Brasileira.

_____. (1936d). "Palavras aos companheiros". In: LIMA, Alceu Amoroso. *Indicações políticas: da Revolução à Constituição*. Rio de Janeiro, Civilização Brasileira.

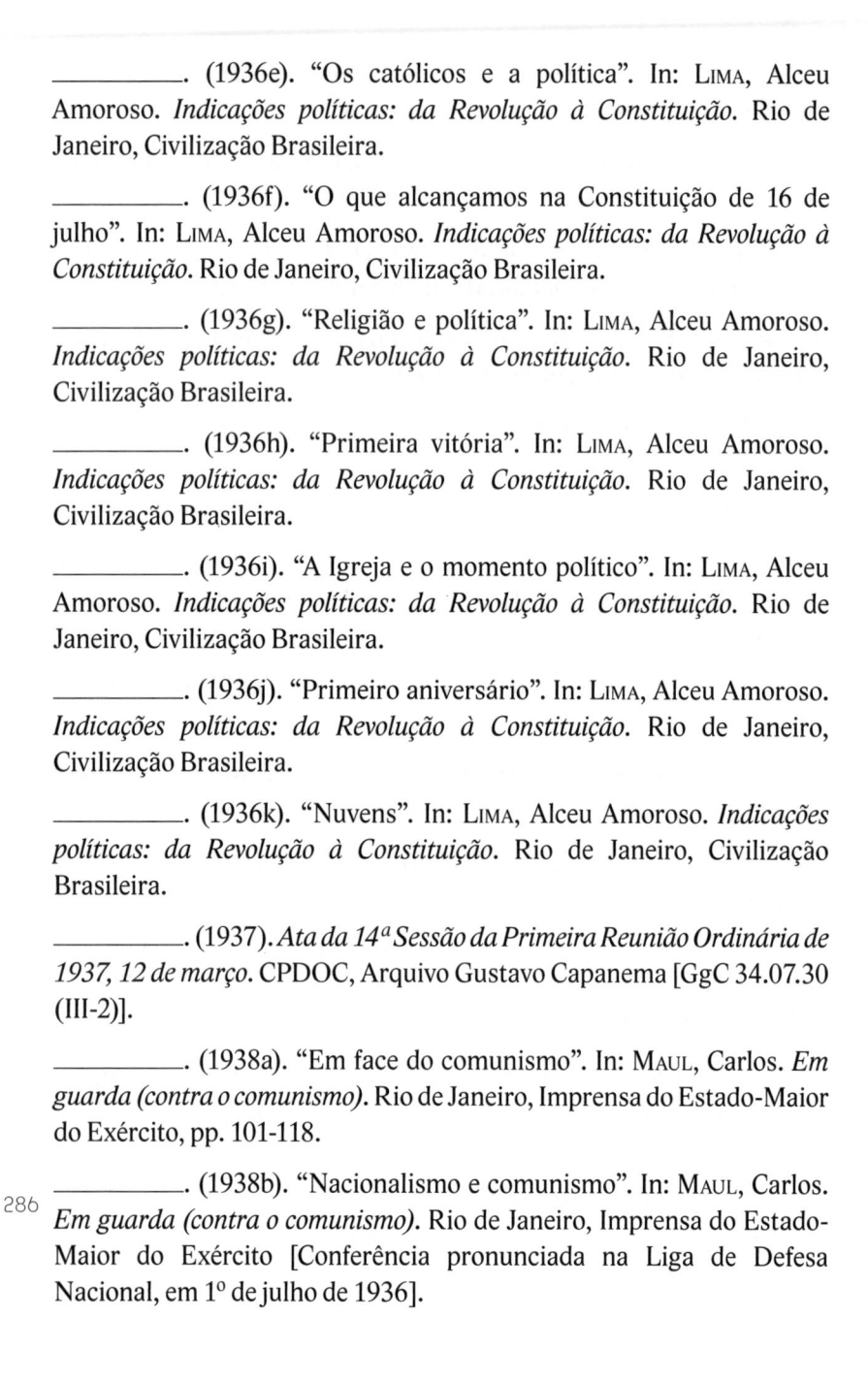

_____. (1936e). "Os católicos e a política". In: LIMA, Alceu Amoroso. *Indicações políticas: da Revolução à Constituição*. Rio de Janeiro, Civilização Brasileira.

_____. (1936f). "O que alcançamos na Constituição de 16 de julho". In: LIMA, Alceu Amoroso. *Indicações políticas: da Revolução à Constituição*. Rio de Janeiro, Civilização Brasileira.

_____. (1936g). "Religião e política". In: LIMA, Alceu Amoroso. *Indicações políticas: da Revolução à Constituição*. Rio de Janeiro, Civilização Brasileira.

_____. (1936h). "Primeira vitória". In: LIMA, Alceu Amoroso. *Indicações políticas: da Revolução à Constituição*. Rio de Janeiro, Civilização Brasileira.

_____. (1936i). "A Igreja e o momento político". In: LIMA, Alceu Amoroso. *Indicações políticas: da Revolução à Constituição*. Rio de Janeiro, Civilização Brasileira.

_____. (1936j). "Primeiro aniversário". In: LIMA, Alceu Amoroso. *Indicações políticas: da Revolução à Constituição*. Rio de Janeiro, Civilização Brasileira.

_____. (1936k). "Nuvens". In: LIMA, Alceu Amoroso. *Indicações políticas: da Revolução à Constituição*. Rio de Janeiro, Civilização Brasileira.

_____. (1937). *Ata da 14ª Sessão da Primeira Reunião Ordinária de 1937, 12 de março*. CPDOC, Arquivo Gustavo Capanema [GgC 34.07.30 (III-2)].

_____. (1938a). "Em face do comunismo". In: MAUL, Carlos. *Em guarda (contra o comunismo)*. Rio de Janeiro, Imprensa do Estado-Maior do Exército, pp. 101-118.

_____. (1938b). "Nacionalismo e comunismo". In: MAUL, Carlos. *Em guarda (contra o comunismo)*. Rio de Janeiro, Imprensa do Estado-Maior do Exército [Conferência pronunciada na Liga de Defesa Nacional, em 1º de julho de 1936].

_____. (1939). *Carta*. Alceu Amoroso Lima a Gustavo Capanema. CPDOC, Arquivo Gustavo Capanema [GbC/Lima, A].

_____. (1940a). *Carta*. Alceu Amoroso Lima a Gustavo Capanema. CPDOC, Arquivo Gustavo Capanema [GbC/Lima, A. 115].

_____. (1940b). CPDOC, Arquivo Gustavo Capanema [GgC 37.12.05 (II-7)] [Proposta alternativa para anteprojeto sobre questão do ensino religioso].

LIMA SOBRINHO, Barbosa (1968). *Presença de Alberto Torres*. Rio de Janeiro, Civilização Brasileira.

LOBO, Coronel Luiz (1939). "Nacionalizemos nosso nacionalismo". *Novas Diretrizes*, Rio de Janeiro, n. 4, pp. 20-24, fev.

LOURENÇO FILHO, Manoel Bergson (1940a). "A organização da Juventude Brasileira". *Educação*, Rio de Janeiro, n. 7, pp. 28-29, jul.

_____.(1940b). "Educação e segurança nacional". In: LOURENÇO FILHO, Manoel Bergson. *Tendências da educação brasileira*. São Paulo, Melhoramentos.

_____.(1940c). *Carta*. Manoel B. Lourenço Filho a Gustavo Capanema. CPDOC, Arquivo Gustavo Capanema [GgC 38.08.09 (VI-12)], 2 dez.

_____.(1940d). "Educação e segurança nacional". Educação, Rio de Janeiro, n. 7, pp. 3-9, jul.

MACEDO, Sérgio D. T. (1941). *Meu Brasil*. Rio de Janeiro, Departamento de Imprensa e Propaganda.

MACHADO, Jorge Figueira (1936). *Política de segurança nacional e política de educação*. Rio de Janeiro, S. Ed.

MACHADO, Leão (1941). "A 'Juventude Brasileira' e o escotismo". *Cultura Política*, Rio de Janeiro, n. 10, pp. 58-67, dez.

MANIFESTO DO EPISCOPADO (1945). *Sobre o problema político e a questão social no Brasil*. Rio de Janeiro, Agir.

Manoilesco, Mihail (1936). *Le parti unique*. Paris, Les Oeuvres Françaises.

Marinho, Inezil Pena (1944a). "Evolução da educação física no Brasil 1930-1937". *Cultura Política*, Rio de Janeiro, ano IV, n. 40, pp. 69-77, maio.

_____. (1944b). "Evolução da educação física no Brasil 1937-1943". *Cultura Política*, Rio de Janeiro, ano IV, n. 41, pp. 92-113, jun.

Marzolo, Renato (1939). *Le organizzazioni giovanile in Italia*. Roma, Società Editrice di Novissima.

Maul, Carlos (1938). *Em guarda (contra o comunismo)*. Rio de Janeiro, Imprensa do Estado-Maior do Exército.

Memorial dos Bispos da Província Eclesiástica de São Paulo (1940). São Paulo [Memorial ao excelentíssimo senhor presidente da República]. CPDOC, Arquivo Gustavo Capanema [GgC 34.07.14(II-2)], 19 mar.

Minas Gerais (1931). "Manifesto da Legião de Outubro aos mineiros". cidade, pp. 1-2, 27. fev.

Miranda, Capitão Salm de (1941). "Instrução pré-militar". *Nação Armada*, Rio de Janeiro, n. 15, pp. 103-106, fev.

Mocidade Portuguesa (1940). "O Palácio da Independência é a nova sede do Comissariado Nacional da Mocidade Portuguesa". Lisboa, vol. I, n. 2, pp. 65-69, dez.

Monitor Integralista (1934a). "Estatutos da AIB". São Paulo, ano 2, n. 6, maio.

_____. (1934b). "Regulamento do Departamento Nacional da Milícia". São Paulo, n. 6, maio.

_____. (1936a). "Regulamento do Secretariado Nacional de Arregimentação Feminina e dos Plinianos". São Paulo, ano IV, n. 15, p. 14, 3 out.

_____. (1936b). "Regulamento da Secretaria Nacional de Educação (Moral, Cívica e Física)". São Paulo, n. 15, out.

NAÇÃO ARMADA (1939). "Editorial". Rio de Janeiro, n. 1, p. 3, nov.

_____. (1940). "Educação militar". Rio de Janeiro, n. 4, pp. 149-151, mar.

_____. (1941a). "O ensino da história do Brasil". Rio de Janeiro, n. 16, pp. 130-131, mar.

_____. (1941b). "A história do Brasil, disciplina autônoma". Rio de Janeiro, n. 17, p. 145, abr.

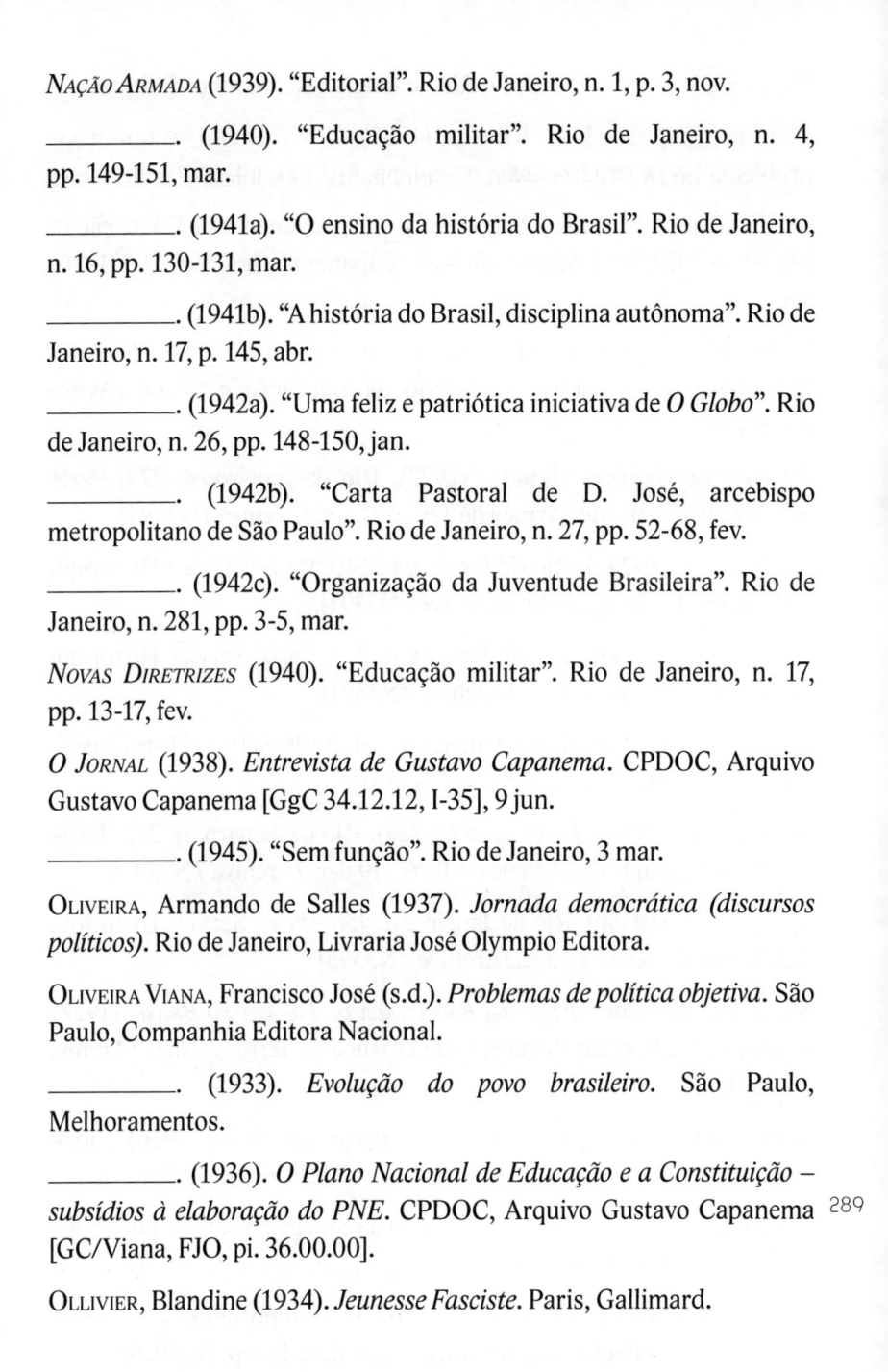

_____. (1942a). "Uma feliz e patriótica iniciativa de *O Globo*". Rio de Janeiro, n. 26, pp. 148-150, jan.

_____. (1942b). "Carta Pastoral de D. José, arcebispo metropolitano de São Paulo". Rio de Janeiro, n. 27, pp. 52-68, fev.

_____. (1942c). "Organização da Juventude Brasileira". Rio de Janeiro, n. 281, pp. 3-5, mar.

NOVAS DIRETRIZES (1940). "Educação militar". Rio de Janeiro, n. 17, pp. 13-17, fev.

O JORNAL (1938). *Entrevista de Gustavo Capanema*. CPDOC, Arquivo Gustavo Capanema [GgC 34.12.12, I-35], 9 jun.

_____. (1945). "Sem função". Rio de Janeiro, 3 mar.

OLIVEIRA, Armando de Salles (1937). *Jornada democrática (discursos políticos)*. Rio de Janeiro, Livraria José Olympio Editora.

OLIVEIRA VIANA, Francisco José (s.d.). *Problemas de política objetiva*. São Paulo, Companhia Editora Nacional.

_____. (1933). *Evolução do povo brasileiro*. São Paulo, Melhoramentos.

_____. (1936). *O Plano Nacional de Educação e a Constituição – subsídios à elaboração do PNE*. CPDOC, Arquivo Gustavo Capanema [GC/Viana, FJO, pi. 36.00.00].

OLLIVIER, Blandine (1934). *Jeunesse Fasciste*. Paris, Gallimard.

Para onde vai o Brasil? (1933). Rio de Janeiro, Renascença Editora.

Pinheiro, Capitão João Ribeiro (1935). "O Exército e um grave problema". *A Defesa Nacional*, n. 254, pp. 810-811, jul.

Pinto, General Francisco José (1938). "Departamento de Educação da Mocidade". CPDOC, Arquivo Gustavo Capanema [GgC 38.08.09 (I-10)], set.

Pires, Washington (1933). *Aviso s.n. de janeiro de 1933*. Arquivos Diplomáticos, Itamaraty, Ministério da Educação e Saúde (Avisos recebidos).

Rapport du General Gamelin (1923). Rio de Janeiro, n. 273, Paris, Service Historique de l'Armée de Terre, 21 set. [Archive 7N3391].

_____. (1924a). Rio de Janeiro, n. 146, Paris, Service Historique de l'Armée de Terre, 24 abr. [Archive 7N3391].

_____. (1924b). Rio de Janeiro, n. 221, Paris, Service Historique de l'Armée de Terre, 10 jun. [Archive 7N3391].

_____. (1924c). Rio de Janeiro, n. 361, Paris, Service Historique de l'Armée de Terre, 16 out. [Archive 7N3391].

Rapport du General Huntziger (1933a). Rio de Janeiro, n. 375, Paris, Service Historique de l'Armée de Terre, 19 dec. [Archive 7N3393].

_____. (1933b). Rio de Janeiro, n. 458, Paris, Service Historique de l'Armée de Terre, 19 dec. [Archive 7N3393].

Relatório do adido militar da Embaixada da França no Brasil (1921). n. 118, Paris, Service Historique de l'Armée de Terre, 25 dez. [Archive 7N3391].

Regulamento Técnico da União dos Escoteiros do Brasil (1936). Rio de Janeiro, Oficina Gráfica da Secretaria Geral de Educação e Cultura.

Revista Brasileira de Música (1937). "Homenagem a Villa-Lobos". Rio de Janeiro, vol. IV, p. 189.

Revista Brasileira de Pedagogia (1935). "Dois importantes decretos do governo de São Paulo". Rio de Janeiro, ano II, n. 11, pp. 78-80, fev.

RIBEIRO, Jair Dantas (1943). *Carta*. Jair Dantas Ribeiro a Gustavo Capanema. CPDOC, Arquivo Gustavo Capanema [GgC 38.08.09 (XX-6 bis)], 5 jul.

ROLIM, Capitão Ignácio de Freitas (1935). "Educação moral e educação física". *A Defesa Nacional*, Rio de Janeiro, n. 253, pp. 692-698, jun.

SÁ, Bitencourt Fernandes de (1942). *Carta*. Bitencourt Fernandes de Sá a Gustavo Capanema. CPDOC, Arquivo Gustavo Capanema [GgC 38.04.18 (II)], 16 dez.

SANTA ROSA, Vergílio de (1934). *O sentido do tenentismo*. Rio de Janeiro, Schmidt Editor.

SARMENTO, Major Euclides (1940). *Carta*. Euclides Sarmento a Gustavo Capanema. CPDOC, Arquivo Gustavo Capanema [GgC 38.08.09 (V-5)], 19 abr.

SERVICE HISTORIQUE DE L'ARMÉE DE TERRE (1935). "Reglementes établis par la Mission Militaire Française et adressés à l'Etat-Major de l'Armée de 1931 à 1933". In: MISSION MILITAIRE FRANÇAISE. *Etude de sur l'organisation de la Défense Nationale et de l'Armée au Brésil*. Rio de Janeiro, Paris, Service Historique de l'Armée de Terre, 15 févr. [Archive 7N3393].

SILVA, Edmundo de Macedo Soares e (1933). "Pacifismo e segurança nacional". *A Defesa Nacional*, Rio de Janeiro, n. 226, pp. 130-132, mar.

SILVADO, Almirante Américo (1932). "Discurso. Pronunciado por ocasião do debate do parecer n. 178, Conselho Nacional de Educação". *Diário Oficial da União*, p. 21.479, 24 nov.

SILVEIRA, Tasso da (1935). "O pedido de demissão de Villa-Lobos foi recusado". *A Nação*, Rio de Janeiro, p. 4., 19 dez.

SODRÉ, Benjamin (1939). CPDOC, Arquivo Gustavo Capanema [GgC 38.08.09 (III-5)] [Proposta para se criar movimento da junventude nos moldes do escotismo].

SOMBRA, Capitão Severino (1936a). "O Exército e o Plano Nacional de Educação". *Revista Militar Brasileira*, n. 2, pp. 179-189, abr./maio.

_____. (1936b). "Um programa pedagógico militar". *A Defesa Nacional*, Rio de Janeiro, n. 261, pp. 190-193, fev.

_____. (1937). "Pedagogia no Exército". *A Defesa Nacional*, Rio de Janeiro, n. 279, pp. 252-258, ago.

UNIÃO DO NACIONAL DOS ESTUDANTES (1943). *Carta*. União do Nacional dos Estudantes a Gustavo Capanema. CPDOC, Arquivo Gustavo Capanema [GgC 38.04.18 (III)], 12 maio.

VARGAS, Getúlio (1938a). *A nova política do Brasil*. Rio de Janeiro, Livraria José Olympio Editora, vol. I.

_____. (1938b). "A plataforma da Aliança Liberal". In: VARGAS, Getúlio. *A nova política do Brasil*. Rio de Janeiro, Livraria José Olympio Editora, vol. I, p. 41.

_____. (1938c). "Nova organização administrativa do país – discurso de posse na chefia do Governo Provisório". In: VARGAS, Getúlio. *A nova política do Brasil*. Rio de Janeiro, Livraria José Olympio Editora, vol. I, p. 72.

_____. (1938d). "A revolução, as suas origens e o seu programa". In: VARGAS, Getúlio. *A nova política do Brasil*. Rio de Janeiro, Livraria José Olympio Editora, vol. I, p. 81.

_____. (1938e). "Mensagem à Assembleia Nacional Constituinte – 15 de novembro de 1933". In: VARGAS, Getúlio. *A nova política do Brasil*. Rio de Janeiro, Livraria José Olympio Editora, vol. III, pp. 73-74.

_____. (1938f). "Discurso no banquete oferecido pelas Classes Armadas – 2 de janeiro de 1931". In: VARGAS, Getúlio. *A nova política do Brasil*. Rio de Janeiro, Livraria José Olympio Editora, vol. I, p. 80.

_____. (1938g). "Necessidade e dever de repressão ao comunismo (Resposta à manifestação popular de 10 de maio de 1936)" In: VARGAS, Getúlio. *A nova política do Brasil*. Rio de Janeiro, Livraria José Olympio Editora, vol. IV, p. 155.

_____. (1938h). "O Levante Comunista de 27 de novembro de 1935 (Saudação ao povo brasileiro, nos primeiros minutos de 1936)". In:

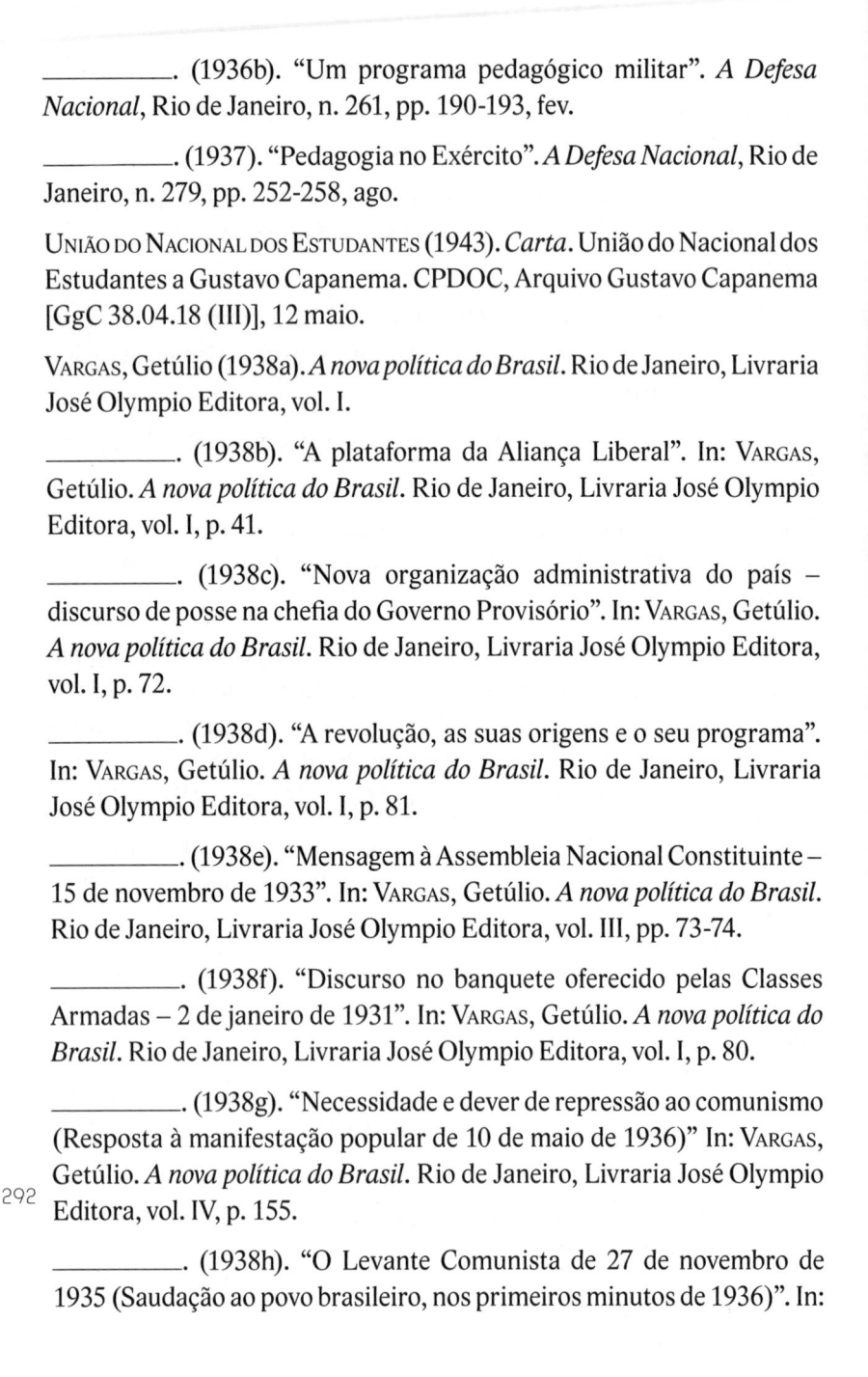

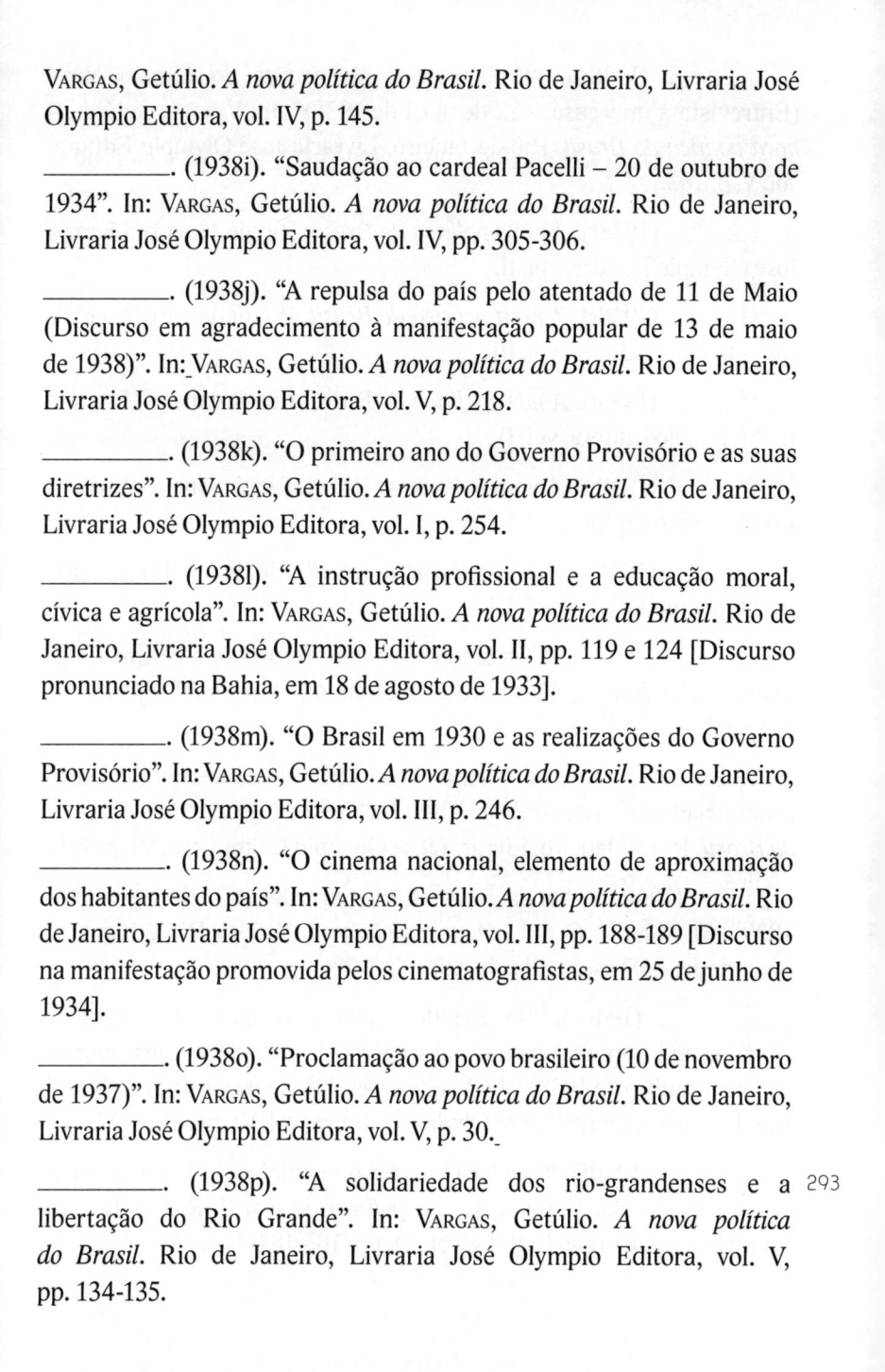

VARGAS, Getúlio. *A nova política do Brasil*. Rio de Janeiro, Livraria José Olympio Editora, vol. IV, p. 145.

_____. (1938i). "Saudação ao cardeal Pacelli – 20 de outubro de 1934". In: VARGAS, Getúlio. *A nova política do Brasil*. Rio de Janeiro, Livraria José Olympio Editora, vol. IV, pp. 305-306.

_____. (1938j). "A repulsa do país pelo atentado de 11 de Maio (Discurso em agradecimento à manifestação popular de 13 de maio de 1938)". In: VARGAS, Getúlio. *A nova política do Brasil*. Rio de Janeiro, Livraria José Olympio Editora, vol. V, p. 218.

_____. (1938k). "O primeiro ano do Governo Provisório e as suas diretrizes". In: VARGAS, Getúlio. *A nova política do Brasil*. Rio de Janeiro, Livraria José Olympio Editora, vol. I, p. 254.

_____. (1938l). "A instrução profissional e a educação moral, cívica e agrícola". In: VARGAS, Getúlio. *A nova política do Brasil*. Rio de Janeiro, Livraria José Olympio Editora, vol. II, pp. 119 e 124 [Discurso pronunciado na Bahia, em 18 de agosto de 1933].

_____. (1938m). "O Brasil em 1930 e as realizações do Governo Provisório". In: VARGAS, Getúlio. *A nova política do Brasil*. Rio de Janeiro, Livraria José Olympio Editora, vol. III, p. 246.

_____. (1938n). "O cinema nacional, elemento de aproximação dos habitantes do país". In: VARGAS, Getúlio. *A nova política do Brasil*. Rio de Janeiro, Livraria José Olympio Editora, vol. III, pp. 188-189 [Discurso na manifestação promovida pelos cinematografistas, em 25 de junho de 1934].

_____. (1938o). "Proclamação ao povo brasileiro (10 de novembro de 1937)". In: VARGAS, Getúlio. *A nova política do Brasil*. Rio de Janeiro, Livraria José Olympio Editora, vol. V, p. 30.

_____. (1938p). "A solidariedade dos rio-grandenses e a libertação do Rio Grande". In: VARGAS, Getúlio. *A nova política do Brasil*. Rio de Janeiro, Livraria José Olympio Editora, vol. V, pp. 134-135.

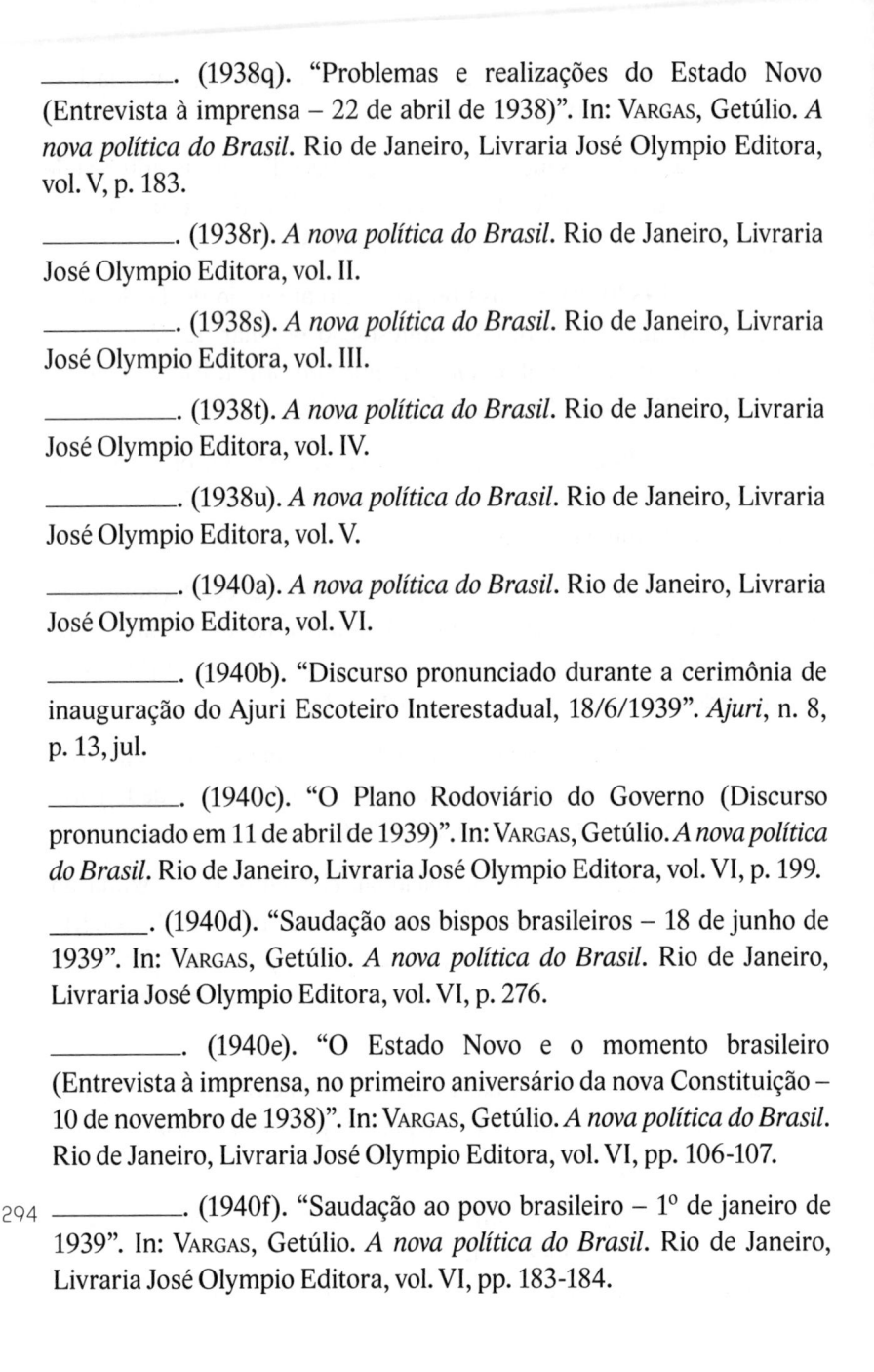

_____. (1938q). "Problemas e realizações do Estado Novo (Entrevista à imprensa – 22 de abril de 1938)". In: Vargas, Getúlio. *A nova política do Brasil*. Rio de Janeiro, Livraria José Olympio Editora, vol. V, p. 183.

_____. (1938r). *A nova política do Brasil*. Rio de Janeiro, Livraria José Olympio Editora, vol. II.

_____. (1938s). *A nova política do Brasil*. Rio de Janeiro, Livraria José Olympio Editora, vol. III.

_____. (1938t). *A nova política do Brasil*. Rio de Janeiro, Livraria José Olympio Editora, vol. IV.

_____. (1938u). *A nova política do Brasil*. Rio de Janeiro, Livraria José Olympio Editora, vol. V.

_____. (1940a). *A nova política do Brasil*. Rio de Janeiro, Livraria José Olympio Editora, vol. VI.

_____. (1940b). "Discurso pronunciado durante a cerimônia de inauguração do Ajuri Escoteiro Interestadual, 18/6/1939". *Ajuri*, n. 8, p. 13, jul.

_____. (1940c). "O Plano Rodoviário do Governo (Discurso pronunciado em 11 de abril de 1939)". In: Vargas, Getúlio. *A nova política do Brasil*. Rio de Janeiro, Livraria José Olympio Editora, vol. VI, p. 199.

_____. (1940d). "Saudação aos bispos brasileiros – 18 de junho de 1939". In: Vargas, Getúlio. *A nova política do Brasil*. Rio de Janeiro, Livraria José Olympio Editora, vol. VI, p. 276.

_____. (1940e). "O Estado Novo e o momento brasileiro (Entrevista à imprensa, no primeiro aniversário da nova Constituição – 10 de novembro de 1938)". In: Vargas, Getúlio. *A nova política do Brasil*. Rio de Janeiro, Livraria José Olympio Editora, vol. VI, pp. 106-107.

_____. (1940f). "Saudação ao povo brasileiro – 1º de janeiro de 1939". In: Vargas, Getúlio. *A nova política do Brasil*. Rio de Janeiro, Livraria José Olympio Editora, vol. VI, pp. 183-184.

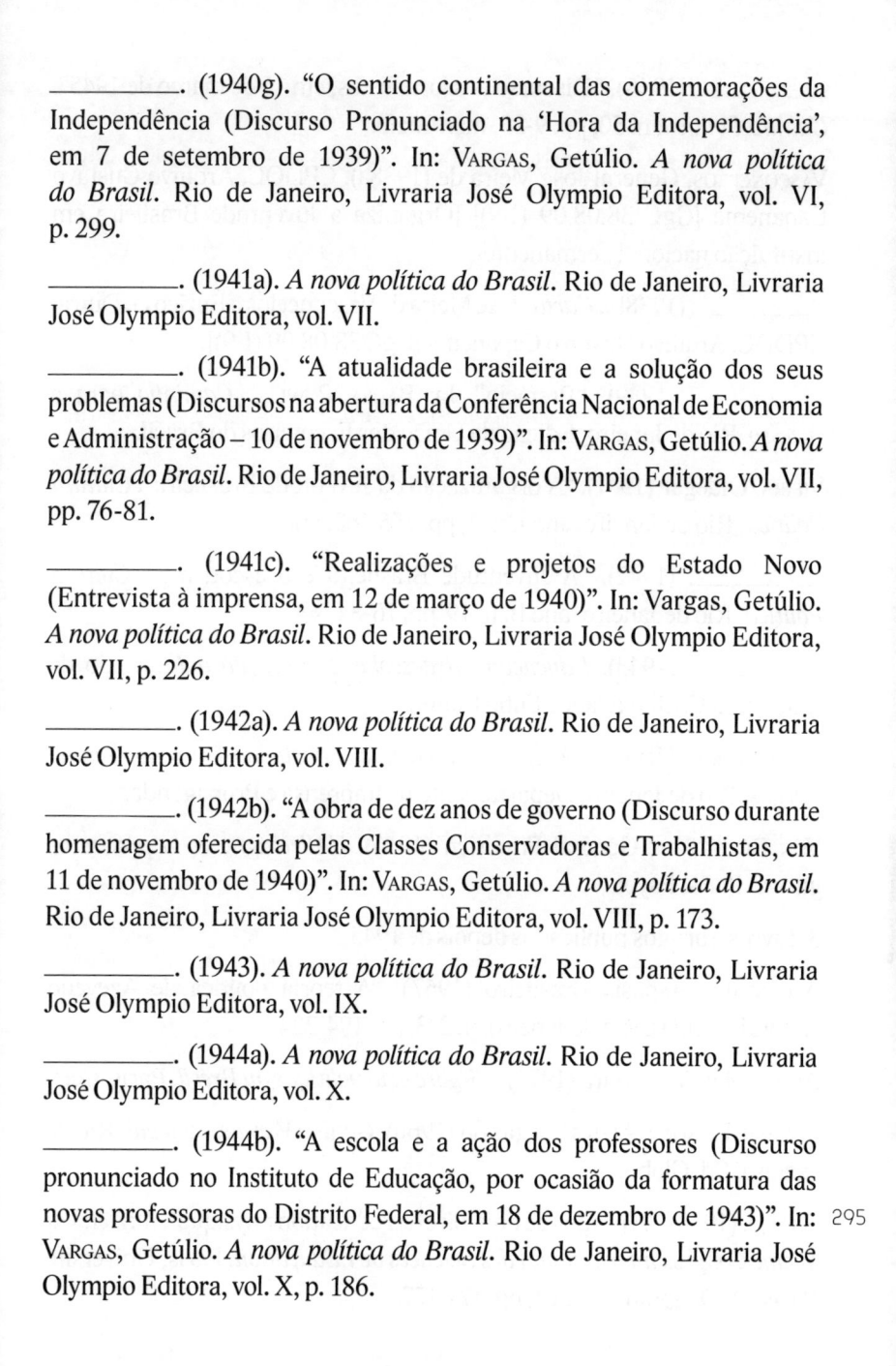

_____. (1940g). "O sentido continental das comemorações da Independência (Discurso Pronunciado na 'Hora da Independência', em 7 de setembro de 1939)". In: Vargas, Getúlio. *A nova política do Brasil*. Rio de Janeiro, Livraria José Olympio Editora, vol. VI, p. 299.

_____. (1941a). *A nova política do Brasil*. Rio de Janeiro, Livraria José Olympio Editora, vol. VII.

_____. (1941b). "A atualidade brasileira e a solução dos seus problemas (Discursos na abertura da Conferência Nacional de Economia e Administração – 10 de novembro de 1939)". In: Vargas, Getúlio. *A nova política do Brasil*. Rio de Janeiro, Livraria José Olympio Editora, vol. VII, pp. 76-81.

_____. (1941c). "Realizações e projetos do Estado Novo (Entrevista à imprensa, em 12 de março de 1940)". In: Vargas, Getúlio. *A nova política do Brasil*. Rio de Janeiro, Livraria José Olympio Editora, vol. VII, p. 226.

_____. (1942a). *A nova política do Brasil*. Rio de Janeiro, Livraria José Olympio Editora, vol. VIII.

_____. (1942b). "A obra de dez anos de governo (Discurso durante homenagem oferecida pelas Classes Conservadoras e Trabalhistas, em 11 de novembro de 1940)". In: Vargas, Getúlio. *A nova política do Brasil*. Rio de Janeiro, Livraria José Olympio Editora, vol. VIII, p. 173.

_____. (1943). *A nova política do Brasil*. Rio de Janeiro, Livraria José Olympio Editora, vol. IX.

_____. (1944a). *A nova política do Brasil*. Rio de Janeiro, Livraria José Olympio Editora, vol. X.

_____. (1944b). "A escola e a ação dos professores (Discurso pronunciado no Instituto de Educação, por ocasião da formatura das novas professoras do Distrito Federal, em 18 de dezembro de 1943)". In: Vargas, Getúlio. *A nova política do Brasil*. Rio de Janeiro, Livraria José Olympio Editora, vol. X, p. 186.

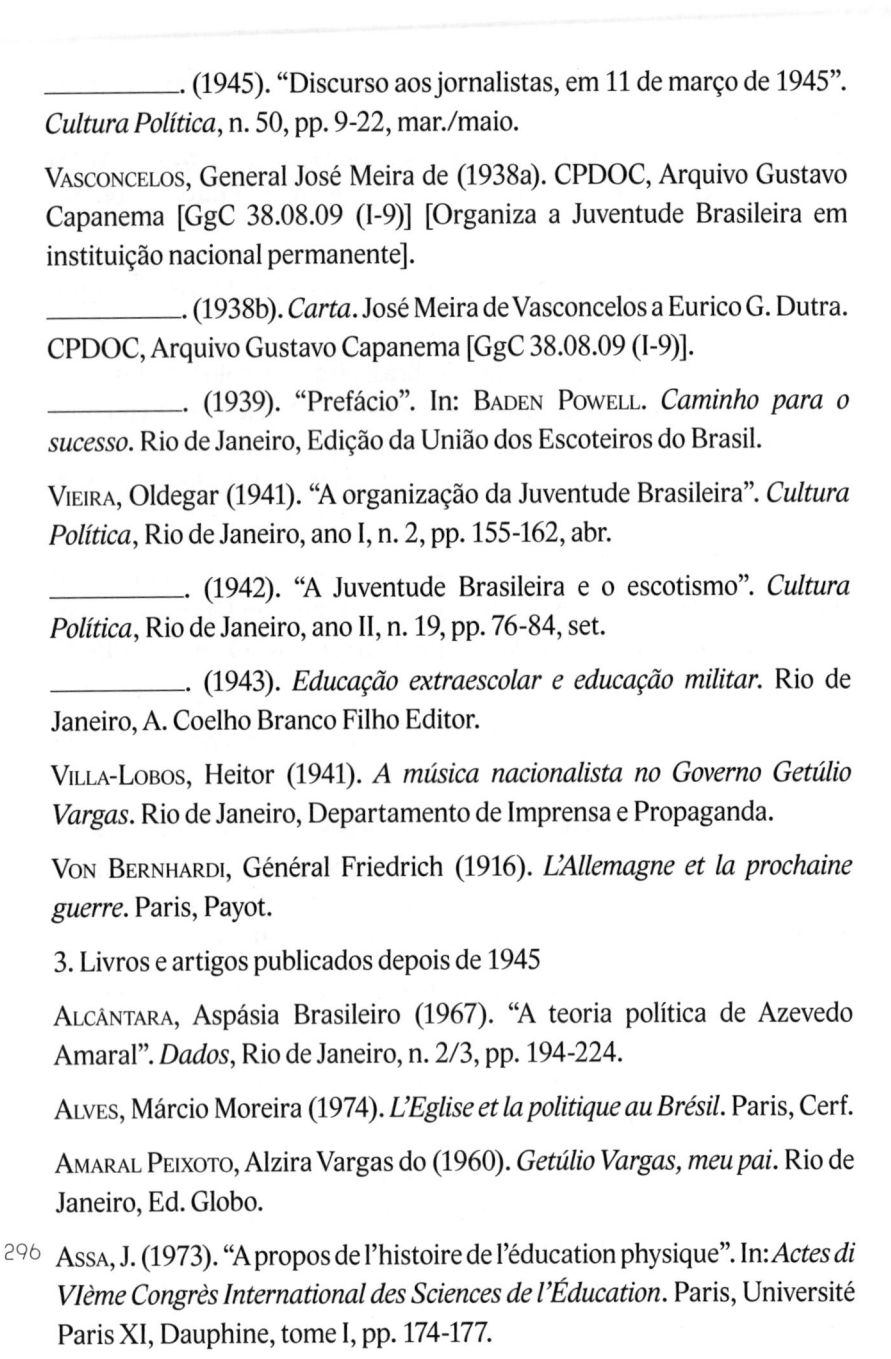

_____. (1945). "Discurso aos jornalistas, em 11 de março de 1945". *Cultura Política*, n. 50, pp. 9-22, mar./maio.

Vasconcelos, General José Meira de (1938a). CPDOC, Arquivo Gustavo Capanema [GgC 38.08.09 (I-9)] [Organiza a Juventude Brasileira em instituição nacional permanente].

_____. (1938b). *Carta*. José Meira de Vasconcelos a Eurico G. Dutra. CPDOC, Arquivo Gustavo Capanema [GgC 38.08.09 (I-9)].

_____. (1939). "Prefácio". In: Baden Powell. *Caminho para o sucesso*. Rio de Janeiro, Edição da União dos Escoteiros do Brasil.

Vieira, Oldegar (1941). "A organização da Juventude Brasileira". *Cultura Política*, Rio de Janeiro, ano I, n. 2, pp. 155-162, abr.

_____. (1942). "A Juventude Brasileira e o escotismo". *Cultura Política*, Rio de Janeiro, ano II, n. 19, pp. 76-84, set.

_____. (1943). *Educação extraescolar e educação militar*. Rio de Janeiro, A. Coelho Branco Filho Editor.

Villa-Lobos, Heitor (1941). *A música nacionalista no Governo Getúlio Vargas*. Rio de Janeiro, Departamento de Imprensa e Propaganda.

Von Bernhardi, Général Friedrich (1916). *L'Allemagne et la prochaine guerre*. Paris, Payot.

3. Livros e artigos publicados depois de 1945

Alcântara, Aspásia Brasileiro (1967). "A teoria política de Azevedo Amaral". *Dados*, Rio de Janeiro, n. 2/3, pp. 194-224.

Alves, Márcio Moreira (1974). *L'Eglise et la politique au Brésil*. Paris, Cerf.

Amaral Peixoto, Alzira Vargas do (1960). *Getúlio Vargas, meu pai*. Rio de Janeiro, Ed. Globo.

Assa, J. (1973). "A propos de l'histoire de l'éducation physique". In: *Actes di VIème Congrès International des Sciences de l'Éducation*. Paris, Université Paris XI, Dauphine, tome I, pp. 174-177.

Azzi, Riolando (1978). "O início da restauração católica em Minas Gerais". *Revista Síntese*, vol. V, n. 14.

Beozzo, José Oscar (1984). "A Igreja entre a Revolução de 1930, o Estado Novo e a redemocratização". In: Fausto, B. (org.). *História geral da civilização brasileira*. São Paulo, Difel, tomo II, vol. 10.

Bertone, Gianni (1975). *I fligli d'Italia se chiaman Ballila. Come e cosa ensegnava la scuola fascista*. Firenze, Guaraldi.

Bilac, Olavo (1965a). *A defesa nacional (Discursos)*. Rio de Janeiro, Biblioteca do Exército Editora.

_____. (1965b). "Em marcha. Aos estudantes da Faculdade de Direito de São Paulo". In: Bilac, Olavo. *A defesa nacional (Discursos)*. Rio de Janeiro, Biblioteca do Exército Editora, pp. 23-28.

_____. (1965c). "Aos estudantes mineiros". In: Bilac, Olavo. *A defesa nacional (Discursos)*. Rio de Janeiro, Biblioteca do Exército Editora, p. 70.

_____. (1965d). "A defesa nacional". In: Bilac, Olavo. *A defesa nacional (Discursos)*. Rio de Janeiro, Biblioteca do Exército Editora, pp. 136-137.

_____. (1965e). "O Exército e a política. À guarnição e aos estabelecimentos militares de Porto Alegre". In: Bilac, Olavo. *A defesa nacional (Discursos)*. Rio de Janeiro, Biblioteca do Exército Editora, p. 108.

_____. (1965f). "A Liga de Defesa Nacional. Instalação do Diretório Central". In: Bilac, Olavo. *A defesa nacional (Discursos)*. Rio de Janeiro, Biblioteca do Exército Editora, pp. 82-84.

Bomeny, Helena Maria Bousquet (1980). "A estratégia da conciliação: Minas Gerais e a abertura política dos anos 30". In: Gomes, Ângela Maria Castro (org.). *Regionalismo e centralização política*. Rio de Janeiro, Nova Fronteira.

Brazil, Ministério da Guerra (1940). Aviso Ministerial n. 1617, de 23 de abril de 1940. *Diário Oficial da União*, p. 7.597, 27 abr.

BRUNEAU, Thomas (1974). *O catolicismo brasileiro em época de transição*. São Paulo, Edições Loyola.

CAMARGO, Aspásia (2000). "Carisma e personalidade política: Vargas, da conciliação ao maquiavelismo". In: D'ARAÚJO, Maria Celina (org.). *Instituições brasileiras da Era Vargas*. Rio de Janeiro, Ed. FGV/UERJ.

CARONE, Edgard (1970). *A República Velha (instituições e classes sociais)*. São Paulo, Difel.

_____. (1975). *O tenentismo*. São Paulo, Difel.

_____. (1976a). *O Estado Novo (1937-1945)*. Rio de Janeiro, Difel.

_____. (1976b). *A Terceira República (1937-1945)*. São Paulo, Difel.

CARVALHO, General Estevão Leitão de (1959). *Dever militar e política partidária*. São Paulo, Cia. Editora Nacional.

_____. (1961). *Memórias de um soldado legalista*. Rio de Janeiro, Imprensa do Exército.

CARVALHO, José Murilo de (1977). "As Forças Armadas na Primeira República: o poder desestabilizador". In: FAUSTO, B. (org.). *História geral da civilização brasileira*. São Paulo, Difel, tomo III, vol. 9.

_____. (1983). "Forças Armadas e política (1930-1945)". In: *A Revolução de 30: Seminário Internacional*. Brasília, Ed. Universidade de Brasília.

COELHO, Edmundo Campos (1976). *Em busca da identidade: o Exército e a política na sociedade brasileira*. Rio de Janeiro, Forense Universitária.

COMBLIN, José (1980). *A ideologia da segurança nacional*. Rio de Janeiro, Civilização Brasileira.

COSTA, Nilson do Rosário (1981). "Estado, educação e saúde: a higiene da vida cotidiana". *Cadernos CEDES*, Campinas, n. 4, pp. 5-27.

COSTA-CHAVES, Luis Antonio da (1980). *Levantamento da Revista Novas Diretrizes*. Rio de Janeiro, CPDOC/FGV (mimeo.).

COUTINHO, Lourival (1955). *O general Góes depõe...* Rio de Janeiro, Livraria Editora Coelho Branco.

CUNHA, Luis Antônio (1980). *A universidade temporã: o ensino superior da Colônia à era de Vargas*. Rio de Janeiro, Civilização Brasileira.

_____. (1983). "A política educacional e a formação da força de trabalho industrial na era de Vargas". In: *A Revolução de 30: Seminário Internacional*. Brasília, Ed. Universidade de Brasília.

CURY, Carlos Roberto Jamil (1978). *Ideologia e educação brasileira*. São Paulo, Cortez & Moraes.

DULLES, John (1967). *Vargas of Brazil: a political biography*. Austin & London, University of Texas Press.

FAUSTO, Boris (1972). "Pequenos ensaios de história da República: 1889--1945". *Cadernos CEBRAP*, São Paulo, CEBRAP, n. 10.

FÁVERO, Maria de Lourdes de Albuquerque (1980). *Universidade e poder: análise crítica/fundamentos históricos 1930-45*. Rio de Janeiro, Achiamé.

FIGUEIREDO, Eurico de Lima (org.) (1979). *Os militares e a revolução de 30*. Rio de Janeiro, Paz e Terra.

FLYNN, Peter (1970). "The revolutionary legion and the brazilian revolution of 1930". In: *Latin American Affairs*. Ed. by Raymond Carr, Oxford (St. Anthony's Papers, n. 22).

GAMBINI, Roberto (1977). *O duplo jogo de Getúlio Vargas: influência americana e alemã no Estado Novo*. São Paulo, Editora Símbolo.

GARCIA, Nelson Jahr (1982). *Estado Novo – ideologia e propaganda política*. São Paulo, Loyola.

GOMES, Ângela Maria Castro (1979). *Burguesia e trabalho. Política e legislação social no Brasil 1917-1937*. Rio de Janeiro, Campus.

_____. (1980) (org.). *Regionalismo e centralização política: partidos e constituinte nos anos 30*. Rio de Janeiro, Nova Fronteira.

GOMES, Eduardo (1946a). *Campanha de libertação*. São Paulo, Martins.

_____. (1946b). "Discurso de Salvador". In: GOMES, Eduardo. *Campanha de libertação*. São Paulo, Martins, p. 65.

HILTON, Stanley E. (1975a). *O Brasil e a crise internacional: 1930--1945*. Rio de Janeiro, Civilização Brasileira.

_____. (1975b). "Ação Integralista Brasileira: o fascismo no Brasil, 1932-1938". In: HILTON, Stanley E. *O Brasil e a crise internacional: 1930-1945*. Rio de Janeiro, Civilização Brasileira.

HORTA, José Silvério Baia (1982). *Liberalismo, tecnocracia e planejamento educacional no Brasil*. São Paulo, Cortez/Autores Associados.

_____. (2000). "A I Conferência Nacional de Educação ou de como monologar sobre educação na presença de educadores". In: GOMES, Ângela de Castro (org.). *Capanema: o ministro e seu ministério*. Rio de Janeiro, Editora FGV.

_____. (2008). "A educação na Itália fascista: as reformas Gentile (1922-1923)". *História da Educação*, Pelotas, vol. 12, n. 24, pp. 179-223, jan./abr.

_____. (2009a). "A educação na Itália fascista (1922-1945)". *Revista Brasileira de História da Educação*, n. 19, pp. 47-89, jan./abr.

_____. (2009b). "A mobilização da juventude na Itália (1922-1945), em Portugal (1936-1974) e no Brasil (1937-1945)". In: ARAUJO, Marta Maria de (org.). *História(s) comparada(s) da educação*. Brasília, Líber Livros/UFRN.

KADT, Emmanuel de (1970). *Catholics radicals in Brazil*. London, Oxford University Press.

KRISCHKE, Paulo (1979). "O Nacionalismo e a Igreja católica: a preparação para a democracia no Brasil 1930-1945". *Revista de Cultura Contemporânea*, São Paulo, ano I, n. 2, pp. 13-43, jan.

LEGRAND, Fabienne (1975). *L'éducation physique au 19ème et au 20ème siècles*. Paris, Armand Colin.

LEVINE, Robert M. (1970). *The Vargas Regime: the critical years: 1934--1938*. New York, Columbia University Press.

LIMA, Alceu Amoroso (1949). "Introdução". In: MARITAIN, Jacques. *Cristianismo e democracia*. Rio de Janeiro, Agir.

LIMA, Luiz Gonzaga de Souza (1979). *Evolução política dos católicos e da Igreja no Brasil*. Petrópolis, Vozes.

LIMA, Magali Alonso (1979). *Formas arquiteturais esportivas no Estado Novo (1937-1945): suas implicações na prática do corpo e espírito*. Rio de Janeiro, FUNARTE.

MAGALHÃES, Coronel João Batista (1958). *A evolução militar no Brasil (anotações para a História)*. Rio de Janeiro, Biblioteca do Exército Editora.

MANOR, Paul (1972). *Les Milieux universitaires et les mouvements reformistes et revolutionnaires au Brésil durant la période 1915-1925*. Thèse (Doctorat) – Etat, Université de Paris, Paris.

MARTINS, Luciano (1976). *Pouvoir et développement économique: formation et evolution des structures politiques au Brésil*. Paris, Editions Anthropos.

MCCANN, Franck (1973). *The Brazilian-American alliance 1937--1941*. Princeton University Press.

_____. (1983). "A influência estrangeira e o Exército brasileiro – 1905-1945". In: *A Revolução de 30: Seminário Internacional*. Brasília, Editora da Universidade de Brasília.

MEDEIROS, Jarbas (1978). *Ideologia autoritária no Brasil: 1930-1945*. Rio de Janeiro, Ed. da Fundação Getúlio Vargas.

MELO, Olbiano de (1957). *A marcha da revolução social no Brasil*. Rio de Janeiro, Edições O Cruzeiro.

MENDES, Cândido (1966). *Memento dos vivos: a esquerda católica no Brasil*. Rio de Janeiro, Tempo Brasileiro.

MEYNAUD, J. (1966). *Sport et politique*. Paris, Payot.

MICELI, Sérgio (1981). *Les intelectuels et le pouvoir au Brésil (1920--1945)*. Grenoble, Presses Universitaires de Grenoble/ Paris, Maison des Sciences de l'Homme.

_____. (1983). "O Conselho Nacional de Educação: esboço de análise de um aparelho do Estado (1931-1937)". In: *A Revolução de 30: Seminário Internacional*. Brasília, Editora da Universidade de Brasília.

MÔNICA, Maria Filomena (1978). *Educação e sociedade no Portugal de Salazar*. Lisboa, Presença/GIS.

_____. (1980). "Ler e poder: debate sobre educação popular nas primeiras décadas do século XX". *Análise Social*, Lisboa, vol. XVI, n. 63, pp. 499-518.

MOTTA, Jeovah (1976). *Formação do oficial do Exército: currículos e regimes na Academia Militar*. Rio de Janeiro, Companhia Brasileira de Artes Gráficas.

MOURA, Gerson (1980). *Autonomia na dependência: a política externa brasileira de 1935 a 1942*. Rio de Janeiro, Nova Fronteira.

NAGLE, Jorge (1974). *Educação e sociedade na Primeira República*. São Paulo, Ed. da Universidade de São Paulo.

NETO, Manuel Domingos (1976). *Présence militaire française au Brésil, 1839-1920*. Paris, IHEAL (Mémoire).

_____. (1980). "L'influence étrangère et la formation des groupes et tendances au sein de l'armée brésilienne". In: ROUQUIÉ, Alain (org.). *Les partis militaires au Brésil*. Paris, Presses de la Foundation Nationale des Sciences Politiques.

OLIVEIRA, Lúcia Lippi; VELLOSO, Mônica Pimenta & GOMES, Ângela Maria Castro (1982). *Estado Novo: ideologia e poder*. Rio de Janeiro, Zahar.

OSTENC, Michel (1980). *L'éducation en Italie pendant le fascisme*. Paris, Publications de la Sorbonne.

PAIM, Antônio (1981). *A UDF e a ideia de universidade*. Rio de Janeiro, Tempo Brasileiro.

PINSKY, Jaime (1969). "O Brasil nas relações internacionais: 1930-1945". In: *Brasil em perspectiva*. São Paulo, Difusão Europeia do Livro.

REVISTA BRASILEIRA DE ESTUDOS PEDAGÓGICOS (1949). "Plano de Educação Nacional – 1937". Rio de Janeiro/Brasília, vol. XIII, n. 36, pp. 210-320, maio/ago.

POERNER, Artur José (1979). *O poder jovem*. Rio de Janeiro, Civilização Brasileira.

ROUQUIÉ, Alain (1980) (org.). *Les partis militaires au Brésil*. Paris, Presses de la Foundation Nationale des Sciences Politiques.

Salem, Tânia (1982). "Do Centro Dom Vital à Universidade Católica". In: Schwartzman, Simon (org.). *Universidade e instituições científicas no Rio de Janeiro*. Brasília, Conselho Nacional de Desenvolvimento Científico e Tecnológico.

Schwartzman, Simon (1981). "A Igreja e o Estado Novo: o Estatuto da Família". *Cadernos de Pesquisa*, São Paulo, Fundação Carlos Chagas, vol. 37, pp. 71-77, maio

_____. (1983). "O intelectual e o poder: a carreira política de Gustavo Capanema". In: *A Revolução de 30: Seminário Internacional*. Brasília, Editora da Universidade de Brasília.

Seitenfus, Ricardo Antônio da Silva (1981). *Le Brésil de Getúlio Vargas et la formation des blocs: 1930-1942. Le processus d'engagement brésilien dans la Seconde Guerre Mondiale*. Genève, Université de Genève. Institut Universitaires de Hautes Etudes Internationales.

_____. (1983). "O difícil aprendizado do nacionalismo: as relações brasileiras com a Itália e a Alemanha: 1930-1942". In: *A Revolução de 30: Seminário Internacional*. Brasília, Editora da Universidade de Brasília.

Severiano, Jairo (1983). *Getúlio Vargas e a música popular*. Rio de Janeiro, Ed. da Fundação Getúlio Vargas.

Silva, Hélio (1970). *1937 – Todos os golpes se parecem*. Rio de Janeiro, Civilização Brasileira (O Ciclo de Vargas, vol. IX).

_____. (1971). *1938 – Terrorismo em campo verde*. Rio de Janeiro, Civilização Brasileira (O Ciclo de Vargas, vol. X).

Simonsen, Roberto (1973). *Evolução industrial no Brasil e outros estudos*. São Paulo, Companhia Editora Nacional.

Squeff, Ênio (1976). "Ligação de Villa-Lobos com o Estado Novo, um tema a ser discutido". *O Estado de São Paulo*, São Paulo, 1 fev., p. 19.

Squeff, Ênio & Wisnik, José Miguel (1982). *Música. O nacional e o popular na cultura brasileira*. Rio de Janeiro, Brasiliense.

Trindade, Hélgio (1974). *Integralismo (o fascismo brasileiro na década de 30)*. São Paulo, Difusão Europeia do Livro.

VARGAS, Getúlio (1995). *Diário*. São Paulo: Siciliano; Rio de Janeiro, Fundação Getúlio Vargas, vol. II.

VELLOSO, Mônica Pimenta (1978). "*A Ordem*: uma revista de doutrina, política e cultura católica". *Revista de Ciências Políticas*, Rio de Janeiro, vol. 21, n. 3, pp. 117-160, set.

WISNIK, José Miguel (1982). "Getúlio da Paixão Cearense (Villa--Lobos e o Estado Novo)". In: SQUEFF, Ênio & WISNIK, José Miguel. *Música. O nacional e o popular na cultura brasileira*. Rio de Janeiro, Brasiliense.

Sobre o Autor

José Silvério Baia Horta possui diplomas de graduação em pedagogia e filosofia pela Pontifícia Universidade Católica do Rio de Janeiro (PUC-Rio), mestrado em educação também pela PUC-Rio, e doctorat d'état pela Université Paris V – René Descartes. Professor titular aposentado da Universidade Federal do Rio de Janeiro (UFRJ). Atualmente é professor visitante junto ao Programa de Pós-Graduação em Educação da Universidade Federal do Amazonas (UFAM). Autor de *Liberalismo, tecnocracia e planejamento educacional no Brasil* (publicado pela Cortez/Autores Associados) e de vários capítulos de livro e artigos tratando de temas ligados à história da educação brasileira e à política educacional.

Formato	*14X21cm*
Papel miolo	*Offset 75g*
Papel capa	*Cartão Supremo*
Tipologia	*Charis SIL*
Número de páginas	*320*
Tiragem	*2000*
Impressão	*Gráfica Paym*